信息素养文库·高等学校信息技术系列课程规划教材

体育信息技术应用实务

主　编　叶　强
副主编　谢明慧　夏　懿
　　　　王　海　李　俊
编　委　喻欣楠　张芳婷

南京大学出版社

内容简介

本书以信息技术的应用为主要内容,介绍了当前信息技术的相关基础理论及其发展趋势。以现代化体育专门人才信息技术应用能力培养为主要目标,面向应用型教学需求,重点突出前瞻性、基础性和应用性。

本书用通俗的语言配以大量的插图详细介绍了信息技术基础知识和常用应用软件基本操作,通俗易懂,图文并茂。全书共14章,内容包括信息技术概论、计算机软硬件基础、计算机网络基础、体育与计算机、算法基础、网络信息与文献检索、Office软件及应用以及VBA编程基础等内容。

本书可作为体育高等院校本科生、研究生的教材以及教学参考书,也可作为"全国计算机等级考试"和"江苏省非计算机专业计算机等级考试"的培训和自学用书。

图书在版编目(CIP)数据

体育信息技术应用实务 / 叶强主编. —— 南京:南京大学出版社,2018.9(2025.7重印)
(信息素养文库)
高等学校信息技术系列课程规划教材
ISBN 978 - 7 - 305 - 20431 - 9

Ⅰ. ①体… Ⅱ. ①叶… Ⅲ. ①信息技术-应用-体育-高等学校-教材 Ⅳ. ①G80-058

中国版本图书馆CIP数据核字(2018)第140276号

出版发行　南京大学出版社
社　　址　南京市汉口路22号　　邮　编　210093
丛 书 名　信息素养文库
书　　名　**体育信息技术应用实务**
　　　　　TIYU XINXI JISHU YINGYONG SHIWU
主　　编　叶　强
责任编辑　吴宜锴　王南雁　　编辑热线　025 - 83597482

照　　排　南京南琳图文制作有限公司
印　　刷　南京人文印务有限公司
开　　本　787 mm×1092 mm　1/16　印张　19.25　字数　490千
版　　次　2018年9月第1版　2025年7月第5次印刷
ISBN 978 - 7 - 305 - 20431 - 9
定　　价　48.80元

网址:http://www.njupco.com
官方微博:http://weibo.com/njupco
官方微信号:njupress
销售咨询热线:(025) 83594756

* 版权所有,侵权必究
* 凡购买南大版图书,如有印装质量问题,请与所购图书销售部门联系调换

前　言

"大学生计算机信息技术基础"是一门计算机入门课程,属于通识基础课,是为包括体育专业在内的非计算机专业类学生提供信息技术一般应用所必需的基础知识、能力和素质的课程。随着信息技术的普及和信息社会的发展,对体育院校大学生信息技术运用能力也提出了更高的要求,使得现行的计算机基础等课程在教学内容的选取、知识结构的设置、教学的组织上、方法上、实验方式上都要做较大的改革,以满足社会发展对体育专门人才培养的要求。同时根据教育部高等学校非计算机专业计算机基础课程教学指导分委员会最新提出的《关于进一步加强高等学校计算机基础教学的意见》(简称白皮书)中有关"大学计算机基础"的教学要求,基于南京体育学院计算机课程建设和教学改革经验基础上进行了教材组织编写。

本书根据体育院校的办学定位、人才培养目标、生源情况等实际出发,以抓基础、重实用、练能力为目的,注重技能培养并强化科学思维和素养的塑造,同时服务于学生就业能力的提升,使之与社会发展相适应,达到具备国家和江苏省计算机一级 Office 和二级 Office 认证的要求。全书知识编排合理,既注重基础理论又突出实用性,从计算机的基础知识出发,以循序渐进的方式讲解与信息技术有关的网络信息与文献检索、Word 等办公自动化软件以及 VBA 编程等基础知识。内容的组织和编排主要是按照信息技术基础知识的连贯性和可理解性进行。安排了大量的实例方便理解和掌握知识的运用。在每章之后,附有一定的习题供读者测试学习效果。

本书由叶强主编,本书编写的主要人员分工如下:第 1 章和第 6 章由叶强编写,第 2 章、第 3 章和第 5 章由王海编写,第 4 章、第 7 章和第 8 章由安徽大学电气工程与自动化学院夏懿编写,第 9 章由喻欣楠编写,第 10—12 章由谢明慧编写,第 13—14 章由李俊编写,全书由叶强、张芳婷统编定稿。参与编写和审校工作的还有魏宁、任涛、王海、佘杰、蔡玉冰、薛浩镭等。本书在编写过程中,北京体育大学的曹润、长江大学的雷鸣等老师们对教材的编写提出了宝贵的意见,并得到了很多同行专家、老师的支持和帮助,在此表示感谢。

由于时间仓促及作者水平有限,书中难免出现一些疏漏或者错误,恳请同行和广大读者提出宝贵意见。

联系邮箱:yeqiang@nsi.edu.cn

编　者

2018 年 7 月

目 录

第一章 概 论 1
  1.1 计算机 1
    1.1.1 计算机硬件 2
    1.1.2 计算机软件 3
    1.1.3 计算机的分类 3
    1.1.4 计算机现状及发展趋势 4
  1.2 信息与信息科学 6
    1.2.1 信息 6
    1.2.2 信息技术 7
    1.2.3 信息社会与信息时代 ... 8
  1.3 信息素养 9
  小 结 10
  习 题 10

第二章 计算机的输入输出 12
  2.1 人机交互 12
  2.2 用户界面 13
    2.2.1 用户接口 14
    2.2.2 图形用户界面 15
  2.3 输入/输出设备 17
    2.3.1 输入设备 18
    2.3.2 输出设备 22
    2.3.3 其他 25
  小 结 27
  习 题 27

第三章 以 CPU 为核心的计算机体系 29
  3.1 冯·诺依曼结构 29
  3.2 CPU 31
    3.2.1 定义和原理 31
    3.2.2 CPU 的组成结构 31
    3.2.3 CPU 的工作流程 33
  3.3 计算机存储体系 33

    3.3.1 存储系统的结构 33
    3.3.2 存储器的分类与功能 35
    3.3.3 典型存储器 36
  3.4 总 线 40
    3.4.1 定义 40
    3.4.2 总线的分类 41
    3.4.3 总线传输基本原理 ... 41
    3.4.4 主要技术指标 42
  小 结 42
  习 题 42

第四章 以操作系统为基石的计算机软件 44
  4.1 软件的概念 44
    4.1.1 软件的定义 44
    4.1.2 计算机软件的分类 ... 45
  4.2 操作系统 46
    4.2.1 定义 46
    4.2.2 操作系统的功能 46
    4.2.3 操作系统的分类 48
  4.3 支撑软件 49
    4.3.1 计算机编程语言 50
    4.3.2 解释和编译 51
    4.3.3 数据库及其管理系统 52
  4.4 应用软件 53
    4.4.1 应用软件的架构 53
    4.4.2 应用软件发展趋势 ... 54
  小 结 55
  习 题 55

第五章 计算机网络 57
  5.1 网络硬件 57
    5.1.1 网络分类 57

5.1.2　网络硬件 ………… 59
5.2　网络协议 ……………………… 61
　　5.2.1　五层模型 ………… 61
　　5.2.2　层与协议 ………… 62
5.3　上网设置 ……………………… 67
　　5.3.1　静态 IP 地址 ……… 67
　　5.3.2　动态 IP 地址 ……… 67
5.4　网络应用 ……………………… 68
　　5.4.1　访问网页 …………… 68
　　5.4.2　邮件收发 …………… 70
　　5.4.3　社交网络 …………… 71
5.5　Web 3.0 ……………………… 72
　　5.5.1　什么是 Web 1.0、Web 2.0、
　　　　　Web 3.0 …………… 72
　　5.5.2　物联网 ……………… 74
　　5.5.3　云计算 ……………… 75
小　结 ………………………………… 77
习　题 ………………………………… 77

第六章　体育与计算机 ……………… 79
6.1　体育信息技术的应用 ………… 79
　　6.1.1　奥运会信息技术应用
　　　　　………………………… 79
　　6.1.2　其他主要应用 ……… 81
　　6.1.3　发展前景 …………… 85
6.2　智慧体育 ……………………… 87
　　6.2.1　智慧体育与科技 …… 87
　　6.2.2　智慧体育的前景展望
　　　　　………………………… 88
小　结 ………………………………… 92
习　题 ………………………………… 92

第七章　计算机的信息表示 ………… 93
7.1　信息的符号化 ………………… 93
　　7.1.1　信息表示的原理 …… 93
　　7.1.2　计算机中为什么要用二进
　　　　　制 …………………… 94
　　7.1.3　数据的表示单位 …… 95
7.2　计算机科学中的常用数制 …… 96
　　7.2.1　丰富多彩的数制 …… 96
　　7.2.2　进位计数制和非进位计数

　　　　　制 …………………… 96
　　7.2.3　计算机科学中的常用数制
　　　　　………………………… 97
7.3　数制之间的相互转换 ………… 98
　　7.3.1　R 进制数转换为十进制数
　　　　　………………………… 98
　　7.3.2　十进制数转化为 R 进制数
　　　　　………………………… 98
　　7.3.3　二、八、十六进制数之间的
　　　　　转换 ………………… 100
7.4　基本信息的表示 ……………… 101
　　7.4.1　计算机中字符的表示
　　　　　………………………… 101
　　7.4.2　计算机中数值的表示
　　　　　………………………… 103
7.5　多媒体信息的表示 …………… 105
　　7.5.1　媒体的分类 ………… 105
　　7.5.2　多媒体的定义 ……… 106
　　7.5.3　音频信号处理 ……… 107
　　7.5.4　图形与图像处理 …… 110
小　结 ………………………………… 115
习　题 ………………………………… 115

第八章　算法与数据结构 …………… 117
8.1　算　法 ………………………… 117
　　8.1.1　定义 ………………… 117
　　8.1.2　算法的构成要素 …… 118
　　8.1.3　算法学习的意义 …… 120
8.2　数据结构 ……………………… 120
　　8.2.1　算法与数据结构 …… 120
　　8.2.2　基本数据结构 ……… 121
　　8.2.3　复杂数据结构 ……… 124
8.3　数据结构与算法的关系 …… 127
总　结 ………………………………… 128
习　题 ………………………………… 128

第九章　网络信息与文献检索 ……… 130
9.1　网络信息资源 ………………… 130
9.2　网络搜索引擎 ………………… 131
　　9.2.1　搜索引擎的定义与分类
　　　　　………………………… 131

9.2.2 谷歌(Google) ……………… 131
9.2.3 百度(Baidu) ……………… 138
9.3 文献检索 …………………………… 142
9.3.1 网络全文数据库 …………… 142
9.3.2 各搜索引擎打造的学术搜索平台 ……………………… 151
小 结 ……………………………………… 155
习 题 ……………………………………… 155

第十章 Word 2010 ……………………… 157
10.1 初识 Word 2010 …………………… 157
10.1.1 Word 2010 的介绍 ………… 157
10.1.2 Word 文档基本操作 ……… 158
10.2 文档编辑 …………………………… 159
10.2.1 文本输入 …………………… 159
10.2.2 文本编辑 …………………… 161
10.3 文档排版 …………………………… 163
10.3.1 字符格式化 ………………… 163
10.3.2 段落格式化 ………………… 165
10.3.3 项目符号和编号 …………… 167
10.3.4 边框和底纹 ………………… 168
10.3.5 页面设置 …………………… 169
10.3.6 分节、分页和分栏 ………… 170
10.3.7 页眉和页脚 ………………… 172
10.3.8 主题 ………………………… 172
10.4 高级排版 …………………………… 173
10.4.1 首字下沉 …………………… 174
10.4.2 图片 ………………………… 175
10.4.3 文本框 ……………………… 178
10.4.4 艺术字 ……………………… 179
10.4.5 自选图形 …………………… 180
10.4.6 表格 ………………………… 181
10.5 高级应用 …………………………… 187
10.5.1 样式 ………………………… 187
10.5.2 脚注、尾注、题注及交叉引用 ………………………… 189
10.5.3 目录和索引 ………………… 190
10.5.4 文档审阅和修订 …………… 192

10.5.5 文档保护 …………………… 193
10.5.6 邮件合并 …………………… 194
小 结 ……………………………………… 195
习 题 ……………………………………… 195

第十一章 Excel 2010 …………………… 198
11.1 初识 Excel 2010 …………………… 198
11.1.1 Excel 2010 的介绍 ………… 198
11.1.2 Excel 2010 窗口组成 ……… 199
11.2 Excel 2010 工作薄文件的基本操作 …………………………………… 200
11.2.1 新建文件薄 ………………… 200
11.2.2 输入数据 …………………… 201
11.2.3 编辑单元格 ………………… 205
11.2.4 工作表基本操作 …………… 207
11.2.5 数据的格式化 ……………… 208
11.2.6 图表的制作与编辑 ………… 212
11.3 公式和函数 ………………………… 218
11.3.1 公式 ………………………… 218
11.3.2 函数 ………………………… 219
11.4 数据管理与分析 …………………… 226
11.4.1 数据排序 …………………… 226
11.4.2 数据筛选 …………………… 226
11.4.3 分类汇总 …………………… 228
11.4.4 数据透视表 ………………… 229
小 结 ……………………………………… 230
习 题 ……………………………………… 231

第十二章 PowerPoint 2010 …………… 233
12.1 基础操作 …………………………… 233
12.1.1 PowerPoint 2010 的介绍 … 233
12.1.2 演示文稿的基本操作 ……… 234
12.1.3 幻灯片操作 ………………… 235
12.1.4 SmartArt 图形 …………… 237
12.1.5 视频、音频处理 …………… 238
12.1.6 插入页眉和页脚 …………… 239

12.2 演示文稿的美化 …………… 239
　12.2.1 幻灯片的主题 ……… 239
　12.2.2 设置PPT背景 ……… 240
　12.2.3 幻灯片母版 ………… 240
12.3 动画设置 …………………… 241
　12.3.1 动画效果——飞入
　　　　　……………………… 241
　12.3.2 设置文本发送方式
　　　　　……………………… 243
　12.3.3 设置动画的声音 …… 243
　12.3.4 计时设置 …………… 244
　12.3.5 删除动画 …………… 244
　12.3.6 动画刷 ……………… 245
12.4 页面切换 …………………… 245
　12.4.1 切换方式 …………… 245
　12.4.2 切换音效、换片方式及持
　　　　　续时间 ……………… 245
　12.4.3 超链接 ……………… 246
　12.4.4 动作按钮和动作设置
　　　　　……………………… 247
　12.4.5 幻灯片放映 ………… 247
　12.4.6 将演示文稿保存为视频文
　　　　　件 ………………… 249
小　结 …………………………… 249
习　题 …………………………… 250

第十三章　Access 2010 ……… 252
13.1 Access数据库的创建 …… 252
　13.1.1 表结构的建立和修改
　　　　　……………………… 252
　13.1.2 主关键字 …………… 255
　13.1.3 记录的录入、修改与删除
　　　　　……………………… 256
13.2 数据查询 …………………… 256
　13.2.1 简单查询 …………… 257
　13.2.2 分类汇总查询 ……… 261
　13.2.3 更新查询 …………… 265
　13.2.4 删除查询 …………… 266

13.3 Excel与Access之间的数据转换
　　　………………………………… 266
　13.3.1 将Access表中数据导入
　　　　　到Excel工作表中
　　　　　……………………… 266
　13.3.2 将Excel工作表数据导入
　　　　　到Access表中 …… 268
小　结 …………………………… 272
习　题 …………………………… 272

第十四章　VBA编程入门 ……… 273
14.1 创建第一个VBA程序 …… 273
14.2 VBA的项目结构与组成 … 276
　14.2.1 模块 ………………… 276
　14.2.2 项目(工程) ………… 277
14.3 数据类型与运算符 ………… 278
　14.3.1 数据类型 …………… 278
　14.3.2 变量与常量 ………… 278
　14.3.3 数组 ………………… 279
　14.3.4 运算符 ……………… 280
14.4 VBA程序控制结构 ……… 281
　14.4.1 顺序结构语句 ……… 281
　14.4.2 选择结构语句 ……… 281
　14.4.3 循环结构语句 ……… 283
14.5 过程和函数 ………………… 285
　14.5.1 事件过程 …………… 285
　14.5.2 通用Sub过程 ……… 287
　14.5.3 Function函数 ……… 291
14.6 常用函数 …………………… 294
　14.6.1 字符串函数 ………… 294
　14.6.2 日期及时间函数 …… 295
　14.6.3 转换函数 …………… 296
　14.6.4 交互函数 …………… 296
　14.6.5 数组函数 …………… 298
小　结 …………………………… 299
习　题 …………………………… 299
参考文献 ……………………… 300

第一章 概 论

我们身处在一个伟大的时代,大家俗称信息时代,因为我们处于一个信息无处不在的世界中。作为采集、处理和分析信息的主要手段——计算机:作用于我们生活中的方方面面,无论在学校、家庭和单位。随着计算设备的泛化,像手机、平板电脑等移动设备也经常被归类为计算机。目前,计算机也是一个主要的通信手段。我们不仅可以通过计算机与同学、家人和朋友保持快捷的联系,也可以即时获取来自世界各地的讯息,如世界各地的新闻和天气、航空公司的时间表等。此外通过用计算机,我们还可以认识新朋友,分享照片和视频、意见,预订航班,缴水、电、煤气费等。

许多人认为信息素养是当下成功的关键。信息素养涉及对现有计算机及其应用的知识和理解,随着技术的不断进步,对信息素养的要求也需与时俱进。

> **教学目标**
>
> 了解计算机的使用用途,初步了解什么是 Internet 和网络,初步了解各类计算机软件和硬件,并能够辨认、区分计算机的组成部件,意识到信息素养的重要性。

1.1 计算机

计算机是可以根据一组指令或"**程序**"执行任务或进行计算的自动化信息处理电子设备。其中**信息就是关于事物运动的状态和规律**。信息是世上万物联系的桥梁,人类能够对自然资源进行开发,是由于这些物质资源能够发出信息,而人类接收到这些信息加以利用。计算机以数据的形式处理信息。计算机数据来源于文字、数字、图像、音频、视频等信息形式。

1946 年诞生的第一种完全电子化的计算机(ENIAC)是需要许多人进行操作的巨型机器。与早期的这些机器相比,今天的计算机令人惊异。它们不仅速度快了成千上万倍,还体积更小,甚至可以放在桌子上、膝盖上、甚至手表中(图 1-1)。

图 1-1 各种形式计算机

1.1.1 计算机硬件

计算机中的有形部分称为硬件,由计算机的外壳及各零件及电路所组成。"**硬件**"指的是计算机中可以看到和触摸到的部件,包括机箱和其内部的一切(图1-2)。

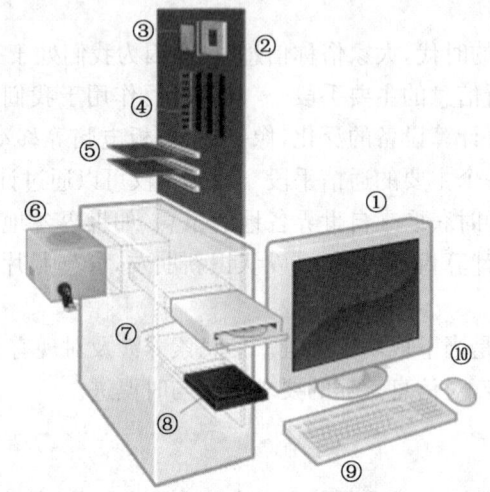

图1-2 个人台式计算机硬件及其组件
① 显示器 ② 主板 ③ 中央处理器 ④ 随机存取存储器 ⑤ 个人电脑接口
⑥ 电源 ⑦ 光盘驱动器 ⑧ 硬盘 ⑨ 键盘 ⑩ 鼠标

硬件中最重要的部分是计算机内的一个小矩形芯片,称为"**中央处理单元**"(**CPU**),或"**微处理器**"。它是计算机的"大脑",即翻译指令并执行计算的部分。诸如监视器、键盘、鼠标、打印机和其他组件之类的硬件项目通常称为"**硬件设备**"或"**设备**"。计算机通过硬件与软件的交互进行工作。

输入/输出(I/O)设备是对将外部世界信息发送给计算机的设备和将处理结果返回给外部世界的设备的总称。这些返回结果可能是作为用户能够视觉上体验的,或是作为该计算机所控制的其他设备的输入;对于一台机器人,控制计算机的输出基本上就是这台机器人本身。

主板又称母板,是构成复杂电子系统例如电子计算机的中心或者主电路板。目前大部分的主板能提供一系列接合点,供处理器、显卡、声效卡、硬盘、存储器、对外设备等设备接合。它们通常直接插入相应的插槽,或用线路连接。主板上最重要的构成组件是芯片组(Chipset)。而芯片组通常由北桥和南桥组成,也有些以单片机设计,从而增强其性能。这些芯片组为主板提供一个通用平台,从而供不同设备连接,并可以控制不同设备的沟通。

存储设备是用于储存信息的设备。通常是将信息数字化后再以利用电、磁或光学等方式的媒体加以存储。常见的存储设备有:利用电能方式存储信息的设备,如随机存取存储器(RAM)、只读存储器(ROM)等各式存储器;利用磁能方式存储信息的设备,如:硬盘、软盘、磁带、磁芯存储器、磁泡存储器;利用光学方式存储信息的设备,如CD、DVD;利用磁光方式存储信息的设备,如MO(磁光盘);利用其他实体物,如纸卡、纸带等存储信息的设备。

网络连接设备是把网络中的通信线路连接起来的各种设备的总称,这些设备包括网卡、无线网卡、蓝牙设备、交换机和路由器等。利用这些通信设备和相关线路,计算机网络能将地理位置不同的、功能独立的多个计算机系统连接起来，以功能完善的网络软件实现网络的硬件、软件及资源共享和信息传递。

1.1.2 计算机软件

软件（Software）是一系列按照特定顺序组织的计算机数据和指令的集合，是计算机中的非有形部分。计算机中的有形部分称为硬件，由计算机的外壳及各零件及电路所组成。电脑软件需有硬件才能运作，反之亦然，软件和硬件都无法在不互相配合的情形下进行实际的运作。软件的分类方式有很多种，可以依软件的目的分为以下两种：

系统软件，负责管理计算机系统中各种独立的硬件，使得它们可以协调工作，提供基本的功能，并为正在运行的应用软件提供平台。系统软件使得计算机用户和其他软件将计算机当作一个整体而不需要顾及底层每个硬件是如何工作的。而各个硬件工作的细节则由驱动程序处理。一般来说，系统软件包括操作系统（例如 Linux、Mac OS、Unix、Windows 等）和一系列基本的工具（比如编译器，数据库管理，存储器格式化，文件系统管理，用户身份验证，驱动管理，网络连接等方面的工具）。

应用软件，是为了某种特定的用途而被开发的软件。它可以是一个特定的程序，比如一个图像浏览器；也可以是一组功能联系紧密，可以互相协作的程序的集合，比如微软的 Office 软件；也可以是一个由众多独立程序组成的庞大的软件系统，比如数据库管理系统。

1.1.3 计算机的分类

自从第一台通用电子计算机问世以来，计算机技术在大约 70 年间取得了令人难以置信的发展。今天，花费不到 3000 元购买的一台便携式笔记本计算机，在性能和配置等方面都要优于 1985 年花费 100 万元购买的计算机。这种快速发展既得益于计算机生产技术的发展，也得益于计算机设计的创新，一方面显著增强了可供计算机用户使用的功能，另一方面微处理器性价比的大幅提高导致了新型计算机的出现。20 世纪 80 年代出现了个人计算机和工作站，这是因为有微处理器可供使用。在刚刚过去的 10 年里，人们见证了智能手机和平板电脑的崛起，许多人把它们作为自己的主要计算平台，代替了个人计算机。这些移动客户端设备越来越多地通过因特网来访问包含数万个服务器的数据库，这些数据库的设计使它们看起来就像单个巨型计算机一样。

计算机在外观和操作方式上发生如此之大的变化，计算机的分类不再依据性能进行划分。现在我们认为计算机主要分为两种：

一种是现在我们大家谈论最多的 PC 机，即个人计算机（Personal Computer）。它是指通常供个人使用的计算机。主流的 PC 有两类，一类是多数厂商支持的安装 Windows 操作的计算机，大部分人将 PC 与运行 Windows 操作系统的计算机联系在一起；另一类是美国 Apple 公司设计的安装 Macintosh 操作系统的计算机，俗称 Mac。按照体积大小，PC 机一般有三种：台式机、膝上型计算机和掌上型计算机。

（1）台式机——指设计的重点不在于便携性的 PC。台式机系统适于安置在固定的地方使用。相比起便携式计算机，大部分台式机的性能更强大，存储空间和功能更多，价格也更便宜。

（2）膝上型计算机——也称为笔记本电脑。膝上型计算机是将显示器、键盘、定位设备/轨迹球、处理器、内存和硬盘驱动器全部集成在一个以电池驱动的盒体内(比普通精装书略大)。

(3) 掌上型计算机——更常用的名称是 PDA(个人数字助理)。掌上型计算机是紧密集成的计算机,常使用闪存代替硬盘驱动器进行存储。这些计算机通常没有键盘,而是依靠触摸屏技术供用户输入。掌上型计算机通常比平装小说还小,重量极轻,而且电池寿命长。比掌上型计算机略大略重的是手提计算机。

另一种我们称为服务器(Server),它是通过网络向其他计算机提供服务的计算机。服务器通常具有功能强大的处理器、大量内存和庞大的硬盘驱动器。在计算机发展的早期阶段,服务器被称为大型机,它是可以占据整个房间甚至一整层楼房的巨型计算机。随着计算机体积的减小和性能的提高,"大型机"一词已被企业服务器所替代。但现在仍然可以听到人们使用这个词,尤其在大公司里用于每天处理数百万次交易的大型机器。最顶级的服务器是超级计算机,尽管一些超级计算机是单机系统,但大多数超级计算机包含多个高性能计算机,这些计算机作为一个系统同时工作。

此外,随着嵌入式处理器和相关芯片的发展,近几年出现了可穿戴计算机,许多常见的计算机应用程序(电子邮件、数据库、多媒体、日历/日程安排程序)都可集成在手表、手机、护目镜甚至衣服中。

1.1.4 计算机现状及发展趋势

1. 当前计算机应用的优缺点

当前计算机具有许多优秀的特点,比如运算速度快、计算精度高、具有强大的记忆功能、具有逻辑判断能力、能实现自动控制等。当然现有的计算机依然存在着许多缺点。

表 1-1 当前计算机的优缺点

优点	缺点
(1) **运算速度**:计算机的运算速度(也称处理速度)用 MIPS 来衡量。现代的计算机运算速度在几十 MIPS 以上,计算机如此高的运算速度是其他任何计算工具无法比拟的,它使得过去需要几年甚至几十年才能完成的复杂运算任务,现在只需几天、几小时、甚至更短的时间就可完成。这正是计算机被广泛使用的主要原因之一。 (2) **可靠性**:现代计算机中的电子元器件是可靠和稳定的,因为它们很少出故障或损坏。 (3) **一致性**:给定相同的输入信息和运算过程,计算机会产生相同的结果。输入错误便会得到错误的结果,计算机并不会自我修正。 (4) **存储器**:计算机存储了大量的数据,需要数据时随时可以调用。 (5) **通信能力**:当今大多数计算机可以与其他计算机通信,因此计算机允许用户相互交流通信。	(1) **侵犯隐私**:许多情况下,个人和机密记录一旦得不到妥善保护,用户有可能会发现自己的隐私受到侵犯或者身份被盗。 (2) **公共安全**:随着用户年龄跨度越来越大,包括许多未成年人,他们也许会被不良的信息影响。此外比如许多计算机用户都可能饱受危险网络犯罪侵害。 (3) **对就业的影响**:尽管计算机提高了生产力和创造了成千上万个新的工作岗位,但是也有许多岗位也已经被计算机所取代,因此就业人员现代化继续教育是至关重要的。 (4) **健康风险**:长期或不当使用电脑会导致健康伤害或疾病。用户应当调整工作场所、选择良好的工作姿势操作使用计算机,并适当安排休息时间。需要注意的是现在社会有一种特殊健康风险引起了很多人的关注——网络沉溺,我们俗称为"网瘾",它通常发生在某人痴迷于使用计算机或计算机网络的情况中。 (5) **对环境的影响**:计算机制造或使用的过程中会产生自然资源消耗和环境污染。

2. 计算机技术性能发展趋势

(1) **架构方面**:计算机正向着网格化的方向发展。网格计算的特点在于能够使部分资源进行良好的集成以及协同,在更高的层次上对信息进行了运用,对于当前存在的信息孤岛问题也能够加以解决。

(2) 环保化:计算机性能的提高也将产生更多的能耗,无论是生产还是生活中,长时间使用计算机必定会损耗更多的电量。为了解决这个问题,在不久的将来计算机技术将会向环保型发展,通过提高计算机的效率减少能耗。例如,使用量子技术和光子技术代替原来的硅架构。

(3) 软件生产构件化:计算机技术应用的领域是十分广泛的,为了使计算机硬件的发展解决供需矛盾,计算机软件生产也要实现构件化。目前,对软件生产的重点是其可生产性和并行处理,在软件开发的问题上也将会以更高的水平对其进行解决。

(4) 智能化:在今后,计算机技术将会有更多的新技术出现。例如,第五代计算机技术,这种技术具备联想、判断和学习等智能化的功能,能够使人从枯燥的信息处理中走出来,使人们的学习和生活得到变革,人类的生活空间也将得到拓展。

3. 计算机发展趋势

在计算机技术不断发展的过程中,新型计算机也将层出不穷,而且是愈加的完善和高性能化。

(1) 量子计算机:量子计算机是以量子力学为基础进行高速数学和逻辑运算的新型计算机。量子计算机的优势在于其能够对量子信息进行计算和处理,当计算机运行量子算法时我们可以称之为量子计算机。计算机领域中使用量子技术是一项新的研究,而量子计算机与当前的计算机相比较而言,其存储空间是巨大的,而且在进行计算时其速度也是当前计算机无法比拟的。对于量子计算机的应用,初步预测在 2030 年能够实现,以当前计算机技术发展的速度和趋势来看,实现量子计算机的使用的时代将很快到来。

(2) 分子计算机:分子生物计算机是指通过分子来处理信息的计算机。这种计算机主要是通过分子晶体运行的,其优势在于实现了高效的组织排列,而且体积小,速度快,存储时间长等。在不久的将来,当分子技术在不断的发展的时候分子计算机的出现也指日可待。

(3) 生物计算机:所谓生物计算机就是指通过生物芯片集成晶体管而制成的计算机。生物计算机的优势在于,耗能低,运算的速度很快且其存储空间巨大。不过,这种计算机也存在一定的缺陷,譬如从生物计算机中提取信息比较困难,因而以目前的计算机技术条件生物计算机还无法得到广泛的应用。不过随着未来计算机的发展,其缺陷会得到解决,其前景也将会是良好的。

(4) 神经网络计算机:该计算机是通过模仿人的大脑神经脉络制成计算机网络系统并加以运行的新型计算机。和人脑运行的速度相比,电脑功能是无法达到的,在这个基础上神经网络计算机被视为巨大的机器,其要处理很多繁杂的信息。因而,在此过程中,神经网络计算机可以在判断和处理信息时得出结果。其内部的信息组在神经元的网络中被存储,一旦神经元结点出现问题,该计算机还能够对原来存储的信息进行备份,确保这些信息不丢失。

1.2 信息与信息科学

1.2.1 信息

客观世界的三大要素是物质、能量和信息。人类认识物质和能量要早一些。宇宙中万物变化、生物的生长、人的行为、生命的遗传、自动机械和计算机的工作等等,都离不开信息的传送、存储、处理和利用,无不和信息密切相关。但是,信息的重要性,却长期没有受到人们的重视,虽然人们无时无刻不在交换、存储和利用信息,却往往是不自觉地盲目进行,充其量也只是半自觉地进行的。

什么是信息? 关于信息的定义大约有四十多种,没有一个一致的说法和看法。我国《辞海》中信息一词注释为:"信息是指对消息接受者来说预先不知道的报道。"英国的《牛津字典》对信息注释为:"信息是谈论的事情,新闻和知识。"从另一角度来说,数学家认为信息就是概率论;物理学家认为信息就是负熵;通信专家认为信息是解除不定度。当然,以上说法由于立足于各自专业领域,难免有各自的局限性。

信息论与控制论的创始人之一,美国著名数学家诺伯特·维纳认为:"信息就是我们在适应外部世界和控制外部世界的过程中,同外部世界进行交换的内容的名称。"这是对信息概念比较明确的论述。事实上,人类在与外部世界发生联系的过程中,交换的内容相当复杂,形式也非常多。例如,人类可以把自然界的物质(食物)转化为自身的物质(如肌肉、体质),把自然界物质的能量转化为自身的能量。人类可以感觉出环境温度变化,随时增减衣服。但是,物质和能量并不是信息,这正如维纳本人所说:"信息就是信息,既不同于物质,也不是能量。"虽然信息不是物质和能量,但却与物质和能量密切联系。我们注意到人类从外部世界所摄取的一类内容,就是外部世界各种事物运动变化着的状态及其规律,即知识。信息就是关于事物运动的状态和规律。我们前面提到的消息、广告、报道、新闻等等,都是关于某种事物运动的状态和规律,关于某种事物运动的知识。而世上万物都在不停地运动变化、生生不息。

可见,信息普遍存在,它对人类的生存和发展至关重要。信息是世上万物联系的桥梁,人类能够对自然资源进行开发,首先是由于这些物质资源能够发出信息,而人类接收到这些信息加以利用。人类能够认识天体、微观电子,也都依赖于它们所发出的信息。当然,我们研究天体,并不需要全体天文学家亲自遨游太空,只要利用科学仪器或少量学者取得的足够的信息就可以解决问题;研究电子学,也并不需要电子学专家都去做显波器,只要利用现有信息和设备就能解决一般科研问题。

NSI(Nanjing Sport Institute) ➡ N S I ➡ 01001110 01010011 01001001

图 1-3 信息在计算机中的表述例子

信息虽早已存在,但信息问题一直没有引起人们的注意。到了近代,由于生产力的发展,科学技术的进步,人类与自然界的斗争发展到更高级的阶段,人类本能地(即依靠人体本身的感觉器官与思维器官)接收信息和处理信息的能力已经不能满足人类改造自然的需求。特别是近代无线电技术、计算机技术的飞速发展,给通信带来彻底的革命。例如,人们要到月亮上做研究工作；人们要研究更深层次的微观世界；人们要迅速准确地传递大量的数据，人们要在地球一边收看另一边的电视节目……这时扩展人类接收信息和处理信息的能力问题才逐渐引起人们的注意，对信息的研究才开始被人们重视，才产生了信息科学。信息科学，就是研究信息的产生、贮存、传递、提取、交换、处理、控制和利用的科学。了解信息的特性，我们在现实生活中就能更好地利用信息。我们所处的时代是信息时代，更加要求我们掌握信息，充分利用信息，以便节省人力和财力，提高我们的工作效率。

1.2.2 信息技术

信息技术（Information Technology，IT），是主要用于管理和处理信息所采用的各种技术总称。它主要是应用计算机科学和通信技术来设计、开发、安装和实施信息系统及应用软件。它也常被称为信息和通信技术（Information and Communications Technology，ICT），信息技术的研究包括技术、工程以及管理等学科。这些学科在信息的管理、传递和处理中的应用，相关的软件和设备及其相互作用。微电子技术是信息技术的基础，计算机技术是信息技术中的核心技术。物联网和云计算作为信息技术新的高度和形态被提出、发展。根据中国物联网校企联盟的定义，物联网为当下几乎所有技术与计算机互联网技术的结合，让信息更快更准地收集、传递、处理并执行，是科技的最新呈现形式与应用。计算机技术、通信技术和自动化技术是信息技术的三大基本组成部分。经济与社会发展的迫切要求，是信息技术进步的强大原动力。经济发展到一定水平，便需要有相应的信息技术与之匹配。

从1939年第一台电子计算机诞生以来，在发达国家，计算机技术迅速地发展，是社会各种技术中发展最快的技术。从1939年到20世纪末的1999年，在这60年期间，计算机硬件和计算机软件（主要是操作系统和计算机语言）的发展经历了四个时代（表1-2）。

表1-2 信息技术相关技术的发展阶段

项目	第一代	第二代	第三代	第四代
计算机硬件	电子管计算机	晶体管计算机	集成电路(IC)计算机	大规模集成电路计算机
计算机操作系统	单用户操作系统（以DOS为代表）	多用户分时操作系统（以Unix和Windows NT为代表）	多用户并行操作系统（以Solaris为代表）	多用户分布式并行操作系统（以IBM公司的巨型计算机操作系统为代表）
计算机语言	机器语言（二进制代码）	汇编语言	面向过程的程序设计语言（以FORTRAN为代表）	面向问题的程序设计语言（以Java为代表）

20世纪80年代，由于个人计算机的诞生和发展，在发达国家，计算机在经济和社会的各个领域得到了普遍的应用，从而出现了一个崭新的产业——以生产计算机为主的信息产业。信息产业是以信息技术为基础的。在信息技术最发达的美国，信息产业发展迅猛，信息产业在国民经济中所占的比重越来越大。在1999年，信息产业的产值（包括电子商务的产值）超过汽车工业的产值，成为美国第一大产业。

1.2.3 信息社会与信息时代

20世纪后半叶,全世界信息技术的高速发展引起了整个科学技术的高速发展。全世界信息产业的兴旺引起了整个经济的繁荣和社会的进步。人类社会经过农业社会和工业社会后,当前已经进入了信息社会。在社会的不同阶段,社会的主体劳动者、生产工具以及主要的合作关系有所不同(表1-3)。

表1-3 人类社会的变迁

	农业社会	工业社会	信息社会
大致时间	19世纪以前	19世纪到20世纪中期	20世纪中期至今
主体劳动者	农民	工厂工人	知识工人
合作关系	人与田	人与机器	人与人
主要工具	手工工具	机器	信息技术

在农业社会,人们以种田为生,绝大多数人都是农民;在工业社会,人与机器之间建立了合作关系,机器成了大多数工人的生产工具,机械化和自动化简化了许多工作流程,人们在机器的帮助下,大幅度地提高了生产力。在1957年,美国的白领工人首次超过了蓝领工人,他们主要从事信息的创建、传递和应用,被称作知识工人,标志着人类进入了信息社会。信息社会是以信息技术为基础,以信息产业为支柱,以信息价值的生产为中心,以信息产品为标志的社会。

在农业社会和工业社会中,人们所从事的是大规模的物质生产,物质和能源是社会发展的主要资源。而在信息社会中,信息成为比物质和能源更为重要的资源,以开发和利用信息资源为目的信息经济活动迅速扩大,逐渐取代了工业生产活动而成为国民经济活动的主要内容。信息经济在国民经济中占据主导地位,并构成社会信息化的物质基础。信息技术在生产、科研、教育、医疗保健、企业和政府管理以及家庭中的广泛应用对经济和社会发展产生了巨大而深刻的影响,从根本上改变了人们的生活方式、行为方式和价值观念。

在信息社会,虽然农业和工业仍然重要,但信息技术成为人们工作的主要工具。工业社会所形成的各种生产设备将会被信息技术所改造,成为一种智能化的设备,信息社会的农业生产和工业生产将建立在基于信息技术的智能化设备的基础之上。同样,社会服务也会在不同程度上建立在智能设备之上,电信、银行、物流、电视、医疗、商业、保险等服务将依赖于信息设备。由于信息技术的广泛应用,智能化设备的广泛普及,社会的产业结构、就业结构将会发生变化,社会的主体劳动者是从事信息工作的知识工人。

随着计算机网络和通讯技术的发展,在20世纪后期,诞生了因特网(Internet)。因特网在世界舞台上发挥的作用越来越大,极大地改变了人类社会的面貌。今天,通过因特网,人们有了获得无限知识量的渠道:能够搜寻全世界不同语言的数万个数据库和图书馆,浏览数亿种文献、期刊、书籍和计算机程序;能够从门户网站、网上新闻中获取全世界的最新信息;能够在全世界范围通过电子邮件自由地即时通信联络。在因特网进行的网络经济活动蓬勃发展:通过因特网购买商品、预订飞机票和宾馆票、处理银行业务和付账的人数急剧增加;许多人还开展在线证券投资和国内国际贸易。电子政务极大地提高了行政部门办事的效率和政府工作的透明度。网上论坛、网上聊天极大地增加了人民言论自由的范围。

在新闻舆论方面,在发达国家,作为第四媒体的因特网的影响超过了其他媒体(第一媒体报纸,第二媒体广播,第三媒体电视)。在中国,因特网的影响也仅次于电视,位居第二位。

因特网把全世界各种肤色的、使用各种语言、具有各种信仰的人们联系在一起,自由交换信息,共享各种信息,在网上实现了"世界大同"。因特网为人类生活增添了无穷的方便,为人类工作提高了无限的效率。

由于因特网的广泛使用和普及,世界各国,尤其是发达国家和经济发展较快的发展中国家,信息技术和信息产业发展更加迅速,经济和社会各个领域的信息化程度越来越高。其结果是:经过从第一台电子计算机发明(1946年)开始的由工业时代向信息时代的50多年的过渡,到因特网上的平台万维网诞生(1992年),人类社会正式进入了信息时代!正像蒸汽机发动的火车头把人类社会拉进工业时代一样,计算机通过因特网打开了通向新时代的大门,使人类社会进入了信息时代。计算机就是信息时代的"蒸汽机"。

1.3 信息素养

21世纪是信息社会,每个人都生活在各种信息的包围中,人们的思维和言行无不受到他所掌握的信息数量和质量有关,信息的不可靠性和不断增加的数量对社会形成威胁。如果缺乏有效利用信息的能力,大量信息本身并不能使大众从中汲取知识,因此信息素养已经构成现代人综合素养的不可缺少的一个成分。掌握信息技术,利用信息技术获取和应用信息的能力已成为当今社会对人才素质的最基本需求。

信息素养是一个内容丰富的概念。它不仅包括利用信息工具和信息资源的能力,还包括选择获取识别信息、加工、处理、传递信息并创造信息的能力。具体来说它主要包括四个方面:

(1) 信息意识。即人的信息敏感程度,是人们对自然界和社会的各种现象、行为、理论观点等,从信息角度的理解、感受和评价。通俗地讲,面对不懂的东西,能积极主动地去寻找答案,并知道到哪里、用什么方法去寻求答案,这就是信息意识。信息时代处处蕴藏着各种信息,能否很好地利用现有信息资料,是人们信息意识强不强的重要体现。培养学生使用信息技术解决工作和生活问题的意识,这是信息技术教育中最重要的一点。

(2) 信息知识。既是信息科学技术的理论基础,又是学习信息技术的基本要求。通过掌握信息技术的知识,才能更好地理解与应用它。

(3) 信息能力。包括信息系统的基本操作能力,信息的采集、传输、加工处理和应用的能力,以及对信息系统与信息进行评价的能力等。这也是信息时代重要的生存能力。身处信息时代,如果只是具有强烈的信息意识和丰富的信息常识,而不具备较高的信息能力,还是无法有效地利用各种信息工具去搜集、获取、传递、加工、处理有价值的信息,进而无法提高学习效率和质量。

(4) 信息道德。具有正确的信息伦理道德修养,对媒体信息进行判断和选择,自觉地选择对学习、生活有用的内容,自觉地抵制不健康的内容,不组织和参与非法活动,不利用计算机网络从事危害他人信息系统和网络安全、侵犯他人合法权益的活动。

信息素养的四个要素共同构成一个不可分割的统一整体。信息意识是先导,信息知识是基础,信息能力是核心,信息道德是保证。

信息素养是毕业生学习的重要组成部分。它适用于各个学科、各种学习环境和教育水平。培养毕业生的学习习惯是高等教育的主要目标。通过培养个人推理和批判的能力,通过帮助自身建立学习方法的框架,为成为有知识的公民奠定基础。

小　结

人类社会的发展已进入了信息社会,信息技术已成为信息社会的重要的组成部分。信息技术是指有关信息的收集、识别、提取、变换、存储、传递、处理、检索、检测、分析和利用等技术。本章从认识计算机开始,还介绍了信息、信息技术和信息社会的属性与特征。同时在当前时代背景下提及信息素养的重要性,并对其特征进行了介绍。

习　题

一、是非题

1. 早期的电子电路以真空电子管作为其基础元件。　　　　　　　　　　　(　　)
2. 集成电路按用途可以分为通用型与专用型,存储器芯片属于专用集成电路。(　　)

二、单选题

1. 信息技术是指用来扩展人们信息器官功能、协助人们进行信息处理的一类技术,其中_____主要用于扩展手、眼等效应器官的功能。
   A. 计算技术　　　　　　　　　　B. 通信与存储技术
   C. 控制与显示技术　　　　　　　D. 感知与识别技术

2. 计算机是一种通用的信息处理工具,下面是关于计算机信息处理能力的叙述:
   ① 它不但能处理数值数据,而且还能处理图像和声音等非数值数据
   ② 它不仅能对数据进行计算,而且还能进行分析和推理
   ③ 它具有极大的信息存储能力
   ④ 它能方便而迅速地与其他计算机交换信息
   上面这些叙述_____是正确的。
   A. 仅①、②和④　　　　　　　　B. 仅①、③和④
   C. ①、②、③和④　　　　　　　D. 仅②、③、④

3. 就计算机对人类社会的进步与发展所起的作用而言,下列叙述中不够确切的是_____。
   A. 增添了人类发展科学技术的新手段
   B. 提供了人类创造和传承文化的新工具
   C. 引起了人类工作与生活方式的新变化
   D. 创造了人类改造自然所需要的新物质资源

4. 下列关于信息的叙述中错误的是_____。

A. 信息是指事物运动的状态及状态变化的方式

B. 信息是指认识主体所感知或所表述的事物运动及其变化方式的形式、内容和效用

C. 信息、物质与能量是客观世界的三大构成要素

D. 信息并非普遍存在,只有发达国家和地区才有可能利用信息

5. 现代信息技术的内容主要包含_____。

① 微电子技术　② 机械制造技术　③ 通信技术　④ 计算机和软件技术

　A. ①②③　　　　B. ①③④　　　　C. ②③④　　　　D. ①②④

三、操作实践

1. 在 C 盘根文件夹中建立一个名为 SP 的文件夹。

2. 在 C:\SP 文件夹中创建名为 ta,tb 两个文件夹,然后将 tb 文件夹移到 ta 文件夹下,作为它的子文件夹。

3. 同时以窗口方式启动"Word"和"Excel"两个应用程序,要求在桌面上"并排显示",要求将整个桌面窗口(并排显示)的画面复制到画图文件中,以 two.jpg 文件名保存到 ta 子文件夹中(文件类型必须是 JPG)。

4. 更改桌面的背影图片(选一张你喜欢的),设置屏幕保护程序为"三维文字",文字内容为"Sport"。在桌面上显示"控制面板"图标。更改 C 盘的卷标为"SysDisc"。

5. 在 tb 子文件夹中建立一个对应 C:\Windows\System32\notepad.exe 的名为"NOTE"的快捷方式,并设置快捷键为<Alt>+<Shift>+<N>。

6. 从计算机中搜索到文件名中含有"readme"字母的文件,从其中挑选出一个文本文件复制到,新文件名为 readme.ppp,并将 ppp 文件类型的打开方式设置为 Word。

【微信扫码】
参考答案 & 相关资源

第二章 计算机的输入输出

要有效地使用计算机，必须与其交互，先要告诉计算机要执行的任务，还要能精确地解释计算机提供的信息。这些就是人类与计算机通信的方式，统称为人机交互。通过人机交互，计算机接收输入信息并向你展示处理结果、断定处理的完成情况或指示数据已存储好。

人机交互是软件和硬件的综合体。控制用户界面的软件定义了界面特性。例如，软件决定是通过操纵图形对象还是键入命令来完成任务。硬件决定着操纵计算机的方式，例如，是用键盘还是用声音来输入命令。当理解了用户界面后，就能很快知道如何让计算机做你要它做的事。常见的软件界面要素有提示、向导、命令、菜单、对话框和图形对象。硬件界面要素包括指示设备、键盘和监视器。

理想情况下，一个好的人机交互使计算机好用、直观并且没有理解上的障碍。但是与日常生活中的物品一样，有些计算机人机交互不太好理解，用起来很繁琐。用户界面目前仍在不断改进，以适应快速发展的计算机用户群体的需要。

> **教学目标**
> 本章是对计算机的实践性导论。通过本章了解人机交互、用户界面和计算机的输入/输出设备，能够了解各种使用界面元素，认识各种常见计算机输入/输出设备。

2.1 人机交互

从世界上有计算机开始，人机交互就伴随着计算机的进化而进化，因为我们必须让计算机读懂我们所输入的命令，并根据命令来运算和反馈。所谓人机交互，就是人们通过计算机输入、输出设备，以有效的方式实现人与计算机对话。这一历史最早可追溯到1880年，美国人口调查局的赫曼·霍列瑞斯由于疲于手工处理人口普查数据，开始寻求用机器制表的方式。其成果是穿孔卡计算机的出现，而霍列瑞斯也因此被称为"数据处理之父"。现在的人很难想象，原始的人机交互就是通过"卡槽"来定位信息，然后用机器来读懂它。

一直到真正的计算机出现，都沿用着打字机时代"键盘"这一传统人机交互方式。随着鼠标出现，与键盘中的方向键相比，它更加符合人的自然习惯。这是人机交互的第一次革命，鼠标也已经成为今天绝大多数计算机用户不可或缺的工具。值得一提的是鼠标的普及过程。1983年，第一款鼠标是伴随苹果公司Lisa计算机发布的；随后不久，微软操作系统Windows 3.1宣布对其兼容，然后从Windows 95开始，鼠标伴随操作系统和计算机的普及开始变成标配产品。

键盘与鼠标的人机交互组合，从PC时代一直延续到互联网时代，并无太大改变，直到智能手机和多点触摸的出现。迅速普及的多点触摸技术，是人机交互史上的第二次革命，而引领它的又是苹果公司与它的革命性手机iPhone。在iPhone问世之前，智能手机一直在沿袭键盘和鼠标的信息输入方式。多点触摸打开了另外一扇窗户让所有人意识到其实键盘可以成为触摸的一部分,而很多命令其实能通过多个手指在触摸屏上划动方式的不同来完成,比如放大和缩小图片。这样的整合,让移动终端真正摆脱了传统 PC 终端的思维桎梏。多点触摸以手势来完成人机交互,更易于上手,同时也更加自然。

对有过 iPad 使用体验的人,感受将尤为明显。"学计算机"一度是一个名词,孩子可能需要长到七八岁才能开始学习并熟练使用键盘,但现在一个不到两岁的孩子已经能熟练地在 iPad 上进行娱乐,甚至据说不足三岁的孩子就可以自行从软件商店中下载游戏。得益于新的人机交互技术,人对机器的使用门槛在进一步降低,因为计算机已经越来越能读懂人在自然状态所传递的命令。

图 2-1 人机交互的三个革命性产品

现在,Kinect 或将成为第三次人机交互革命的原点。借助 Kinect,普通人不需要使用任何手柄、摇杆、鼠标或者其他遥控器,即可用身体直接控制游戏。比如要玩体育游戏,你只需要接通电源,然后站到电视机前面即可。所有对游戏角色的操控都用一种最自然的方式完成,不管是乒乓球的挥拍还是保龄球的击打,你只需要像现实中那样摆出动作即可。与其将这称之为"体感",不如说是"自然人机交互"。在抛开遥控器之后,人能够以身体最自然的方式与终端进行信息的交互并完成互动。微软的 Windows 8 操作系统能够直接支持 Kinect,这或许是一次里程碑式的兼容——它将标志着 Kinect 从游戏外设的定位中走出来,与鼠标、键盘、摄像头一起,成为新的普遍意义上的人机交互工具。

2.2 用户界面

用户界面(User Interface,简称 UI,亦称使用者界面)是系统和用户之间进行交互和信息交换的媒介,它实现了信息的内部形式与人类可以接受形式之间的转换。用户界面是介于用户与硬件而设计彼此之间交互沟通的相关软件,目的是使得用户能够方便有效率地操作硬件以达成双向的交互,完成所希望借助硬件完成的工作。用户界面定义广泛,包含了人机交互与图形用户接口,凡参与人类与机械的信息交流的领域都存在着用户界面。

2.2.1 用户接口

用户接口使得用户与系统之间双向的信息传递成为可能,它必须有人类感官与作用体所产生输出、输入与运作内容三方交互设计。
- 输入:允许用户操作运行一套系统。
- 输出:允许系统向用户传达操作效果。
- 人性要素(Human Factor):人类感官知觉、心理情绪、认知、学习、记忆、反应以及处理信息的模式、个别背景的差异等每一项都和用户接口有密切的关系,直接或间接地影响用户接口的性能。

最古老的用户接口是在各式各样物体制作符号、图形,使人类与对象之间产生交互接口,比如说当人类看到招牌即知道这栋房屋的作用为何。声音、旗帜、手势的运用,是让人与人或人与设备之间的用户接口,例如在战场或乐团演奏上,甚至是运用龟甲、钱币的卜卦,老师使用黑板作为与学生的用户接口,而算盘亦是由珠子所构成的早期人机界面。

早期计算机以预先制作打孔或涂黑的卡片或纸卷,作为输入之用,直到键盘与磁盘被普及使用后才逐渐消失。20 世纪 40 年代开始风行批量接口,即所有的输入数据预先设置于程序或命令行参数中。60 年代末出现了命令行界面(图 2-2 左),用户通过键盘输入指令,计算机接收到指令后,予以运行。

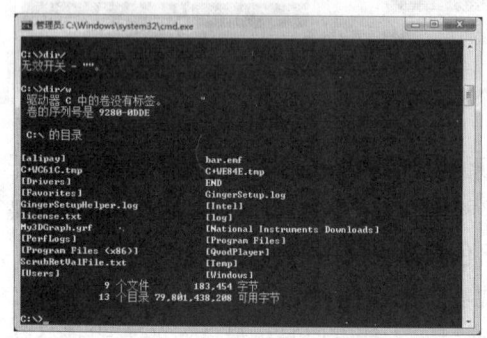 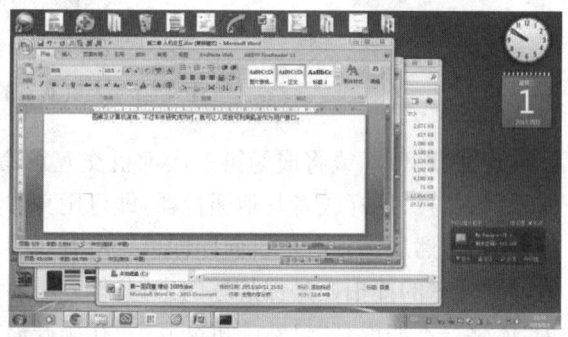

图 2-2 典型用户接口(图左为命令行模式,图右为图形用户模式)

现在常见的用户接口为图形用户接口(图 2-2 右),一般指介于用户与计算机之间沟通与交互的硬件以及软件,目的是使得计算机用户能够方便有效率地去操作计算机以达成双向的交互,完成所希望借助计算机完成之工作,其涵盖之范围包括:早期由纸带输入设备到键盘、鼠标、数字版等数据输入的设备,显示屏幕、声音等输出设备,参考文件、在线说明、教学课程等辅助使用之材料,人机交互的模式达到了只认识 1 与 0 的计算机与人类之间的用户接口的水平。

在图形用户界面中,计算机画面上显示窗口、图标、按钮等图形表示不同目的的动作,用户通过鼠标等指针设备进行选择。在 20 世纪 80 年代,计算机的用户接口革命是当时苹果计算机所发表的麦金塔(Macintosh)使用 WIMP(视窗、图键、窗体以及鼠标)将图形用户接口(GUI)带进了大众市场,取代早期计算机使用的命令行界面。90 年代初期微软所发表的 Windows 3.0 则巩固此变革。

现在还有一些用户界面,由原本的按钮、纸本等传统古代接口进化至直接用手指或者特殊的笔端触摸触摸屏上显示的按钮、图标进行各种操作,如自动取款机(ATM),汽车导航、媒体播放器、游戏机、手机等,一般操作简捷,直观。

未来的用户接口更加贴近真实交互,也被称为自然交互。比如脑机接口,它是在人或动物脑(或者脑细胞的培养物)与外部设备间创建的直接连接通路,目前还在实验阶段,科学家在全身瘫痪病患实际脑中植入计算机芯片,已成功利用脑电波来控制计算机,画出简单的图案及计算机游戏,不过未来研究成功时,人类就可利用脑波作为用户接口。

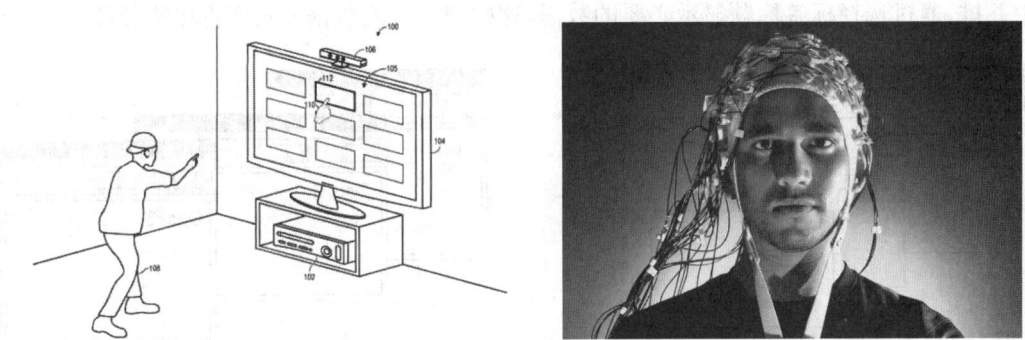

图 2-3　自然交互(图左为 Kinect,图右为脑机接口)

2.2.2　图形用户界面

图形用户界面(Graphical User Interface,简称 GUI)是指采用图形方式显示的计算机操作用户界面。与早期计算机使用的命令行界面相比,图形界面对于用户来说在视觉上更易于接受。然而这界面若要通过在显示屏的特定位置,以"各种美观、而不单调的视觉消息"提示用户"状态的改变",势必要比简单的文字消息呈现,花上更多的计算能力,计算"要改变显示屏哪些光点,变成哪些颜色"。因此在图形用户界面中,计算机画面上显示窗口、图标、按钮等图形,表示不同目的之动作,用户通过鼠标等指针设备进行选择。

- **桌面**,在启动时显示,也是界面中最底层,有时也指代包括窗口、文件浏览器在内的"桌面环境"。

在桌面上由于可以重叠显示窗口,因此可以实现多任务化。一般的界面中,桌面上放有各种应用程序和数据的图标,用户可以依此开始工作。桌面与既存的文件夹构成理念相违背,所以要以特殊位置的文件夹的参照形式来定义内容。比如在微软公司的 Windows XP 系统中,各种用户的桌面内容实际保存在系统盘(默认为 C 盘):\Documents and Settings\[用户名]\桌面文件夹里。

- **窗口**,应用程序为使用数据而在图形用户界面中设置的基本单元。应用程序和数据在窗口内实现一体化。

用户可以在窗口中操作应用程序,进行数据的管理、生成和编辑。通常在窗口四周设有菜单、图标,数据放在中央。在窗口中,根据各种数据/应用程序的内容设置标题栏,一般放在窗口的最上方,并在其中设有最大化、最小化(隐藏窗口,并非消除数据)、最前面、缩进(仅显示标题栏)等动作按钮,可以简单地对窗口进行操作。

(1) 单一文件界面(Single Document Interface，SDI)

在窗口中，一个数据在一个窗口内完成的方式。在这种情况下，数据和显示窗口的数量是一样的。若要在其他应用程序的窗口中使用数据，将相应生成新的窗口。因此窗口数量越多，管理越复杂。

(2) 多文件界面(Multiple Document Interface，MDI)

在一个窗口之内进行多个数据管理的方式。这种情况下，窗口的管理简单化，但是操作变为双重管理。其中标签是多文件界面的数据管理方式中使用的一种界面，将数据的标题在窗口中并排，通过选择标签标题显示必要的数据，这样使得接入数据方式变得更为便捷。

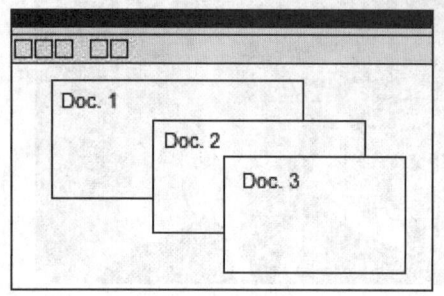 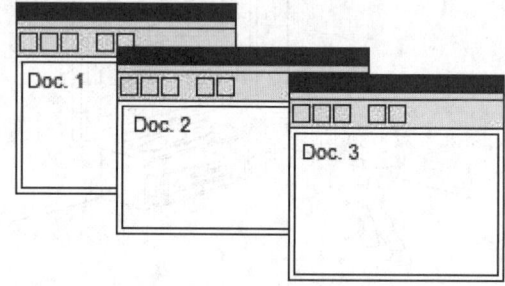

图 2-4　一个多文件界面(图左)和多个单文件界面(图右)

- **菜单**，将系统可以执行的命令以阶层的方式显示出来的一个界面。

一般置于画面的最上方或者最下方，应用程序能使用的所有命令几乎全部都能放入。重要程度一般是从左到右，越往右重要度越低。命令的层次根据应用程序的不同而不同，一般重视文件的操作、编辑功能，因此放在最左边，然后往右有各种设置等操作，最右边往往设有帮助。一般使用鼠标的第一按钮进行操作。其中即时菜单(又称功能表、上下文菜单(Context Menu))与应用程序准备好的层次菜单不同，在菜单栏以外的地方，通过鼠标的第二按钮调出的菜单称为"即时菜单"。根据调出位置的不同，菜单内容即时变化，列出所指示的对象目前可以进行的操作。

- **图标**，通常情况下显示的是数据的内容或者与数据相关联的应用程序的图案。

数据管理程序，即在文件夹中用户数据的管理、进行特定数据管理的程序的情况下，数据通过图标显示出来。另外，点击数据文件的图标，一般可以完成启动相关应用程序以后再显示数据本身这两个步骤的工作。应用程序的图标只能用于启动应用程序。

- **按钮**，菜单中，利用程度高的命令用图形表示出来，配置在应用程序中，成为按钮。

应用程序中的按钮，通常可以代替菜单。一些使用程度高的命令，不必通过菜单一层层翻动才能调出，极大地提高了工作效率。但是，各种用户使用的命令频率是不一样的，因此这种配置一般都是可以由用户自定义编辑。

- **其他**

(1) 回收站

为了实现文件删除的"假安全"功能而设置了"回收站"(垃圾桶)功能。在文件删除的时候，暂时将其移动到系统特定的地方，一旦用户发现删除错误，还可以将其找回，从而实现防止错误删除的目的。在麦金塔系统中，垃圾桶不仅可以删除文件，还可以进行各种各样对象的删除功能，如将可移动硬盘从系统中移出，将光盘从光驱中取出等等。

(2) 应用程序启动器

从图形界面上启动应用程序有很多方式，有好几种操作系统都采用菜单形式的程序启动器。NEXTSTEP 和 Mac OS X 中有一种称为 dock 的操作面板型的工具,可以存放各种文件和应用程序的信息,并通过鼠标点击调出。

(3) 图形用户界面的任务管理

在图形用户界面中,用户操作是以窗口为单位的。除了 MDI 和 Mac OS 以外,大多都是"窗口数量＝任务数量"。因此在看整体界面的时候,怎样进行任务管理是很重要的。Windows 等操作系统中,最常用的方式是在桌面上设置一个长条状的"任务栏",其中放置各种窗口的图标和标题,确保系统的可操作性和可视性,方便对窗口进行管理。其他的方法包括,在桌面上的菜单中添加各个窗口管理菜单,在桌面上显示任务的图标,用虚拟桌面的方式增加桌面的数量等。在 Mac OS X 系统中使用 Dock 进行任务管理,但是还有 Expose 进行窗口一览显示模式的功能。

2.3 输入/输出设备

I/O(Input/Output),即输入/输出,通常指数据在内部存储器和外部存储器或其他周边设备之间的输入和输出。与之相关的设备我们称为输入/输出设备。

表 2-1　常见输入/输出设备

输入	输出	双向
键盘	显示器	
鼠标	投影机	触摸屏
绘图板	打印机	刻录机
轨迹球	绘图仪	数码相机
扫描仪	扬声器	数码摄像机
麦克风	耳机	

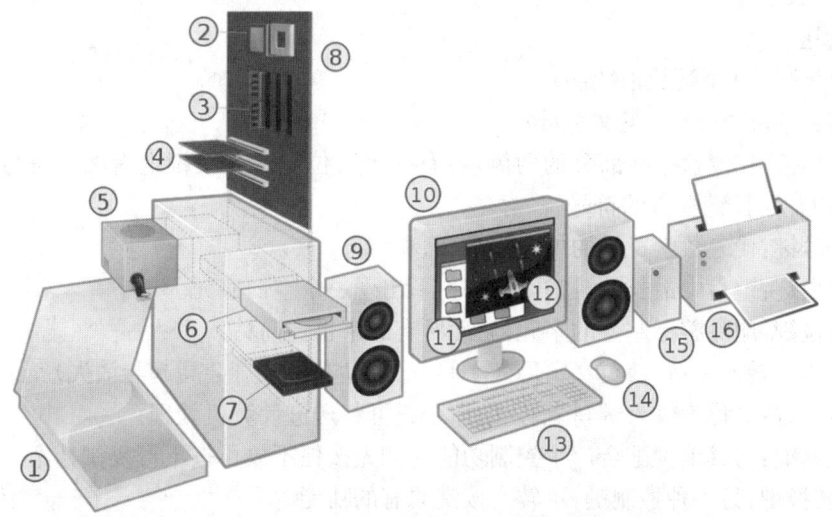

图 2-5　计算机主机和外设结构示意图

① 扫描仪　② Cache　③ 内存　④ 扩展卡　⑤ 电源　⑥ 光驱　⑦ 硬盘　⑧ 主板
⑨ 音箱　⑩ 显示器　⑪ 桌面　⑫ 窗口　⑬ 键盘　⑭ 鼠标　⑮ UPS　⑯ 打印机

2.3.1 输入设备

输入设备(Input Device)是人或外部与计算机进行交互的一种装置,用于把原始数据和处理这些数的程序输入到计算机中。计算机能够接收各种各样的数据,既可以是数值型的数据,也可以是各种非数值型的数据,如图形、图像、声音等都可以通过不同类型的输入设备输入到计算机中,进行存储、处理和输出。

一、键盘

键盘(Keyboard)是计算机的外设之一,由打字机键盘发展而来,因此计算机所采用的键盘主体与英文打字机键盘类似。通常,计算机键盘由矩形或近似矩形的一组按钮或者称为"键"组成,键的上面印有字符。大部分情况下,按下一个键就打出对应的一个符号,如字母、数字或标点符号等。然而,有一些特殊的符号需要同时按下几个键或者按顺序按几个键才能打出。另外还有一些键不对应任何符号,但是影响到计算机的运行。不同的输入法定义了不同的输出符号。从外观上来看,计算机键盘分为打字键区、功能键区、编辑键区和数字键区等四区。

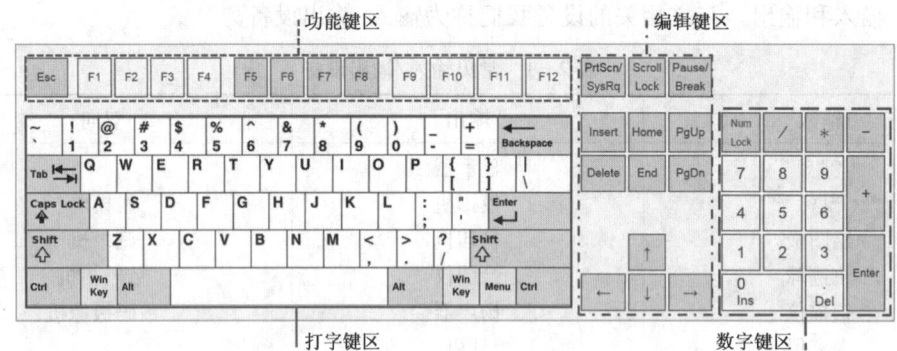

图 2-6 键盘分区示意图

打字键区

(1) 数字键(10 个阿拉伯数字)。

(2) 英文字母键(26 个英文字母)。

(3) 上档键:在键盘中间部分的两侧,各有一个移位键。当按键上有两个符号时,先按住上档键,可以显示按键上方的符号。

(4) 符号键:代表数学符号的加、减、乘、除和乘方。

(5) 空白键:键盘中最长的按键。每按一下出现一个空白字元。

(6) 退位键:删除游标左方的字元,后面所有的字也往前移。

(7) 大小写转换键:转换英文字母大小写。(键盘右上方灯会亮起与消失)

(8) 换行键:又称为输入键,将输入的命令或资料送进计算机处理。

(9) 控制键:与其他键配合产生控制功能。如先按住不放再按下可复制档案或资料夹。

(10) 转换键:另一种控制键,可转变按键原有的功能。

功能键区

键盘上共有 12 个功能键,分别位于键盘上方。依照软件特性不同,可设定常用按键或命令于功能键上。

数字键区

在键盘的右方数字键区,具有数字键功能与编辑键功能。

(1) 数字锁定键:用来切换数字键和编辑键的功能。

(2) 插入键:插入和置换两种输入模式的切换键。

(3) 删除键:把游标处的字删除,右方的字会自动补上来。

(4) 换行键:和打字键区的换行键功能相同。

编辑键区

在打字键区与编辑数字键区的中间设有编辑键区,专供编辑之用。由共有方向键及插入键、删除键、归位键、结束键、上一页键、下一页键等组成。

(1) 方向键:有四个键,可使游标上、下、左、右移动。

(2) 插入键:Insert 键。

(3) 删除键:Delete 键。

(4) 归位键:游标跳到该列的首位,使编写更为迅速。

(5) 结束键:使游标移到该列资料的最后一个字右方。

(6) Esc 键:用来跳出目前所执行的功能,或取消输入用。

(7) 上一页键:上键,使屏幕往上翻一页。

(8) 下一页键:下键,使屏幕往下翻一页。

二、鼠标

鼠标(Mouse)是一种很常见及常用的计算机输入设备,它可以对当前屏幕上的游标进行定位,并通过按键和滚轮装置对游标所经过位置的屏幕元素进行操作。鼠标按其工作原理的不同可以分为机械鼠标和光电鼠标。机械鼠标主要由滚球、辊柱和光栅信号传感器组成。当你拖动鼠标时,带动滚球转动,滚球又带动辊柱转动,装在辊柱端部的光栅信号传感器产生的光电脉冲信号反映出鼠标器在垂直和水平方向的位移变化,再通过计算机程序的处理和转换来控制屏幕上光标箭头的移动。光电鼠标器是通过检测鼠标器的位移,将位移信号转换为电脉冲信号,再通过程序的处理和转换来控制屏幕上的鼠标箭头的移动(图 2-7)。光电鼠标用

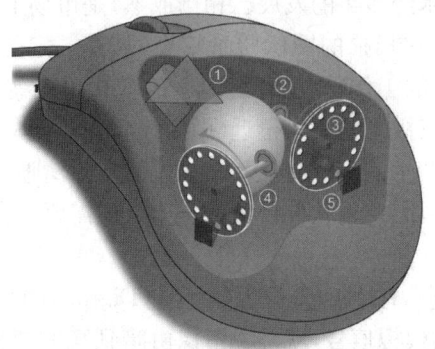

图 2-7 机械鼠标工作原理

① 移动鼠标带动滚球　② X 方向和 Y 方转杆传递鼠标移动　③ 旋转编码器的光电刻度盘

④ 晶体管发射红外线可穿过刻度盘的小孔　⑤ 光电传感器接收红外线并转换为平面移动速度

光电传感器代替了滚球。这类传感器需要特制的、带有条纹或点状图案的垫板配合使用。

三、扫描仪

扫描仪(Scanner)是一种光、机、电一体化的高科技产品,它是将各种形式的图像信息输入计算机的重要工具,是继键盘和鼠标之后的第三代计算机输入设备。扫描仪具有比键盘和鼠标更强的功能,从最原始的图片、照片、胶片到各类文稿资料都可用扫描仪输入到计算机中,进而实现对这些图像形式的信息的处理、管理、使用、存储、输出等,配合光学字符识别软件 OCR(Optic Character Recognize)还能将扫描的文稿转换成计算机的文本形式。

扫描仪的工作原理如下(图 2-8):自然界的每一种物体都会吸收特定的光波,而没被吸收的光波就会反射出去。扫描仪就是利用上述原理来完成对稿件的读取的。扫描仪工作时发出的强光照射在稿件上,没有被吸收的光线将被反射到光学感应器上。光感应器接收到这些信号后,将这些信号传送到模/数(A/D)转换器,模/数转换器再将其转换成计算机能读取的信号,然后通过驱动程序转换成显示器上能看到的正确图像。待扫描的稿件通常可分为:反射稿和透射稿。前者泛指一般的不透明文件,如报刊、杂志等,后者包括幻灯片(正片)或底片(负片)。如果经常需要扫描透射稿,就必须选择具有光罩(光板)功能的扫描仪。

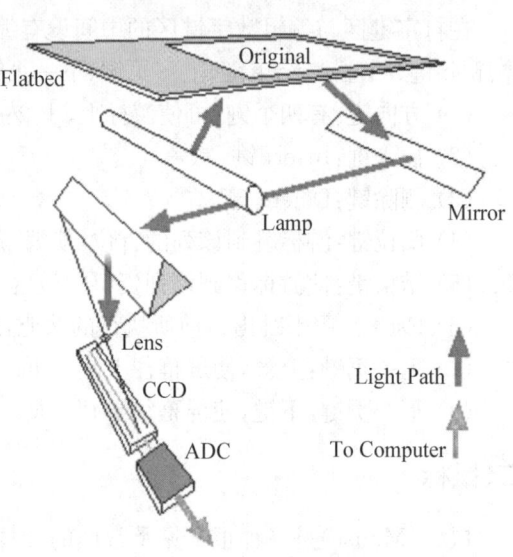

图 2-8 扫描仪工作原理

扫描仪的核心部件是光学读取装置和模/数(A/D)转换器。目前最常用的光学读取装置有 CCD(Charge Coupled Device),中文名称是电荷耦合器件,与一般的半导体集成电路相似,它在一块硅单晶上集成了成千上万个光电三极管,这些光电三极管分成三列,分别被红、绿、蓝色的滤色镜罩住,从而实现彩色扫描。光电三极管在受到光线照射时可产生电流,经放大后输出。采用 CCD 的扫描仪技术经多年的发展已相当成熟,是市场上主流扫描仪主要采用的感光元件。CCD 的优势在于,经它扫描的图像质量较高,具有一定的景深,能扫描凹凸不平的物体;温度系数较低,对于一般的工作,周围环境温度的变化可以忽略不计。CCD 的缺点有:由于组成 CCD 的数千个光电三极管的距离很近(微米级),在各光电三极管之间存在着明显的漏电现象,各感光单元的信号产生的干扰降低了扫描仪的实际清晰度;由于采用了反射镜、透镜,会产生图像色彩偏差和像差,需要用软件校正;由于 CCD 需要一套精密的光学系统,故扫描仪体积难以做得很小。

A/D 转换器是将模拟量(Analog)转变为数字量(Digital)的半导体元件。从 CCD 获取的电信号是对应于图像明暗的模拟信号,就是说图像由暗到亮的变化可以用从低到高的不同电平来表示,它们是连续变化的,即所谓模拟量。A/D 转换器的工作是将模拟量数字化,例如将 0 至 1V 的线性电压变化表示为 0 至 9 的 10 个等级的方法是:0 至小于 0.1V 的所有电压都变换为数字 0,0.1 至小于 0.2 V 的所有电压都变换为数字 1……0.9 至小于 1.0 V 的所有电压都变换为数字 9。实际上，A/D 转换器能够表示的范围远远大于 10，通常是 $2^8=256$、$2^{10}=1024$ 或者 $2^{12}=4096$。如果扫描仪说明书上标明的灰度等级是 10 bit，则说明这个扫描仪能够将图像分成 1024 个灰度等级，如果标明色彩深度为 30 bit，则说明红、绿、蓝各个通道都有 1024 个等级。显然，该等级数越高，表现的彩色越丰富。

光学字符识别 OCR(Optic Character Recognize)技术，OCR 技术是在扫描技术的基础上实现字符的自动识别。在获得纸面上反射光信号后，由 OCR 内部电路识别出字符，并将字符代码输入到计算机中。预处理包括文字分离、正规化、平滑化、二值化和噪声消除等。预处理的方法是将字符逐个分开，规范成大小一致的图像，经特殊处理和消除噪声，为后续处理创造条件。如果被识别的是正规的铅印字符，一般可利用与基准图像重合比较的方法来识别字符，不必抽取字符图像中的特征。若是手写字符，则需利用轮廓跟踪法抽取相应的字符特征。抽取的特征是识别的依据，如笔划的长度、角度、端点、笔划分布、四周特征等，它们以多维数据的形式表示。作为识别标准的学习图形，也以多维矢量的形式存放在识别辞典中。所谓判决就是将事先保存的基准字符特征与抽取的字符特征进行比较，直至找到相应的基准字符为止。OCR 技术在识别数字、英文字符及印刷体汉字方面已获得成功。

四、麦克风

麦克风是将声音信号转换为电信号的能量转换器件，由"Microphone"这个英文单词音译而来。也称话筒、微音器。20 世纪，麦克风由最初通过电阻转换声电发展为电感、电容式转换，大量新的麦克风技术逐渐发展起来，这其中包括铝带、动圈等麦克风，以及当前广泛使用的电容麦克风。

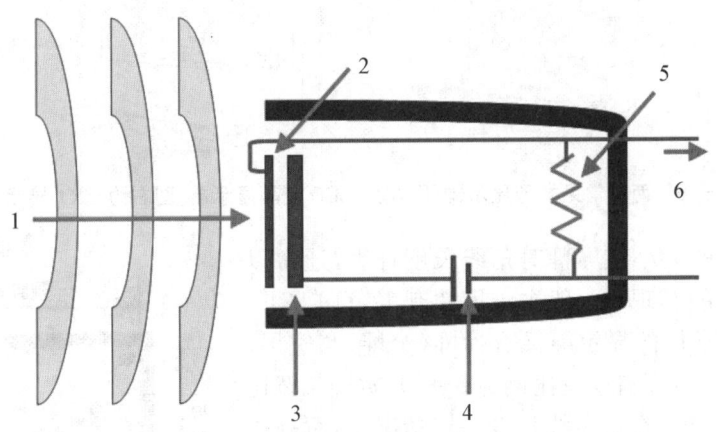

图 2-9 电容式麦克风的构成

1. 声波(Sound Waves) 2. 振动膜(Diaphram) 3. 基板(Back Plate)
4. 电池(Battery) 5. 电阻(Resistance) 6. 输出信号(Audio Signal)

电容式麦克风有两块金属极板，其中一块表面涂有驻极体薄膜(多数为聚全氟乙丙烯)并将其接地，另一极板接在场效应晶体管的栅极上，栅极与源极之间接有一个二极管。当驻极体膜片本身带有电荷，表面电荷电量为 Q，板极间电容量为 C，则在极头上产生的电压 $U=Q/C$，当受到振动或受到气流地摩擦时，由于振动使两极板间的距离改变，即电容 C 改变，而电量 Q 不变，就会引起电压的变化，电压变化的大小，反映了外界声压的强弱，这种电压变化频率反映了外界声音的频率,这就是驻极体传声器的工作原理。

2.3.2 输出设备

输出设备(Output Device)是对将外部世界信息发送给计算机的设备和将处理结果返回给外部世界的设备的总称。输出设备的功能是将内存中计算机处理后的信息以能为人或其他设备所接受的形式输出。这些返回结果可能是作为使用者能够视觉上体验的,或是作为该计算机所控制的其他设备的输入:对于一台机器人,控制计算机的输出基本上就是这台机器人本身,如做出各种行为。输出设备种类也很多.计算机常用的输出设备有各种打印机、凿孔输出设备、显示设备和绘图机等。打印机和显示设备已成为每台计算机和大多数终端所必需的设备。

一、显示器

显示器(Monitor)通常也被称为监视器。显示器是属于电脑的 I/O 设备,即输入/输出设备。它是一种将一定的电子文件通过特定的传输设备显示到屏幕上再反射到人眼的显示工具。根据制造材料的不同,可分为:阴极射线管显示器(CRT)、等离子显示器(PDP)、液晶显示器(LCD)等。目前较常用的为 LCD 液晶显示器。

图 2-10 两种常见类型显示器(图左为 LCD 液晶显示器,图右为 CRT 显示器)

一般显示器的大小依屏幕对角线长度计算,通常以英寸(inch)作为单位,现时一般主流尺寸有 17″、19″、21″、22″、24″、27″等。常用的显示屏又有标屏(窄屏)与宽屏,标屏长宽比为 4∶3(还有少量比例为 5∶4),宽屏长宽比为 16∶10 或 16∶9。在对角线长度一定情况下,宽高比值越接近 1,实际面积则越大。宽屏比较符合人眼视野区域形状。

此外与显示屏性能有关的参数包括:分辨率(单位:点/平方英寸;dpi。一般为 72~96 dpi),点距(毫米;通常为 0.18~0.25 mm),刷新率(单位:赫兹;Hz。只适用于 CRT 显示屏,一般为 60~120 Hz,取决于采用的分辨率)、亮度(单位:流明;Lux),对比度(最高亮度∶最低亮度,一般为 300∶1~10000∶1),能耗(单位:瓦特;W,其中显示器进入待机状态下的能耗较小),反应时间(单位:毫秒;ms。指一个像

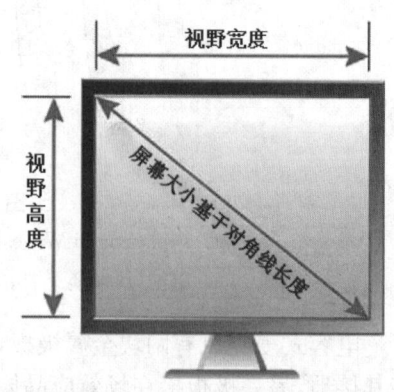

图 2-11 显示屏大小的评判

素从活动(黑)到静止(白)状态,再返回到活动状态所用的时间,数值越小越好),可视角度(在纵横方向可以看到图像的最大角度)等。

二、打印机

打印机(Printer)是计算机的输出设备之一,用于将计算机处理结果打印在相关介质上。衡量打印机好坏的指标有三项:打印分辨率、打印速度和噪声。打印机的种类很多,按打印元件对纸是否有击打动作,分为击打式打印机与非击打式打印机。按工作方式分为针式打印机、喷墨式打印机、激光打印机等。

目前主流的打印机为激光打印机。因为与其他类型打印机相比,激光打印机有很多突出的优点。与击打式打印机不同,激光打印机可以打印文本与图形混合的内容,包括不同的字形与字符大小以及半色调图像。激光打印机使用黑色或者彩色的粉末状色粉,而不是使用液体墨水。热敏打印机打印纸如果靠近热源的话,就会变脏,而激光打印机不需要特殊的纸张。与喷墨打印机相比,激光打印机的优点印制成本较低,并且激光打印机一次就可以印制整页的图像,而不像喷墨打印机那样通常每次只能印制很窄的一条,因此激光打印机打印速度更快。现在最慢的激光打印机的打印速度大致为 4 ppm(页/分钟,Pages Per Minute),并且价格较低。但是,受许多因素的影响,打印机的速度可能会大不一样,这些因素之一就包括待处理的任务中图形的数量。最快的打印机打印速度可达 200 ppm 单色文档,即每小时可以打印 12000 页。最快的彩色激光打印机速度可达 100 ppm,每小时可以打印 6000 页。高速的激光打印机通常用于印制大量邮寄的个人文档资料,如信用卡或者账单等,并且在一些商业应用领域与平版印刷进行竞争。双面打印机可以将纸张费用降为一半,并且可以减少文件的尺寸与重量。以前只有高端的打印机才有双面打印功能,如今中档的办公用打印机也开始普及双面打印功能,但是仍然有许多打印机并没有双面打印的功能。由于走纸机构较为复杂,双面打印可能会降低打印速度。

此外分辨率是衡量打印机质量的一项重要技术指标。打印机分辨率一般指最大分辨率,分辨率越大,打印质量越好。由于分辨率对输出质量有重要影响,因而打印机通常是以分辨率(Resolution)的高低来衡量其档次的。计算单位是 DPI(Dot Per Inch),其含义是指每英寸内打印的点数。例如一台打印机的分辨率是 600 dpi,这就意味着其打印输出每英寸打 600 个点。dpi 值越高,打印输出的效果越精细,越逼真,当然输出时间也就越长,售价越贵。一般针式打印机的分辨率是 180 dpi,高的达 360 dpi;喷墨打印机为 720 dpi,稍高的为 1440 dpi,近期推出的喷墨打印机分辨率高的达到了 2880 dpi;激光打印机为 300 dpi、600 dpi,高的为 1200 dpi,甚至于 2400 dpi。但是,激光打印机通常是生成栅格图像,除非是用非常高的分辨率,很难生成如照片这样连续色调的高质量图像,因此许多照片的打印必须使用喷墨打印机。

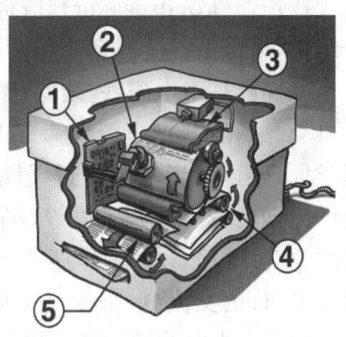

图 2-12 激光打印机构造
① 控制电路 ② 发光二极管照射头(光鼓) ③ 碳粉夹 ④ 进纸卷轴 ⑤ 出纸卷轴

通常激光打印机的工作过程分为六步:

(1) 充电:电晕线圈(旧式打印机)或者主充电转轴将静电投射到光感受器上,这个光感受器通常是旋转的光鼓或者光带,它能够保持所得到的静电直到特定波长的电磁辐射将它清除。

(2) 曝光:光栅图像处理器(RIP)芯片将图像转换为可以扫描到光鼓的合适栅格图像。激光经过一个由透镜及反射镜组成的系统运动镜面从而投射到光鼓上。由于激光是高精度的连续光照,所以选用激光(目前常用的是激光二极管)。光鼓上被激光照射到的地方静电就被释放,这样就在光鼓上形成了一个隐藏的光电图像。

(3) 显影:然后带有隐藏图像的光鼓经过由非常微小的塑料粉末与黑色碳粉或者其他彩色载体组成的色粉。这些带电的色粉通过静电就被吸引到激光所绘的隐藏图像处。

(4) 转印:光鼓压过或者卷过纸张就把图像转印过去。高端机器在纸的背面使用带有正电的转印转子将色粉从光鼓吸引到纸上。

(5) 定影:纸张经过有较高温度(200 摄氏度)、较大压力的定影熔化装置,塑料色粉就固定到纸上。

(6) 清洁:当打印过程结束时,一个电中性的橡胶刀片从光鼓上清除多余的色粉到垃圾库中,放电灯将光鼓上的剩余电荷清除。

不同的打印机实现这些步骤的方法也有所不同。一些激光打印机实际上使用一排的发光二极管在光鼓上操作。色粉是蜡质的或者塑料的,这样就可以使纸张通过定影机构时,色粉成分能够熔化。纸张可能用相反的电荷充电,也可能不进行充电。定影熔化器可以是红外箱、加热过的加压滚轮或者是一些高速、昂贵打印机所用的氙气灯。打印机初始加电的热过程是定影熔化部分的重要过程。许多打印机有色粉节约模式或者经济模式,它以较低对比度为代价可以实现较大幅度的节约。彩色激光打印机在三个不同的步骤或者通道分别打印彩色(通常是青色、黄色、品红三种颜色,但是也有例外)。

三、扬声器

扬声器(Loudspeaker),俗称喇叭、音箱,是一种将电子信号转换成声音信号的换能器、电子组件,可以由一个或多个扬声器组成音响组。

扬声器是由电磁铁、线圈、喇叭振膜组成(图 2-13)。扬声器把电流频率转化为声音。由物理学原理可知,当电流通过线圈产生电磁场,磁场的方向为右手法则。假设,扬声器播放 C 调,其频率为 256 Hz,即每秒振动 256 次,扬声器输出 256 Hz 的交流电,每秒 256 次电流改变,发出 C 调频率。当电线圈与扬声器薄膜一起振动,推动周围的空气振动,扬声器由此产生声音。

人耳可以听到的声波的频率一般在 20 Hz 至 20000 Hz 之间,所以一般的扬声器都会把程序设定在这个范围内。工作原理和上述相同。

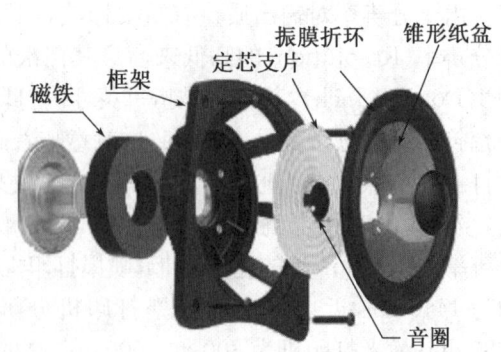

图 2-13 扬声器的结构示意图

能量的转换过程是由电能转换为磁能,再由磁能转换为机械能,最后由机械能转换为声音。

应该说,扬声器的最终性能,是依靠人耳的听感决定的,所以这个结果可能会因人而异。不过,还是可以将扬声器许多方面的特性通过数据的形式表达出来。一些常见参数包括:

- **功率**：包括最大功率、额定功率、平均功率等，功率越大对应的声音也就越大。
- **频率**：发声频率，由于一般很难制造出在 20~20000 Hz 范围内都表现良好的扬声器，所以通常将几个不同频率的扬声器组合起来构成扬声器系统。
- **阻抗**：通常为 2 的次方，例如 2 欧姆、8 欧姆、32 欧姆等等。
- **有损**：包括互调有损、谐波有损等参数。
- **灵敏度(分贝/瓦)**：灵敏度越高，细节表现力越强。

2.3.3 其他

一、触摸屏

触摸屏(Touchscreen)，是可以接收触头(包括手指或者胶笔头等)等输入信号的感应式液晶显示或者薄屏显示设备。当接触了屏幕上的图形按钮时，屏幕上的触觉反馈系统可根据预先编程的程序驱动各种链接设备，可用以取代机械式的按钮面板，并借由显示画面制造出生动的影音效果。触摸屏的用途非常广泛，从常见的提款机、PDA、到工业用的触控电脑，因为触摸屏为亲切且生动的人机界面。2007 年以后，越来越多智能手机也采用了触摸屏，典型的例子如 iPhone。

触摸屏通常是在半反射式液晶面板上覆盖一层压力板，其对压力有高敏感度，当物体施压于其上时会有电流信号产生以定出压力源位置，并可动态追踪。现在也有 In cell Touch 触控组件集成于显示面板之内，使面板本身就具有触控功能，不需另外进行与触控面板的贴合与组装即可达到触控的效果与应用。按传感器工作原理，触摸屏大致上可分为：电容式、电阻式等。

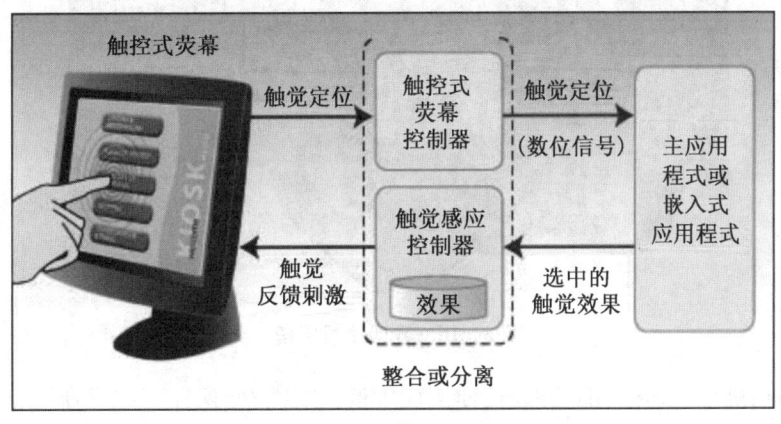

图 2-14 触摸屏工作原理

目前借助于多点触控技术，触摸屏的潜力和应用领域越来越多。触控技术人们并不陌生，银行的取款机大多有触摸屏功能，很多医院、图书馆等的大厅都有这种触控技术的电脑，支持触摸屏的手机、MP3、数码相机也很多。但是这些已经存在的触控幕都是单点触控，只能识别和支持每次一个手指的触控、点击，若同时有两个以上的点被触碰，就不能做出正确反应，而多点触控技术(Multi-Touch)能把任务分解为两个方面的工作，一是同时采集多点信号，二是对每路信号的意义进行判断,也就是所谓的手势识别,从而实现屏幕识别人的五个手指同时做的点击、触控动作。多点触摸技术能构成一个触摸屏(屏幕、桌面、墙壁等)或触控板都能够同时接受来自屏幕上多个点进行计算机的人机交互操作。当前有若干多点触控的应用及计划。有些目的是令输入更个性化(例如:IOS 设备、MacBook 系列、Android 手机和平板),不过这种技术最主要目的是带来人机互动新时代。

图 2-15 多点触控图示

二、数码相机

数码相机(Digital Camera)是一种利用电子传感器把光学影像转换成数字信息的照相机,而非传统照相机通过光线引起底片上的化学变化来记录图像。依功能、构造与画质的不同,目前较常见的数码照相机可区分为消费型数字相机(俗称傻瓜相机)、数码单镜反光相机等。另也有针对极为专业的特殊需求而设计的数码中片幅(120 片幅)相机。

在数码相机中,光感应式电荷耦合组件(CCD)或互补式金属氧化物半导体传感器用来取代传统相机底片的化学感光功能(图 2-16)。被捕捉的图像数据经集成的微处理器通过一定算法编码后,储存在相机内部数字存储设备(记忆卡、微型硬盘、软盘或可重写光盘)中。随着闪存容量的大幅增加和价格的下降,目前绝大多数数码相机都已采用闪存作为储存方案。

图 2-16 数码相机原理

由于数码相机小巧轻便、即拍即有、使用成本低、相片方便保存、分享与后期编辑等诸多优点,使其在短时间内得到迅速普及。大部分数码相机兼具录音、摄录动态影像等功能。2009年,全球共售出数码相机(包括带数码相机功能的手机)超过 9 亿部,而传统相机已近乎在市场上绝迹。目前,越来越多的设备如手机、个人电脑、终端机及平板电脑等也整合进了数码相机功能。这是因为,数字摄影方式比传统胶卷摄影具有许多优势,包括:

(1) 数码相片可以经由网络分享、传递,迅速便利。喷墨打印机技术的进步和普及,用户在家即可打印出媲美传统冲洗的相片。而传统的照片必须冲洗后到店自取或邮寄。

(2) 数码相机采用存储卡具有较高容量且可重复使用。而传统胶片是一次性的。

(3) 即拍即得,数字摄影可以立即透过相机欣赏图片,不满意立刻重拍。传统摄影往往要底片冲洗完成,才会发现相片过曝,曝光不足,或者晃动等失误。

(4) 光电转换芯片能提供多种感亮度选择,调整相机设定即可改变感亮度。传统相机根据使用的胶卷而固定感亮度。

(5) 家庭个人计算机普及,数据储存方式多元,数码照片可轻易备份于可重写光盘,硬盘,甚至网络服务器上。藉由多重备份,减少遗失风险。同时数码照片也不会因为年代久远而泛黄。

(6) 数码照片输入计算机,加以备份后,可用编辑软件后制,进行旋转、裁切、调整对比等,若不满意,还可由备份还原,重新后制。传统底片则需要暗房技术才能后制,且后制失败,底片无法复原。

(7) 透过计算机显示器观赏数码照片,远比传统相纸大许多。

随着厂商陆续推出千万以上像素数码相机,和传统的 35mm 胶卷照相机相比,数字照相机的成像质量各有胜负,除非是在输出大幅面作品的时候,才能察觉数码相机的缺点。因此,仅有少部分专业的摄影工作者以及底片爱好者仍然坚持使用胶卷照相机。

近几年随着网络和处理芯片的发展,以 GoPro 为代表的运动相机以其高画质、高速度、小巧轻便的特点正逐渐取代传统的消费型数码相机和数码摄像机。

小　结

键盘繁荣了 DOS,鼠标繁荣了 Mac 和 Windows,体感手柄和平衡板成就了 Wii,多点触控屏创造了 iPhone 的辉煌,Kinect 让 XBOX 360 延续了成功。人机互动对我们既熟悉又陌生。通过本章,我们从人机交互的软件和硬件层面上学习了解了图形用户界面、一些常见输入/输出设备的原理和用途,从而对现有人机交互的方式和手段有了进一步的认识,也一定程度上了解了人机交互的最新发展方向和趋势。这将有助于我们在将来的生活中知道如何更好地规划、利用我们的计算机,真正做到与计算机的互动。

习　题

一、是非题

1. 鼠标器的主要技术指标是分辨率,分辨率越高,定位越准确。　　　　　　(　　)
2. 计算机常用的输入设备为键盘和鼠标器。笔记本电脑常使用轨迹球、指点杆和触摸板等替代鼠标器。　　　　　　(　　)
3. 触摸屏兼有鼠标和键盘的功能,甚至还用于手写汉字输入,深受用户欢迎。目前已经在许多移动信息设备(手机、平板电脑等)上得到使用。　　　　　　(　　)

二、单选题

1. 下列各组设备中,全部属于输入设备的一组是_____。

A. 键盘、磁盘和打印机　　　　　　B. 键盘、触摸屏和鼠标
C. 硬盘、打印机和键盘　　　　　　D. 键盘、鼠标和显示器

2. 以下打印机中，需要安装色带才能在打印纸上印出文字和图案的是_____。

A. 激光打印机　　　　　　　　　　B. 压电喷墨式打印机
C. 热喷墨式打印机　　　　　　　　D. 针式打印机

3. 打印机的打印分辨率一般用 dpi 作为单位，dpi 的含义是_____。

A. 每厘米可打印的点数　　　　　　B. 每平方厘米可打印的点数
C. 每英寸可打印的点数　　　　　　D. 每平方英寸可打印的点数

三、填空题

1. 显示器屏幕的尺寸如 17 英寸、19 英寸、22 英寸等，指的是显示器屏幕（水平、垂直、对角线）_____方向的长度。

2. 数码相机存放相片的存储器卡大多采用_____存储器组成。

3. 扫描仪是基于_____原理设计的，它使用的核心器件是 CCD。

4. 目前数码相机使用的成像芯片主要有_____芯片和 CMOS 芯片两大类。

操作实践

1. 使用 Windows 7 的联机入门帮助教程，了解 Windows 7 操作系统提供的各种特色功能。

(1) 窗口贴靠操作；
(2) 桌面个性化，如设置三维文字屏幕保护，显示控制面板图标等；
(3) 任务栏个性化，如任务栏自动隐藏等。

2. 共享文件夹管理

(1) 将计算机中的光驱设为共享，其共享名为"OurCd"；
(2) 将计算机中的某个文件夹设备共享，其共享名为"OurFolder"。

【微信扫码】
参考答案 & 相关资源

第三章 以 CPU 为核心的计算机体系

如果你看过计算机内部结构，你也许会认为计算机是由一大堆乱糟糟的电线和一些电子装置组成。然而不管内部结构怎么样，计算机作为一个独立的系统，它所有的组成部分必须依据一个体系构成。

计算机体系结构指的是计算机系统的设计和构造。任何计算机的体系结构都可以按照两个特点进行分类：计算机的使用能源是什么和在物理上计算机如何表示、处理、存储和移动数据。大部分的现代计算机都使用电作为能源，并且使用电信号和电路进行数据的表示、处理和移动数据。

> **教学目标**
> 本章是对计算机硬件的理论性导论。通过本章了解现代计算机常用冯·诺依曼体系结构、CPU 的工作原理、存储结构和总线，能够认识各种常见计算机存储设备。

3.1 冯·诺依曼结构

冯·诺依曼体系结构是现代计算机的基础，现在大多计算机仍是冯·诺依曼计算机的组织结构，只是作了一些改进而已，并没有从根本上突破冯·诺依曼体系结构的束缚。冯·诺依曼也因此被人们称为"计算机之父"。然而由于传统冯·诺依曼计算机体系结构天然所具有的局限性，从根本上限制了计算机的发展。

根据冯·诺依曼体系结构构成的计算机，必须具有如下功能：把需要的程序和数据送至计算机中，必须具有长期记忆程序、数据、中间结果及最终运算结果的能力。能够完成各种算术、逻辑运算和数据传送等数据加工处理的能力。能够根据需要控制程序走向，并能根据指令控制机器的各部件协调操作。能够按照要求将处理结果输出给用户。

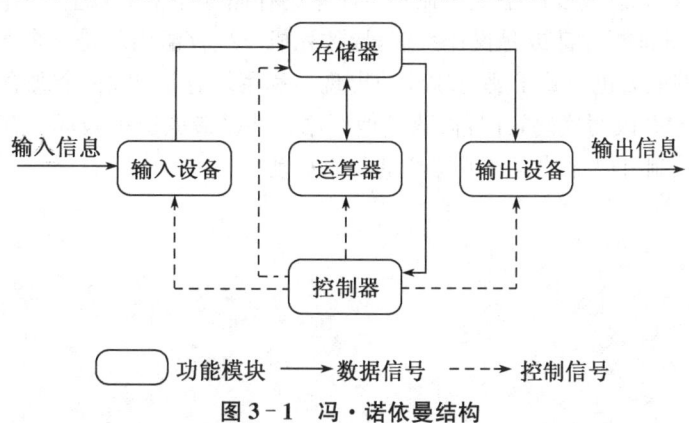

图 3-1 冯·诺依曼结构

将指令和数据同时存放在存储器中,是冯·诺依曼计算机方案的特点之一,即计算机由控制器、运算器、存储器、输入设备、输出设备五部分组成。冯·诺依曼提出的计算机体系结构,奠定了现代计算机的结构理念。

冯·诺伊曼结构是一种将程序指令存储器和数据存储器合并在一起的电脑设计概念结构。根据图3-1的逻辑结构,可以看出:

(1) 计算机工作原理:存储程序(或程序存储)。

(2) 存储程序原理的主要思想:将程序和数据存放到计算机内部的存储器中,计算机在程序的控制下一步一步进行处理,直到得出结果。今天我们所使用的计算机,不管机型大小,都属于冯·诺依曼结构计算机。

(3) 冯·诺依曼结构的主要特点:

① 存储程序控制:要求计算机完成的功能,必须事先编制好相应的程序,并输入到存储器中,计算机的工作过程是运行程序的过程;

② 程序由指令构成,程序和数据都用二进制数表示;

③ 指令由操作码和地址码构成;

④ 机器以 CPU 为中心。

最早的计算机器仅预装固定用途的程序。现代的某些计算机依然维持这样的设计方式,通常是为了简化或教育。例如一个计算器仅有固定的数学计算程序,它不能拿来当作文字处理软件,更不能拿来玩游戏。若想要改变此机器的程序,你必须更改线路、更改结构甚至重新设计此机器。当然最早的计算机并没有设计成现在常用的可编程化。当时所谓的"重写程序"很可能指的是纸笔设计程序步骤,接着制订工程细节,再施工将机器的电路配线或结构改变。冯·诺伊曼结构所表述的存储程序型电脑概念改变了这一切。借由创造一组指令集结构,并将所谓的运算转化成一串程序指令的运行细节,让此机器更有弹性,借着将指令当成一种特别形态的静态数据,一台存储程序型电脑可轻易改变其程序,并在程控下改变其运算内容。

存储程序型概念也可让程序运行时自我修改程序的运算内容。从整体而言,将指令当成数据的概念使得汇编语言、编译器与其他自动编程工具得以实现;可以用这些"自动编程的程序",以人类较易理解的方式编写程序;从局部来看,强调I/O的机器,想要修改画面上的图样,以往是认为若没有专门定制的硬件就办不到。但之后显示这些功能可以借由"编译"技术而有效达到。

冯·诺伊曼结构当然有所缺陷,除了下列将述的冯·诺伊曼瓶颈之外,修改程序很可能是具有伤害性的,无论无意或设计错误。在一个简单的存储程序型电脑上,一个设计不良的程序可能会伤害自己、其他程序甚或是操作系统,导致死机。缓存溢出就是一个典型例子。而创造或更改其他程序的能力也导致了恶意软件的出现。利用缓存溢出,一个恶意程序可以覆盖调用堆栈(Call stack)并改写代码,并且修改其他程序文件以造成连锁破坏。存储器保护机制及其他形式的访问控制可以保护意外或恶意的代码更动。

3.2 CPU

3.2.1 定义和原理

中央处理器(Central Processing Unit，CPU)，是计算机的主要设备之一，功能主要是解释计算机指令以及处理计算机软件中的数据。计算机的可编程性主要是指对中央处理器的编程。中央处理器、内部存储器和输入/输出设备是现代电脑的三大核心部件。20 世纪 70 年代以前，中央处理器由多个独立单元构成，后来发展成由集成电路制造的中央处理器，微处理器中央处理器复杂的电路可以做成单一微小功能强大的单元。

CPU 是在特别纯净的硅材料上制造的。一个 CPU 芯片包含上百万个精巧的晶体管。人们在一块指甲盖大小的硅片上，用化学的方法蚀刻或光刻

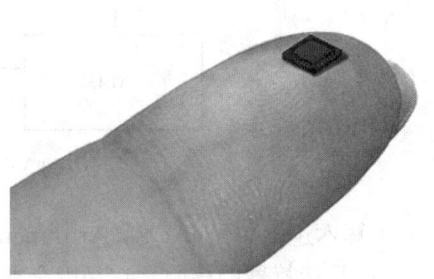

图 3-2 小型化的中央处理器

出晶体管。因此，从这个意义上说，CPU 正是由晶体管组合而成的。简单而言，晶体管就是微型电子开关，它们是构建 CPU 的基石，你可以把一个晶体管当作一个电灯开关，它们有个操作位，分别代表两种状态：ON(开)和 OFF(关)。这一开一关就相当于晶体管的连通与断开，而这两种状态正好与二进制中的基础状态"0"和"1"对应。这样，计算机就具备了处理信息的能力。在有晶体管之前，计算机依靠速度缓慢、低效率的真空电子管和机械开关来处理信息。后来，科研人员把两个晶体管放置到一个硅晶体中，这样便创作出第一个集成电路，再后来才有了微处理器。

晶体管是如何利用"0"和"1"这两种电子信号来执行指令和处理数据的呢？其实，所有电子设备都有自己的电路和开关，电子在电路中流动或断开，完全由开关来控制，如果将开关设置为 OFF，电子将停止流动，如果再将其设置为 ON，电子又会继续流动。晶体管的这种 ON 与 OFF 的切换只由电子信号控制，我们可以将晶体管称之为二进制设备。这样，晶体管的 ON 状态用"1"来表示，而 OFF 状态则用"0"来表示，就可以组成最简单的二进制数。众多晶体管产生的多个"1"与"0"的特殊次序和模式能代表不同的情况，将其定义为字母、数字、颜色和图形。举个例子，十进制中的 1 在二进制模式时也是"1"，2 在二进制模式时是"10"，3 是"11"，4 是"100"，5 是"101"，6 是"110"等等，依此类推，这就组成了计算机工作采用的二进制语言和数据。成组的晶体管联合起来可以存储数值，也可以进行逻辑运算和数字运算。加上石英时钟的控制，晶体管组就像一部复杂的机器那样同步地执行它们的功能。

3.2.2 CPU 的组成结构

由晶体管组成的 CPU 是作为处理数据和执行程序的核心，其英文全称是：Central Processing Unit，即中央处理器。首先，CPU 的内部结构可以分为控制单元，逻辑运算单元和

存储单元(包括内部总线及缓冲器)三大部分。

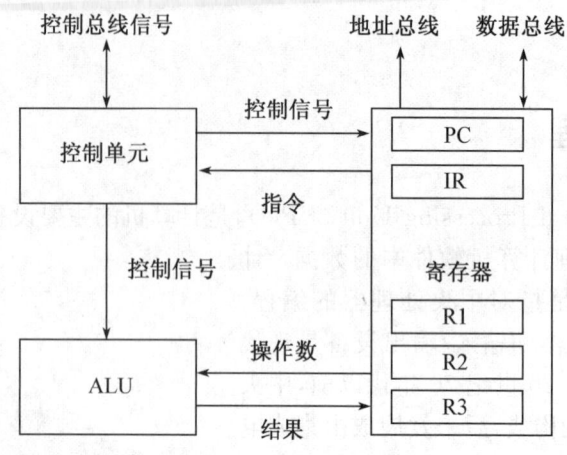

图 3-3　CPU 的组成结构

(1) 算术逻辑单元(ALU, Arithmetic Logic Unit)

ALU 是运算器的核心。它是以全加器为基础,辅之以移位寄存器及相应控制逻辑组合而成的电路,在控制信号的作用下可完成加、减、乘、除四则运算和各种逻辑运算。就像刚才提到的,这里就相当于工厂中的生产线,负责运算数据。

(2) 寄存器组(RS, Register Set 或 Registers)

RS 实质上是 CPU 中暂时存放数据的地方,里面保存着那些等待处理的数据,或已经处理过的数据,CPU 访问寄存器所用的时间要比访问内存的时间短。采用寄存器,可以减少 CPU 访问内存的次数,从而提高了 CPU 的工作速度。但因为受到芯片面积和集成度所限,寄存器组的容量不可能很大。寄存器组可分为专用寄存器和通用寄存器。专用寄存器的作用是固定的,分别寄存相应的数据。而通用寄存器用途广泛并可由程序员规定其用途。通用寄存器的数目因微处理器而异。

(3) 控制单元(CU, Control Unit)

正如工厂的物流分配部门,控制单元是整个 CPU 的指挥控制中心,由指令寄存器 IR(Instruction Register)、指令译码器 ID(Instruction Decoder)和操作控制器 OC(Operation Controller)三个部件组成,对协调整个电脑有序工作极为重要。它根据用户预先编好的程序,依次从存储器中取出各条指令,放在指令寄存器 IR 中,通过指令译码(分析)确定应该进行什么操作,然后通过操作控制器 OC,按确定的时序,向相应的部件发出微操作控制信号。操作控制器 OC 中主要包括节拍脉冲发生器、控制矩阵、时钟脉冲发生器、复位电路和启停电路等控制逻辑。

(4) 总线(Bus)

就像工厂中各部位之间的联系渠道,总线实际上是一组导线,是各种公共信号线的集合,用于作为电脑中所有各组成部分传输信息共同使用的"公路"。直接和 CPU 相连的总线可称为局部总线。其中包括:数据总线 DB(Data Bus)、地址总线 AB(Address Bus)、控制总线 CB(Control Bus)。其中,数据总线用来传输数据信息;地址总线用于传送 CPU 发出的地址信息;控制总线用来传送控制信号、时序信号和状态信息等。

3.2.3 CPU 的工作流程

CPU 的工作原理就像一个工厂对产品的加工过程：进入工厂的原料（程序指令），经过物资分配部门（控制单元）的调度分配，被送往生产线（逻辑运算单元），生产出成品（处理后的数据）后，再存储在仓库（存储单元）中，最后等着拿到市场上去卖（交由应用程序使用）。在这个过程中，我们注意到从控制单元开始，CPU 就开始了正式的工作，中间的过程是通过逻辑运算单元来进行运算处理，交到存储单元代表工作的结束。

数据从输入设备流经内存，等待 CPU 的处理，这些将要处理的信息是按字节存储的，也就是以 8 位二进制数或 8 比特为 1 个单元存储，这些信息可以是数据或指令。数据可以是二进制表示的字符、数字或颜色等。而指令告诉 CPU 对数据执行哪些操作，比如完成加法、减法或移位运算。

我们假设在内存中的数据是最简单的原始数据。首先，指令指针（Instruction Pointer）会通知 CPU，将要执行的指令放置在内存中的存储位置。因为内存中的每个存储单元都有编号（称为地址），可以根据这些地址把数据取出，通过地址总线送到控制单元中，指令译码器从指令寄存器 IR 中拿来指令，翻译成 CPU 可以执行的形式，然后决定完成该指令需要哪些必要的操作，它将告诉算术逻辑单元（ALU）什么时候计算，告诉指令读取器什么时候获取数值，告诉指令译码器什么时候翻译指令等等。

假如数据被送往算术逻辑单元，数据将会执行指令中规定的算术运算和其他各种运算。当数据处理完毕后，将回到寄存器中，通过不同的指令将数据继续运行或者通过数据总线送到数据缓存器中。

基本上，CPU 就是这样去执行读出数据、处理数据和往内存写数据 3 项基本工作。但在通常情况下，一条指令可以包含按明确顺序执行的许多操作，CPU 的工作就是执行这些指令，完成一条指令后，CPU 的控制单元又将告诉指令读取器从内存中读取下一条指令来执行。这个过程不断快速地重复，快速地执行一条又一条指令，产生在显示器上所看到的结果。我们很容易想到，在处理这么多指令和数据的同时，由于数据转移时差和 CPU 处理时差，肯定会出现混乱处理的情况。为了保证每个操作准时发生，CPU 需要一个时钟，时钟控制着 CPU 所执行的每一个动作。时钟就像一个节拍器，它不停地发出脉冲，决定 CPU 的步调和处理时间，这就是我们所熟悉的 CPU 的标称速度，也称为主频。主频数值越高，表明 CPU 的工作速度越快。

3.3 计算机存储体系

3.3.1 存储系统的结构

计算机中的所有部件（如 CPU、硬盘驱动器和操作系统）作为一个团队协同工作，存储器是这个团队中最重要的成员之一。从启动计算机一直到关机，CPU 都在使用存储器。快速而强大的 CPU 需要快速轻松地存取大量数据才能实现最优性能。如果 CPU 无法获得所需要的数据,则只能停下来等待这些数据。运行速度约为 1 GHz 的现代 CPU 可以处理大量的数据——每秒处理的数据有望达到数十亿字节。然而,计算机设计者所面临的难题是能够匹配 1GHz 的 CPU 的存储器非常昂贵——而这些大量昂贵存储器的费用远非人们可以负担。

聪明的计算机设计者采用"分级"存储器的方法解决了这一成本问题——使用少量的昂贵存储器并辅以大量较便宜的存储器。在计算机中必须有速度由慢到快、容量由大到小的多级层次存储器,以最优的控制调度算法和合理的成本,构成具有性能可接受的存储系统。存储系统的性能在计算机中的地位日趋重要,主要原因是:① 冯·诺伊曼体系结构是建立在存储程序概念的基础上,访存操作约占中央处理器(CPU)时间的 70% 左右。② 存储管理与组织的好坏影响到整机效率。③ 现代的信息处理,如图像处理、数据库、知识库、语音识别、多媒体等对存储系统的要求很高。

当前计算机系统一般会采用层次结构存储数据,所谓存储系统的层次结构,就是把各种不同存储容量、存取速度和价格的存储器按层次结构组成多层存储器,并通过管理软件和辅助硬件有机组合成统一的整体,使所存放的程序和数据按层次分布在各种存储器中。目前,在计算机系统中通常采用三级层次结构来构成存储系统,主要由高速缓冲存储器 Cache、主存储器和辅助存储器组成。

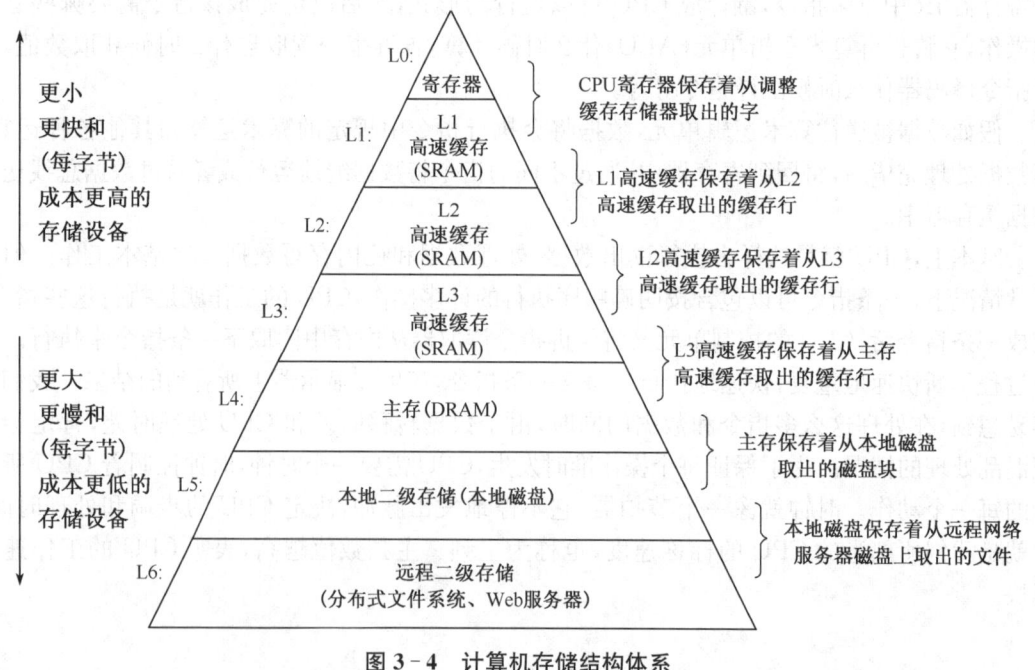

图 3-4 计算机存储结构体系

存储系统多级层次结构中,由上向下分三级,其容量逐渐增大,速度逐级降低,成本则逐次减少。整个结构又可以看成两个层次:它们分别是 Cache(主存层次)和主存(辅存层次)。这个层次系统中的每一种存储器都不再是孤立的存储器,而是一个有机的整体。它们在辅助硬件和计算机操作系统的管理下,可把主存作为一个存储整体,形成的可寻址存储空间比主存储器空间大得多。由于辅存容量大,价格低,使得存储系统的整体平均价格降低。由于 Cache 的存取速度可以和 CPU 的工作速度相媲美,故 Cache 可以缩小主存和 CPU 之间的速度差距,从整体上提高存储器系统的存取速度。尽管 Cache 成本高,但由于容量较小,故不会使存储系统的整体价格增加很多。

综上所述,一个较大的存储系统是由各种不同类型的存储设备构成,是一个具有多级层次结构的存储系统。该系统既有与 CPU 相近的速度,又有极大的容量,而成本又是较低的。其中高速缓存解决了存储系统的速度问题,辅助存储器则解决了存储系统的容量问题。采用多级层次结构的存储器系统可以有效地解决存储器的速度、容量和价格之间的矛盾。

3.3.2 存储器的分类与功能

随着计算机的不断发展,对存储器的要求也越来越高,在要求速度快,大容量的同时,又要求降低成本。但这些要求本身是矛盾的,半导体存储器的存储速度快但是存储容量有限,磁盘与磁带的存储容量大但是存储速度较慢。因此为了发挥其各自的优势,将不同的存储器按一定的体系结构组合起来,即组成了一个分级储存系统。

根据不同的分类,存储器可以被分为不同的种类,不同的存储器有不同的结构和功能。存储器的分类方法有很多。

按存储器与 CPU 的连接和功能分类:

(1) 主存储器(内存储器)。主存储器是 CPU 能够直接访问的存储器,用于存放当前的程序和数据。

(2) 辅助存储器。为解决主存储器存储容量不足问题而设置的存储器,用于存放当前不运行的程序和数据。

(3) 高速缓冲存储器。高速缓冲存储器介于主存储器与 CPU 之间,是用于匹配主存储器与 CPU 之间速度问题的小容量高速存储器。其速度与 CPU 运行速度相当,用于存储 CPU 常用到的数据和指令。

(4) 海量后备存储器。如磁盘、U 盘,光盘等,有着容量大但是速度慢的特点,并且可以做到脱机存档。

按存取方式来分类:

(1) 随机存储器(RAM)。RAM 内的任何单元内容都可以随机读取和写入。

(2) 只读存储器(ROM)。ROM 与 RAM 的不同在于其单元内容只可以随机读取,而不可以写入。

(3) 顺序存取存储器(SAM)。SAM 内所存数的信息的排列、寻址与读写都是按顺序进行的,而且存取的时间与信息的存储位置有关。

(4) 直接存取存储器(DAM)。DAM 介于 RAM 与 SAM 之间,如磁盘。

如果分析一下存储器的类型,会惊讶地发现原来我们在日常生活中所使用的电子存储器的种类竟然有如此之多,其中很多存储器已经成为人们日常词汇中不可或缺的一部分,如 RAM、ROM、缓存、动态 RAM、静态 RAM、闪存、记忆棒、虚拟内存、视频存储器、BIOS。

众所周知,现在所使用的计算机内具有存储器。但其实我们日常使用的大部分电子设备也包含着某种形式的存储器。下面只是使用存储器的众多设备中的几个示例:手机、PDA、游戏机、车载无线电、VCR、电视。这些设备中的每一个都以不同的方式使用不同类型的存储器。

尽管存储器从技术上是指任何形式的电子存储设备,但它更多的是用来表示快速、临时的存储形式。如果计算机的 CPU 需要经常访问硬盘以获得所需的每条数据,则整个系统的运行会非常缓慢。但是,如果将信息保存在存储器中,CPU 读取这些信息的速度就可以大大加快,大多数的存储器都是用来存储临时数据的。

如前述,CPU 根据不同的层级来访问存储器。不管数据是来自永久性存储设备(硬盘)还是来自输入设备(键盘),大部分数据都会首先进入随机存取存储器(RAM)。然后 CPU 存储需要访问的数据(通常存储在缓存中),并在寄存器中维护某些特殊的指令。一般情况过程如下:

Step 1:启动计算机。

Step 2:计算机从只读存储器(ROM)中加载数据,然后执行通电自检(POST),确认所有主要的部件都运行正常。作为自检的一部分,存储器控制器会通过一个快速的读/写操作来检查所有的存储器地址,以确保存储器芯片中没有错误。读/写操作意味着将数据写到一个位上,然后再从该位上读取出来。

Step 3:计算机从 ROM 中加载基本输入/输出系统(BIOS)。BIOS 提供有关存储设备、启动顺序、安全性、即插即用(自动设备识别)功能和其他一些项目的最基本的信息。

Step 4:计算机将操作系统从硬盘加载到系统的 RAM 中。通常来说,只要计算机处于开启状态,就会在 RAM 中维护操作系统的关键内容。这样有助于 CPU 立即访问操作系统,从而提高整个系统的性能和功能。

Step 5:当您打开某个应用程序时,就会将其加载到 RAM 中。为了节省 RAM,很多应用程序最初只加载程序最基本的部分,然后再根据需要加载程序的其他部分。

Step 6:在某个应用程序加载完之后,在该应用程序中打开使用的任何文件将会加载到 RAM 中。

Step 7:当您保存某个文件或关闭应用程序时,该文件会被写入到指定的存储设备,然后从 RAM 中清除该文件和应用程序。

在上例中,每当加载或者打开某个对象时,都会将其放入到 RAM 中。这就意味着已将这些对象放入了计算机的临时存储区域,这样 CPU 就可以更容易地读取相关信息。CPU 从 RAM 中请求它需要的数据,处理这些数据,然后将新数据写回到 RAM 中,这样就形成了一个连续的循环。在大部分计算机中,CPU 和 RAM 之间的这种数据交换每秒多达数百万次。在关闭一个应用程序之后,该应用程序及相关文件通常会从 RAM 中被清除,以便为新数据腾出空间。如果经过修改的文件在被清除之前没有保存到永久性存储设备上,这些文件则会丢失。

3.3.3 典型存储器

(1) 磁性存储器

磁存储技术在各类可移动存储技术中最为普遍,也最是经久不衰。磁存储设备使用的介质具有一个氧化铁涂层。这种氧化物为铁磁性材料,只要将这种材料暴露在磁场下,就能使其永久磁化。这种介质一般称为磁盘或磁碟。驱动器使用马达让介质高速转动起来,并通过一种称为磁头的小型设备访问(读取)介质上存储的信息。每一个磁头上都有一个微型电磁体,由包裹线圈的铁芯构成。该电磁体会施加一个磁通量到介质的氧化涂层上,氧化物能永久性地"记住"它感受到的磁通效应。进行写操作时,数据信号沿线圈传播,继而在铁芯中产生一个磁场。在磁通效应的作用下，磁头和介质间的空隙内会形成干涉条纹。这种干涉效应会在空隙间形成一个桥接，继而磁化介质上的氧化物。当驱动器读取数据时，读磁头会施加一个能穿过空隙的变化磁场，于是铁芯中也会产生一个变化的磁场，线圈上就会得到一个电信号。随后，这一信号会以二进制数据的形式传送给计算机。

最典型的磁存储器是今天几乎所有的计算机都配有的硬盘驱动器，其中每台大型主机和超级计算机则一般连接几百个硬盘驱动器。甚至会发现有些摄像机和录像机之类的设备也用硬盘代替了磁带。这些不计其数的硬盘专门负责以相对固定的形式保存变化的数字信息，它们使计算机即使在断电情况下，也具有记忆能力。

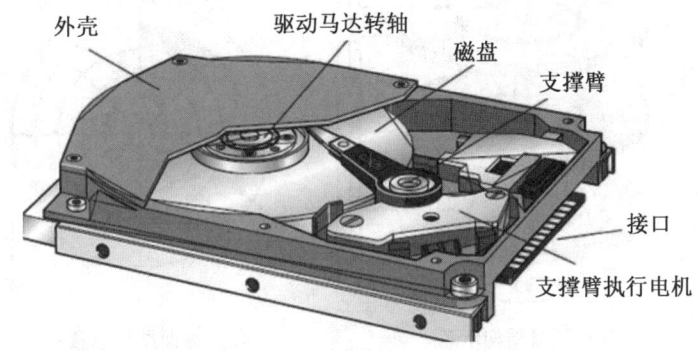

图 3-5 典型的硬盘及结构示意

硬盘发明于 20 世纪 50 年代。最初这些直径达 20 英寸的宽大磁盘只能保存几兆的数据。它们先是被称为"固定磁盘"或"温彻斯特盘"（IBM 公司一种流行产品的代号），后来又被称为"硬盘"以区别于"软盘"。硬盘使用附有磁性介质的硬质盘片，而磁带和软盘使用的是柔软的塑料薄片。

典型计算机的硬盘容量在 500 G～1 T 之间。数据以文件的形式保存在磁盘上。一个文件不过是一组命名的字节。这些字节可能是某个文本文件中字符的 ASCII 码，也可能是供计算机执行的某个应用软件的指令，或者是某个数据库的记录，还可能是某个 GIF 图像的像素颜色。无论文件包含了什么内容，它只是一个字节流罢了。当在计算机上运行的程序请求使用某个文件时，硬盘将取得文件的字节依次发送给 CPU。

衡量硬盘驱动器的性能有两个指标：

（1）**数据传输率**——数据传输率是硬盘每秒钟可以传送给 CPU 的字节数。常见的数据传输率在 5～40 MB/s 之间。

（2）**寻道时间**——寻道时间是从 CPU 向硬盘请求某个文件开始到该文件的第一个字节送至 CPU 结束两个时刻之间的间隔。寻道时间通常在 10～20 ms 之间。

还有一个重要参数就是硬盘的容量，即可以容纳的总字节数。

了解硬盘原理的最好方法就是观察一下硬盘内部的样子。（注意硬盘开启后即被损毁，所以除非您有一块废硬盘，否则请勿尝试。）图 3-6(a)是一个典型的硬盘驱动器，除去驱动器的壳盖后，一个极其简单但十分精确的内部结构就显露出来了。图 3-6(b)中可以看到：

- **盘片**——驱动器工作时，它们的旋转速度通常为 3600 r/min 或 7200 r/min。这些盘片被制造成如镜面一般平滑，其表面偏差之小令人惊叹。

• 旋臂——旋臂装有读写磁头,受位于左上角的机构控制。它可将磁头从盘片轴心处移至边缘,旋臂和它的运动机构极其轻巧迅速。一个普通硬盘的旋臂能够每秒从轴心到边缘往返移动多达 50 次。

数据保存于盘片表面的扇区和磁道上。磁道是一些同心圆环,扇区是磁道上的扇形区段,如图 3-6 所示:

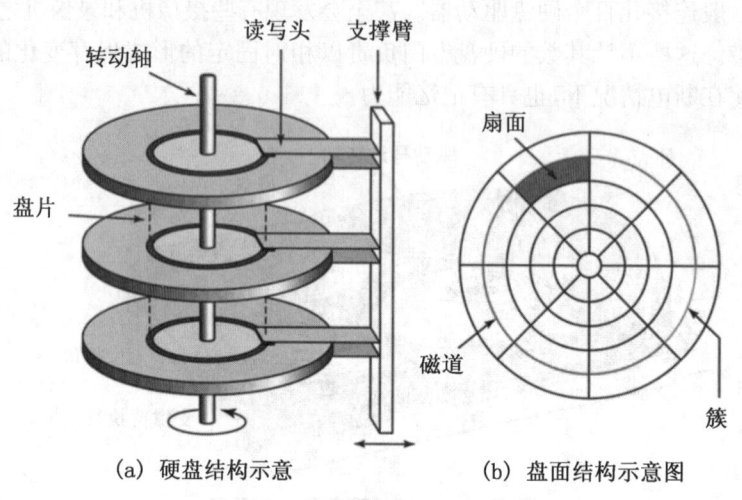

(a) 硬盘结构示意　　(b) 盘面结构示意图

图 3-6　盘片结构示意图

图中用红色显示一个典型磁道,用绿色显示一个典型扇区。一个扇区包含固定数目的字节,如 256 或 512 个。无论是在驱动器还是操作系统级,扇区往往集合在一起形成簇。

驱动器使用低级格式化在盘片上划分磁道和扇区。扇区的开始和结束点被标于盘片上。经过低级格式化过程后,硬盘就可以保存字节块了。高级格式化则向扇区写入文件存储结构,如文件分配表等。经过高级格式化过程后,硬盘便可以保存文件了。

目前还有一种广泛使用的磁存储器,就是移动硬盘。移动硬盘顾名思义是以硬盘为存储介质,计算机之间交换大容量数据,强调便携性的存储产品。市场上绝大多数的移动硬盘都是以标准硬盘为基础的,而只有很少部分的是以微型硬盘(1.8 英寸硬盘等),但价格因素决定着主流移动硬盘还是以标准笔记本硬盘为基础的。采用硬盘为存储介质,因此移动硬盘在数据的读写模式与标准 IDE 硬盘是相同的。移动硬盘多采用 USB、IEEE1394 等传输速度较快的接口,可以较高的速度与系统进行数据传输。截至 2009 年,主流 2.5 英寸品牌移动硬盘的读取速度约为 15~25 MB/s,写入速度约为 8~15 MB/s。由于移动硬盘是完全外接型设备,所以它能迅速赢得市场,这很大程度上还要归功于 USB 技术。这些移动硬盘类似于一般 PC 机的内置硬盘,将驱动设备和存储介质全部封装在外壳内。驱动器通过 USB 线与 PC 机相连,只要安装了驱动软件,就能自动被 Windows 列为可用的驱动器。

(2) 光存储器

目前典型光存储器包括 CD 光盘,它们必须借助光盘驱动器进行数据读取(图 3-7)。

典型光盘驱动器主要设备是光电管,它配合运行导轨、齿轮机构和主轴电机等机械组成部分,在通电状态下聚焦透镜根据系统信号确定、读取光盘数据并通过数据带将数据传输到系统。

光盘的表面是一个印盖着数十亿个坑点的镜面,这些坑点排列在一个缠绕得很紧的长螺旋结构中。CD播放机利用精确的激光能够读出坑点所代表的信息,并将其转译为位元数据。

厚度约1.2毫米的清晰聚碳酸酯注塑件基片占据了CD盘大部分的重量。生产过程中,这种塑料基片上会压盖上微小的坑点,并形成长螺旋形轨道。随后,盘面表层会涂上一个很薄的反射铝层,并覆盖坑点,最外层为一层塑料外壳。

CD技术中最精巧的地方,在于它能以正确的顺序、正确的速度,正确地读取全部坑点。为了完成这些作业,当CD播放机发出的激光定焦于坑点轨道上时,必须处理得极为精确。坑点螺旋起始于CD盘的中心。CD轨道极其窄小,须用微米(百万分之一米)衡量。CD轨道宽约0.5微米,相邻轨道间距约为1.6微米。单个延长坑点宽约0.5微米,最小长度为0.83微米,最小高度为125纳米(十亿分之一米)。

① 光电管　② 导轨　③ 齿轮机构　④ 主轴电机　⑤ 透镜　⑥ 镜面
⑦ 坑点　⑧ 基片　⑨ 反射铝层　⑩ 外壳　⑪ CD轨道

图3-7　光驱结构示意图

此外光存储器还包括可刻录光盘(CD-R)和可复写光盘(CD-RW)。

CD-R用一种有机染料化合物替代了普通CD盘中的铝层。这种化合物通常具有反射性,但当激光照射在某一点并将其加热到某一温度时,就会"灼烧"染料,使其色彩暗沉。当你需要重新取回CD-R上所写的数据时,激光会重新扫描光盘,并将烧过的染料点判为坑点。这种方法的问题是,只能一次性地向CD-R写入数据。坑点上的染料在灼烧之后不能复原。

CD-RW通过相性变换的方法解决了这个难题,这要依赖于一种非常特殊的锑、铟、银、碲的金属混合物。这种特殊的混合物有一种令人称奇的特性:当加热到某一温度时,它就会结晶,冷却后就会具有很高的反射性;当加热到另一更高的温度时,混合物就会转化为非晶态,冷却后其表面就会变暗沉。

其他光学存储设备如DVD,采用了类似CD-R和CD-RW的技术,只不过DVD驱动器有两套激光头,一个用于读取CD光盘,另一个用于读取DVD光盘。更早的磁光(MO)技术是一种混合型技术,目前已很少采用。MO利用激光使介质表面升温。当表面温度达到某一数值,磁头就会在介质上滑动,根据需要改变存储单元的磁极性。

（3）固态存储器

固态存储器是相对于磁盘、光盘一类的，不需要读写头、不需要存储介质移动（转动）读写数据的存储器。固态存储器是通过存储芯片内部晶体管的开关状态来存储数据的，由于固态存储器没有读写头、不需要转动，所以固态存储器拥有耗电少、抗震性强的优点。由于成本较高，多以目前大容量存储中仍然使用机械式硬盘；但在小容量、超高速、小体积的电子设备中，固态存储器拥有非常大的优势。在电子设备中，固态存储器的应用非常广泛。由于固态存储器使用晶体管来存储数据，所以在高频率下，固态存储器可以进行非常快速的数据交换，比如内存和 CPU 中的高速缓存。

在超小体积的设备中，固态存储器扮演着举足轻重的地位。因为有固态存储器，我们的电子设备才能做得更小。橡皮大的 MP3 播放器、小到只有指甲盖大的 U 盘和内存卡，这些都在方便我们的生活。

闪存是一种很流行的可移动固态存储器，非常适宜应用在数码相机和掌上型电脑等小型设备中。闪存是一种非易失性存储器，即断电数据也不会丢失。闪存卡（Flash Card）是利用闪存（Flash Memory）技术达到存储电子信息的存储器，一般应用在数码相机，掌上电脑，MP3 等小型数码产品中作为存储介质，所以样子小巧，有如一张卡片，所以称之为闪存卡。根据不同的生产厂商和不同的应用，闪存卡大概有 Smart Media（SM 卡）、Compact Flash（CF 卡）、Multi Media Card（MMC 卡）、Secure Digital（SD 卡）、Memory Stick（记忆棒）、XD-Picture Card（XD 卡）和微硬盘（MICRODRIVE）。这些闪存卡虽然外观、规格不同，但是技术原理都是相同的。

3.4 总线

自从几十年前首次开发出台式计算机以来，计算机部件的功能和速度就一直在稳定增长。软件制造商开发新的应用软件，以利用处理器的速度和硬盘容量方面的最新优势，同时硬件制造商也迅速改进部件并更新技术，以满足高端软件的需求。然而有一个元件经常会被人忽视，那就是总线。实质上，总线是计算机中各部件之间的通道或通路。计算机配备高速总线就像汽车需要配备优质的变速器那样重要。如果将 700 马力的发动机和一个劣质的变速器配合使用，那么驾驶时就无法达到最大功率。

3.4.1 定义

总线是一种描述电子信号传输线路的结构形式，是一类信号线的集合，是子系统间传输信息的公共通道。通过总线能使整个系统内各部件之间的信息进行传输、交换、共享和逻辑控制等功能。如在计算机系统中，它是 CPU、内存、输入、输出设备传递信息的公用通道，主机的各个部件通过主机相连接，外部设备通过相应的接口电路再与总线相连接。例如，要查看计算机在做什么，一般是使用阴极射线管（CRT）显示器或液晶（LCD）显示器。如果需要专用的硬件驱动屏幕，而一般是通过显卡来驱动。显卡是一小块可以插入总线的印制电路板。通过使用计算机的总线作为通信通路，显卡就可以与处理器进行通信。

3.4.2 总线的分类

总线分类的方式有很多,如被分为外部和内部总线、系统总线和非系统总线等等。最常见的是从功能上来对总线进行划分(图3-8),可以分为地址总线(Address Bus)、数据总线(Data Bus)和控制总线(Control Bus)。

地址总线是专门用来传送地址的。在设计过程中,见得最多的应该是从CPU地址总线来选用外部存储器的存储地址。地址总线的位数往往决定了存储器存储空间的大小,比如地址总线为16位,则其最大可存储空间为$2^{16}=64$ KB。

数据总线是用于传送数据信息,它又有单向传输和双向传输数据总线之分,双向传输数据总线通常采用双向三态形式的总线。数据总线的位数通常与微处理的字长相一致。例如Intel 8086微处理器字长16位,其数据总线宽度也是16位。在实际工作中,数据总线上传送的并不一定是完全意义上的数据。

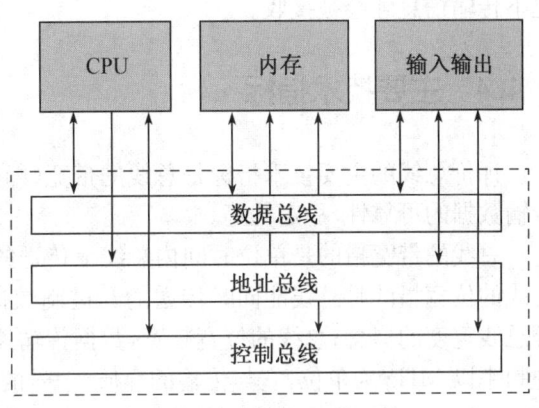

图3-8 总线的结构示意图

控制总线是用于传送控制信号和时序信号。如有时微处理器对外部存储器进行操作时要先通过控制总线发出读/写信号、片选信号和读入中断响应信号等。控制总线一般是双向的,其传送方向由具体控制信号而定,其位数也要根据系统的实际控制需要而定。

按照数据传输的方式划分,总线可以被分为串行总线和并行总线。从原理来看,并行传输方式其实优于串行传输方式,但其成本上会有所增加。通俗地讲,并行传输的通路犹如一条多车道公路,而串行传输则是只允许一辆汽车通过单线公路。目前常见的串行总线有SPI、I2C、USB、IEEE 1394、RS 232、CAN等;而并行总线相对来说种类要少,常见的如IEEE 1284、ISA、PCI等。

按照时钟信号是否独立,可以分为同步总线和异步总线。同步总线的时钟信号独立于数据,也就是说要用一根单独的线来作为时钟信号线;而异步总线的时钟信号是从数据中提取出来的,通常利用数据信号的边沿来作为时钟同步信号。

3.4.3 总线传输基本原理

依据前面对总线的定义可知总线的基本作用就是用来传输信号,为了各子系统的信息能有效及时地被传送,为了不至于彼此间的信号相互干扰和避免物理空间上过于拥挤,其最好的办法就是采用多路复用技术,也就是说总线传输的基本原理就是多路复用技术。所谓多路复用就是指多个用户共享公用信道的一种机制,目前最常见的主要有时分多路复用、频分多路复用和码分多路复用等。

时分多路复用(TDMA),是将信道按时间加以分割成多个时间段,不同来源的信号会要求在不同的时间段内得到响应,彼此信号的传输时间在时间坐标轴上不会重叠。

频分多路复用(FDMA),是把信道的可用频带划分成若干互不交叠的频段,每路信号经过频率调制后的频谱占用其中的一个频段,以此来实现多路不同频率的信号在同一信道中传输。而当接收端接收到信号后将采用适当的带通滤波器和频率解调器等来恢复原来的信号。

码分多路复用(CDMA),传输的信号都会有各自特定的标识码或地址码,接收端将会根据不同的标识码或地址码来区分公共信道上的传输信息,只有标识码或地址码完全一致的情况下传输信息才会被接收。

3.4.4 主要技术指标

评价总线的主要技术指标是总线的带宽(即传输速率)、数据位的宽度(位宽)、工作频率和传输数据的可靠性、稳定性等。

总线的带宽指的是单位时间内总线上传送的数据量,即每秒传送 MB 的最大数据传输率。总线的位宽指的是总线能同时传送的二进制数据的位数,或数据总线的位数,即 32 位、64 位等总线宽度的概念;总线的位宽越宽,数据传输速率越大,总线的带宽就越宽。总线的工作时钟频率以 MHz 为单位,它与传输的介质、信号的幅度大小和传输距离有关。在同样硬件条件下,采用差分信号传输时的频率常常会比单边信号高得多,这是因为差分信号的幅度只有单边信号的一半而已。总线的带宽、位宽和工作频率,这三者密切相关,它们之间的关系:

$$总线的带宽 = \frac{总线的工作频率 \times 总线的位宽}{8}$$

此外,可靠性是评定总线最关键的参数,没有可靠性,传输的数据都是错误的信息,便就失去了总线的实际意义。

小 结

计算机体系结构是一个系统在其所处环境中最高层次的概念,它确定一台计算机硬件和软件之间的衔接,以及计算机设计的部件、部件功能、部件间接口,并且计算机体系结构着重于的中央处理器(CPU)内部的运行动作与存储器的访问。通过这一章我们能初步了解计算机的外特性、内特性和物理实现之间的关系,从而对计算机的能力特点有进一步的认识。

习 题

一、是非题

1. 高速缓存(Cache)可以看作主存的延伸,与主存统一编址,但其速度要比主存高得多。
( )
2. CPU 主要由运算器、控制器和寄存器组三部分组成。 ( )
3. 计算机的字长越长,意味着其运算速度越快,但并不代表它有更大的寻址空间。
( )

二、单选题

1. 移动存储器有多种,目前已经不常使用的是_____。
   A. U盘　　　　B. 存储卡　　　　C. 移动硬盘　　　　D. 磁带

2. 现在激光打印机与主机连接多半使用的是_____接口,而高速激光打印机则大多使用 SCSI 接口。
   A. SATA　　　　B. USB　　　　C. PS/2　　　　D. IEEE-1394

3. PC 计算机中 BIOS 是_____。
   A. 一种操作系统　　　　　　　　B. 一种应用软件
   C. 一种总线　　　　　　　　　　D. 基本输入/输出系统

4. 下列关于计算机组成及功能的说法中,正确的是_____。
   A. 一台计算机内只能有一个 CPU
   B. 外存中的数据是直接传送给 CPU 处理的
   C. 多数输出设备的功能是将计算机中用"0"和"1"表示的信息转换成人可直接识别和感知的形式
   D. I/O 设备是用来连接 CPU、内存、外存和各种输入输出设施并协调它们工作的一个控制部件

5. 硬盘上的每一个扇区要用三个参数来定位,即:_____。
   A. 柱面号、扇区号、簇号　　　　B. 柱面号、磁头号、簇号
   C. 柱面号、磁头号、扇区号　　　D. 柱面号、扇区号、簇号

6. PC 机所使用的硬盘大多使用_____接口与主板相连接。
   A. SCSI　　　　　　　　　　　　B. VGA
   C. PS/2　　　　　　　　　　　　D. PATA(IDE)或 SATA

三、填空题

1. 优盘、扫描仪、数码相机等计算机外设都可使用_____接口与计算机相连。

2. 一种可写入信息但不允许反复擦写的 CD 光盘,称为可记录式光盘,其英文缩写为_____。

3. 读出 CD-ROM 光盘中的信息,需要使用_____技术。

操作实践

1. 使用浏览器的查看源代码功能菜单浏览百度首页的网页源代码。
   (1) 查看网页中 Logo 图片的文件路径;
   (2) 找出搜索按钮的源代码部分。

【微信扫码】
参考答案 & 相关资源

第四章　以操作系统为基石的计算机软件

在一台基于最常见的冯·诺依曼体系结构的计算机上，程序从某种外部设备，通常是硬盘，被加载到计算机内。如果计算机选择冯·诺依曼体系结构，那么程序就被加载入内存。指令序列顺序执行，直到一条跳转或转移指令被执行，或者一个中断出现。所有这些指令都会改变指令寄存器的内容。

基于这种体系的计算机，如果没有软件的支持，将无法工作。计算机软件决定了一台计算机能做什么。从某种意义上来说，软件将计算机从一种类型的机器转变成另一种类型的机器——从绘图机到汉字处理器，从飞行模拟器到计算器，从文件系统到音乐工作室。

计算机软件一般指计算机系统中的程序及其文档，也可以指在研究、开发、维护以及使用上述含义下的软件所涉及的理论、方法、技术所构成的学科。软件的作用有三个方面：一是用作计算机用户与硬件之间的接口界面；二是在计算机系统中起指挥管理作用；三是作为计算机体系结构设计的重要依据。

> **教学目标**
> 本章是对计算机软件的理论性导论。通过本章了解软件的特点和发展趋势、操作系统的工作原理、应用软件的架构和发展趋势，能够认识各种常见应用软件。

4.1　软件的概念

4.1.1　软件的定义

"软件"一词是在 20 世纪 60 年代初期从国外传来的，当时许多人说不清它的确切含意。它的英文 Software 一词由 soft 和 ware 两字组合而成。对于它的一种公认的解释是计算机系统中与硬件相互依存的另一部分，它包括程序、数据及其相关文档的完整集合。程序是按事先设计的功能和性能要求执行的指令序列；数据是使程序能正常操纵信息的数据结构；文档是与程序开发、维护和使用有关的图文材料。

简言之，计算机软件是计算机系统中的程序及其文档。程序是对计算任务的处理对象和处理规则的描述；文档是为了便于了解程序所需的阐明性资料。程序必须装入机器内部才能工作，文档一般是给人看的，不一定装入机器。文档是软件的"质"的部分，程序则是文档代码化的表现形式。

软件一词具有三层含义：(1) 个体含义：指计算机系统中的程序及其文档；(2) 整体含义：指在特定计算机系统中所有上述个体含义下的软件的总体；(3) 学科含义：指在研究、开发、维护以及使用前述含义下的软件所涉及的理论、方法、技术所构成的学科。在这种含义下，软件宜称为软件学,但一般仍称作软件。

软件是用户与硬件之间的接口界面。要使用计算机,就必须编制程序,必须有软件用户主要是通过软件与计算机进行交流。软件是计算机系统设计的重要依据。为了方便用户,为了使计算机系统具有较高的总体效用,在设计计算机系统时,必须通盘考虑软件与硬件的结合,以及用户的要求和软件的要求。软件的发展以硬件为基础,其发展也促进了硬件、计算机科学技术以及其他科学技术的发展。

4.1.2 计算机软件的分类

软件可分为系统软件和应用软件,如图4-1所示。

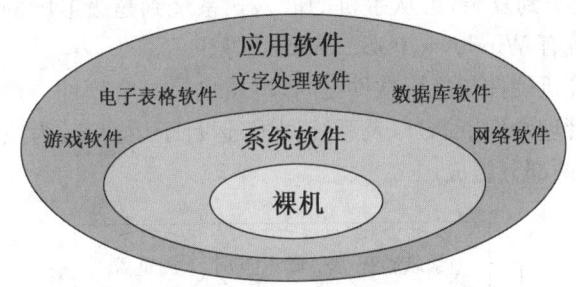

图4-1 软件的结构

(1) 系统软件

系统软件是在计算机系统中最靠近硬件的一层,其他软件一般都通过系统软件发挥作用。它与具体的应用领域无关,如编译程序和操作系统等。编译程序把程序人员用高级语言书写的程序翻译成与之等价的、可执行的低级语言程序;操作系统则负责管理系统的各种资源,控制程序的执行。在任何计算机系统的设计中,系统软件都要予以优先考虑。

此外系统软件中还包括各种支撑软件。支撑软件是支撑其他软件的开发、运行与维护的软件,例如软件开发环境即为支撑软件。随着计算机科学技术的发展,软件的开发、运行和维护的代价在整个计算机系统中所占的比重越来越大,远远超过了硬件。因此,支撑软件的研究具有重要意义,它直接促进了软件的发展。数据库管理系统、网络软件等也可算作支撑软件。20世纪70年代中、后期发展起来的软件开发环境则可看成现代支撑软件的代表,它主要包括环境数据库、各种接口软件和工具组,三者形成整体,协同支撑软件的开发与维护。

(2) 应用软件

应用软件是在特定领域内开发,为特定目的服务的一类软件。现在几乎所有的国民经济领域都使用了计算机,为这些计算机应用领域服务的应用软件种类繁多。其中商业数据处理软件是所占比例最大的一类,工程与科学计算软件大多属于数值计算问题。此外,应用软件在计算机辅助设计/制造(CAD/CAM)、系统仿真、智能产品嵌入软件(如汽车油耗控制、仪表盘数字显示、刹车系统)以及人工智能软件(如专家系统、模式识别)等方面大显神通,而在事务管理、办公自动化方面的软件也在企事业机关迅速推广。

4.2 操作系统

4.2.1 定义

操作系统(Operating System,简称 OS)是管理计算机硬件与软件资源的程序,同时也是计算机系统的内核与基石。操作系统是控制其他程序运行,管理系统资源并为用户提供操作界面的系统软件的集合。操作系统身负诸如管理与配置内存、决定系统资源供需的优先次序、控制输入与输出设备、操作网络与管理文件系统等基本事务。操作系统的形态非常多样,不同机器安装的 OS 可从简单到复杂,可从手机的嵌入式系统到超级电脑的大型操作系统。目前微机上常见的操作系统有 Windows、IOS、Andriod 等。

操作系统位于计算机硬件与应用软件之间,本质也是一个软件。操作系统由操作系统的内核(运行于内核态,管理硬件资源)以及系统调用(运行于用户态,为应用程序员写的应用程序提供系统调用接口)两部分组成。

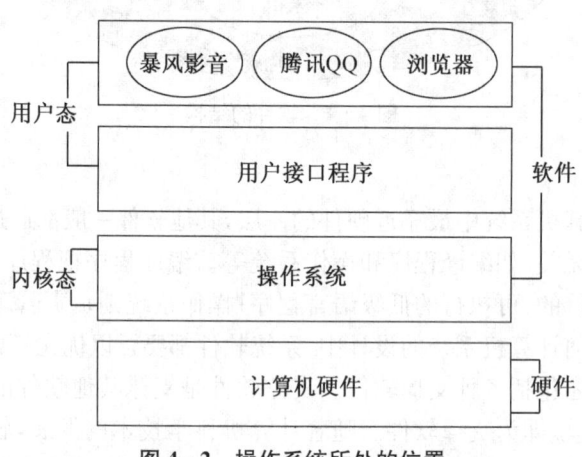

图 4-2 操作系统所处的位置

4.2.2 操作系统的功能

操作系统的主要功能是资源管理、程序控制和人机交互等。计算机系统的资源可分为设备资源和信息资源两大类。设备资源指的是组成计算机的硬件设备,如中央处理器、主存储器、打印机等。信息资源指的是存放于计算机内的各种数据,如文件、程序库、系统软件和应用软件等。由于操作系统位于底层硬件与用户之间,是两者沟通的桥梁。用户可以通过操作系统的用户界面输入命令。操作系统则对命令进行解释、驱动硬件设备、实现用户要求。因此操作系统应实现两个目标:

1. 为应用程序提供如何使用硬件资源的抽象

硬件厂商需要为操作系统提供自己硬件的驱动程序(设备驱动,这也是为何我们要使用声卡,就必须安装声卡驱动),厂商为了节省成本或者兼容旧的硬件,它们的驱动程序是复杂且丑陋的,操作系统就是为了隐藏这些丑陋的信息,从而为用户提供更好的接口。例如:操作系统提供了文件这个抽象概念,对文件的操作就是对磁盘的操作,有了文件我们无须再去考虑关于磁盘的读写控制(比如控制磁盘转动,移动磁头读写数据等细节);

2. 将应用程序对硬件资源的竞态请求变得有序化

现代的操作系统运行同时运行多道程序,操作系统的任务是在相互竞争的程序之间有序地控制对处理器、存储器以及其他 I/O 接口设备的分配。例如:同一台计算机上同时运行三个程序,它们三个想在同一时刻在同一台计算机上输出结果,那么开始的几行可能是程序 1 的输出,接着几行是程序 2 的输出,然后又是程序 3 的输出,最终将是一团糟(程序之间是一种互相竞争资源的过程)。操作系统将打印机的结果送到磁盘的缓冲区,在一个程序完全结束后,才将暂存在磁盘上的文件送到打印机输出,同时其他的程序可以继续产生更多的输出结果(这些程序的输出没有真正的送到打印机),这样,操作系统就将由竞争产生的无序变得有序化。

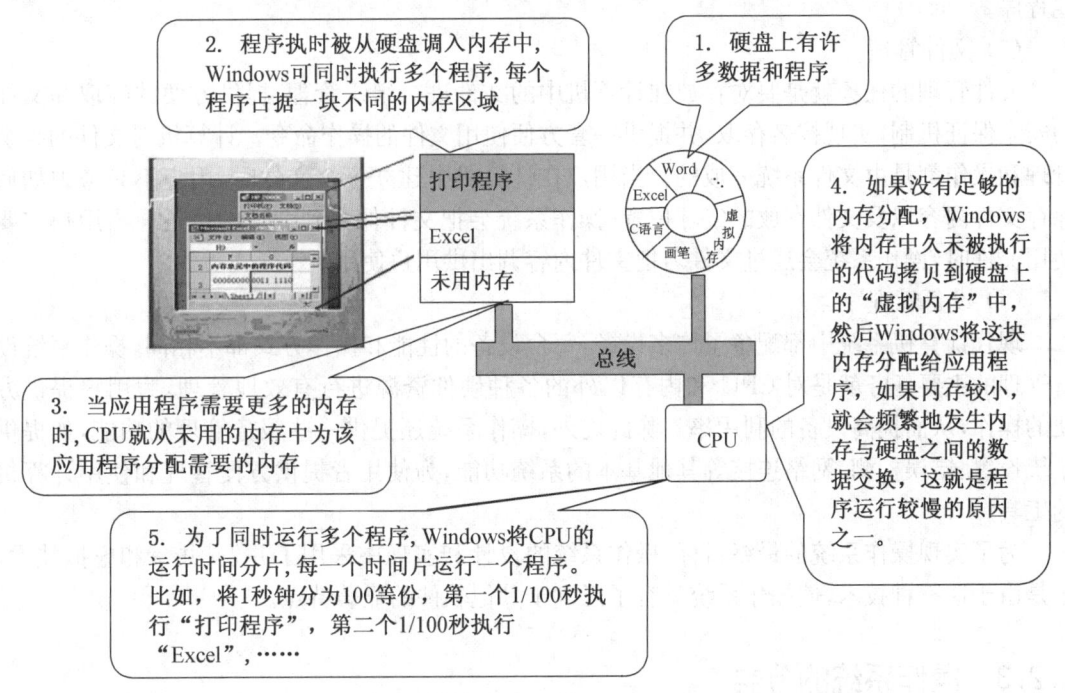

图 4-3　Windows 系统的多任务调度原理

为了实现程序任务的执行并给程序提供良好的运行环境(图 4-3),操作系统应具有几方面的功能:处理器管理、存储器管理、设备管理和文件管理。为了方便用户使用操作系统,还必须向用户提供接口。同时操作系统可用来扩充机器,以提供更方便的服务、更高的资源利用率。

(1) 处理机管理

CPU(处理机)是操作系统中最重要的资源之一,就如同人的大脑一样,控制、指挥计算机的运行,所有程序都需要 CPU 为其工作。因此,CPU 是计算机系统中争夺最激烈的资源。在多任务程序或多用户环境下,允许多个程序同时运行,需要解决多任务对 CPU 的分配调度策略、分配实施和资源回收问题。

操作系统对 CPU 的管理原则是:当多个程序同时运行时,操作系统根据一定的算法和优先级调度原则,首先让其中一个优先级高的程序先运行;若该程序运行结束,或者因等待某个事件(如程序需要输入设备输入数据,输入设备又被其他程序占用)而暂时不能运行时,就把 CPU 的使用权交给另一个程序;当出现了比当前占用 CPU 使用权的程序优先级更高、更重要的程序时,则强行剥夺正在使用 CPU 的程序的 CPU 使用权,并将该程序挂起。等程序运行完毕,再去运行被挂起的程序。系统中的多个程序同时工作,交替地占用 CPU,并与外部设备并行运行,大大提高了 CPU 及其外设的利用率。

(2) 存储管理

操作系统对内存的管理工作主要就是根据用户程序的要求为其分配内存空间。当用户的程序开始运行时,操作系统会为其分配内存空间,进行地址的变换,并根据需要不断调整。当多个用户程序同时被装入内存后,操作系统会提供安全措施,保证各用户的程序和数据互不干扰。当用户的程序运行结束时,操作系统会及时收回该程序所占用的存储空间,以便再装入其他程序。

(3) 文件管理

文件管理的任务就是要对存放在计算机中的文件进行组织管理、提供方便的存取和文件的安全保证机制,实现按名存取,并提供一套方便使用文件的操作命令。计算机对文件的组织管理和操作都是由文件系统完成的。当用户在计算机中建立一个文件时,用户不必考虑如何保存文件内容以及文件存放的实际位置,操作系统会把文件保存到合适的位置。当用户需要使用文件时,操作系统会通过文件名把文件内容调出供用户使用。

(4) 设备管理

现代计算机系统中都配备了许多设备,每台设备的性能和操作方式都不相同,操作系统设备管理的主要任务就是对 CPU 和内存以外的各种硬件资源进行有效地管理,为用户提供方便的操作,从而提高设备的利用率。除此之外,操作系统还提供一些服务管理的功能,如提供系统设置、错误检测、网络连接等其他基本的系统功能,为使用者提供方便管理和使用计算机的工具。

为了实现操作系统的最终目标,操作系统的设计和实现中采用了并发、共享和虚拟技术,正是由于这三种技术,使操作系统具有了区别于其他软件的显著特点。

4.2.3 操作系统的分类

当前操作系统的种类相当多,各种设备安装的操作系统可从简单到复杂,可分为智能卡操作系统、实时操作系统、传感器节点操作系统、嵌入式操作系统、个人计算机操作系统、多处理器操作系统、网络操作系统和大型机操作系统。按应用领域划分主要有三种:桌面操作系统、服务器操作系统和嵌入式操作系统。根据它们所控制的计算机类型和所支持应用程序的类型,大致可分为四类:

(1) 实时操作系统,该类操作系统用于控制机械设备、科学仪器以及工业系统。由于实时操作系统在交付使用时采用的是"全封闭"形式,因此在通常情况下,该系统几乎没有什么用户界面功能,也没有最终用户实用程序。

(2) 单用户单任务系统,该类操作系统设计用于管理计算机,使单个用户每次只能高效地执行一个操作。广泛使用在智能手机或平板电脑等消费电子产品的操作系统,如 Android、

iOS、Symbian、Windows Phone 和 BlackBerry OS 等,他们是现代单用户、单任务操作系统的一个典型示例。

(3) 单用户多任务系统,该类操作系统目前多数用户在他们的台式计算机或笔记本计算机中使用的操作系统类型。微软公司的 Windows 操作系统和苹果公司的 MacOS 操作系统平台均为一个用户可以同时运行多个程序的操作系统的范例。例如,一个 Windows 用户一边在文字处理软件上撰写日记,一边从互联网下载文件,同时还在打印一封电子邮件消息的文本,这是完全可能的。

(4) 多用户多任务系统,该类操作系统允许多个不同用户同时使用计算机的资源。操作系统必须确保均衡地满足各个用户的要求,他们使用的各个程序都具有足够且独立的资源,从而使一个用户的问题不会影响到整个用户群。Unix、VMS 和大型机操作系统(如 MVS)是多用户操作系统的范例。

4.3 支撑软件

支撑软件是支撑各种软件的开发、运行与维护的软件,又称为软件开发环境。它主要包括环境数据库、各种接口软件和工具组,以及一系列基本的工具(比如解释与编译器,数据库管理,存储器格式化,文件系统管理,用户身份验证,驱动管理,网络连接等方面的工具)。整体上支撑计算机程序运行的四个要素包括:

(1) 程序设计语言。使用一门程序设计语言进行编程,一般我们使用的都是高级程序设计语言(如 C、C++、Java、C# 等)。

(2) 编译系统。写好了代码,但是由于计算机不认识高级语言编写的程序,需要编译成计算机能够识别的机器语言,这就需要编译器和汇编器的帮助。

(3) 操作系统。机器语言程序需要加载到内存,才能形成一个运动中的程序(即进程),这就需要操作系统的帮助。进程需要在计算机芯片即 CPU 上执行才算是真正在执行,而将进程调度到 CPU 上运行也是由操作系统完成的,这里也就不难理解为什么进程管理会在我们的教科书中排在最重要的位置了。

(4) 指令集结构(计算机硬件系统)。在 CPU 上执行的机器语言指令需要变成能够在一个个时钟脉冲里执行的基本操作,这就需要指令集结构和计算机硬件的支持。

图 4-4 从一个线性角度展示了程序的演变过程,能够帮助我们理解整个程序是如何在计算机上执行的。

事实上,程序可以执行在机器语言或汇编语言上编写,用这种被称为"低级"的语言编写出来的机器语言程序无须经过编译器的翻译就可以在计算机指令集上执行。如果是在汇编语言上编写的汇编程序,则只需要经过汇编器的翻译即可加载执行。

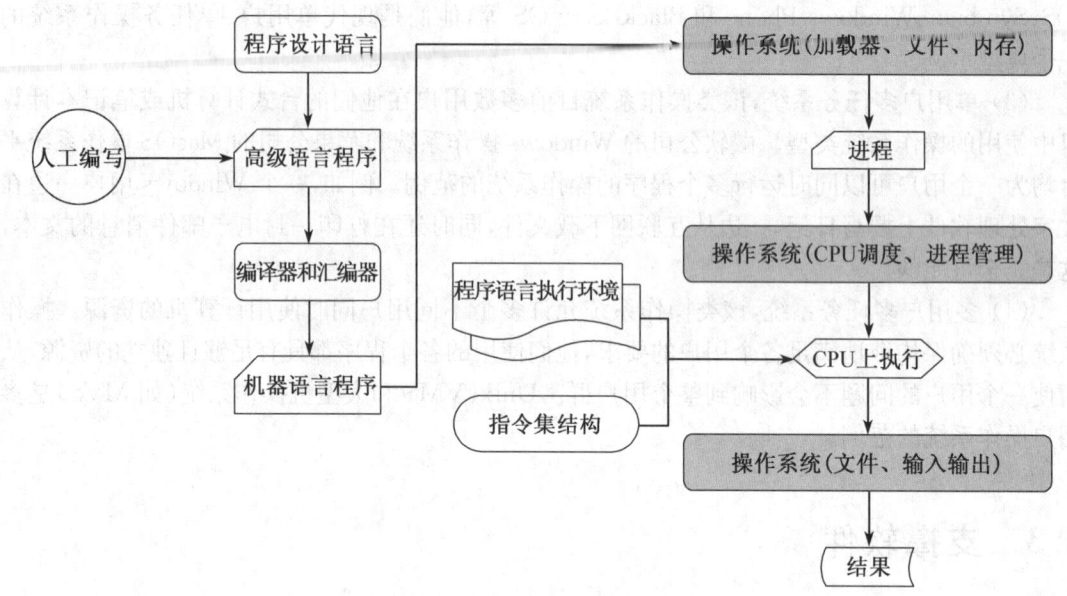

图 4-4 程序运行的基本流程

4.3.1 计算机编程语言

计算机编程语言是用来定义计算机程序的形式语言。它是一种被标准化的交流技巧,用来向计算机发出指令。最早的计算机编程语言是在电脑发明之后产生的,当时是用来控制提花织布机及自动演奏钢琴的动作。很多编程语言需要用指令方式说明计算的程序,而有些编程语言则属于声明式编程,说明需要的结果,而不说明如何计算。编程语言的描述一般可以分为语法及语义。语法是说明编程语言中,哪些符号或文字的组合方式是正确的,语义则是对于编程的解释。

自 20 世纪 60 年代以来,世界上公布的程序设计语言已有上千种之多,但是只有很小一部分得到了广泛的应用。

(1) 机器语言,是由二进制 0、1 代码指令构成,不同的 CPU 具有不同的指令系统。机器语言程序难编写、难修改、难维护,需要用户直接对存储空间进行分配,编程效率极低。这种语言已经被渐渐淘汰了。

(2) 汇编语言,汇编语言指令是机器指令的符号化,与机器指令存在着直接的对应关系,所以汇编语言同样存在着难学难用、容易出错、维护困难等缺点。但是汇编语言也有自己的优点:可直接访问系统接口,汇编程序翻译成的机器语言程序的效率高。从软件工程角度来看,只有在高级语言不能满足设计要求,或不具备支持某种特定功能的技术性能(如特殊的输入输出)时,汇编语言才被使用。

(3) 高级语言,它是面向用户的、基本上独立于计算机种类和结构的语言。其最大的优点是:形式上接近于算术语言和自然语言,概念上接近于人们通常使用的概念。高级语言的一个命令可以代替几条、几十条甚至几百条汇编语言的指令。因此,高级语言易学易用,通用性强,应用广泛。高级语言种类繁多,可以从应用特点和对客观系统的描述两个方面对其进一步分类。

1. 从应用角度分类

从应用角度来看,高级语言可以分为基础语言、结构化语言和专用语言。

(1) 基础语言。基础语言也称通用语言。它历史悠久,流传很广,有大量的已开发的软件库,拥有众多的用户,为人们所熟悉和接受。属于这类语言的有 FORTRAN、COBOL、BASIC、ALGOL 等。

(2) 结构化语言。20 世纪 70 年代以来,结构化程序设计和软件工程的思想日益为人们所接受和欣赏。在它们的影响下,先后出现了一些很有影响的结构化语言,这些结构化语言直接支持结构化的控制结构,具有很强的过程结构和数据结构能力。PASCAL、C、Ada 语言就是它们的突出代表。

(3) 专用语言。是为某种特殊应用而专门设计的语言,通常具有特殊的语法形式。一般来说,这种语言的应用范围狭窄,移植性和可维护性不如结构化程序设计语言。随着时间的推移,被使用的专业语言已有数百种,应用比较广泛的有 APL 语言、Forth 语言、LISP 语言。

2. 从客观系统的描述分类

从描述客观系统来看,程序设计语言可以分为面向过程语言和面向对象语言。

(1) 面向过程语言。以"数据结构+算法"程序设计范式构成的程序设计语言,称为面向过程语言。前面介绍的程序设计语言大多为面向过程语言。

(2) 面向对象语言。以"对象+消息"程序设计范式构成的程序设计语言,称为面向对象语言。比较流行的面向对象语言有 Delphi、Visual Basic、Java、C++等。

4.3.2 解释和编译

编译器(Compiler),是一种计算机程序,它会将用某种编程语言写成的源代码(原始语言),转换成另一种编程语言(目标语言)。它主要的目的是将便于人编写、阅读、维护的高级计算机语言所写作的源代码程序,翻译为计算机能解读、运行的低阶机器语言的程序,也就是可执行文件。编译器将原始程序作为输入,翻译产生使用目标语言的等价程序。源代码一般为高级语言编写,如 Pascal、C、C++、C#、Java 等,而目标语言则是汇编语言或目标机器的目标代码,有时也称作机器代码。一个现代编译器的主要工作流程如下:源代码(Sourcecode)→预处理器(Preprocessor)→编译器(Compiler)→汇编程序(Assembler)→目标代码(Objectcode)→链接器(Linker)→可执行文件(Executables)。

解释器(interpreter),是一种电脑程序,能够把高级编程语言一行一行直接翻译运行。解释器不会一次把整个程序翻译出来,只像一位"中间人",每次运行程序时都要先转成另一种语言再作运行,因此解释器的程序运行速度比较缓慢。它每翻译一行程序叙述就立刻运行,然后再翻译下一行,再运行,如此不停地进行下去。解释器的好处是它消除了编译整个程序的负担,但也会让运行时的效率打了折扣。相对地,编译器并不运行程序或原代码,而是一次将其翻译成另一种语言,如机器码,以供多次运行而无须再经编译。其成品无须依赖编译器而运行,程序运行速度比较快。

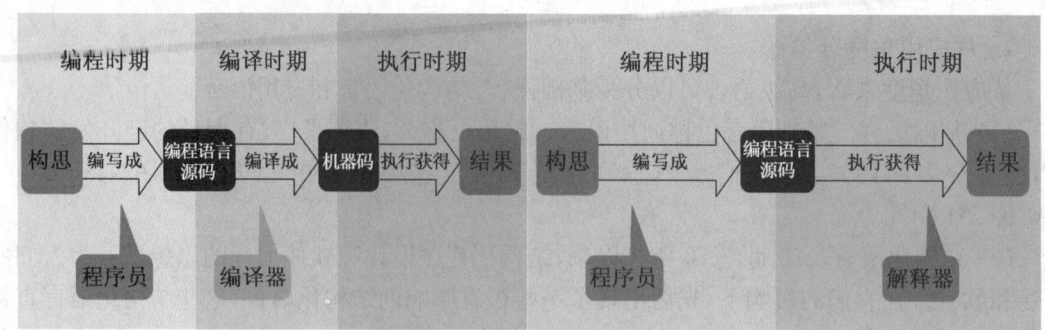

图 4-5 编译与解释(左图为编译,右图为解释)

4.3.3 数据库及其管理系统

数据库(Database),数据库指的是以一定方式储存在一起、能为多个用户共享、具有尽可能小的冗余度、与应用程序彼此独立的数据集合。简单来说可看作电子化的文件柜:存储电子文件的地方,用户可以对文件中的数据运行新增、更新、删除等操作。

数据库管理系统(Database Management System)是为管理数据库而设计的计算机职称软件,一般具有存储、截取、安全保障、备份等基础功能。数据库管理系统可以依据它所支持的数据库模型来做分类,例如关系式、XML;或依据所支持的计算机类型来做分类,例如服务器群集、移动电话;或依据所用查询语言来做分类,例如 SQL、XQuery;或依据性能冲量重点来作分类,例如最大规模、最高运行速度;亦或其他的分类方式。不论使用哪种分类方式,一些 DBMS 能够跨类,例如同时支持多种查询语言。

现代 DBMS 使用不同的数据库模型追踪实体、属性和关系。在个人电脑、大型计算机和主机上应用最广泛的数据库管理系统是关系型 DBMS(Relational DBMS)。在关系型数据模型中,用二维表格表示数据库中的数据,这些表格称为关系。

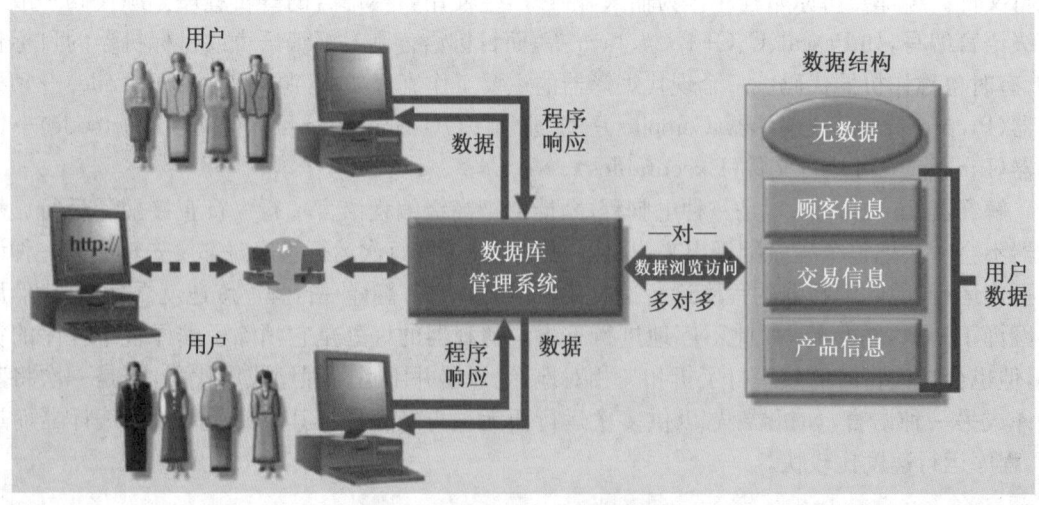

图 4-6 典型数据库管理系统应用

4.4 应用软件

4.4.1 应用软件的架构

软件公司或用户为解决某类应用问题而专门研制的软件称为应用软件。应用软件结构是应用程序中各个组成部分和外界环境的不同关联方式之间各种不同的有效组合。根据计算机的组成部分、布局、网络通信等外界环境的关联方式，可以把应用软件结构归并成分为集中式信息系统和分布式信息系统。

表 4-1 应用软件的分类

集中式	集中式应用软件结构（主机＋终端）
	单用户应用软件结构（单机）
分布式	1. 客户机/服务器应用软件结构(C/S结构) 2. 多层服务器应用软件结构(C/S结构)
	浏览器/服务器应用软件结构(B/S结构)

（1）集中式应用软件结构

集中式应用软件结构是一种采用大型主机和终端结合的系统，这种结构将操作系统、应用程序、数据库管理系统等数据和资源都放在作为核心的主机上，与主机连接的终端只是主机的一种输入、输出设备。在这种架构中，数据存储层和业务处理层都放在主机上，而界面表示层放在终端上。它是一种传统的应用软件结构，是应用程序系统早期流行的架构形式。

（2）单用户应用软件结构

伴随着个人计算机的单用户数据库系统出现而出现的。在这种桌面型应用程序系统中，数据存储层、业务处理层和界面层都存在一个计算机上。

（3）客户机/服务器应用软件结构

客户/服务器应用软件结构是当前最流行的一种软件结构模式。在此模式下，网络系统上的计算机系统分为客户机和服务器两类，其中服务器可包括文件服务器、数据库服务器、打印服务器、专用服务器等，网络系统结点上的其他计算机都称为客户机。

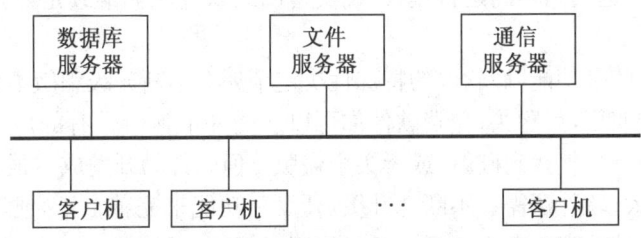

图 4-7 客户机/服务器模式应用软件结构

在客户机/服务器模式中，一个或多个客户机与一个或多个服务器，以及支持客户机、服务器进程通信的网络操作系统共同组成了一个分布式计算、分布式处理的系统。

(4) 浏览器/服务器应用软件结构

浏览器/服务器应用软件结构(B/S 结构)是一种基于 Internet 技术的多层结构,它是多层(三层)结构的一个特例,它的表示层由 Browser 承担。在这种结构中,数据存储层在数据库服务器中,业务控制层在 Web 服务器上,客户端只是安装了浏览器软件的客户机。它简化了客户机端的配置管理,适用于 Internet 技术环境。其结构如下图所示。

图 4-8 浏览器/服务器应用软件结构

在浏览器/服务器模式中,客户端只需安装浏览器即可访问应用程序,因此需要的硬件和软件要求不高,同时对任何应用而言,面向用户的是统一的用户界面。

4.4.2 应用软件发展趋势

（1）构件化

软件是人类文明的结晶,几千年来人类的知识积累越来越多地反映在各行各业的应用软件上。通用的软件如文字处理软件、办公软件已成为 PC 机的必备软件,而行业的专用软件已成为企业的财富,它本身就代表先进的生产力,有些应用软件价值数百万美元以上,远远高于计算机硬件价值。软件的复杂性不同于其他系统,建筑,汽车都是可以分解的,而软件的各部分通常都是紧密相连的,一个地方的任何改动或错误都可能会造成整个系统的瘫痪。现在世界各大软件公司之间缺乏共同的标准,软件的开发和生产不能像其他产品那样有共同的标准,这给软件的交流和开发带来很大的困难。另外软件的开发靠的是人工来写程序,而不是像其他产品那样机械化生产,即使在同一个公司中,每个程序员的程序中不可避免地会带有他自己的风格,整个系统的综合就会遇到很大的困难。当前人们正在研究如何提出更好的模型,来解决软件开发中遇到的各种问题,今后的发展方向是软件产业要像生产螺钉螺母一样生产各种标准的可重用的软件构件,用标准的构件来"组装"各种应用软件,以提高软件使用的稳定性和方便性。

（2）服务化

应用软件服务化典范应该是 Windows 优化大师,奇虎 360 和卡巴联手也走上了一条免费结合收费服务之路。运用怎样的运行模式,确实是民族软件能够继续走好走稳摆在眼前的棘手问题。

用户买软件,买的是功能,而软件的特殊性决定了还会不断升级和版本更新,这就是服务。共享软件,你可以先使用,后购买;免费软件你可以忍受一下他所带有的广告。有些明码标价的软件,你也可以花点力气找到破解,或者买个盗版。但软件的开发成本很高,越多的人使用,软件的价值体现越大,软件还需要不断地升级,开发新功能来完善自己,或者适应新的操作系统,这些都是一个软件厂商或者个人开发者必须面对解决的问题。只有将服务产品化,才能维持良好的开发和运行。

（3）产业链条化

随着云计算、移动互联网、社交网络等新技术、新模式的发展以及软件产业自身的转型,软件产业市场竞争已从产品、技术竞争走向行业生态系统竞争。企业能否在市场中立足并发展下去,靠的不再是某项技术或产品,而是靠在市场上构建起一个行业生态系统。生态系统不仅有硬件和软件,还包括开发平台、电子商务、广告、搜索、社交应用、基于位置的服务及其他内容。当前,苹果、谷歌、微软等跨国软件企业都在想方设法构建自己的生态系统。比如,苹果构建起了包括智能终端(iPhone、iPad)、操作系统(iOS)、开发平台、应用程序(App Store)及其他扩展业务在内的生态系统,成为移动互联网产业的领头羊。

小　结

　　软件是计算机中的非有形部分。计算机中的有形部分称为硬件,由计算机的外壳及各零件及电路所组成。计算机软件需有硬件才能运作,反之亦然,软件和硬件都无法在不互相配合的情形下进行实际的运作。
　　系统软件为计算机使用提供最基本的功能,但是并不针对某一特定应用领域。而应用软件则恰好相反,不同的应用软件根据用户和所服务的领域提供不同的功能。
　　软件包括所有在计算机运行的程序,和其架构无关,例如可执行文件、库及脚本语言都属于软件。软件不分架构,有其共通的特性,在运行后可以让硬件运行依设计时要求的机能。软件存储在存储器中,软件不是可以碰触到的实体,可以碰触到的都只是存储软件的零件(存储器)或是媒介(光盘或磁片等)。
　　软件并不一定只包括可以在计算机上运行的计算机程序,有些定义中,与计算机程序相关的文档,一般也被认为是软件的一部分。简单地说软件就是程序加文档的集合体。软件被应用于世界的各个领域,对人们的生活和工作都产生了深远的影响。

习　题

一、是非题

1. 计算机软件通常指的是用于指示计算机完成特定任务的程序、数据和相关的文档。
　　　　　　　　　　　　　　　　　　　　　　　　　　　　　　　　　(　　)
2. 计算机运行程序的过程,也就是 CPU 高速执行指令的过程。　　　　　(　　)
3. 评价一个算法的优劣应从需要耗费的存储资源(空间)和计算资源(时间)两方面进行考虑。　　　　　　　　　　　　　　　　　　　　　　　　　　　　　(　　)

二、单选题

1. 下面关于 Windows 操作系统多任务处理的叙述中,错误的是_____。
   A. 每个任务通常都对应着屏幕上的一个窗口
   B. 用户正在输入信息的窗口称为活动窗口,它所对应的任务称为前台任务
   C. 前台任务只有1个,后台任务可以有多个
   D. 前台任务可以有多个,后台任务只有1个
2. 为了支持多任务处理,操作系统采用_____技术把 CPU 分配给各个任务,使多个任

务宏观上可以"同时"执行。

  A. 时间片轮转   B. 虚拟存储   C. 批处理   D. 即插即用

3. 下面的几种 Windows 操作系统中,版本最新的是_____。

  A. Windows XP   B. Windows NT

  C. Windows Vista   D. Windows 7

4. PC 机加电启动时,计算机首先执行 BIOS 中的第一部分程序,其目的是_____。

  A. 读出引导程序,装入操作系统

  B. 测试 PC 机各部件的工作状态是否正常

  C. 从硬盘中装入基本外围设备的驱动程序

  D. 启动 CMOS 设置程序,对系统的硬件配置信息进行修改

5. 用高级语言和机器语言编写具有相同功能的程序时,下列说法中错误的是_____。

  A. 前者比后者可移植性强   B. 前者比后者执行速度快

  C. 前者比后者容易编写   D. 前者比后者容易修改

三、填空题

1. 将 CPU 时间划分成许多小片,轮流为多个程序服务,这些小片称为_____。

2. 我们常用的 QQ 和微信是_____软件。

四、操作实践

用 Ctrl+Alt+Del 组合键打开 Windows 任务管理器,请完成以下工作:

(1) 查看当前 CPU 的使用率是多少;

(2) 当前空闲的内存是多少。

【微信扫码】
参考答案 & 相关资源

第五章　计算机网络

　　计算机正对我们的社会与生活产生着不可估量的影响。现如今,计算机不仅被广泛引入到办公室、工厂、学校、教育机关以及实验室等场所,就连在家里使用个人电脑也已是普遍现象。同时,笔记本电脑、平板电脑、手机终端(智能手机)等便携设备的持有人群也日益增多,甚至外观上一点都不像计算机的家用电器、音乐播放器、办公电器、汽车等设备中,一般也会内置一个小型的芯片,使这些设备具有相应的计算机控制功能。在不经意间,我们的工作生活已与计算机紧密相连。而且我们所使用的计算机和带有内置计算机的设备当中,绝大多数都具有联网功能。计算机网络好比一个人的神经系统,一个人身体上的所有感觉都经由神经传递到大脑。与之类似,世界各地的信息也通过网络传递到每个人的计算机当中。

　　计算机网络已经成为信息社会的命脉和发展知识经济的重要基础,就像电一样成为人们生产、生活中不可缺少的一部分,因此掌握计算机网络的知识对于更好地使用网络有着重要的意义。

> **教学目标**
> 　　本章是对计算机网络的理论性导论。通过本章了解什么是计算机网络,以及计算机网络的基本功能,并对计算机网络的发展趋势有一定认识。

5.1　网络硬件

5.1.1　网络分类

　　起初计算机以单机模式被广泛使用,这种方式也叫独立模式,指计算机未连接到网络,各自独立使用的方式。然而随着计算机的不断发展,人们已不再局限于单机模式,而是将一个个计算机连接在一起,形成一个计算机网络。连接多台计算机可以实现信息共享,同时还能在两台物理位置较远的机器之间即时传递信息。

　　关于计算机网络分类,可以从传输技术和网络尺度两个维度。

　　传输技术:广播式链路和点到点链路。

　　点到点(point-to-point)是指链路将一对单独的机器连接起来的传输方式。在一个由点到点链路组成的网络中,为了从源端到达接收方,短消息必须首先访问一个或多个中间机器,这种短消息在某些情况下称为数据包或包(packet)。通常网络中有可能存在多条不同长度的路由。点到点传输只有一个发送方和一个接收方,有时候称为单播(unicasting)。

　　通常在一个广播网络上,通信信道被网络上的所有机器共享,任何一台机器发出的数据包能被所有其他任何机器收到。每个数据包的地址字段指定了预期的接收方。当一台机器收到一个数据包时,需要检查地址字段,如果目的地址是自己,就处理数据包,否则忽略数据包。无

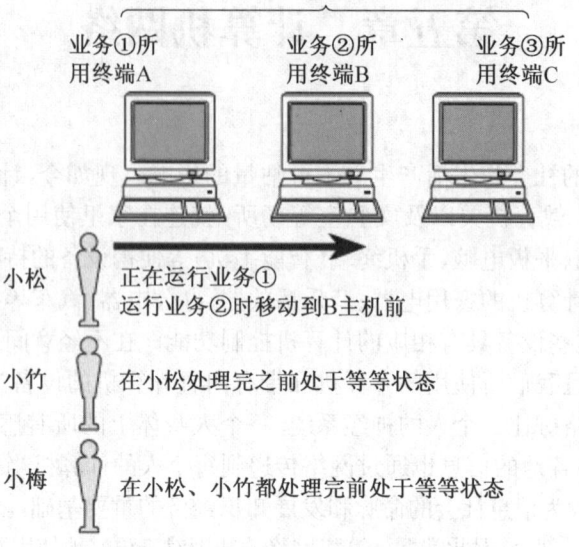

图 5-1　以独立模式使用计算机

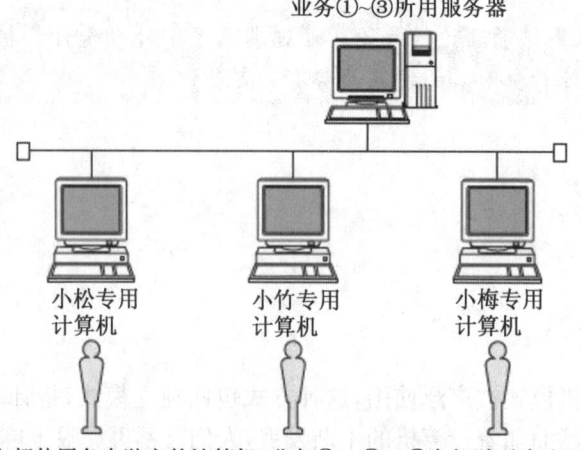

每个人都使用各自独立的计算机,业务①、②、③之间随时自由切换。
共享数据由服务器集中管理。

图 5-2　以网络互连方式使用计算机

线网络是广播链路的一个常见例子。广播系统,如果被传输的数据包带有一个特殊的地址编码,那么网络中所有机器都会接受该包并处理,这种传输模式称为广播(boradcasting),有些广播系统还支持给一组机器发送数据包的模式,称为组播/多播(multicasting)。

另一种分类法根据网络尺度分为局域网、城域网、广域网。几个网络的连接称为互联网络(如 Internet)。

5.1.2 网络硬件

下面是根据网络尺度简略介绍网络硬件。

1. 局域网

局域网(Local Area Network,LAN)是一种私有网络,一般在一座建筑物或附件(家庭、工厂、办公室)。广泛用于连接个人计算机和消费类电子设备,使它们能够共享资源(如打印机)和交换信息。局域网用于公司时称为企业网络(Enterprise Network)。无线局域网中每台计算机都有一个无线调制解调器和一个天线,用来与其他计算机通信,多数情况下,每台计算机与一个设备通信,这个设备称为接入点(Access Point,AP)、无线路由器(Wireless Router)或者基站。无线局域网的一个标准称为 IEEE 802.11,俗称 Wifi。有线局域网使用了各种不同的传输技术,使用铜线或光纤作为传输介质。许多有线局域网的拓扑结构是以点到点链路为基础的,俗称以太网(Ethernet)的 IEEE 802.3 是最常见的一种有线局域网。

图 5-3 局域网

> 下面看两种不同类型的局域网。第一种是体域网(Personal Area Network,PAN)允许设备围绕一个人进行通信。如计算机通过无线网络(蓝牙)与其外围设备连接。PAN可以通过短程通信技术来搭建,如智能卡,RFID。第二种是城域网(Metropolitan Area Network,MAN)的范围可覆盖一个城市(如有线电视网、wimax)。

2. 广域网

广域网(Wide Area Network，WAN)范围通常是一个国家、地区、大陆。如在不同城市有分支结构的公司的有线广域网，如图，该公司在三个城市的办事处，有个办事处有专门计算机，称为主机，连接这些主机的网络其余部分称为通信子网，简称子网(Subnet)，子网的工作是把信息从一个主机携带到另一个主机。

广域网中的子网由传输链路和交换元素组成，传输链路负责机器间的比特移动，如铜线、光纤、无线链路。大多数公司没有铺设自己的传输链路，需要从电信公司租赁传输链路。交换元素简称交换机(Switch)/路由器(Router)(一种专用计算机)，负责连接两条或两条以上的传输链路。子网是一组路由器和通信链路的集合，主要负责将数据包从源主机移动到目标主机。广域网类似大型的局域网，除了线路更长，另一个差异是广域网中主机和子网是由不同的人拥有和经营，与局域网的第二个差异是路由器通常连接不同类型的网络技术(以太网或其他)，子网可以连接单个计算机或连接整个局域网。

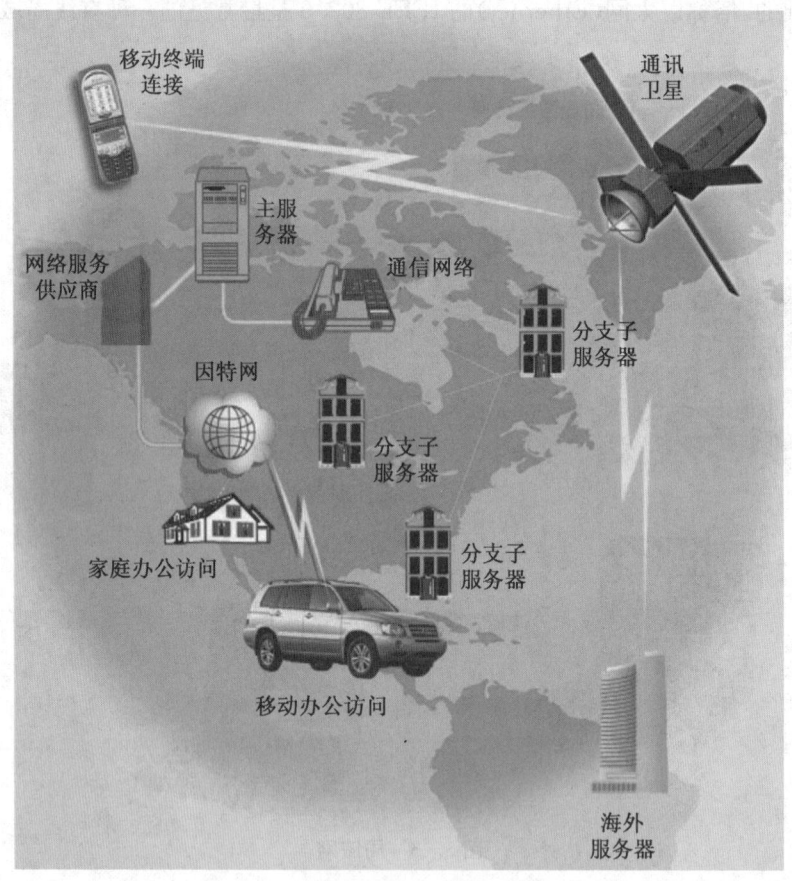

图 5-4 广域网

下面看两种不同类型的广域网。第一种是公司并不租赁专用的传输链路，而是把自己的办事处连接到 Internet，这种方式下，办事处可以通过虚拟链路互相连接，称为虚拟专用网络(VPN)。相对租赁专线，优势是虚拟化，重用某种资源(Internet 连接)的灵活性，缺

> 点是缺乏对底层资源的控制。第二种广域网,子网由不同的公司负责运营,子网经营者称为网络服务提供商,公司办事处是它的客户。子网运营商还与 Internet 的其他网络连接,这样的子网运营商称为 Internet 服务提供商(Internet Service Provider, ISP),相应的子网称为 ISP 网络,连接到 ISP 的客户就能享受 Internet 服务。

大多数广域网中,网络包含许多传输链路,每条链路连接一对路由器,网络可能存在许多路径都可以连接这两台路由器,如何决定使用哪条路径的策略称为路由算法(Routing Algorithm),每个路由器如何决定把数据包发送到哪个位置的策略称为转发算法(Forwarding Algorithm)。蜂窝移动电话网络(1G、2G、3G、4G)是采用无线技术的另一个广域网例子。

5.2 网络协议

5.2.1 五层模型

网络实现,分成好几层。每一层都有自己的功能,就像建筑物一样,每一层都靠下一层支持。用户接触到的,只是最上面的一层,根本没有感觉到下面的层。要理解互联网,必须从最下层开始,自下而上理解每一层的功能。如何分层有不同的模型,有的模型分七层,有的分四层。目前我们接触最多的网络是互联网,大多数研究认为互联网的应用分成五层。

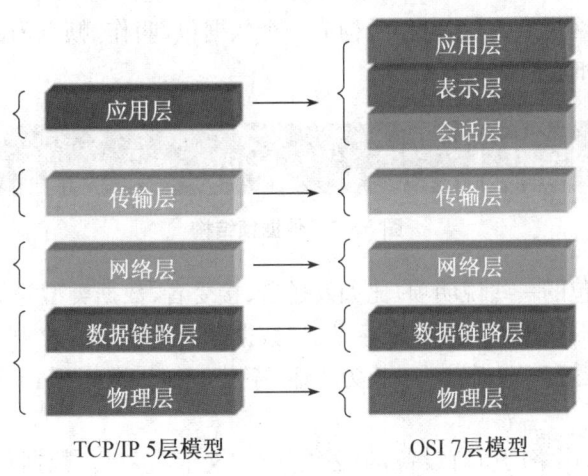

图 5-5 网络模型示意图

如图 5.5 所示,最底下的一层叫作"物理层"(Physical Layer),最上面的一层叫作"应用层"(Application Layer),中间的三层(自下而上)分别是"数据链路层"(Link Layer)、"网络层"(Network Layer)和"传输层"(Transport Layer)。越下面的层,越靠近硬件;越上面的层,越靠近用户。

5.2.2 层与协议

每一层都是为了完成一种功能。为了实现这些功能,就需要大家都遵守共同的规则。大家都遵守的规则,就叫作"协议"(Protocol)。互联网的每一层,都定义了很多协议。这些协议的总称,就叫作"互联网协议簇"(Internet Protocol Suite)。它们是互联网的核心,下面介绍每一层的功能,主要就是介绍每一层的主要协议。

1. 实体层

实体层就是把电脑连接起来的物理手段。它主要规定了网络的一些电气特性,作用是负责传送 0 和 1 的电信号。

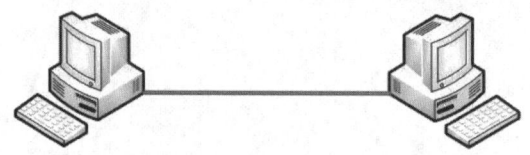

图 5-6 实体层示意图

2. 链接层

单纯的 0 和 1 没有任何意义,必须规定解读方式:多少个电信号算一组?每个信号位有何意义?这就是"链接层"的功能,它在"实体层"的上方,确定了 0 和 1 的分组方式。早期的时候,每家公司都有自己的电信号分组方式。逐渐地,一种叫作"以太网"(Ethernet)的协议,占据了主导地位。以太网规定,一组电信号构成一个数据包,叫作"帧"(Frame)。每一帧分成两个部分:标头(Head)和数据(Data)。

图 5-7 数据帧结构

"标头"包含数据包的一些说明项,比如发送者、接受者、数据类型等等;"数据"则是数据包的具体内容。"标头"的长度,固定为 18 字节。"数据"的长度,最短为 46 字节,最长为 1500 字节。因此,整个"帧"最短为 64 字节,最长为 1518 字节。如果数据很长,就必须分割成多个帧进行发送。

以太网规定,连入网络的所有设备,都必须具有"网卡"接口。数据包必须是从一块网卡,传送到另一块网卡。网卡的地址,就是数据包的发送地址和接收地址,这叫作 MAC 地址。每块网卡出厂的时候,都有一个全世界独一无二的 MAC 地址,长度是 48 个二进制位,通常用 12 个十六进制数表示。前 6 个十六进制数是厂商编号,后 6 个是该厂商的网卡流水号。有了 MAC 地址,就可以定位网卡和数据包的路径了。

图 5-8　网卡及 MAC 地址示例

定义地址只是第一步，后面还有更多的步骤。

首先，一块网卡怎么会知道另一块网卡的 MAC 地址？回答是有一种 ARP 协议，可以解决这个问题。这个留到后面介绍，这里只需要知道，以太网数据包必须知道接收方的 MAC 地址，然后才能发送。其次，就算有了 MAC 地址，系统怎样才能把数据包准确送到接收方？回答是以太网采用了一种很"原始"的方式，它不是把数据包准确送到接收方，而是向本网络内所有计算机发送，让每台计算机自己判断，是否为接收方。

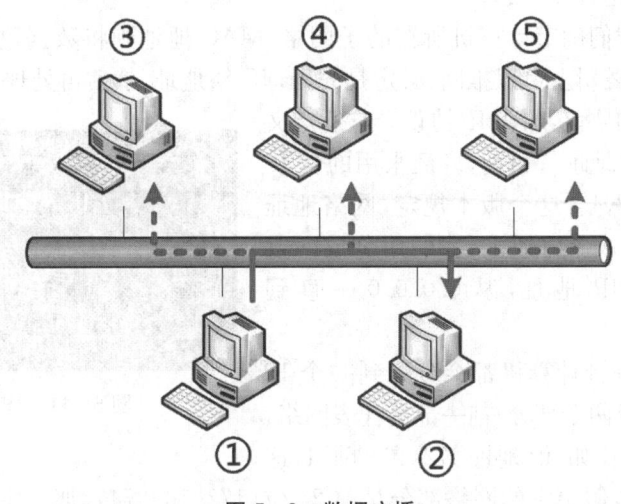

图 5-9　数据广播

上图中，1 号计算机向 2 号计算机发送一个数据包，同一个子网络的 3 号、4 号、5 号计算机都会收到这个包。它们读取这个包的"标头"，找到接收方的 MAC 地址，然后与自身的 MAC 地址相比较，如果两者相同，就接受这个包，做进一步处理，否则就丢弃这个包。这种发送方式就叫作"广播"(Broadcasting)。

有了数据包的定义、网卡的 MAC 地址、广播的发送方式，"链接层"就可以在多台计算机之间传送数据了。

3. 网络层

以太网协议，依靠 MAC 地址发送数据。理论上，单单依靠 MAC 地址，上海的网卡就可以找到洛杉矶的网卡了，技术上是可以实现的。但是，这样做有一个重大的缺点。以太网采用广播方式发送数据包，所有成员人手一"包"，不仅效率低，而且局限在发送者所在的子网络。也就是说，如果两台计算机不在同一个子网络，广播是传不过去的。这种设计是合理的，否则互联网上每一台计算机都会收到所有包,那会引起灾难。

互联网是无数子网络共同组成的一个巨型网络,很难想象上海和洛杉矶的电脑会在同一个子网络,这几乎是不可能的。

因此,必须找到一种方法,能够区分哪些 MAC 地址属于同一个子网络,哪些不是。如果是同一个子网络,就采用广播方式发送,否则就采用"路由"方式发送。("路由"的意思,就是指如何向不同的子网络分发数据包,这是一个很大的主题,本文不涉及)遗憾的是,MAC 地址本身无法做到这一点。它只与厂商有关,与所处网络无关。这就导致了"网络层"的诞生。它的作用是引进一套新的地址,

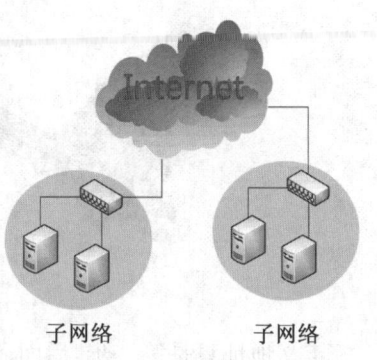

图 5-10 因特网结构原理

使得我们能够区分不同的计算机是否属于同一个子网络。这套地址就叫作"网络地址",简称"网址"。于是,"网络层"出现以后,每台计算机有了两种地址,一种是 MAC 地址,另一种是网络地址。两种地址之间没有任何联系,MAC 地址是绑定在网卡上的,网络地址则是管理员分配的,它们只是随机组合在一起。

网络地址帮助我们确定计算机所在的子网络,MAC 地址则将数据包送到该子网络中的目标网卡。因此,从逻辑上可以推断,必定是先处理网络地址,然后再处理 MAC 地址。

规定网络地址的协议,叫作 IP 协议。它所定义的地址,就被称为 IP 地址。目前,广泛采用的是 IP 协议第四版,简称 IPv4。这个版本规定,网络地址由 32 个二进制位组成。习惯上,我们用分成四段的十进制数表示 IP 地址,从 0.0.0.0 一直到 255.255.255.255。

图 5-11 IP 地址示例

互联网上的每一台计算机都会分配到一个 IP 地址。这个地址分成两个部分,前一部分代表网络,后一部分代表主机。比如,IP 地址 172.16.254.1,这是一个 32 位的地址,假定它的网络部分是前 24 位(172.16.254),那么主机部分就是后 8 位(最后的那个 1)。处于同一个子网络的电脑,它们 IP 地址的网络部分必定是相同的,也就是说 172.16.254.2 应该与 172.16.254.1 处在同一个子网络。

但是,问题在于单单从 IP 地址,我们无法判断网络部分。还是以 172.16.254.1 为例,它的网络部分,到底是前 24 位,还是前 16 位,甚至前 28 位,从 IP 地址上是看不出来的。

那么,怎样才能从 IP 地址,判断两台计算机是否属于同一个子网络呢?这就要用到另一个参数"子网掩码"(Subnet Mask)。所谓"子网掩码",就是表示子网络特征的一个参数。它在形式上等同于 IP 地址,也是一个 32 位二进制数字,它的网络部分全部为 1,主机部分全部为 0。比如,IP 地址 172.16.254.1,如果已知网络部分是前 24 位,主机部分是后 8 位,那么子网络掩码就是 11111111.11111111.11111111.00000000,写成十进制就是 255.255.255.0。

知道"子网掩码",我们就能判断,任意两个 IP 地址是否处在同一个子网络。方法是将两个 IP 地址与子网掩码分别进行 AND 运算(两个数位都为 1,运算结果为 1,否则为 0),然后比较结果是否相同,如果是的话,就表明它们在同一个子网络中,否则就不是。比如,已知 IP 地

址 172.16.254.1 和 172.16.254.233 的子网掩码都是 255.255.255.0，请问它们是否在同一个子网络？两者与子网掩码分别进行 AND 运算，结果都是 172.16.254.0，因此它们在同一个子网络。

根据 IP 协议发送的数据，就叫作 IP 数据包。不难想象，其中必定包括 IP 地址信息。但是前面说过，以太网数据包只包含 MAC 地址，并没有 IP 地址的栏位。那么是否需要修改数据定义，再添加一个栏位呢？回答是不需要，我们可以把 IP 数据包直接放进以太网数据包的"数据"部分，因此完全不用修改以太网的规格。这就是互联网分层结构的好处：上层的变动完全不涉及下层的结构。

具体来说，IP 数据包也分为"标头"和"数据"两个部分。"标头"部分主要包括版本、长度、IP 地址等信息，"数据"部分则是 IP 数据包的具体内容。它放进以太网数据包后，以太网数据包就变成了下面这样。

图 5‑12　IP 地址结构

IP 数据包的"标头"部分的长度为 20 到 60 字节，整个数据包的总长度最大为 65535 字节。因此，理论上，一个 IP 数据包的"数据"部分，最长为 65515 字节。前面说过，以太网数据包的"数据"部分，最长只有 1500 字节。因此，如果 IP 数据包超过了 1500 字节，它就需要分割成几个以太网数据包，分开发送了。

关于"网络层"，还有最后一点需要说明。因为 IP 数据包是放在以太网数据包里发送的，所以我们必须同时知道两个地址，一个是对方的 MAC 地址，另一个是对方的 IP 地址。通常情况下，对方的 IP 地址是已知的（后文会解释），但是我们不知道它的 MAC 地址。所以，我们需要一种机制，能够从 IP 地址得到 MAC 地址。

这里又可以分成两种情况。第一种情况，如果两台主机不在同一个子网络，那么事实上没有办法得到对方的 MAC 地址，只能把数据包传送到两个子网络连接处的"网关"（Gateway），让网关去处理。第二种情况，如果两台主机在同一个子网络，那么我们可以用 ARP 协议，得到对方的 MAC 地址。ARP 协议也是发出一个数据包（包含在以太网数据包中），其中包含它所要查询主机的 IP 地址，在对方的 MAC 地址这一栏，填的是 FF‑FF‑FF‑FF‑FF‑FF，表示这是一个"广播"地址。它所在子网络的每一台主机，都会收到这个数据包，从中取出 IP 地址，与自身的 IP 地址进行比较。如果两者相同，都做出回复，向对方报告自己的 MAC 地址，否则就丢弃这个包。总之，有了 ARP 协议之后，我们就可以得到同一个子网络内的主机 MAC 地址，可以把数据包发送到任意一台主机之上了。

4. 传输层

有了 MAC 地址和 IP 地址，我们已经可以在互联网上任意两台主机上建立通信。接下来的问题是，同一台主机上有许多程序都需要用到网络，比如，你一边浏览网页，一边与朋友在线聊天。当一个数据包从互联网上发来的时候，你怎么知道，它是表示网页的内容，还是表示在线聊天的内容？也就是说，我们还需要一个参数，表示这个数据包到底供哪个程序（进程）使用。这个参数就叫作"端口"（Port），它其实是每一个使用网卡的程序的编号。每个数据包都发到主机的特定端口,所以不同的程序就能取到自己所需要的数据。

"端口"是 0 到 65535 之间的一个整数,正好 16 个二进制位。0 到 1023 的端口被系统占用,用户只能选用大于 1023 的端口。不管是浏览网页还是在线聊天,应用程序会随机选用一个端口,然后与服务器的相应端口联系。"传输层"的功能,就是建立"端口到端口"的通信。相比之下,"网络层"的功能是建立"主机到主机"的通信。只要确定主机和端口,我们就能实现程序之间的交流。因此,Unix 系统就把主机+端口,叫作"套接字"(Socket)。有了它,就可以进行网络应用程序开发了。

现在,我们必须在数据包中加入端口信息,这就需要新的协议。最简单的实现叫作 UDP 协议,它的格式几乎就是在数据前面,加上端口号。

UDP 数据包,也是由"标头"和"数据"两部分组成。"标头"部分主要定义了发出端口和接收端口,"数据"部分就是具体的内容。然后,把整个 UDP 数据包放入 IP 数据包的"数据"部分,而前面说过,IP 数据包又是放在以太网数据包之中的,所以整个以太网数据包现在变成了如图 5-13 所示的结构。UDP 数据包非常简单,"标头"部分一共只有 8 个字节,总长度不超过 65535 字节,正好放进一个 IP 数据包。

图 5-13 UDP 数据包结构

UDP 协议的优点是比较简单,容易实现,但是缺点是可靠性较差,一旦数据包发出,无法知道对方是否收到。为了解决这个问题,提高网络可靠性,TCP 协议就诞生了。这个协议非常复杂,但可以近似认为,它就是有确认机制的 UDP 协议,每发出一个数据包都要求确认。如果有一个数据包遗失,就收不到确认,发出方就知道有必要重发这个数据包了。因此,TCP 协议能够确保数据不会遗失。它的缺点是过程复杂、实现困难、消耗较多的资源。TCP 数据包和 UDP 数据包一样,都是内嵌在 IP 数据包的"数据"部分。TCP 数据包没有长度限制,理论上可以无限长,但是为了保证网络的效率,通常 TCP 数据包的长度不会超过 IP 数据包的长度,以确保单个 TCP 数据包不必再分割。

5. 应用层

应用程序收到"传输层"的数据,接下来就要进行解读。由于互联网是开放架构,数据来源五花八门,必须事先规定好格式,否则根本无法解读。"应用层"的作用,就是规定应用程序的数据格式。举例来说,TCP 协议可以为各种各样的程序传递数据,比如 Email、WWW、FTP 等等。那么必须有不同协议规定电子邮件、网页、FTP 数据的格式,这些应用程序协议就构成了"应用层"。这是最高的一层,直接面对用户。它的数据就放在 TCP 数据包的"数据"部分。因此,现在的以太网的数据包就变成下面这样。

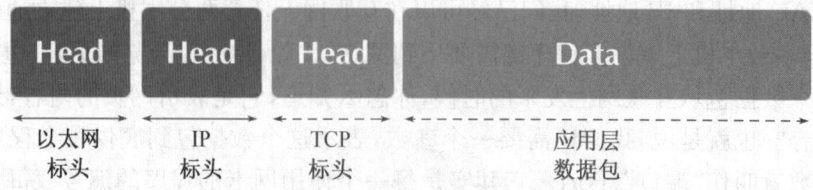

图 5-14 以太网的数据包结构

网络通信就是交换数据包。电脑 A 向电脑 B 发送一个数据包,后者收到了,回复一个数据包,从而实现两台电脑之间的通信。发送这个包,需要对方的 MAC 地址和对方的 IP 地址。但是,前面说过 MAC 地址有局限性,如果两台电脑不在同一个子网络,就无法知道对方的 MAC 地址,必须通过网关(Gateway)转发。

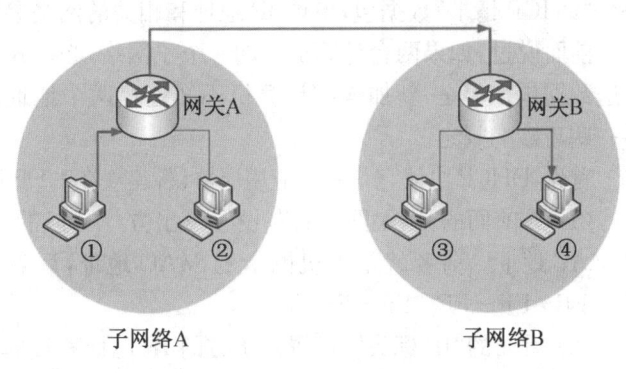

图 5‑15　数据传输示例

5.3　上网设置

5.3.1　静态 IP 地址

你买了一台新电脑,插上网线,开机,这时电脑能够上网吗? 通常你必须做一些设置。有时,管理员(或者 ISP)会告诉你下面四个参数,把这些参数填入操作系统,计算机就能连上网了。

* 本机的 IP 地址
* 子网掩码
* 网关的 IP 地址
* DNS 的 IP 地址

这四个参数缺一不可,由于它们是给定的,计算机每次开机,都会分到同样的 IP 地址,所以这种情况被称作"静态 IP 地址上网"。但是,这样的设置很专业,普通用户望而生畏,而且如果一台电脑的 IP 地址保持不变,其他电脑就不能使用这个地址,不够灵活。出于这两个原因,大多数用户使用"动态 IP 地址上网"。

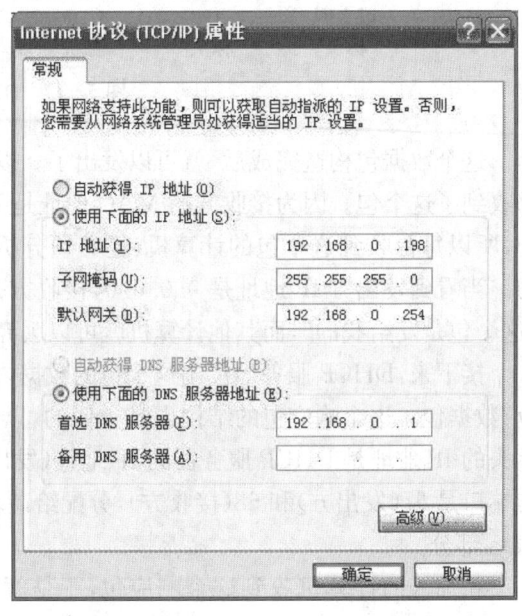

图 5‑16　Windows 系统的设置窗口

5.3.2　动态 IP 地址

所谓"动态 IP 地址",指计算机开机后,会自动分配到一个 IP 地址,不用人为设定。它使用的协议叫作 DHCP 协议。这个协议规定,每一个子网络中,有一台计算机负责管理本网络的所有 IP 地址,它叫作"DHCP 服务器"。新的计算机加入网络,必须向"DHCP 服务器"发送一个"DHCP 请求"数据包，申请 IP 地址和相关的网络参数。

前面说过，如果两台计算机在同一个了网络，必须知道对方的 MAC 地址和 IP 地址，才能发送数据包。但是，新加入的计算机不知道这两个地址，怎么发送数据包呢？DHCP 协议做了一些巧妙的规定。

首先，DHCP 协议它是一种应用层协议，建立在 UDP 协议之上，所以整个数据包是这样的：

(1) 最前面的"以太网标头"，设置发出方（本机）的 MAC 地址和接收方（DHCP 服务器）的 MAC 地址。前者就是本机网卡的 MAC 地址，后者这时不知道，就填入一个广播地址：FF-FF-FF-FF-FF-FF。

(2) 后面的"IP 标头"，设置发出方的 IP 地址和接收方的 IP 地址。这时，对于这两者，本机都不知道。于是，发出方的 IP 地址就设为 0.0.0.0，接收方的 IP 地址设为 255.255.255.255。

(3) 最后的"UDP 标头"，设置发出方的端口和接收方的端口。这一部分是 DHCP 协议规定好的，发出方是 68 端口，接收方是 67 端口。

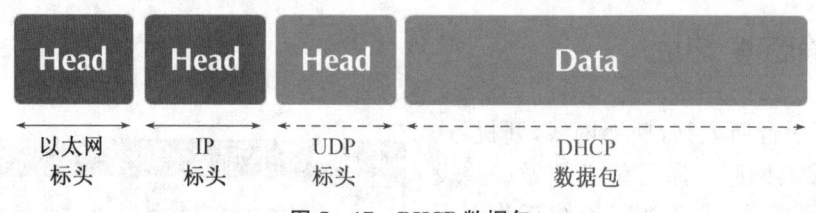

图 5-17 DHCP 数据包

这个数据包构造完成后，就可以发出了。以太网是广播发送，同一个子网络的每台计算机都收到了这个包。因为接收方的 MAC 地址是 FF-FF-FF-FF-FF-FF，看不出是发给谁的，所以每台收到这个包的计算机，还必须分析这个包的 IP 地址，才能确定是不是发给自己的。当看到发出方 IP 地址是 0.0.0.0，接收方是 255.255.255.255，于是 DHCP 服务器知道"这个包是发给我的"，而其他计算机就可以丢弃这个包。

接下来，DHCP 服务器读出这个包的数据内容，分配好 IP 地址，发送回去一个"DHCP 响应"数据包。这个响应包的结构也是类似的，以太网标头的 MAC 地址是双方的网卡地址，IP 标头的 IP 地址是 DHCP 服务器的 IP 地址（发出方）和 255.255.255.255（接收方），UDP 标头的端口是 67（发出方）和 68（接收方），分配给请求端的 IP 地址和本网络的具体参数则包含在 Data 部分。

新加入的计算机收到这个响应包，于是就知道了自己的 IP 地址、子网掩码、网关地址、DNS 服务器等等参数。

5.4 网络应用

5.4.1 访问网页

打开浏览器想要访问 Google，我们需要在地址栏输入网址：www.google.com。这意味着,浏览器要向 Google 发送一个网页请求的数据包。我们知道,发送数据包,必须要知道对方的 IP 地址。但是现在我们只知道网址 www.google.com,不知道它的 IP 地址。DNS 协议可以帮助我们,将这个网址转换成 IP 地址。已知 DNS 服务器为 8.8.8.8,于是我们向这个地址发送一个 DNS 数据包(53 端口)。

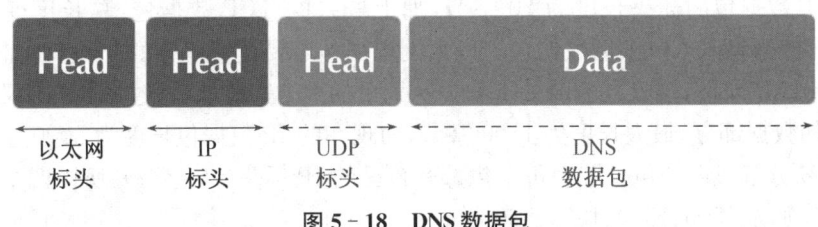

图 5-18 DNS 数据包

然后,DNS 服务器做出响应,告诉我们 Google 的 IP 地址是 172.194.72.105。于是,我们知道了对方的 IP 地址。

接下来,我们要判断,这个 IP 地址是不是在同一个子网络,这就要用到子网掩码。已知子网掩码是 255.255.255.0,本机用它对自己的 IP 地址 192.168.1.100,做一个二进制的 AND 运算(两个数位都为 1,结果为 1,否则为 0),计算结果为 192.168.1.0;然后对 Google 的 IP 地址 172.194.72.105 也做一个 AND 运算,计算结果为 172.194.72.0。这两个结果不相等,所以结论是,Google 与本机不在同一个子网络。因此,我们要向 Google 发送数据包,必须通过网关 192.168.1.1 转发,也就是说,接收方的 MAC 地址将是网关的 MAC 地址。

浏览网页用的是 HTTP 协议,它的整个数据包构造是这样的:

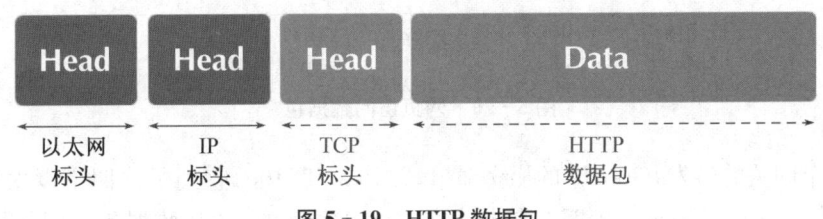

图 5-19 HTTP 数据包

HTTP 部分的内容,类似于下面这样:

```
GET/HTTP/1.1
Host: www.google.com
Connection: keep-alive
User-Agent: Mozilla/5.0 (Windows NT 6.1)……
Accept: text/html,application/xhtml+xml,application/xml;q=0.9,*/*;q=0.8
Accept-Encoding: gzip,deflate,sdch
Accept-Language: zh-CN,zh;q=0.8
Accept-Charset: GBK,utf-8;q=0.7,*;q=0.3
Cookie: ……
```

我们假定这个部分的长度为 4960 字节,它会被嵌在 TCP 数据包之中。TCP 数据包需要设置端口,接收方(Google)的 HTTP 端口默认是 80,发送方(本机)的端口是一个随机生成的 1024～65535 之间的整数,假定为 51775。TCP 数据包的标头长度为 20 字节,加上嵌入 HTTP 的数据包,总长度变为 4980 字节。然后,TCP 数据包再嵌入 IP 数据包。IP 数据包需要设置双方的 IP 地址,这是已知的,发送方是 192.168.1.100(本机),接收方是 172.194.72.105(Google)。IP 数据包的标头长度为 20 字节,加上嵌入的 TCP 数据包,总长度变为 5000 字节。最后,IP 数据包嵌入以太网数据包。以太网数据包需要设置双方的 MAC 地址,发送方为本机的网卡 MAC 地址,接收方为网关 192.168.1.1 的 MAC 地址(通过 ARP 协议得到)。以太网数据包的数据部分,最大长度为 1500 字节,而现在的 IP 数据包长度为 5000 字节。因此,IP 数据包必须分割成四个包。因为每个包都有自己的 IP 标头(20 字节),所以四个包的 IP 数据包的长度分别为 1500、1500、1500、560。

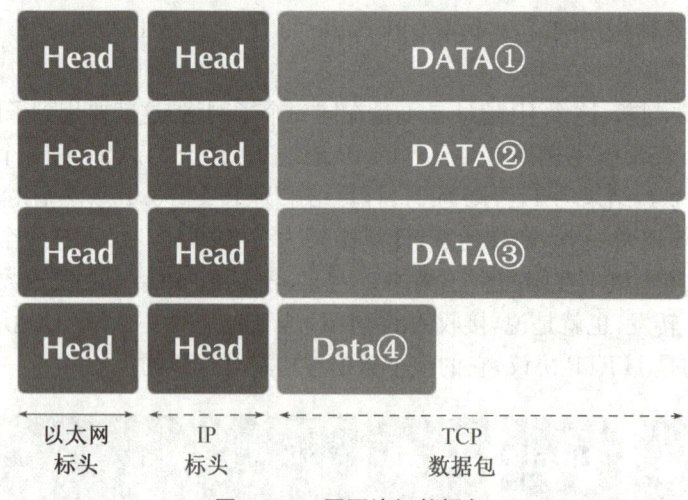

图 5-20 网页访问数据包

经过多个网关的转发,Google 的服务器 172.194.72.105,收到了这四个以太网数据包。根据 IP 标头的序号,Google 将四个包拼起来,取出完整的 TCP 数据包,然后读出里面的"HTTP 请求",接着做出"HTTP 响应",再用 TCP 协议发回来。本机收到 HTTP 响应以后,就可以将网页显示出来,完成一次网络通信。

5.4.2 邮件收发

每天,通过互联网发送的电子邮件有数十亿封之多。如果你经常上网,或许一天随随便便就要发十几封信。显然,电子邮件已经成为日常生活中广泛使用的沟通工具。电子邮件能绕过半个地球从您的电脑到达您朋友的收件箱,您是否想过这是什么原理呢?什么是 POP3 服务器,它如何存放您的邮件?你也许不知道这些问题的答案,但电子邮件的基本原理其实非常简单。

电子邮件从始至终都是以文本形式出现的,也就是发送给接收者的一段文字。时至今日,人们发送的电子邮件通常仍是简短文字。虽然现在可以通过添加附件,使邮件内容极大丰富。但即使添加了附件,邮件信息的文本形式仍然没有改变。

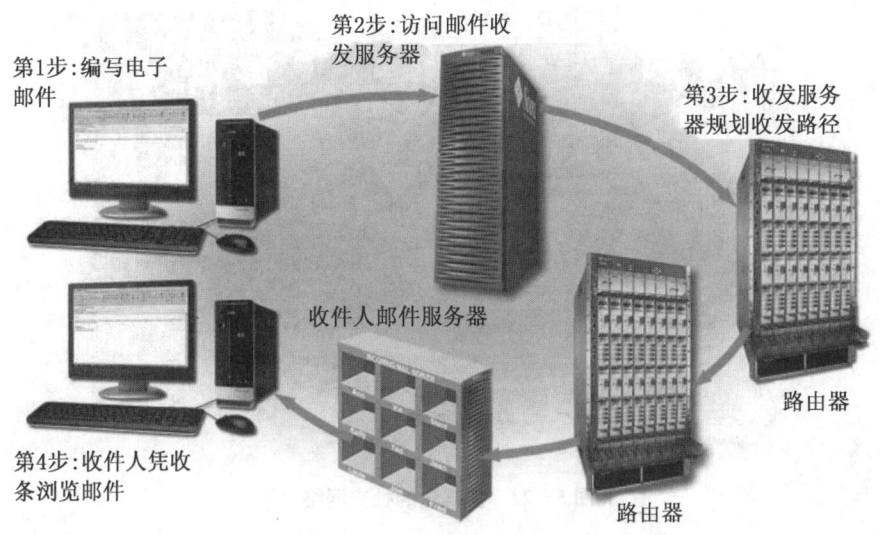

图 5-21 电子邮件收发流程

查看邮件时,你就是在使用电子邮件客户端。流行的电子邮件客户端包括 Microsoft Outlook、Outlook Express、Foxmail 等。Hotmail 或 Sina 等免费电子邮件服务提供的是基于网页的客户端。不同类型的客户端一般都有以下四个基本功能:

(1) 以邮件标头的形式呈现您邮箱中的所有邮件。标头包括发件人和邮件主题,还可能包含邮件的发送时间、日期以及邮件大小。

(2) 用户可以点选标头,阅读相应邮件。

(3) 用户可以新建并发送邮件。写信时要输入收件人地址、邮件主题和邮件内容。

(4) 用户可以在发送邮件时添加附件,也可保存来信中的附件。

高级的电子邮件客户端可能有许多其他功能,但以上这四个基本功能是所有电子邮件客户端的核心。

5.4.3 社交网络

社交网络主要作用是为一群拥有相同兴趣与活动的人创建在线社区。这类服务往往是基于互联网,为用户提供各种联系、交流的交互通路,如电子邮件、实时通信服务等。此类网站通常通过朋友,一传十、十传百地把网络展延开去,就像树叶的脉络。

在早期的互联网上,有许多提供用户间交互交谈的服务,例如:BBS、新闻组等。早期社交网络的服务网站呈现为在线社区的形式。用户多通过聊天室进行交流。随着博客等新的网上交际工具的出现用户可以通过网站上创建的个人主页来分享喜爱的信息。2002 年至 2004 年间,世界上三大最受欢迎的社交网络服务类网站是 Friendster、MySpace、Bebo。在 2005 年之际 MySpace 成为了世上最巨大的社交网络服务类网站。传闻当时其页面访问量超越了作为著名搜索引擎的 Google。2006 年第三方被允许开发基于 Facebook 的网站 API 的应用,使得 Facebook 随后一跃成为全球用户量增长最快的网站。有更多的网站随后加入自己或是第三方开发者的 API。

图 5-22 多样化的社交网络

多数社交网络会提供多种让用户交互起来的方式，例如聊天、寄信、影音、文件分享、博客、新闻组等。社交网络为信息的交流与分享提供了新的途径。作为社交网络的网站一般会拥有数以百万的登记用户，使用该服务已成为了用户们每天的生活。社交网络服务网站当前在世界上有许多，知名的包括 Google+、Myspace、Plurk、Twitter、Facebook 等。在中国大陆地区，社交网络服务为主的流行网站有人人网、QQ 空间、百度贴吧、微博等。

社交网络其实并不是什么新概念，从人类社会诞生之日起，它就已经在我们身边。一个社交网络不过是个人之间的人际关系结构。地球上的每个人都是整体社交网络的一部分，但我们同时也生活在较小的、具有特性的子网络当中。我们划分这些子网络的范畴包括家庭、朋友、工作、校园、兴趣等。您可以在工作当中建立社交网络，比如根据相同话题进行凝聚（如贴吧）、根据爱好进行凝聚（如 Fexion 网）、根据学习经历进行凝聚（如 Facebook、人人网）、根据工作经历进行凝聚（如领英）、根据周末出游的相同地点进行凝聚、根据中国农民应用网络的方式凝聚（如农享网）等，都被纳入"SNS"的范畴。只要有人际交往，社交网络就会不断扩展。

5.5 Web 3.0

5.5.1 什么是 Web 1.0、Web 2.0、Web 3.0

从 Web 1.0 到 Web 2.0 是互联网的一次划时代的飞跃。Web 1.0 时代，网站提供给用户的内容是网站编辑进行编辑处理后提供的，用户阅读网站提供的内容。Web 2.0 将互联网和普通网民的日常生活联系起来。然而，随着移动互联网的蓬勃发展，越来越多的人不再简单地满足于与互联网普通的交互，他们需求一种与移动互联网的"亲密"融合。其实当前我们已经看到了越来越多的移动互联网产品谋求这种"迎合"，例如微信推出了"附近的人"招揽了大量的用户，网易新闻、人人网等积极推广自媒体，团购网站客户端推出基于位置服务（LBS）的商品查找和推荐功能，微博利用地理信息增强用户间的互动……太多这样的产品和实践让我们不得不相信,正是由于智能终端(尤其是智能手机)在普通人群中大量普及,我们几乎每个人随时随刻从互联网上获取有用的或感兴趣的信息,同时参与社交。更重要的,我们会有意识或无意识地发布个人的位置信息,使用与社会活动密切相关的服务,这样的变化不仅仅是 Web 2.0 的发展,一个互联网的新时代即将到来——Web 3.0。

表 5 - 1　Web 1.0、Web 2.0、Web 3.0 的区别

特征	Web 1.0	Web 2.0	Web 3.0
数据流向	下载	上传	下载/上传
主机关系	一对多	多对多	在某一领域多对多
接口	桌面计算机	手提式计算机	移动终端
最小单元	网站	网页	观点

Web 3.0 不仅仅是 Web 1.0 的简单内容获取与查询,也不单纯是 Web 2.0 的大众参与和内容制造,更是互联网与人们日常生活的大融合!

首先,基于位置的信息共享和由此带来的附加价值会愈加重要。在不久的将来,我们可以通过位置信息随时记录自己的足迹,获取周围的信息(新闻、优惠信息、可以参与的活动等)。同时,服务提供者可以通过位置信息帮用户扩展社交、推荐优惠、提供精确化的查询。

其次,人们的日常生活和互联网的结合将成为明显的特征。在 Web 2.0 时代,用户如果要参与论坛讨论,或者评价一条新闻,都不得不守在电脑跟前参与内容制造与信息交互。而现在,智能移动终端已经逐渐改变了大众的行为方式。在公交车上,在地铁站里,看到有人拿着手机刷微博、发微信是再普通不过的一件事了。更重要的,我们已经渐渐习惯了出门拿地图软件找路导航,用团购软件随时随地团购晚餐,打开支付宝钱包付款,甚至用滴滴或快的打车……而在其背后,是网络服务提供者为用户各种社会生活量身定制的各种服务。Web 3.0 时代必将是互联网和大众社会活动的大融合。有意思的是,Web 2.0 常常要求用户"走进来"坐在电脑前进入互联网生活,而 Web 3.0 更提倡用户"走出去"参与社会活动并随时随地使用服务,发表见闻。

最后,Web 3.0 是多种新技术的融合和发展。近几年很火的大数据、云计算、高速高可靠移动网络、物联网、智能硬件等新的技术和概念无一不和 Web 3.0 密切相关。正是因为 Web 3.0 全民随时随地在社会生活各个方面和 Web 的融合,才有了大数据爆发式的需求增长。云计算不仅可以用来处理 Web 3.0 时代的大数据,而且简化了 Web 3.0 时代服务制造者开发服务的难度,并为服务的高效和高质量提供保障。高速高可靠性移动网络保证用户可以随时随地访问 Web,提供了人与 Web 融合的媒介。智能硬件和物联网让更多的设备接入互联网,融入用户的社会生活,是 Web 3.0 时代的基础。可以想象,如果没有智能硬件和物联网,那么 Web 3.0 根本无从实施;如果没有大数据、云计算和高速高可靠性移动网络,Web 3.0 的进一步发展和壮大将受到限制。

如果说 Web 2.0 可以从时间维度上将用户纳入互联网的范畴(用户在网络生活中的信息制造可以串成一条时间线),那么 Web 3.0 又从空间上将用户纳入互联网(用户基于 Web 的行为活动构成一张时空网)。

5.5.2 物联网

物联网(Internet of Things,缩写 IoT)是一个基于互联网、传统电信网等资讯承载体,让所有能够被独立寻址的普通物理对象实现互联互通的网络。物联网一般为无线网,通过射频识别(RFID)、红外感应器、全球定位系统、激光扫描器等信息传感设备,按约定的协议,把任何物品与互联网连接起来,进行信息交换和通讯,以实现智能化识别、定位、跟踪、监控和管理的一种网络。简单地说就是:物物相联的网络。将其分解,其有两层含义,第一,物联网的核心和基础仍然是互联网,是在互联网基础上的延伸和扩展的网络;第二,其用户端延伸和扩展到了任何物品与物品之间,进行信息交换和通讯。物联网将现实世界数码化,应用范围十分广泛。

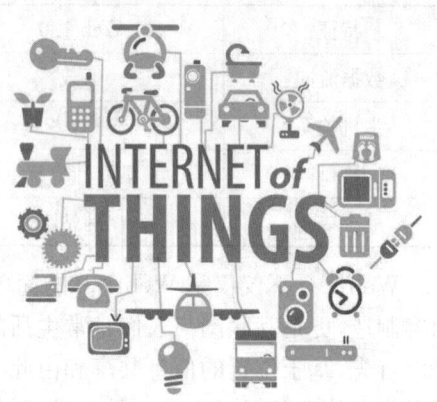

图 5-23 物联网示意图

20 世纪 60 年代,计算技术诞生。最初主要用于科学及军事研究,费用高昂,借助编程进行商用计算变得日益简单,此时开始出现标准应用程序。大型机转变为体积更小、价格更低的微型计算机,拓展了计算的市场覆盖范围。随后个人电脑的发展使计算机的触角延伸到了更多的中小型企业以及家庭和学校。随着笔记本电脑的出现,PC 趋向移动化,并掀起了手机领域的革命,使之迅速演变成一个移动计算平台。

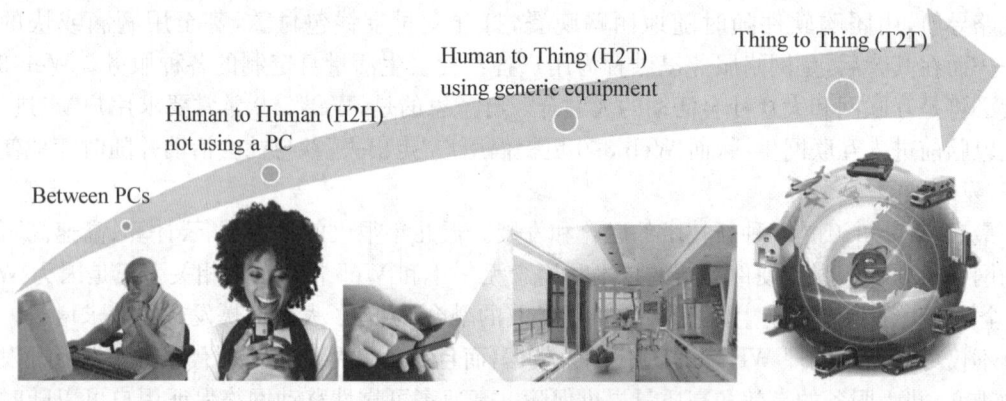

图 5-24 计算机网络的发展

与此同时,大家都忽视的微处理器促生出了另一个完整的市场——嵌入式控制。将微处理器与内存集成到一个芯片上,它们广泛存在于电视机遥控器、录像机(VCR)、空调系统、汽车刹车系统以及电脑的键盘和硬盘。伴随消费电子设备从模拟技术向数字技术的过渡,它们又促生出了平面电视、MP3 播放器、DVD 和家庭影院系统,以及在用水和洗衣时间方面做过诸多优化的环保型洗衣机。这些设备与互联网的连接,以及其他一些相关事物合称为物联网。

物联网是互联网 2.0,物联网开启智能时代。互联网是网网相连形成的庞大网络,物联网是物物相连形成的庞大网络。互联网是物联网的基础,物联网是互联网的进化。互联网形成未来网络的大脑,物联网形成未来网络的躯体,未来网络是智能综合体。当然,如果只是从上面那些故事来看,你可能会觉得,物联网不算什么,不妨老生常谈,再看看关于对物联网构想的一个故事。

有了物联网,未来的生活方式,将完全颠覆过去。早晨你从被窝中起床之前,你的床根据你的睡眠状态,发出信息告知厨房将开始烹饪你昨晚选择好的早餐,同时会根据你身体的状态,根据你购买的营养食谱软件,对早餐进行微调。当你醒来洗漱完成之后,享用早餐之时,家中的机器人会提醒你近日需要完成及处理的各类事件,并对室外天气进行分析给出一套合理的日程安排。当你出门后,家中智能控制中心会根据你的安排,将家中能源控制到最合理的范围。你到达公司之后,快递如期到达你家,你的手机会推送给你,你只需轻松点击收取,家中收件箱便会为你收下你的快递。在办公室工作一段时间后,你身边的手机将根据你身体的含水量及各类代谢参数督促你起来进行运动与补充水分。当然这还得取决于你们公司是否为员工购买了这项保险。当你忙完了一天的工作,并在回家的之前选择好晚餐之后,你的朋友临时打电话告知你一块出来聚餐,于是你不得不取消这个事情,而此时你不得不将已经做好的晚餐按成本价销售出去,当然,附近的路人可就有福气了。不过那时候,虽然没有免费的晚餐,便宜的晚餐应该不少。而当你完成聚会之后,回到家等待你的将是根据你身体机能参数而准备好的"营养"热水澡。或许,你到时候不再需要一个"TA"了。

看完上面那个故事,是不是觉得物联网真的很酷?当然,要想实现这些,短时间内是不太可能的,目前一般研究认为物联网技术架构可分为三层:感知层、网络层和应用层。

感知层由各种传感器构成,包括温湿度传感器、二维码标签、RFID标签和读写器、摄像头、红外线、GPS等感知终端。感知层是物联网识别物体、采集信息的来源。

网络层由各种网络,包括互联网、广电网、网络管理系统和云计算平台等组成,是整个物联网的中枢,负责传递和处理感知层获取的信息。

应用层是物联网和用户的接口,它与行业需求结合,实现物联网的智能应用。

5.5.3 云计算

虽然云计算是计算机科学中的新兴领域,但是这一概念几年前就产生了。它被称为云计算的原因是数据和程序分布在网络服务器集群上。

云计算实现了工作量的全面转移。运行程序的重任不必再由本地计算机承担,转而由云计算中的计算机群来完成。这样,对用户端计算机的软硬件要求就降低了。用户端计算机只需运行像网络浏览器一样简单的云计算系统界面软件,其余工作都由云计算系统中的计算机群负责。

您很可能已经使用过某种形式的云计算。如果您注册了 Hotmail、雅虎或者 Gmail 之类的

图 5-25 云计算示意图

网络邮箱,那么就已经在体验云计算系统了。使用这些邮箱服务时,您不是在自己的计算机上运行电子邮件程序,而是远程登陆网络邮箱帐户,您的帐户对应的软件和存储空间都在服务商的计算机群上。云计算,是分布式计算技术的一种,其最基本的概念,是透过网络将庞大的计算处理程序自动分拆成无数个较小的子程序,再交由多部服务器所组成的庞大系统经搜寻、计算分析之后将处理结果回传给用户。透过这项技术,网络服务提供者可以在数秒之内,达成处理数以千万计甚至亿计的信息,达到和超级计算机同样强大效能的网络服务。

我们在讨论云计算系统时,可以把云计算系统分成两部分:前端和后端,二者一般通过网络互相连接。前端指的是用户的计算机或客户端,后端指的是系统中的计算机群,也就是"云"。

前端包括用户计算机(或计算机网络)以及云计算系统登陆程序。不同的云计算系统具有不同的用户界面。以网络为基础的邮件系统一般都借助 IE 或 Firefox 等网络浏览器登陆。其他云计算系统具有各自不同的登陆程序,用户可以运行登陆程序接入网络。

什么是虚拟服务器?为了提高服务器的资源利用效率,往往采用服务器虚拟化的方式,将 CPU、内存、磁盘、I/O 等硬件变成可以动态管理的"资源池"。最常见的方式是"一虚多"和"多虚一"。服务器如不能满负荷运转,未被使用的处理能力就浪费了,"一虚多"将一台服务器虚拟成多台服务器,即将一台物理服务器分割成多个相互独立、互不干扰的虚拟环境,提升资源使用率。"多虚一"则是为了解决运行大型应用时运算、存储能力不足的问题,使用多个独立的物理服务器虚拟为一个逻辑服务器,使多台服务器相互协作,处理同一个业务。除此以外,还有"多虚多"的方式,充分利用服务器资源。

计算机后端是各种各样的计算机、服务器和数据存储系统,它们共同组成了云计算系统中的"云"。理论上,从数据处理到视频游戏,只要你能想到的计算机程序,云计算系统都能运行。一般来说,每个应用程序都有其专用的服务器。管理整个系统的是中央服务器,它监管流量和用户需求以确保一切运行顺利。中央服务器遵循一套被称为协议的规则,并使用一种被称为中间件(Middle Ware)的专门软件。中间件可以使联网的计算机互相通信。

如果一套云计算系统有大量用户,那么很有可能需要很大的存储空间。有些企业需要数以百计的存储器。要保证所有存储信息的安全,云计算系统至少要具备两倍于用户需求的存储容量。因为存储器和计算机一样,有时会出现故障。云计算系统必须备份所有用户信息,并存储到备用存储设备上。这样,中央服务器就可以访问备用存储设备恢复丢失的数据。这种复制数据进行备份的技术叫作"冗余备份"。

云计算系统能够运行的程序实际上是没有限制的。只要安装了正确的中间件,云计算系统就能运行普通计算机运行的任何程序。从一般的文字处理软件到专门为某公司设计的个性化计算机程序都能在云计算系统中使用。云计算系统可能会把家庭电脑变成简单的终端界面。用户可以随时随地使用程序和数据,只要有连接到因特网的计算机,就能接入云计算系统,而无需通过用户计算机或公司内部网络访问数据。

使用云计算系统能够降低硬件成本,用户可以省去购买高端硬件设备的开支。您不需要速度最快、内存最大的计算机,云计算系统能满足您对速度和存储空间的要求。您可以购买便宜的计算机,只要有显示器、输入设备(键盘和鼠标)以及足以运行中间件的处理器就能连接云计算系统。也没必要购买大容量硬盘,因为所有信息都可以存储在远程计算机上。

如果云计算系统的后端使用了网格计算技术,那么客户可以利用整个计算机网络的处理能力。一般来说,科研人员进行的计算非常复杂,一台普通的电脑要用几年的时间才能完成。在网格计算系统中,用户可以把计算输送到"云"中进行。云计算系统能够调动所有后端计算机的处理能力,极大加快运算速度。

小　结

网络通常是指为了达到某种目的而以某种方式联系或组合在一起的对象或物体的集合。计算机网络能将不同地理位置的功能相对独立的多个计算机系统通过通信线路连接在一起,并在网络操作系统、网络管理软件及网络通信协议的管理和协调下实现资源共享和信息传输的系统。在这个定义中,有三个核心要点即:自治的计算机、相互连接、以共享资源为目的,这里所谓的自治的计算机是指能够脱离网络或其他计算机而独立工作的计算机系统。例如:计算机、智能手机、平板电脑等。计算机网络的规模有大有小。最小的计算机网络可以仅包含两台计算机和连接它们的一条通信链路,最庞大的网络是由大量的计算机网络通过路由器互联而成的覆盖全球的因特网。

一个典型的计算机网络在逻辑结构上包括两大组成部分:它的核心部分是用于数据通信的传输网络,它由通过各种传输介质如光纤、卫星等相互连接的集中器、多路复用器、交换机和路由器等网络通信设备组成,传输网络为数据通信提供了支持;它的外围部分是网络资源的提供者和使用者,包括大量的局域网、大型主机系统、服务器和各种计算机,外围部分为资源共享访问提供了支持。

计算机网络所提供的功能综合起来可分为这样几种:

① 共享硬件资源:例如常见的云计算、云存储(也称云盘或网盘),还有远程打印等。

② 共享软件和数据资源:例如网络文献数据库、应用商店、音视频资源等。

③ 用户之间的信息通信:例如广泛使用的电子邮件、即时通信、网络电话等。

④ 其他功能:例如新闻资讯、搜索引擎、网上银行、游戏娱乐等。

随着社会和技术的发展计算机网络的新功能还在不断地被开发出来。

习　题

一、是非题

1. 无线局域网采用协议主要是 802.11,通常也称 Wi-Fi。　　　　　　　　　(　　)

2. 无线局域网需使用无线网卡、无线接入点等设备,无线接入点英文简称为 WAP 或 AP,俗称为"热点"。　　　　　　　　　　　　　　　　　　　　　　(　　)

3. 一个实际的通信网络包含有终端设备、传输线路、交换器等多种设备,其中传输线路和交换器等就构成了传输信息的信道。　　　　　　　　　　　　　　　(　　)

二、单选题

1. 下列关于域名的叙述中,错误的是_____。

　　A. 域名是 IP 地址的一种符号表示

B. 上网的每台计算机都有一个 IP 地址,所以也有一个各自的域名
C. 把域名翻译成 IP 地址的软件称为域名系统 DNS
D. 运行域名系统 DNS 的主机叫作域名服务器,每个校园网都有一个域名服务器

2. 假设 IP 地址为 202.119.24.5,为了计算出它的网络号,下面_____最有可能用作其子网掩码。

  A. 255.0.0.0   B. 255.255.0.0
  C. 255.255.255.0   D. 255.255.255.255

3. 在计算机网络中,一台计算机的硬件资源中_____一般不能被其他计算机所共享。

  A. 处理器   B. 打印机
  C. 硬盘   D. 键盘和鼠标器

4. 有关路由器 IP 地址的下列说法中,正确的是_____。

  A. 网络中的路由器可不分配 IP 地址
  B. 网络中的路由器不能有 IP 地址
  C. 网络中的路由器应分配两个以上的 IP 地址
  D. 网络中的路由器只能分配一个 IP 地址

5. 以下关于 TCP/IP 协议的叙述中,正确的是_____。

  A. TCP/IP 协议只包含传输控制协议和网络互连协议
  B. TCP/IP 协议是最早的网络体系结构国际标准
  C. TCP/IP 协议广泛用于异构网络的互连
  D. TCP/IP 协议将网络划分为 7 个层次

6. TCP/IP 协议中 IP 位于网络分层结构中的_____层。

  A. 应用   B. 网络互连
  C. 网络接口和硬件   D. 传输

三、填空题

1. 计算机网络按覆盖的地域范围通常可分为广域网、城域网和_____网。

2. 计算机网络是以共享_____和信息传递为目的,把地理上分散而功能各自独立的多台计算机利用通信手段有机地连接起来的一个系统。

3. 某个网页的 URL 为 http://zhidao.baidu.com/question/76024285.html,该网页所在的 Web 服务器的域名是_____。

4. 以太网中的每台计算机必须安装有网卡,用于发送和接收数据。大多数情况下网卡通过_____线把计算机连接到网络。

四、操作实践

1. 请获取网址 www.nipes.cn 对应的 IP 地址,并记录下来。
2. 请获取你当前使用的计算机的 IP 地址、DNS,并记录下来。

【微信扫码】
参考答案 & 相关资源

第六章 体育与计算机

现代体育是高科技的产物,高科技在体育上的广泛应用是体育现代化的重要标志。信息技术是体育现代化建设最重要的技术支撑。信息技术主要包括感测技术、通信技术、网络技术、计算技术、多媒体技术和控制技术等。感测技术是获取信息的技术。通信技术和网络技术是传递信息的技术,近年来日趋合一,难分彼此。计算技术是处理信息的技术。多媒体技术是计算技术中的一种,只是特指处理声音、图形和图像的技术。控制技术是利用信息的技术。信息技术的定义不但涵盖了信息技术的门类,也明确了这些技术门类的概念与关系。其中计算技术和通信技术是信息技术的两大支柱,计算机和网络技术的应用是计算技术和通信技术实现的基础。

体育信息技术是信息技术用于满足在体育行业应用的技术,涵盖了感测、通信、计算机和控制几乎所有信息技术。在大型运动会、电子政务、科研、教学、训练等领域,已经越来越多依赖于信息技术的支持。

> **教学目标**
> 本章是对体育信息技术的导论。通过本章了解信息技术在体育领域的发展历史,以及以计算机为代表的信息技术在体育领域的应用形式,并对体育信息技术的发展趋势有一定认识。

6.1 体育信息技术的应用

6.1.1 奥运会信息技术应用

1960 年,第 17 届罗马奥运会,计算机穿孔卡片被首次用于记录比赛成绩,这是在奥运会上使用计算机的最早记录。

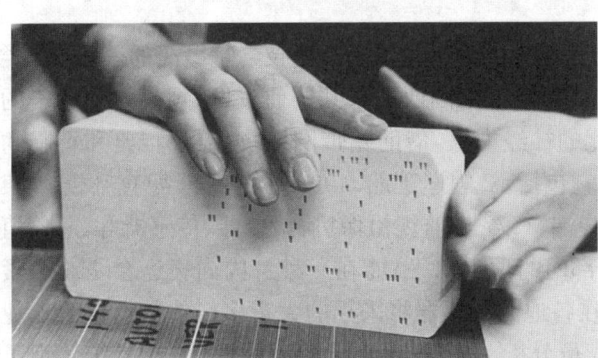
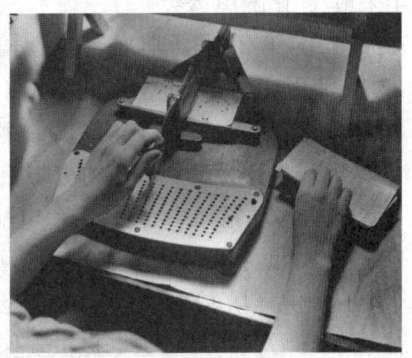

图 6-1 计算机穿孔卡片及其操作及意图

1984年,第23届洛杉矶奥运会。以光纤通信网、信息系统集成等先进技术为支撑的赛事电子信息服务系统首次问世。当十几个国家突然宣布抵制洛杉矶奥运会时,该系统在短短几天时间内就对已安排就绪的住房分配、参观计划、比赛日程、器材预算和交通组织等进行了全面调整,保证了该届奥运会的顺利进行。此后,通信系统和信息系统被国际奥委会列为申奥国家的必备条件。

1988年,第24届汉城奥运会。与洛杉矶奥运会最大差异是,在通信系统方面主要选用本国的技术和生产商,这极大地促进了韩国民族信息通信业的发展。汉城奥运会直接盈利4.7亿美元,间接经济效益则高达70亿美元。

1992年,第25届巴塞罗那奥运会。首次使用高清晰电视系统;建立了功能强大的信息网络系统AMIC,为75000人提供了广泛的信息服务查询;实现了奥运空间的计算机控制;建立了体育评论员系统,实现了现场即时报道,通过触摸屏可跟踪所有比赛进展情况;还首次推出"全能运动操作系统",通过网络将原来分散在赛场上的电子计时、光电测距和自动记分等装置有机地连接在一起协同工作。

1996年,第26届亚特兰大奥运会。首次使用了以网络计算机为支撑的比赛组织管理系统。为此建立了三个主要网站:一为奥委会官方网站,二为本届奥委会与IBM为发布奥运信息而共同设立的网站,三为NBC奥运会网站。这是现代奥运会第一次与因特网"联姻"。

图6-2 亚特兰大奥运会信息中心机房

2000年,第27届悉尼奥运会。可称得上是最"e"化的奥运会:信息系统主要包括三套核心系统,即奥运管理系统、奥运成绩系统和奥运信息服务系统,再加上互联网的广泛应用,堪称历年来最"e"化的奥运会。

2004年,第28届雅典奥运会。本届奥运会成为有史以来高科技含量最高的一届奥运会。

(1) 使用美国科学应用国际公司(SAIC)联手德国西门子共同研发的、规模空前奢华的监控系统"C4I"。该系统是一个高度数字化的神经中枢,借助宽带网络,覆盖了雅典和希腊的主要港口、飞机场以及其他赛事协办城市,它包括12艘巡逻船、4000部车辆、9架直升机、1架空中飞艇、4个移动指挥中心、数千台电脑终端、1577个监视摄像机、报警器、传感器等,总价值超过3000万美元,技术水平达到美英情报部门的顶尖水平,能在一秒钟内向奥运会116个紧急行动中心提供赛场内外的信息。C4I设在各地的传感器将采集的大量多媒体数据传给专业服务器,经处理后只将可疑数据提供安保人员分析,提醒安保人员酌情处置。C4I系统体现了高度智能化、自动化的网络科技发展趋势。

(2) 宽带固网、高端无线网络技术也在雅典奥运会得以普及或崭露头角,这种专用于奥运会的无线宽带系统被称为"无线奥林匹克工程"(WOW)。无线网络涵盖了移动电话、智能电话、车载系统、PDA 终端等。使用者可以从公共 WAP 网站获得信息,发送 e-mail,或者交换文件,强大的功能和移动通信的便利使得移动装置成为一些奥运会赛场工作人员的理想工具。短信、视频点播、移动上网等新型通信服务也给雅典奥运会带来更多看点。

(3) 雅典奥运会是第一次启用多个 3G 网络的奥运会,在奥林匹克主赛区,3G 网络覆盖率达 100%。

(4) 2004 年雅典奥运会期间,欧洲空间局启动名为"奥林匹克瞬间"的计划,为雅典提供卫星定位导航服务(EGNOS),也称"位置服务"(LBS),从而大大改善和加强了雅典奥运会期间的信息服务、安全保卫和交通等方面的工作能力。现代信息技术的综合运用,保证了雅典奥运会从安全检查、信息通信到其他各环节的顺利进行,也把现代奥运装点得熠熠生辉。

我国赛事信息化的应用基本与国际同步。自 1983 年上海第五届全运会起,在赛事管理信息化方面进行了长期的尝试与探索,取得了可喜应用成果。1983 年上海第 5 届全运会首次使用计算机记录成绩。1987 年广州第 6 届全运会上,首次使用了计算机系统,实现了竞赛成绩的综合处理和信息内部发布。此后,信息系统便成为国内承办综合运动会的规定要求。

1990 年,北京第 11 届亚运会,由我国自行设计、研制并保驾运行的"第 11 届亚运会电子信息服务系统"为大会组委会提供了快速、准确、全方位的信息管理与服务,满足了赛事管理、指挥调度、赛事组织、赛程编排、裁判仲裁、成绩处理、成绩发布、新闻宣传、安全保卫、交通运输、团队接待、人员注册、食宿安排、参观游览等工作的需求,获得了极大的成功。此后,该系统的实现技术在国内举办的全国夏运会、全国冬运会、全国城运会、全国体育大会、43 届世乒赛、远南残运会、东亚运动会、亚洲冬运会及世界大学生运会上都得到了广泛应用,并随需求拓展及信息技术发展而不断地完善与优化,逐渐形成了一套行之有效的管理模式和体系结构。

历届奥运会通常也是新通信技术的"首秀":1936 年的柏林奥运会,新生力量"电视"走上历史舞台,使现场直播成为可能;在 1964 年东京奥运会,通信卫星首次应用,也成为全球化转播的开始;1972 年的蒙特利尔奥运会上,通过卫星信号传递火炬,个性十足;而 1996 年的亚特兰大奥运会上,GSM/CDMA 开始普及,无线通信在全球迅速普及,被誉为"无线奥运";2000 年悉尼奥运会互联网取得迅速发展,"网络奥运"成为亮点;2004 年雅典奥运会,被称为"宽带奥运",中国电信设备商首次走入奥运赛场,中兴通讯成为雅典奥运的 ADSL 独家服务商。

据估计,全球将近 40 亿观众通过各种方式观看 2008 年北京奥运会,其中通过网络、手机等新媒体平台观看的观众预计将接近 3 亿。申奥期间,中国政府对国际奥组委做出郑重承诺:将第三代移动通信(3G)等系列新设施、新服务提供给 2008 年奥运会,以确保 2008 年奥运会的顺利举行,并迅速着手中国 TD-SCDMA 网络建设以及业务研发;给奥运会提供"数字集群网络",可容纳 15000 部手持机,1000 个闭合用户群;基于"4 个 Any"的"综合信息服务"……这一切都在一一成为现实。

6.1.2 其他主要应用

随着体育信息技术的普及与发展,计算机已成为最基本的工具之一,计算机在体育领域中也得到了广泛的应用,特别是在体育比赛、体育训练、体育教学中,计算机的应用越来越频繁和重要。现代体育训练、比赛中的判罚、结果记录,包括体育比赛的电视直播、报道等各个环节都离不开计算机。然而,由于思想认识、计算机知识水平和硬件条件等因素的限制,体育领域中的计算机技术应用,远远滞后于它在其他领域的运用。

1. 计算机技术在体育训练中的应用

现代竞技体育的竞争激烈程度,要求训练的针对性、定量化和高负荷,要求通过长期的训练信息和数据的积累,并在积累过程中不断研究、探索其内在规律。高水平教练员的训练工作具有很强的科研工作特点,因此,教练员除了必须具有丰富的项目经历和经验以外,还必须善于借助现代科学技术手段,特别是计算机应用技术进行训练。

体育训练中计算机的应用主要体现在训练信息的收集、处理和分析,以及运动员训练计划的计算机管理系统的建立上。训练信息的收集、处理和分析主要是根据训练计划、训练内容,利用计算机收集有关资料,进行整理,把各种训练信息以不同文件形式输入到计算机储存起来,建立"训练信息库",然后再根据需要迅速调出所要的各个文件进行排列、组合,选出最佳训练方案后通过打印机打印出来。计算机网络为这方面应用提供了更加便利的条件。在制定训练计划的工作中引入计算机,不仅可以提高教练员的工作效率,减少统计工作所花费的大量时间,而且可以充分利用计算机的功能,迅速掌握、分析、比较运动员的训练状况、身体状况,及时总结经验,完整、系统地保留珍贵的训练计划。合理撰写近、远期目标,安排适当的运动负荷,使运动员通过合理的体能消耗后,得到最佳的超量恢复,从而取得最佳的训练效果;通过体能参数如耐力、速度、力量、柔韧性、负荷量及强度等全面测定,定量评价运动员的身体能力和训练效果,从而提出改进训练工作的建议;在运动技术方面,将运动员技术动作参数如角度、高度、重心位置、速度等输入计算机,并与最佳数据进行比较,用生物力学的知识分析,发现运动员技术的弊病和弱点,为教练员制定训练计划提供依据。运动员训练计划的计算机管理系统包括运动员的基本信息档案、技能信息档案、专项技术信息档案和训练计划信息档案。

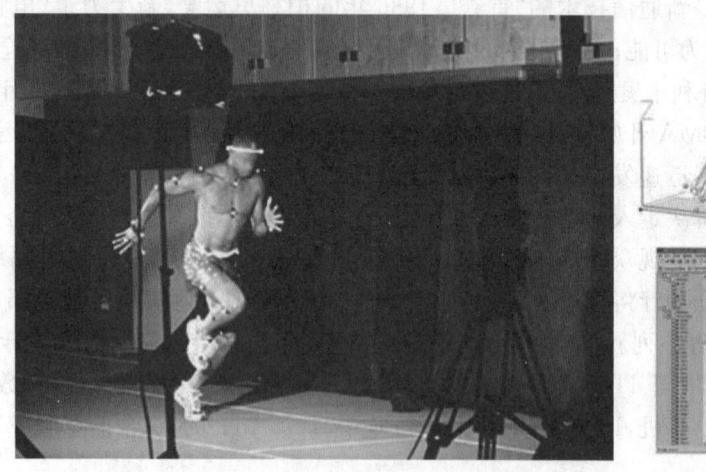
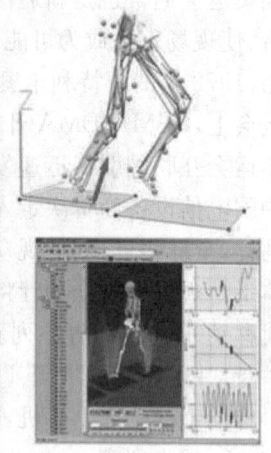

图 6-3 实验室条件三维影像分析及仿真

计算机的应用使体育训练真正从传统的经验型转为定量的科学型,大大缩短了优秀运动员"脱颖而出"的周期。对训练负荷的控制不再凭主观的模糊感觉而凭客观的精确数据,使运动强度、密度、周期更加合理;技术动作的诊断不再仅靠教练的一双肉眼,而靠高速摄像机和计算机将对运动图像进行分析,找出最细微的缺陷和不足;计算机仿真训练则能让运动员"身处暗室"却得到身临雪橇滑道等运动现场的真实体验。而运动员对自己的技术动作往往"当局者迷",教练员也很难用肉眼辨别清楚,"计算机诊断"却能定量分析出一招一式的缺陷。计算机远程监控可以根据赛场采集的数据在万里之外"运筹帷幄",新动作的设计往往先在计算机上构思和演算,充分论证可行性和必要条件。至于科学制定训练负荷,查阅世界优秀选手和经典赛事的档案资料,更是计算机的"家常便饭"。

图 6-4 使用 Dartfish 软件输出的跳远运动员动作分解图

在体育训练中运用计算机辅助运动员进行科学训练已成为现代体育的重要标志,没有科学指导和计算机参与的竞技体育训练已成为过去,随着科技的发展,以及社会全方位的进步,先进科学技术为训练提供了强有力的手段,计算机技术已成为其中最重要的一部分。兴建大型体育训练中心,这是理念的重要转变。与一线脱节的"个体户"式松散科研已经不能担负现代体育训练的繁难使命,整体大于部分之和,集中人、财、物力建成跨学科、跨领域、"成龙配套"的训练基地,是实践证明了的成功经验。近年来世界各地先后建立起"大而全"的训练中心,充分说明了体育界进一步认同了科学的崇高地位。

图 6-5 利用网球战术分析软件分析的费德勒与纳达尔比赛的战术分析结果示意图

2. 计算机技术在体育比赛中的应用

在体育比赛中对时间和距离的准确计量是体育运动"可比性"的基础。今天终点线上的摄像仪能通过每秒 2000 次的缝隙扫描,将计时精度提高到千分之一秒。起跑线上抢跑百分之一秒就会被计算机"捉拿归案",游泳池终点触摸屏则"一触即发",立即把信号传递到计算机并精确到毫秒。测量投掷、跳远距离的皮尺、钢卷尺早已送进了历史博物馆,激光测距仪能够瞬时判读出比赛成绩;灵敏的超声风速仪早已取代了机械风速仪;在网球、羽毛球赛场上,雷达测速仪当场显示运动员击球的速度;而明察秋毫的"鹰眼"则能随时回放网球、足球在三维空间的运动轨迹和准确落点。足球比赛中有一种电子记录器,可记录运动员射门情况和位置,并及时汇报给裁判。马拉松运动员的鞋底上安装一个小部件,证明运动员从头至尾跑完全程。地面上设置的电子感应装置将接收运动员脚底发出的信号,可以知道他们的确切位置和时间等。这些科学技术的应用全都是基于现代计算机技术的发展而产生的。用计算机进行电脑绘图建成的体育场,其模型也被计算机用三维立体形式绘制出来,并可以进行模拟观察。人们可以根据不同需要观察各个位置、区域的情况。各种新颖别致的光电仪器在赛场上层出迭见,使运动数据的粗放式测量变得日益快捷、精准和可靠。

a. 电计时结果图　　　　　　b. 刘翔当年的 110 米栏的世界纪录

图 6-6　OMEGA 田径比赛电计时系统

图 6-7　网球比赛中"鹰眼"系统底线判定

在国际大型综合体育比赛中,以计算机为主体的信息系统正发挥着越来越关键的作用。信息系统作为大型综合性体育比赛的信息中枢,其主要服务对象是运动员、裁判员、记者、组委会、现场观众和广大的电视及网络观众。这就要求它必须具备高可靠性、实时性、开放性、友好性、高容错能力和应变能力。如在体育比赛直播中计算机存有所有运动项目及其规则的资料，这是一套帮助收集信息以便传送的系统，帮助现场评论员应用于正在进行的比赛项目中。比赛现场的体育评论员可以随时通过相关字段名的查询，了解比赛场所和参赛者的情况，通过网络获悉任何一项比赛的资料，更加精彩地评论和介绍比赛情况，并向世界各地输送信息。在球类比赛现场的信息处理更是应用了现代计算机技术。篮球比赛现场的信息系统一般由现场计算机成绩处理系统、计时计分系统、仲裁录像、系统屏幕显示系统、广播电视系统组成。这些系统中的数据处理，包括视频、音频信号的处理，数据信息的存储、传递，数据信息的再现，以及比赛的数据信息向媒体信息的转化等等都是以计算机为工具来完成的。

3. 计算机在体育教学中的应用

计算机在体育教学中的应用是当前体育教学改革前沿的一项重要内容，代表了体育课堂教学模式的发展方向。

体育教学资料中的计算机应用：包括体育教案的计算机处理、体育信息资料的计算机处理、体育成绩的计算机处理。体育课的多媒体辅助教学：多媒体技术在体育教学中的运用，能够激发学生的兴趣、加深学生对动作概念和体育理论知识的理解，多媒体教学以大量视听信息、高科技表现手段来冲击学生的思维兴奋点，加上虚拟现实技术和图形、图像、二维动画、声音使教学内容表现得丰富多彩、形象生动，极大地开阔了学生的视野，提高了学生学习的兴趣。这样才能使学生变被动为主动，创造性地学习，大大地提高了学习效率，提高体育教学质量。

计算机网络技术在体育课中的应用：体育是一门综合性科学，它融自然科学和社会科学为一体。在科学技术迅猛发展的今天，体育专业的知识体系也在快速发展、扩大，尤其是高科技知识在竞技体育运动中的运用，可谓"金牌后面是科技大战"。作为传统知识载体之一的教科书已远远不能满足知识更替以及快速发展竞技运动水平的科技要求。而网络能提供一个汇集世界的各地先进学校、研究所、图书馆等各种信息资源的庞大的资料库，其教育资源有多种类型，包括教育网络、电子书刊、虚拟图书馆、虚拟软件库、新闻组等。通过网络的信息浏览服务和电子邮件等方式，可以及时了解到各学科包括体育和科研领域最新的研究成果；可以参与许多全球性科研组织的课题合作、了解本学科的研究动态和趋势；可以浏览体育新闻、重大比赛信息，访问数据库、体育文献中心等，并可将这些信息方便、快捷地从网络下载储存，作为宝贵的信息资源供教学和科研使用。此外，还可与世界各地的同行进行交流和学习。

6.1.3 发展前景

就现在的发展趋势而言，改变传统的观念和认识，将计算机技术全面的引入到体育的各个领域当中，切实提高计算机的应用能力，是每个从事体育的工作者面临的巨大挑战。

1. 体育场馆信息技术应用

随着我国的社会发展水平的提高，人民群众强身健体的愿望日益热切，全国正掀起现代化体育场馆设施的建设高潮。因而，现代化场馆设施的智能化应用(弱电系统)将有广阔应用前景。该系统一般包括楼宇自控系统、办公自动化系统及面向赛事管理的通信系统、网络系统、检票门禁系统、竞赛信息系统、电视转播系统、新闻发布系统、大屏幕显示系统、指挥调度系统等等。需注意的是，因我国体育场馆设施智能化发展历程短，故国内还没有专业从事体育场馆设施智能化设计的单位。由于一般工程设计单位缺乏体育场馆设计常识和赛事比赛常识，业主方又往往对场馆智能化技术实现与要求不甚明了,致使场馆布局不合理,信息化设备不符合赛事要求的事情屡有发生,或造成赛事不能顺利进行,或需重新设计、改造、施工,给工程各方带来不必要的麻烦和损失。如能在今后的场馆弱电建设中,加强业主方、设计方、赛事方和国家体育总局相关职能单位的商洽与沟通,这些问题应能得到较好的解决。

2. 体育电子政务应用

国家体育总局以"一站式"服务为特色的电子政务系统已经运行,并将稳步推广到全国体育系统,体育电子业务的应用也取得了一定进展,今后的建设重点是电子业务和电子商务的应用,并将呈现如下发展态势:

(1)《国家电子政务总体框架》将引导全国体育系统的信息化建设总体框架的设计自上向下展开,并趋于协调发展。

(2) 为企事业及体育爱好者提供"一站式"体育在线服务,将成为体育电子政务发展的主旋律。

(3) 体育电子政务的工作重心将转向对体育信息资源的采集、研究、分析、开发和利用。

(4) 体育门户网站的主要职能将从信息公开逐步转变为提供公共体育信息服务。

(5) 网络安全、信息安全、互联互通和信息共享将愈显重要。

3. 体育赛事管理信息技术应用

今后体育赛事信息技术应用主要是突出更安全、更可靠、更准确、更快速、更便捷、更先进、更完善等方面的提高和发展,同时将会加大对"电子商务"及"位置服务"等技术的应用。

4. 运动项目管理信息技术应用

体育运动项目管理是体育业务的核心,因而运动项目管理信息化应是体育信息化的重点。

鉴于我国的流体力学、运动力学、生物力学、运动医学及现代博弈理论等方面都卓有建树,而且在一些重点体育科研院校中已部署了很先进的此类仪器设备,且当今信息技术中的虚拟宽带网技术、数据仓库变粒度分析技术、浏览器/服务器技术、多级集散式异构环境下多库协同技术、多媒体与模式识别技术、计算机仿真技术、数据挖掘与知识发现技术等又发展得较为成熟,因此,借助先进仪器设备和当代信息技术的支持,稳步构建适合我国体育特点的"多级、递阶、变粒度、宽带、集散式、智能化"的体育运动项目管理系统,努力满足体育运动项目管理不同层面、不同类型的应用需求,进一步提高中华民族身体素质,进一步提高我国竞技运动水平,促进我国体育事业更大发展,不仅意义重大,而且应用前景广阔。

运动项目管理系统主要包括运动项目的日常业务管理和运动队竞技训练管理,后者是建设重点。竞技训练管理应包括选材育人、训练计划、技术统计分析、训练成绩评估、国际对手档案、教练赛场助手及辅助决策支持等功能。技术统计分析要尽量融合多学科理论和多媒体技术,对训练竞赛情况力求给出定量或定性与定量相结合的科学技术分析,以利竞训水平的不断提高。我国跨栏运动项目竞技水平的迅速提高,已凸显出科学训练的重要作用。

5. 体育科研院校信息技术应用

随着体育科研院校信息化进程的加快,其信息化环境得以逐步完善,以体育科研和教育为核心的信息技术应用将成为体育科研院校信息化的主旋律。体育运动科学的研究、重点体育信息的研究、体育教育与教学的研究,借助于信息技术的支持,将向更高层次发展,并将硕果累累。

我国的体育信息化建设已取得了不小成绩。让我们紧紧抓住我国体育事业发展的大好形势和难得历史机遇,大力推进体育信息化建设,用体育信息技术促进我国体育事业的更快速发展,促进我国体育运动水平的更快提高。

6.2 智慧体育

6.2.1 智慧体育与科技

科技与体育结合已经成为现代体育的时代特征。北京提出"科技奥运"理念就是要发挥科学技术对体育的支撑和推动,通过广泛采用现代最新科技成果,让科学精神、科学思维和科技成就体现在体育的方方面面。

随着体育信息化的进程,体育事业的从业者们对信息资源的认识有了新的发展,但由于相关信息化基础建设薄弱,我国体育信息人才缺乏、体育资源贫瘠、体育信息基础设施薄弱、体育信息政策、法规滞后等仍是不争的事实,具体表现在以下几个方面:

(1) 体育信息资源分散,缺乏有效、高效的整合途径和应用平台,信息化推进的广度和深度滞后于体育事业整体发展步伐,难以满足体育事业对信息资源与技术的急切需求;

(2) 体育信息资源服务公众的应用手段和内容开发力度不够,实时性、交互性差,缺乏动态更新,体育信息化遭遇"最后一米";

(3) 最突出的是体育系统内各种信息应用系统之间不能互联、互通、互操作,"烟囱"现象严重,交流、融合、共享步履维艰;数据质量低下,集约化、智能化程度差,导致数据多但用不上,有数据但用不好,有信息但找不到。

现代社会的高速发展对我国体育信息环境建设提出更高层次的要求,这既是机遇又是挑战。如何抓这次机会,以"智慧地球"为契机,全面推进我国体育信息环境建设,是我国体育信息化发展首要解决的问题,而智慧时代的来临则带来了一个前所未有的机会,即"智慧体育"。

1. "智慧体育"的必要性

进入网络信息化时代,信息技术促进社会产生了巨大变革,"数字体育"只是起点不是终点,还需要深化发展,进一步解决"数字体育"这个网上"数字空间"与现实体育"物理空间"相分离的问题,即通过物联网把网上"数字体育"与"现实体育"联系在一起,"数字体育"的进一步深化发展必然走向"智慧体育",并与其他行业的"智慧"应用一起构建了"智慧地球"的宏伟蓝图。因此,"智慧体育"是未来体育信息化发展的战略需求。

2. "智慧体育"的可行性

"智慧体育"既是社会需求的产物,也是技术推动的结果。新一代信息技术在体育信息化建设中的快速发展为"智慧体育"的实现提供了可能。

(1) "物联网"为"智慧体育"战略提供了新一代信息基础设施。互联网实现了计算机的联网,万维网实现了信息的联网,而物联网则是集传感器、传感器网络及射频识别装置等感知技术、计算机网络技术、智能运算技术等于一体,实现以全面感知、可靠传输、智能处理为特征,连接物理世界的网络。所以物联网的出现和发展,为"智慧体育"的实施提供了强大的技术和物质支撑。

(2) 云计算为"智慧体育"提供新的应用服务模式。云计算并不是单纯的技术问题,而是方法论,是思维方式和工作方法的改变,是一种新的服务方式。它以应用为目的,通过互联网将大量的硬件、软件和数据等资源按照一定的结构体系连接起来,并随需求的变化不断调整结构体系,建立一种内耗最小、功效最大的虚拟资源服务中心,组成一个庞大的资源池,并作为服务通过网络传输给用户。云计算解决了多源异构数据的融合与同化,避免了数据"孤岛",支持动态增量数据的存储与管理,并提出了"软件即服务"的口号,指出信息化建设不仅仅是软硬件建设,而应该是根据应用需求设计服务的理念,并实现系统的集成。

(3) 其他行业的应用案例为"智慧体育"提供了参考借鉴。已出现的某些"智慧城市"的应用案例,如"智慧交通"领域的"自动收费","智慧医疗"领域的"个人保健"、"医疗监护"等。这些都为实现"智慧体育"积累了经验和技术。

3. "智慧体育"的总体框架

"智慧体育"在总体上可以采用5层架构,即由人的体育行为、物联网、数据库、云计算服务平台和智能服务与决策组成,如图6-8所示。

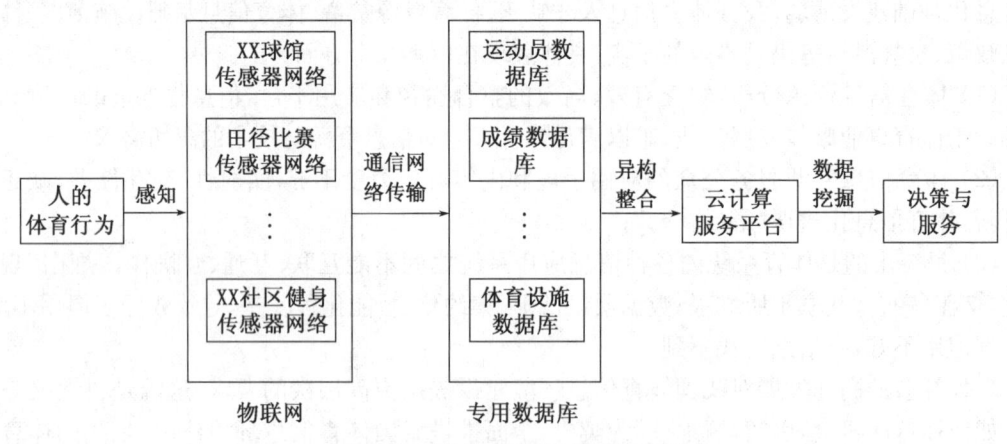

图6-8 "智慧体育"的架构示意图

6.2.2 智慧体育的前景展望

1. "智慧体育"的典型案例

电子技术的进化正在给体育带来巨大的变化。其涉及的范围十分广泛。从跑步者爱好的长跑,到提高著名运动员的竞技水平,再到娱乐性很强的体育表演,以电子为基础的数字技术正在进入与体育相关的众多领域。

其核心技术是把运动员的身体动作、球或者球拍等物体的运动转换成数据的检测技术,和数据的可视化技术。智能手机的普及、加速度传感器等多种传感器的小型化、低成本化,图像处理的进步等都有力地支撑着这些技术的进步(图6-9)。

体育领域使用着多种多样的电子技术。收集人体动作数据、将其可视化传递给用户的技术将加快发展的速度。人体动作自由度高,而且速度快。越是高水平的运动员,其检测的难度越大。因此,现在依然有一些动作无法完全追踪。身体虽然"就在眼前",但却是一片未开垦的"新大陆"。近来,在这片大陆上开拓新业务的做法日趋活跃。以电子企业为首,体育用品、保健相关等众多领域的企业都开始向体育数字技术靠拢(图6-10)。在今后的1~2年内,在

图6-9 电子技术改变体育

"数字体育"这一新大陆上扩大疆土的竞争将全面展开。

(a) 阿迪达斯公司的产品示例　　　　(b) 耐克公司的产品示例

图6-10 大型体育用品企业准备全力发展数字化

图6-10中(a)是阿迪达斯公司提供的使用电子技术的体育用品群"miCoach"的示例,其中有将智能手机经由无线通信与心率计相连,用于跑步训练,以及在钉鞋中内置加速度传感器检测足球等运动质量的产品。图6-10中(b)是耐克公司体育用品群"Nike+"的示例,包括可检测运动量的护腕、使用压力传感器检测跳跃力的篮球鞋等。两者均可以利用智能手机收集数据。耐克公司的产品未在日本上市。

"奥运会的英语是'Olympic Games',纵观体育的历史,游戏因素原本就十分浓厚,称其是游戏也毫不为过。因此,体育与游戏软件应该具有很高的融合性。"

在比赛中全面量化运动员和球的运动的技术并非仅此而已,正在足球比赛中普及的瑞典TRACAB公司开发的追踪系统"TRACAB Image Tracking System"也是其中之一。该系统使用16台(8台×2处)特殊摄像头实时追踪22名球员与球,以及裁判奔跑的距离、速度、场上位置等信息,把体育比赛的情况转化成数字信息。

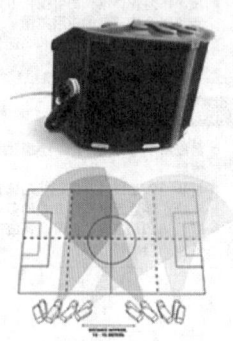 

图6-11 使用TRACAB的系统使运动员动作可视化的画面示例

这种系统之所以在体育场中得到普及,除了判断准确、能够检测运动员的表现之外,还有另一个主要原因,那就是提高娱乐性。

体育比赛、演唱会以及戏剧,都属于娱乐范畴,目的都在于吸引观众到场参与,从而获取利润。因此,在考虑成本的同时,还要使愉悦观众的娱乐质量最大化,不只是现场观众,还包括通过电视收看比赛的观众,通过各种媒体事后了解比赛结果的观众,体育比赛必须通过各种方式吸引众多的体育迷。

能为此担当大任的便是数字技术。如果能够充分利用比赛中运动员和球的运动信息,就能够成为提升娱乐性的强力武器。随着计算机和检测装置处理能力的提升以及价格的降低,相应的成本已经达到了娱乐活动可以接受的水平。例如,网球通过"挑战系统",把球员对于裁判的抗议手段规则化,通过灵活利用Hawk-Eye公司的系统,使可能破坏比赛气氛的抗议转化成了娱乐。

足球也是如此,TRACAB的系统得出的测量数据不仅得到希望详细了解球员表现和对方战术的各队的青睐,也得到了电视台的争相采用。其思路与棒球使用的测量投手球速的测速枪相同,球员的奔跑距离、奔跑速度等数据很容易成为球迷相互交流的工具。

目前体育领域有了显著进步,如更加详尽的运动员动作检测数据,以及数据可视化技术。通过使用高性能的个人电脑高端机型和互联网上的服务器,实际的比赛流程可以作为计算机图形,几乎完整进行实时重现。以足球为例,传球、球员位置关系、射门前的过程都可以通过影像呈现。

这样制作出的影像很像足球游戏软件,如果不与真实的比赛影像一同观看,计算机图形的呈现与游戏软件的虚拟空间几乎没有任何差异。如今,很多项目都在研究这种比赛的数字化,以及体育场的智能化,这种技术的优点还在于没有场地的限制,就连难以进行无线通信的游泳项目都已经开始在泳池的泳道浮标上安装无线传感器,用于捕捉运动员游泳时身体的动作。

在家庭中，体育与 IT 的联系进入了一个新阶段。美国耐克（Nike）将在 2012 年推出"Xbox 360"用健身软件"Nike+Kinect Training"。通过利用微软公司使用图像距离传感器的动作输入传感器"Kinect"，用户无须专用控制器，即可体验专家为自己量身定做的训练科目。

图 6-12　耐克的健身软件"Nike+Kinect Training"（左）与画面示例（右）

随着技术的进步，在自己家中参加世界性体育比赛的时代将不再是空想。终有一天，智能化体育场将经由智能手机主动与参赛者、观众进行交流。体育与 IT 的融合应该也会为人工智能等技术的开发做出巨大的贡献。

数字技术的进化将带来全新的体育项目，在家中即可进行与世界顶尖运动员相同的训练。除了真实环境之外，还可以通过 SNS 等形式随时随地进行交流，如接受专家和伙伴的建议等。如今，这种环境的实现已经有了现实的味道，今后，体育运动的环境估计将以电子技术为基础，出现重大变革，这一定是"智慧体育"。

2. "智慧体育"实现的重点及难点

近代科学技术蓬勃发展使人们坚信一点："没有做不到、只有想不到"。现代科技极大地改变了奥运百年的面貌，如同运动装备从普通材料到复合材料，手计时到电计时，"智慧体育"也将改变体育的未来。但是任何一项新事物成长必将经历重重波折，任何阻碍都将延缓甚至扼杀其发展，因此发展之初的关注与培养至关重要。

（1）体育信息化缺乏社会参与度，致使其一直落后于其他行业信息化。"智慧体育"蕴含着巨大商机，发展之初需要获得政策和经费的支持，一旦在某些应用中取得突破必将吸引众多的企业和机构介入；

（2）部分传感器的关键技术、关键性能有待突破。例如运动传感器已在步态性别、体力活动监测领域取得了一定进展，但其小型化、多功能化、采集精度等方面仍有不足，制约了其在"智慧体育"中的广泛应用；

（3）算法体现而不是代替人的思维。云计算技术中大量算法的运用提高了信息处理的效率和效果，通过数据挖掘等智能化的分析，极大扩充了人的信息空间，但任何决策最终任由主体人来制定，人是"智慧体育"的主体。算法的使用也必须与具体体育领域应用任务结合，因此"智慧体育"鼓励创新。只有创新，"智慧体育"才能更好的服务体育、服务健康。

体育是人类文明的重要标志，体育现代化在很大程度上取决于其信息化水平。"体育信息化"和"智慧体育"作为提升体育的现代化水平的两大理念，在主要内容、目标及作用等方面有着相同之处，在实践中更是能够紧密结合。"智慧体育"是体育信息化进一步发展的必然选择，物联网和云计算是实施"智慧体育"的技术支撑。"智慧体育"是一个战略目标和长期的过程，必须坚持"立足现实，从点及面"的原则。

小　结

也许有些不恰当，但在中国，信息科技在体育中的发展更多的是科技发展带动的结果。在2015年最热门的行动计划中，如互联网+、中国制造2025、智慧地球中，我们很难看到体育的字眼。虽然2014年国务院46号文中提到"积极支持体育用品制造业创新发展，采用新工艺、新材料、新技术，提升传统体育用品的质量水平，提高产品科技含量"，我们也看到了像小米手环、数字化球拍等体育类科技创新的案例，但是我们很难将这些案例整合成一个具体的体系融入到当下的时代中。希望智慧体育成为一个引子，借助于可穿戴、云健康的技术，使体育信息技术发展成为体育科技发展的源动力。所以体育人应该行动起来。

习　题

一、是非题

1. 网球比赛中常用鹰眼系统进行边底线辅助判定。　　　　　　　　　　　　（　　）
2. 智慧体育就是体育数字化。　　　　　　　　　　　　　　　　　　　　　（　　）
3. 只有大型比赛才需要信息化管理系统。　　　　　　　　　　　　　　　　（　　）

二、选择题

1. 专业体育比赛电计时的采集频率是_____。
   A. 100 Hz　　　　B. 500 Hz　　　　C. 1000 Hz　　　　D. 5000 Hz
2. 下述构成智慧体育框架需要的不正确是_____。
   A. 人的行为　　　　　　　　　　　B. 物联网络
   C. 云计算软件　　　　　　　　　　D. 信息服务

三、思考题

曾经美国ESPN电视网讨论了一个话题："Will technology ruins sport?"，你认为呢？

【微信扫码】
参考答案 & 相关资源

第七章 计算机的信息表示

1775年4月18日美国革命前夕,麻省的民兵正计划抵抗英军的进攻,派出的侦察员需要将英军的进攻路线传回。作为信号,侦察员会在教堂的塔上点一个或两个灯笼。一个灯笼意味着英军从陆地进攻,两个灯笼意味着从海上进攻。但如果一部分英军从陆地进攻,而另一部分英军从海上进攻的话,是否要使用第三只灯笼呢?聪明的侦察员很快就找到了好的办法。每一个灯笼都代表一个比特,点亮的灯笼表示比特值为1,未亮的灯笼表示比特值为0,因此一个灯笼就能表示出两种不同的状态,两个灯笼就可以表示出如下四种状态:00=英军不进攻;01=英军从海上进攻;10=英军从陆地进攻;11=英军一部分从海上进攻,另一部分从陆地进攻。这里最本质的概念是信息可能代表两种或多种可能性的一种。例如,当你和别人谈话时,说的每个字都是字典中所有字中的一个。如果给字典中所有的字从1开始编号,我们就可能精确地使用数字进行交谈,而不使用单词。换句话说,任何可以转换成两种或多种可能的信息都可以用编码信息来表示,这也就是为什么如此简单的二进制系统能够表示出客观世界中那么多种丰富多彩的信息。

> **教学目标**
> 信息表示是计算机科学中的基础理论,通过对本章的学习,我们可以了解到计算机科学中的常用数制及其相互之间的转换,以及字符、数字、图像、声音等各种丰富多彩的外部信息在计算机中的表示方法。

7.1 信息的符号化

7.1.1 信息表示的原理

中国的经典著作《易经》中最基本的两类元素是"阴"与"阳",有这两种元素的不同组合,可以得到更多的卦相,此外,我们还可以对"阴"与"阳"进行语义化,比如"阴"代表"凉","阳"代表"热",这样我们就可以得到二十四节气的变化图。

逻辑是指事物因果之间所遵循的规律,是现实中普适的思维方式。逻辑的基本表示形式是命题与推理,推理即根据由简单命题的判断推导得出复杂命题的判断结论的过程。命题由语句表述,即内容为"真"或为"假"的一个判断语句。

举个例子:在一次中学测验过程中,有三位老师做了测评:A.学习委员及格;B.有人不及格;C.全班都不及格。在考试后,证明只有一个老师的预测是对的,请问谁对谁错?

求解过程:

命题A:"学习委员及格(有人及格)";命题B:"有人不及格";命题C:"全班都不及格"。

由题目假设和命题之间的关系得出"已知"：A、B、C 只有一个为真。

如果 A 真，则 C 假；如果 C 真，则 A 假。

如果 B 真，而 A,C 可能有一个为真，与题目矛盾，所以 B 为假。

如果 B 假，则"全班都及格"为真，而由此推断 C 为假。

由上"已知"，推理：A 为真。

如果我们将逻辑表达为 0 和 1 及其运算：1 为真，0 为假，运算规则有"AND"、"OR"、"NOT"、"XOR"。一个命题用 A、B 等符号表达，其中符号的值可能为 0 也可能为 1

求解过程：

已知：命题 A："学习委员及格(有人及格)"；命题 B："有人不及格"；命题 C："全班都不及格"

转化为逻辑表达式：

(A AND (NOT C)) OR ((NOT A) AND C)=1

(NOT B) AND ((A AND (NOT C)) OR ((NOT A) AND C))=1

(NOT B) AND (NOT C)=1

组合形成所有可能解：

{<A=1,B=0,C=0>,<A=0,B=1,C=0>,<A=0,B=0,C=1>}

就上面这三种情况，将这三种情况分别带入到已知条件中，都满足的便是问题的解：

以上例子表述了逻辑的发展：

(1) 古代形式逻辑，代表人物：亚里士多德(公元前 384—322)，古希腊哲学家，典型概念：命题、推理、三段论；

(2) 近代数理逻辑，代表人物：莱布尼茨(1646—1716)，德国数学家，典型概念：谓词、谓词演算；

(3) 现代布尔代数，代表人物：布尔(1815—1864)，德国数学家，典型概念：布尔量、布尔值、布尔运算、布尔操作。

7.1.2 计算机中为什么要用二进制

在日常生活中人们并不经常使用二进制，因为它不符合人们的固有习惯。但在计算机内部的数是用二进制来表示的，这主要有以下几个方面的原因：

1. 电路简单，易于表示

计算机是由逻辑电路组成的，逻辑电路通常只有两个状态。例如开关的接通和断开，晶体管的饱和和截止，电压的高与低等。这两种状态正好用来表示二进制的两个数码 0 和 1。若是采用十进制，则需要有十种状态来表示十个数码，实现起来比较困难。

2. 可靠性高

两种状态表示两个数码，数码在传输和处理中不容易出错，因而电路更加可靠。

3. 运算简单

二进制数的运算规则简单，无论是算术运算还是逻辑运算都容易进行。十进制的运算规则相对烦琐，现在我们已经证明，R 进制数的算术求和、求积规则各有 $R(R+1)/2$ 种。如采用二进制，求和与求积运算法只有 3 个，因而简化了运算器等物理器件的设计。

4. 逻辑性强

计算机不仅能进行数值运算而且能进行逻辑运算。逻辑运算的基础是逻辑代数,而逻辑代数是二值逻辑。二进制的两个数码 1 和 0,恰好代表逻辑代数中的"真"(True)和"假"(False)。

综上,二进制数据应该是最简单的数字系统了。"bit"这个词被创造出来表示"binary digit"(二进制数字),它的确是新造的和计算机相关的最可爱的词之一。当然,bit 有其通常的意义:"一小部分,程度很低或数量很少"。这个意义用来表示比特是非常精确的,因为 1 比特——一个二进制位,确确实实是一个非常小的量。

使用比特来表示信息的一个额外好处是我们清楚地知道我们解释了所有的可能性。只要谈到比特,通常是指特定数目的比特位。拥有的比特位数越多,可以传递的不同可能性就越多。只要比特的位数足够多,就可以代表单词、图片、声音、数字等多种信息形式。最基本的原则是:比特是数字,当用比特表示信息时只要将可能情况的数目数清楚就可以了,这样就决定了需要多少个比特位,从而使得各种可能的情况都能分配到一个编号。

在计算机科学中,信息表示(编码)的原则就是用到的数据尽量地少,如果信息能有效地进行表示,就能把它们存储在一个较小的空间内,并实现快速传输。

7.1.3 数据的表示单位

我们要处理的信息在计算机中常常被称为数据。所谓的数据,是可以由人工或自动化手段加以处理的那些事实、概念、场景和指示的表示形式,包括字符、符号、表格、声音和图形等。数据可在物理介质上记录或传输,并通过外围设备被计算机接收,经过处理而得到结果,计算机对数据进行解释并赋予一定意义后,便成为人们所能接受的信息。

计算机中数据的常用单位有位、字节和字。

1. 位(bit)

计算机中最小的数据单位是二进制的一个数位,简称为位。正如我们前面所讲的那样,一个二进制位可以表示两种状态(0 或 1),两个二进制位可以表示四种状态(00、01、10、11)。显然,位越多,所表示的状态就越多。

2. 字节(Byte)

字节是计算机中用来表示存储空间大小的最基本单位。一个字节由 8 个二进制位组成。例如,计算机内存的存储容量、磁盘的存储容量等都是以字节为单位进行表示的。

除了用字节为单位表示存储容量外,还可以用千字节(KB)、兆字节(MB)以及十亿字节(GB)等表示存储容量。它们之间存在下列换算关系:

1B=8bits

1KB=2^{10}B=1024B

1MB=2^{10}KB=2^{20}B=1048576B

1GB=2^{10}MB=2^{30}B=1073741824B

3. 字(Word)

字和计算机中字长的概念有关。字长是指计算机在进行处理时一次作为一个整体进行处理的二进制数的位数,具有这一长度的二进制数则被称为该计算机中的一个字。字通常取字节的整数倍,是计算机进行数据存储和处理的运算单位。

计算机按照字长进行分类,可以分为 8 位机、16 位机、32 位机和 64 位机等。字长越长,那么计算机所表示数的范围就越大,处理能力也越强,运算精度也就越高。在不同字长的计算机中,字的长度也不相同。例如,在 8 位机中,一个字含有 8 个二进制位,而在 64 位机中,一个字则含有 64 个二进制位。

7.2 计算机科学中的常用数制

数据是计算机处理的对象,也就是信息符号化的结果。数有大小和正负之分,还有不同的进位计数制。在计算机中采用什么样的计数制,是学习计算机时首先遇到的一个重要问题。

7.2.1 丰富多彩的数制

在人类历史发展的长河中,先后出现过多种不同的记数方法,其中有一些我们至今仍在使用当中,例如十进制和六十进制。

如今,大多数人使用的数字系统是基于 10 的。这种情况并不奇怪,因为最初人们是用手指来数数的,要是人类进化成 8 个或 12 个手指,也许人类计数的方式会有所不同。英语单词 Digit(数字)可以指手指或脚趾,单词 five(五)和单词 fist(拳头)有相同的词根,出现这种情况并不是巧合。

与十进制不同,古代巴比伦人则是使用以 60 为基数的六十进制数字体系,六十进制迄今为止仍用于计时。使用六十进制,巴比伦人把 75 表示成"1,15",这和我们把 75 分钟写成 1 小时 15 分钟是一样的。

中美洲的玛雅人使用二十进制数,但又不是一种规则的二十进制。真正的二十进制应该是以 1,20,20^2,20^3 等顺序增加数目,而玛雅体系使用的序列是 1,20,18×20,18×20^2 等等,这使得一些计算变得复杂。

在早期的数字系统中,还有一种非常著名的罗马数字沿用至今。钟表的表盘上常常使用罗马数字,此外,它还用来在纪念碑和雕像上标注日期,标注书的页码,或作为提纲条目的标记。现在仍在使用的罗马数字有 I,V,X,L,C,D,M,其中 I 表示 1,V 表示 5,X 表示 10,L 表示 50,C 表示 100,D 表示 500,M 表示 1000。

很长一段时间以来,罗马数字被认为用来做加减法运算非常容易,这也是罗马数字能够在欧洲被长期用于记账的原因。但使用罗马数字做乘除法则是很难的。其实,许多早期出现的数字系统和罗马数字系统相似,它们在做复杂运算时存在一定的不足,随着时间的发展,逐渐被淘汰掉了。

7.2.2 进位计数制和非进位计数制

对多种数制进行分析后,可将数制分为非进位计数制和进位计数制两种。

1. 非进位计数制及其特点

非进位计数制的特点是:表示数值大小的数码与它在数中的位置无关。

典型的非进位计数制是罗马数字。例如,在罗马数字中:Ⅰ总是代表 1,Ⅱ总是代表 2,Ⅲ总是代表 3,Ⅳ总是代表 4,Ⅴ总是代表 5 等。非进位计数制表示数据不便、运算困难,现已基本不用。

2. 进位计数制及其特点

进位计数制的特点是:表示数值大小的数码与它在数中所处的位置有关。

例如,十进制数 123.45,数码 1 处于百位上,它代表 $1\times 10^2=100$,即 1 所处的位置具有 10^2 权;2 处于十位上,它代表 $2\times 10^1=20$,即 2 所处的位置具有 10^1 权;3 代表 $3\times 10^0=3$;而 4 处于小数点后第一位,代表 $4\times 10^{-1}=0.4$;最低位 5 处于小数点后第二位,代表 $5\times 10^{-2}=0.05$。如上所述,数据用少量的数字符号按先后位置排列成数位,并按照由低到高的进位方式进行计数,我们将这种表示数的方法称之为进位计数制。

在进位计数制中,每种数制都包含有两个基本要素。

基数:计数制中所用到的数字符号的个数。例如,十进制的基数为 10。

位权:一个数字符号处在某个位上所代表的数值是其本身的数值乘上所处数位的一个固定常数,这个不同数位的固定常数称为位权。

7.2.3 计算机科学中的常用数制

在计算机科学中,常用的数制是十进制、二进制、八进制、十六进制四种。人们习惯于采用十进位计数制,简称十进制。但是由于技术上的原因,计算机内部一律采用二进制表示数据,而在编程中又经常使用十进制,有时为了表述上的方便还会使用八进制或十六进制。因此,了解不同计数制及其相互转换是十分重要的。

1. 十进制数及其特点

十进制数(Decimalnotation)的基本特点是基数为 10,用十个数码 0,1,2,3,4,5,6,7,8,9 来表示,且逢十进一,因此对于一个十进制数,各位的位权是以 10 为底的幂。例如,我们可以将十进制数 $(2836.52)_{10}$ 表示为:

$$(2836.52)_{10}=2\times 10^3+8\times 10^2+3\times 10^1+6\times 10^0+5\times 10^{-1}+2\times 10^{-2}$$

这个式子我们称之为十进制数 2836.52 的按位权展开式。

2. 二进制数及其特点

二进制数(Binarynotation)的基本特点是基数为 2,用两个数码 0,1 来表示,且逢二进一,因此,对于一个二进制的数而言,各位的位权是以 2 为底的幂。例如:二进制数 $(110.101)_2$ 可以表示为:

$$(110.101)_2=1\times 2^2+1\times 2^1+0\times 2^0+1\times 2^{-1}+0\times 2^{-2}+1\times 2^{-3}$$

3. 八进制数及其特点

八进制数(Octalnotation)的基本特点是基数为 8,用 0,1,2,3,4,5,6,7 八个数字符号来表示,且逢八进一,因此,各位的位权是以 8 为底的幂。例如:八进制数 $(16.24)_8$ 可以表示为:

$$(16.24)_8=1\times 8^1+6\times 8^0+2\times 8^{-1}+4\times 8^{-2}$$

4. 十六进制数及其特点

十六进制数(Hexadecimalnotation)的基本特点是基数为 16,用 0,1,2,3,4,5,6,7,8,9,A,B,C,D,E,F 十六个数字符号来表示,且逢 16 进一,因此,各位的位权是以 16 为底的幂。

例如：十六进制数$(5E.A7)_{16}$可以表示为：

$(5E.A7)_{16} = 5\times16^1 + E\times16^0 + A\times16^{-1} + 7\times16^{-2}$

5. R 进制数及其特点

扩展到一般形式，一个 R 进制数，基数为 R，用 $0,1,\cdots,R-1$ 共 R 个数字符号来表示，且逢 R 进一，因此，各位的位权是以 R 为底的幂。一个 R 进制数的按位权展开式为：

$(N)_R = k_n\times R^n + k_{n-1}\times R^{n-1} + \cdots + k_0\times R^0 + k_{-1}\times R^{-1} + k_{-2}\times R^{-2} + \cdots + k_{-m}\times R^{-m}$

当各种计数制同时出现的时候，我们用下标加以区别。在其他的教材或参考书中，也有人根据其英文的缩写，将$(2836.52)_{10}$表示为 2836.52D，将$(110.101)_2$、$(16.24)_8$、$(5E.7)_{16}$分别表示为 110.101B、16.24O、5E.A7H。

7.3 数制之间的相互转换

虽然计算机内部使用二进制来表示各种信息，但计算机与外部的交流仍采用人们熟悉和便于阅读的形式。接下来我们将讨论几种进位计数制之间的转换问题。

7.3.1 R 进制数转换为十进制数

根据 R 进制数的按位权展开式，我们可以很方便地将 R 进制数转化为十进制数。

【例1】 将$(110.101)_2$、$(16.24)_8$、$(5E.A7)_{16}$转化为十进制数。

$(110.101)_2 = 1\times2^2 + 1\times2^1 + 0\times2^0 + 1\times2^{-1} + 0\times2^{-2} + 1\times2^{-3} = 6.625$

$(16.24)_8 = 1\times8^1 + 6\times8^0 + 2\times8^{-1} + 4\times8^{-2} = 14.3125$

$(5E.A7)_{16} = 5\times16^1 + 14\times16^0 + 10\times16^{-1} + 7\times16^{-2} = 94.6523$（近似数）

7.3.2 十进制数转化为 R 进制数

将十进制数转化为 R 进制数，只要对其整数部分，采用除以 R 取余法，而对其小数部分，则采用乘以 R 取整法即可。

【例2】 将$(179.48)_{10}$化为二进制数。

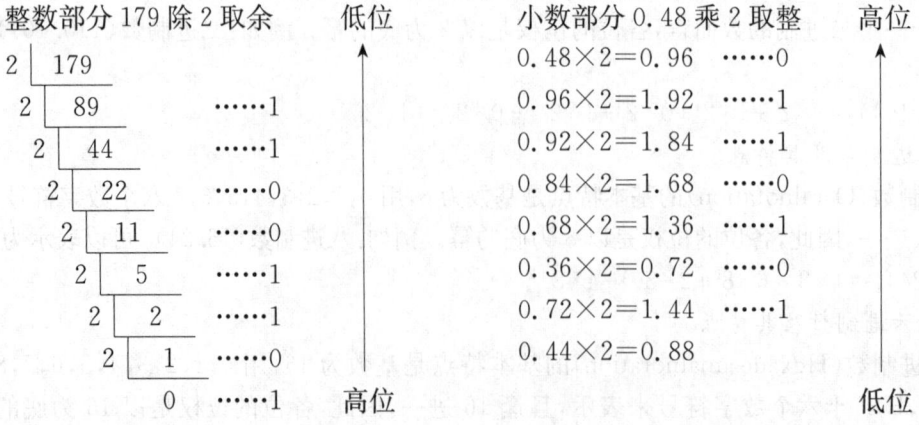

其中，$(179)_{10}=(10110011)_2$，$(0.48)_{10}=(0.0111101)_2$（近似取 7 位）

因此，$(179.48)_{10}=(10110011.0111101)_2$

从此例我们可以看出，一个十进制的整数可以精确转化为一个二进制整数，但是一个十进制的小数并不一定能够精确地转化为一个二进制小数。

【例 3】 将 $(179.48)_{10}$ 化为八进制数。

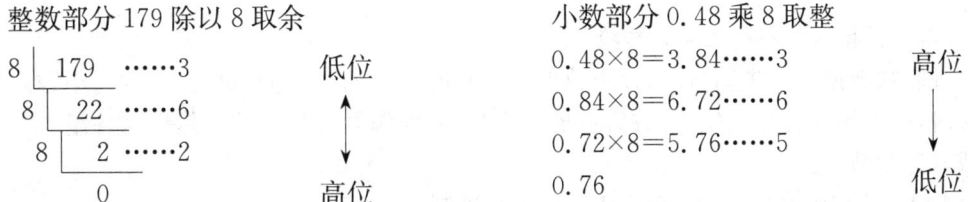

其中，$(179)_{10}=(263)_8$，$(0.48)_{10}=(0.365)_8$（近似取 3 位）

因此，$(179.48)_{10}=(263.365)_8$

【例 4】 将 $(179.48)_{10}$ 化为十六进制数。

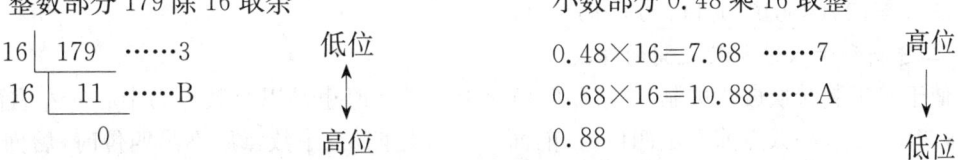

其中，$(179)_{10}=(B3)_{16}$，$(0.48)_{10}=(0.7A)_{16}$（近似取 2 位）

所以，$(179.48)_{10}=(B3.7A)_{16}$

与十进制数转化为二进制数类似，当我们将十进制小数转换为八进制或十六进制小数的时候，同样会遇到不能精确转化的问题。那么，到底什么样的十进制小数才能精确地转化为一个 R 进制的小数呢？

事实上，一个十进制纯小数 p 能精确表示成 R 进制小数的充分必要条件是此小数可表示成 k/R^m 的形式（其中，k、m、R 均为整数，k/R^m 为不可约分数）。下面，我们给出证明。

必要性：如 p 能精确表示成 R 进制小数，则令：

$$p = l_1 R^{-1} + l_2 R^{-2} + \cdots + l_i R^{-i} \tag{1}$$

其中 l_1、l_2、$\cdots$、l_i 为小于 R 的整数，即 p 可精确表示成 R 进制小数 $0.l_1 l_2 \cdots l_i$。

由(1)式可得：

$$p = R^{-i}(l_1 R^{i-1} + l_2 R^{i-2} + \cdots l_i) \tag{2}$$

(2)式中括号内显然为一整数，令其为 k，又令 $m=i$，则 $p=k/R^m$ 的必要性得证。

充分性：若 $p=k/R^m$，如 $k<R$ 则 p 可精确表示为 R 进制小数 $0.00\cdots k$，其中 0 共有 $m-1$ 个；如 $k>R$ 则可把 k 表示成：

$$k = qR + a \tag{3}$$

其中 q、a 均为整数且 $a<R$，因此有：

$$p = q/R^{m-1} + a/R^m \tag{4}$$

(4)式中若 $q<R$ 则命题得证，若 $q>R$ 则继续重复(3)式直至 $q<R$ 即可。

7.3.3 二、八、十六进制数之间的转换

因为 $8=2^3$，所以需要 3 位二进制数表示 1 位八进制数；而 $16=2^4$，所以需要 4 位二进制数表示 1 位十六进制数。由此我们可以看出，二进制、八进制、十六进制之间的转换是比较容易的。

1. 二进制和八进制数之间的转换

二进制数转换成八进制数时，以小数点为中心向左右两边延伸，每三位一组，小数点前不足三位时，前面添 0 补足三位；小数后不足三位时，后面添 0 补足三位。然后将各组二进制数转换成八进制数。

【例 5】 将 $(10110011.011110101)_2$ 化为八进制。

$(10110011.011110101)_2 = 010110011.011110101 = (263.365)_8$

八进制转换成二进制数则可概括为"一位拆三位"，即把一位八进制写成对应的三位二进制，然后按顺序连接起来即可。

【例 6】 将 $(1234)_8$ 化为二进制数。

$(1234)_8 = \underline{1234} = \underline{001010011100} = (1010011100)_2$

2. 二进制和十六进制数之间的转换

类似于二进制转换成八进制，二进制转换成十六进制时也是以小数点为中心向左右两边延伸，每四位一组，小数点前不足四位时，前面添 0 补足四位；小数点后不足四位时，后面添 0 补足四位。然后，将各组的四位二进制数转换成十六进制数。

【例 7】 将 $(10110101011.011101)_2$ 转换成十六进制数。

$(10110101011.011101)_2 = 010110101011.01110100 = (5AB.74)_{16}$

十六进制数转换成二进制数时，将十六进制数中的每一位拆成四位二进制数，然后按顺序连接起来。

【例 8】 将 $(3CD)_{16}$ 转换成二进制数。

$(3CD)_{16} = \underline{3CD} = \underline{001111001101} = (1111001101)_2$

3. 八进制数与十六进制数的转换

关于八进制与十六进制之间的转换，通常先转换为二进制数作为过渡，再用上面所讲的方法进行转换。

【例 9】 将 $(3CD)_{16}$ 转换成八进制数。

$(3CD)_{16} = \underline{3CD} = \underline{001111001101} = (1111001101)_2 = \underline{001111001101} = (1715)_8$

表 7-1、表 7-2 提供了在二进制、八进制、十六进制数之间进行转换时经常用到的数据，熟练掌握这些基本数据是必要的。

表 7-1 十六进制与二进制的关系

十六进制	对应二进制	十六进制	对应二进制
0	0000	8	1000
1	0001	9	1001
2	0010	A	1010
3	0011	B	1011
4	0100	C	1100
5	0101	D	1101
6	0110	E	1110
7	0111	F	1111

表 7-2 八进制与二进制的关系

八进制	对应二进制	八进制	对应二进制
0	000	4	100
1	001	5	101
2	010	6	110
3	011	7	111

7.4 基本信息的表示

如今的计算机主要用于信息处理,对计算机处理的各种信息进行抽象后,可以分为数字、字符、图形图像和声音等几种主要的类型。

7.4.1 计算机中字符的表示

在计算机中,对非数值的文字和其他符号进行处理时,要对文字和符号进行数字化,即用二进制编码来表示文字和符号。其中西文字符最常用到的编码方案有 ASCII 编码和 EBCDIC 编码。对于汉字,我国也制定的相应的编码方案。

1. ASCII 编码

微机和小型计算机中普遍采用 ASCII 码(American Standard Code for Information Interchange,美国信息交换标准代码)表示字符数据,该编码被 ISO(国际化标准组织)采纳,作为国际上通用的信息交换代码。

ASCII 码由 7 位二进制数组成,由于 $2^7=128$,所以能够表示 128 个字符数据。参照见表 7-2 所示的 ASCII 表,我们可以看出 ASCII 码具有以下特点:

(1) 表中前 32 个字符和最后一个字符为控制字符,在通信中起控制作用。

(2) 10 个数字字符和 26 个英文字母由小到大排列,且数字在前,大写字母次之,小写字母在最后,这一特点可用于字符数据的大小比较。

(3) 数字 0~9 由小到大排列,ASCII 码分别为 48~57,ASCII 码与数值恰好相差 48。

(4) 在英文字母中,A 的 ASCII 码值为 65,a 的 ASCII 码值为 97,且由小到大依次排列。因此,只要我们知道了 A 和 a 的 ASCII 码,也就知道了其他字母的 ASCII 码。

表 7-3 ASCII 码表

ASCII(2)	ASCII(10)	键盘	ASCII(2)	ASCII 码	键盘	ASCII(2)	ASCII 码	键盘	ASCII(2)	ASCII 码	键盘
00011011	27	ESC	00100000	32	SPACE	00100001	33	!	00100010	34	"
00100011	35	#	00100100	36	$	00100101	37	%	00100110	38	&
00100111	39	'	00101000	40	(	00101001	41	)	00101010	42	*
00101011	43	+	00101100	44	,	00101101	45	-	00101110	46	.
00101111	47	/	00110000	48	0	00110001	49	1	00110010	50	2
00110011	51	3	00110100	52	4	00110101	53	5	00110110	54	6
00110111	55	7	00111000	56	8	00111001	57	9	00111010	58	:
00111011	59	;	00111100	60	<	00111101	61	=	00111110	62	>
00111111	63	?	01000000	64	@	01000001	65	A	01000010	66	B
01000011	67	C	01000100	68	D	01000101	69	E	01000110	70	F
01000111	71	G	01001000	72	H	01001001	73	I	01001010	74	J
01001011	75	K	01001100	76	L	01001101	77	M	01001110	78	N
01001111	79	O	01010000	80	P	01010001	81	Q	01010010	82	R
01010011	83	S	01010100	84	T	01010101	85	U	01010110	86	V
01010111	87	W	01011000	88	X	01011001	89	Y	01011010	90	Z
01011011	91	[	01011100	92	\	01011101	93	]	01011110	94	^
01011111	95	_	01100000	96	`	01100001	97	a	01100010	98	b
01100011	99	c	01100100	100	d	01100101	101	e	01100110	102	f
01100111	103	g	01101000	104	h	01101001	105	i	01101010	106	j
01101011	107	k	01101100	108	l	01101101	109	m	01101110	110	n
01101111	111	o	01110000	112	p	01110001	113	q	01110010	114	r
01110011	115	s	01110100	116	t	01110101	117	u	01110110	118	v
01110111	119	w	01111000	120	x	01111001	121	y	01111010	122	z
01111011	123	{	01111100	124	|	01111101	125	}	01111110	126	~

ASCII 码是 7 位编码,为了便于处理,我们在 ASCII 码的最高位前增加 1 位 0,凑成 8 位的一个字节,所以,一个字节可存储一个 ASCII 码,也就是说一个字节可以存储一个字符。ASCII 码是使用最广的字符编码,数据使用 ASCII 码的文件称为 ASCII 文件。

2. Unicode 编码

在假定会有一个特定的字符编码系统能适用于世界上所有语言的前提下,1988 年,几个主要的计算机公司一起开始研究一种替换 ASCII 码的编码,称为 Unicode 编码。鉴于 ASCII

码是 7 位编码,Unicode 采用 16 位编码,每一个字符需要 2 个字节。这意味着 Unicode 的字符编码范围从 0000H~FFFFH,可以表示 65536 个不同字符。

Unicode 编码不是从零开始构造的,开始的 128 个字符编码 0000H~007FH 就与 ASCII 码字符一致,这样就能够兼顾已存在的编码方案,并有足够的扩展空间。从原理上来说,Unicode 可以表示现在正在使用的或者已经没有使用的任何语言中的字符。对于国际商业和通讯来说,这种编码方式是非常有用的,因为在一个文件中可能需要包含有汉语、英语和日语等不同的文字。并且,Unicode 还适合于软件的本地化,也就是针对特定的国家修改软件。使用 Unicode,软件开发人员可以修改屏幕的提示、菜单和错误信息来适合于不同的语言和地区。目前,Unicode 编码在 Internet 中有着较为广泛的使用,Microsoft 和 Apple 公司也已经在他们的操作系统中支持 Unicode 编码。

尽管 Unicode 对现有的字符编码做了明显改进,但并不能保证它能很快被人们接受。ASCII 码和无数的有缺陷的扩展 ASCII 码已经在计算机世界中占有一席之地,要把它们逐出计算机世界并不是一件很容易的事。

3. 国家标准汉字编码(GB 2312—80)

国家标准汉字编码简称国标码。该编码集的全称是"信息交换用汉字编码字符—基本集",国家标准号是"GB 2312—80"。该编码的主要用途是作为汉字信息交换码使用。

GB 2312—80 标准含有 6763 个汉字,其中一级汉字(最常用)3755 个,按汉语拼音顺序排列;二级汉字 3008 个,按部首和笔画排列;另外还包括 682 个西文字符、图符。GB 2312—80 标准将汉字分成 94 个区,每个区又包含 94 个位,每位存放一个汉字,这样一来,每个汉字就有一个区号和一个位号,所以我们也经常将国标码称为区位码。例如:汉字"青"在 39 区 64 位,其区位码是 3964;汉字"岛"在 21 区 26 位,其区位码是 2126。

国标码规定:一个汉字用两个字节来表示,每个字节只用前七位,最高位均未作定义。但我们要注意,国标码不同于 ASCII 码,并非汉字在计算机内的真正表示代码,它仅仅是一种编码方案,计算机内部汉字的代码叫作汉字机内码,简称汉字内码。

在计算机中,汉字内码一般都是采用两字节表示,前一字节由区号与十六进制数 A0 相加,后一字节由位号与十六进制数 A0 相加,因此,汉字编码两字节的最高位都是 1,这种形式避免了国标码与标准 ASCII 码的二义性(用最高位来区别)。在计算机系统中,由于机内码的存在,输入汉字时就允许用户根据自己的习惯使用不同的输入码,进入计算机系统后再统一转换成机内码存储。

除了国标码之外,还有另外的一些汉字编码方案。例如,在我国的台湾地区,就使用 Big5 汉字编码方案。这种编码就不同于我们的国标码,因此在双方的交流中就会涉及到汉字内码的转换,特别是 Internet 的发展使人们更加关注这个问题。现在虽然已经推出了许多支持多内码的汉字操作系统平台,但是全球汉字信息编码的标准化已成为社会发展的必然趋势。

7.4.2 计算机中数值的表示

数值型数据由数字组成,表示数量,用于算术操作中。例如,你的年收入就是一个数值型数据,当需要计算个人所得税时就要对它进行算术操作。本节我们将讨论计算机中数字信息的表示方法。

1. 定点数和浮点数的概念

在计算机中,数值型的数据有两种表示方法,一种叫作定点数,另一种叫作浮点数。所谓定点数,就是在计算机中所有数的小数点位置固定不变。定点数有两种:定点小数和定点整数。定点小数将小数点固定在最高数据位的左边,因此,它只能表示小于 1 的纯小数。定点整数将小数点固定在最低数据位的右边,因此定点整数表示的也只是纯整数。由此可见,定点数表示数的范围较小。

为了扩大计算机中数值数据的表示范围,我们将 12.34 表示为 0.1234×10^2,其中 0.1234 叫作尾数,10 叫作基数,可以在计算机内固定下来。2 叫作阶码,若阶码的大小发生变化,则意味着实际数据小数点的移动,我们把这种数据叫作浮点数。由于基数在计算机中固定不变,因此,我们可以用两个定点数分别表示尾数和阶码,从而表示这个浮点数。其中,尾数用定点小数表示,阶码用定点整数表示。

在计算机中,无论是定点数还是浮点数,都有正负之分。在表示数据时,专门有 1 位或 2 位表示符号,对单符号位来讲,通常用"1"表示负号;用"0"表示正号。对双符号位而言,则用"11"表示负号;"00"表示正号。通常情况下,符号位都处于数据的最高位。

2. 定点数的表示

一个定点数,在计算机中可用不同的码制来表示,常用的码制有原码、反码和补码三种。不论用什么码制来表示,数据本身的值并不发生变化,数据本身所代表的值叫作真值。下面,我们就来讨论这三种码制的表示方法。

(1) 原码

原码的表示方法为:如果真值是正数,则最高位为 0,其他位保持不变;如果真值是负数,则最高位为 1,其他位保持不变。

【例 1】 写出 13 和 -13 的原码(取 8 位码长)

解:因为 $13=(1101)_2$,所以 13 的原码是 00001101,-13 的原码是 10001101。

采用原码,优点是转换非常简单,只要根据正负号将最高位置 0 或 1 即可。但原码表示在进行加减运算时很不方便,符号位不能参与运算,并且 0 的原码有两种表示方法:+0 的原码是 00000000,-0 的原码是 10000000。

(2) 反码

反码的表示方法为:如果真值是正数,则最高位为 0,其他位保持不变;如果真值是负数,则最高位为 1,其他位按位求反。

【例 2】 写出 13 和 -13 的反码(取 8 位码长)

解:因为 $13=(1101)_2$,所以 13 的反码是 00001101,-13 的反码是 11110010。

反码跟原码相比较,符号位虽然可以作为数值参与运算,但计算完后,仍需要根据符号位进行调整。另外 0 的反码同样也有两种表示方法:+0 的反码是 00000000,-0 的反码是 11111111。

为了克服原码和反码的上述缺点,人们又引进了补码表示法。补码的作用在于能把减法运算化成加法运算,现代计算机中一般采用补码来表示定点数。

(3) 补码

补码的表示方法为:若真值是正数,则最高位为 0,其他位保持不变;若真值是负数,则最高位为 1,其他位按位求反后再加 1。

【例3】 写出13和-13的补码(取8位码长)。

解:因为13=(1101)$_2$,所以13的补码是00001101,-13的补码是11110011。

补码的符号可以作为数值参与运算,且计算完后,不需要根据符号位进行调整。另外,0的补码表示方法也是唯一的,即00000000。

3. 浮点数的表示方法

浮点数表示法类似于科学计数法,任一数均可通过改变其指数部分,使小数点发生移动,如数23.45可以表示为:$10^1 \times 2.345$、$10^2 \times 0.2345$、$10^3 \times 0.02345$等各种不同形式。二进制浮点数的一般表示形式为:$N = 2^E \times D$,其中,D称为尾数,E称为阶码。如图7-1所示,为浮点数的一般形式。

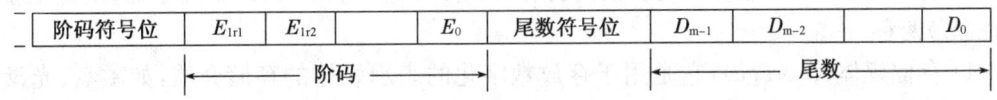

图7-1 浮点数的一般形式

对于不同的机器,阶码和尾数各占多少位,分别用什么码制进行表示都有具体规定。在实际应用中,浮点数的表示首先要进行规格化,即转换成一个纯小数与2 m之积,并且小数点后的第一位是1。

【例4】 写出浮点数$(-101.11101)_2$的机内表示(阶码用4位原码表示,尾数用8位补码表示,阶码在尾数之前)

解:$(-101.11101)_2 = (-0.10111101)_2 \times 2^3$

阶码为3,用原码表示为0011

尾数为-0.10111101,用补码表示为1.01000011

因此,该数在计算机内表示为:00111.01000011

7.5 多媒体信息的表示

计算思维实际上是人类站在机器角度的"感同身受",从机器角度思考去制造更有效率的机器,同时更有效指导我们日常决策。抽象和自动化是目前业界普遍共识的计算思维本质,对于计算机科学专业的学生来说这两者的威力不用赘述,实践证明其对各领域创新作用巨大。计算思维里的层次抽象、分而治之、递归、并行和并发,以及经典数据结构(数组、栈、集合、树等)和机制(流水线、缓冲、API等),到计算可行性和复杂性等,都无一不对我们的日常生活和工作产生巨大影响。我们需要的是在未来人人都具备计算思维,并用这个武器来指导我们,不仅是编程,更多的是提升工作和生活效率,甚至人生职业规划。

7.5.1 媒体的分类

在现代人类社会中,信息的表现形式是多种多样的,我们把这些表现形式称为媒体。媒体(Media)可理解成承载信息的实际载体(如纸介质、磁盘、光盘、录像带和录音带等)或表述信息的逻辑载体(如文字、图像、语言),例如通常我们称报纸、电视、电影和各种出版物为大众传播媒体。

按国际电信联盟(ITU)下属的国际电报电话咨询委员会(CCITT)的定义,媒体可分为以下5种:

(1) 感觉媒体(Perception):感觉媒体就是指能直接作用于人的感官,使人能直接产生感觉的一类媒体,如声音、图像、文字、气味以及物体的质地、形状、温度等。

(2) 表示媒体(Presentation):它是为了能更有效地加工、处理和传输感觉媒体而人为研究和构造出来的一种媒体,例如语言编码、静态和活动图像编码以及文本编码等都称为表示媒体。

(3) 显示媒体(Display):它是指感觉媒体和用于通信的电信号之间转换用的一类媒体,可分为输入显示媒体(如键盘、摄像机、话筒、扫描仪等)和输出显示媒体(如显示器、发光二极管、打印机等)两种。

(4) 存储媒体(Storage):它是用于存放数字化的表示媒体的存储介质,如磁盘、光盘、半导体存储器等。

(5) 传输媒体(Transmission):它是用来将表示媒体从一处传递到另一处的物理传输介质,如同轴电缆、双绞线、光纤及其他通信信道。

7.5.2 多媒体的定义

"多媒体"一词译自20世纪80年代初产生的英文单词"multimedia",这是一个复合词,media即为"媒体"之意。关于多媒体的定义或说法多种多样,人们从自己的角度出发对多媒体给出了不同的描述。通常所指的多媒体就是各种感觉媒体的组合,也就是声音、图像、图形、动画、文字、数据、文件等各种媒体的组合。

从广义上来讲,多媒体一词是指多种信息媒体的表现和传播形式。人们在日常生活中进行交流时,可以通过声音、文字、图形、图像、手势和体态进行信息传递,还可以通过嗅觉、味觉和触觉系统来感受外界信息。因此从某种意义上来讲,人是一个多媒体信息的处理系统。

从狭义的角度来看,多媒体是指人们用计算机及其他设备交互处理多媒体信息的方法和手段,或指在计算机中处理多种媒体的一系列技术。如图7-2所示,这其中有几层含义:一是指媒体的表示形式,如数字、文字、声音、图像、视频等;二是指处理多种媒体的声卡、视频卡、DSP芯片等硬件设备;三是指用以存储信息的实体,如光盘、磁带、半导体存储器等。

多媒体技术是一种基于计算机科学的综合技术,它包括数字化信息处理技术、音频和视频技术、计算机软硬件技术、人工智能和模式识别技术、通信和网络技术等。或者说,所谓多媒体技术是以计算机为中心,把语音、图像处理技术和视频技术等集成在一起的技术,具有这种功能的计算机称为多媒体计算机。

多媒体系统是在计算机的控制下,对多种媒体信息进行处理、编辑、表现、存储、通信或集成的信息系统。多媒体系统的主要特征包括信息媒体的多样化、集成性和交互性三个方面,也是在多媒体研究中必须解决的主要问题。

(1) 信息媒体的多样化

人类对于信息的接收和产生主要在五个感觉空间内,即视觉、听觉、触觉、嗅觉和味觉,其中前三者占了95%以上的信息量。多媒体技术目前只提供了多维信息空间下的视频与音频

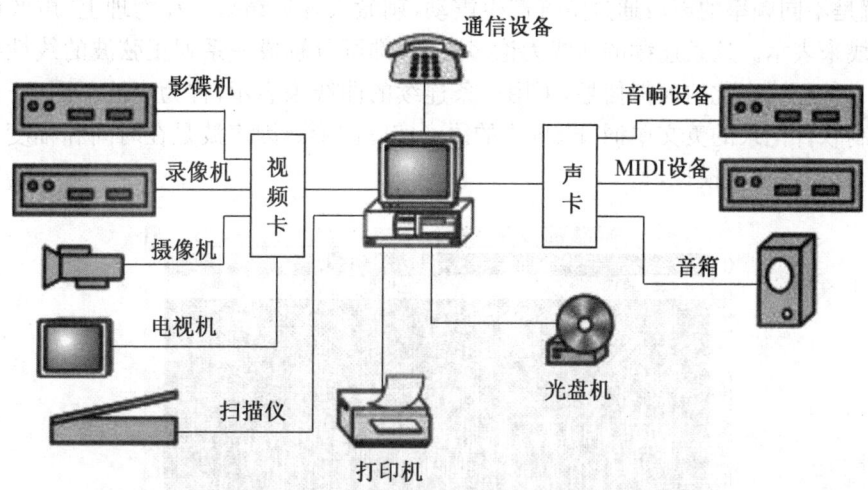

图 7-2 多媒体计算机硬件系统及常用外部设备

信息的获取和表示的方法,使计算机中信息表达方法不再局限于文字与数字,它广泛地使用了图像、图形、视频、音频等信息形式,使得我们的思维表达有了更充分、更自由的扩展空间。多媒体信息的多样化不仅仅是指输入,而且还指输出,主要包括视觉和听觉两个方面。

(2) 集成性

多媒体技术不仅是多媒体设备的集成,而且也表现为多媒体信息的集成。早期的声音、图像、交互性等各项技术,在计算机上都是单一、零散的应用方式,它们各自的独立发展已不再能满足应用的需求。

(3) 交互性

由于多媒体技术在多维化信息空间的交互特性,它向用户提供了更加有效地控制和使用信息的手段。它可以增加对信息的注意和理解,延长信息的保留时间,使我们获取信息和使用信息的方式由被动变为主动。当交互性引入到多媒体技术中后,"活动"(activity)本身作为一种媒体便介入了信息转变为知识的过程。借助于交互性,人们不是被动地接受文字、图形、声音和图像,而是可以主动地进行检索、提问和回答,这种功能是一般的家用电器所不能取代的。

7.5.3 音频信号处理

声音是多媒体信息的一个重要组成部分,也是表达思想和情感的一种必不可少的媒体。无论其应用目的是什么,声音的合理使用可以使多媒体应用系统变得更加丰富多彩。在多媒体系统中,音频可被用作输入或输出。输入可以是自然语言或语音命令,输出可以是语音或音乐,这些都会涉及音频处理技术。

1. 音频信号的形式

在日常生活中,音频(Audio)信号可分为两类,即语音信号和非语音信号。语音是语言的物质载体,是社会交际工具的符号,它包含了丰富的语言内涵,是人类进行信息交流所特有的形式。非语音信号主要包括音乐和自然界存在的其他声音形式。非语音信号的特点是不具有复杂的语义和语法信息,信息量低、识别简单。我们之所以能听到日常生活中的各种声音信息,其实就是不同频率的声波通过空气产生震动,刺激人耳的结果。在物理上,声音可用一条连续的曲线来表示。这条连续的曲线无论多复杂,都可分解成一系列正弦波的线性叠加。规则音频是一种连续变化的模拟信号,可用一条连续的曲线来表示,称为声波。图7-3所示为用声音录制软件记录的英文单词"Hello"的语音实际波形。因声波是在时间和幅度上都连续变化的量,我们称之为模拟量。

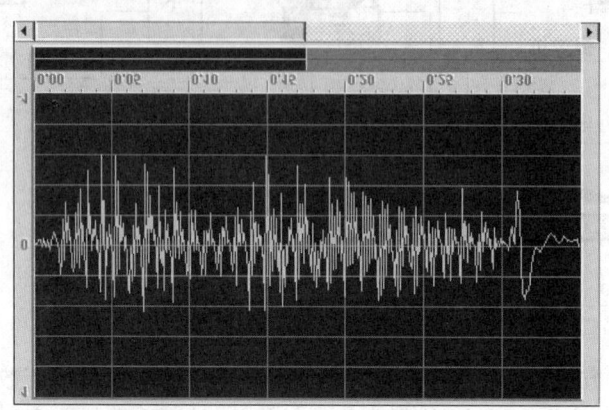

图7-3　用声音录制软件记录的英文单词"Hello"的语音实际波形

2. 模拟音频信号的物理特征

模拟音频信号有两个重要参数,即频率和幅度。声音的频率体现音调的高低,声波幅度的大小体现声音的强弱。

一个声源每秒钟可产生成百上千个波,我们把每秒钟波峰所发生的数目称之为信号的频率,单位用赫兹(Hz)或千赫兹(kHz)表示。例如一个声波信号在一秒钟内有5000个波峰,则可将它的频率表示为5000 Hz或5 kHz。人们在日常说话时的语音信号频率范围在300 Hz~3 000 Hz之间。频率小于20 Hz的信号称为亚音(subsonic);频率范围为20 Hz~20 kHz的信号称为音频(Audio),高于20 kHz的信号称为超音频(ultrasonic)。

与频率相关的另一个参数是信号的周期,如图7-4所示。它是指信号在两个峰点或谷底之间的相对时间。周期和频率之间的关系互为倒数。

信号的幅度是从信号的基线到当前波峰的距离。幅度决定了信号音量的强弱程度。幅度越大,声音越强。对音频信号,声音的强度用分贝(dB)表示,分贝的幅度就是音量。

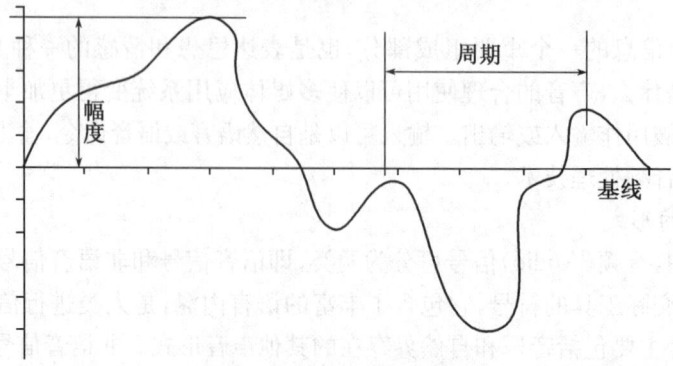

图7-4　声音的幅度和周期

3. 音频的数字化过程

波形音频是声音的数字形式表示。对于声音的数字记录来说，会周期性地对声音波形进行采样并以数字数据的形式进行存储。音乐、发音和声音都可以以波形形式进行存储。图7-5显示了计算机怎样用数字方式采样一个波形。

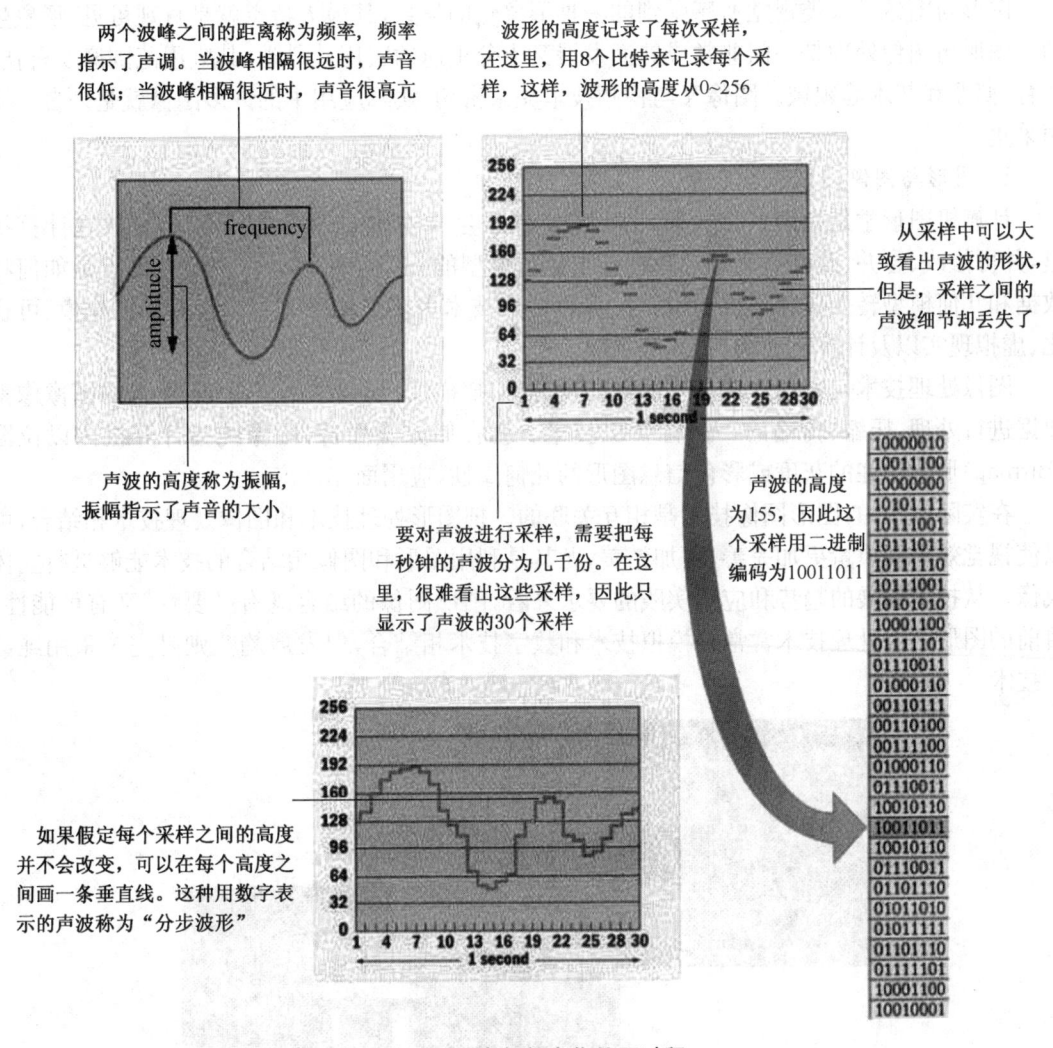

图7-5 音频数字化处理过程

采样速率指的是在记录过程中，每秒钟对声音测量的次数。采样速率以Hz为单位。每秒钟采样1000次即为1000 Hz或1 kHz。声音每秒钟需要88200个字节。而立体声需要两倍的存储空间，因为需要记录两个记录来达到立体声的效果。但采样速率为44.1 kHz时，在1.44 MB的软盘上，仅仅能存储8秒钟的音乐。而典型的一辑摇滚乐(45分钟)需要475 MB。

为了保存空间，不需要高质量音乐的应用程序可以降低采样速率。发音通常的采样速率为11 kHz，即每秒采样11000次。这样，声音的质量比较低，但文件大小是以44.1 kHz录制的相似声音文件的1/4。

存储在计算机上的波形文件的扩展名为:.wav,.mid,.au和.voc。要记录和播放波形文件,需要使用音乐软件。这些音乐软件通常需要使用声卡。

7.5.4 图形与图像处理

图形与图像是人类视觉所感受到的一种形象化的信息,其最大特点就是直观可见、形象生动。图形与图像处理是一门非常成熟而发展又十分迅速的实用性科学,其应用范围遍及科技、教育、商业和艺术等领域。图像又与视频技术关系密切,实际应用中的许多图像就是来自于视频采集。

1. 图形与图像的区别与联系

计算机图形学是指用点、线、面、曲面等实体来生成物体的模型,然后模型存放在计算机里,并可修改、合并、改变模型和选择视点来显示模型的一门学科。另一个研究重点是如何将数据和几何模型转变成计算机图像。计算机图形技术主要应用于CAD、物理实体建模、可视化、虚拟现实以及计算机动画、游戏等领域。

图像处理技术是采用计算机外部辅助设备(如扫描仪、视频采集装置等)输入的图像像素数据进行处理、压缩、传输的一门计算机技术。就存储方式而言,图像纯指计算机内以位图(Bitmap)形式存在的灰度或彩色信息图形的几何属性,应用面非常广。

在实际应用中,图形图像技术是相互关联的。把图形处理技术和图像处理技术相结合,可以使视觉效果和质量更加完善、更加精美,尤其是利用图形和图像相结合的技术能够进行立体成像。从技术发展的趋势和应用实践的要求来看,图形图像的结合既有必要性,又有可能性。目前的图形图像处理技术常常是模拟技术和数字技术相结合,但发展趋势则是完全采用纯数字技术。

图 7-6 和图像相比较,图形看起来不太真实

表 7-4 图形与图像对比

图形(Graphics)	图像(Image)
数据量很少	数据量很大
有结构,便于编辑修改	无结构,不便于编辑修改
能准确表示 3D 景物,易于生成所需的不同视图	3D 景物的信息已部分丢失,很难生成不同的视图

(续表)

图形(Graphics)	图像(Image)
生成视图需要复杂的计算	生成视图不需要复杂的计算
自然景物的表示很困难	自然景物的表示不困难
国际标准：GKS, PHIGS, OpenGL, WMF, VRML, CGM, STEP	国际标准：JBIG, JPEG, TIFF
编辑软件(绘图软件)：AutoCAD, CorelDRAW	编辑软件(图像处理软件)：Photoshop, Photostyler

2. 图像的数字化过程

图像的数字化过程分为采样、量化与编码三个步骤。

(1) 采样

采样的实质就是要用多少点来描述一张图像，采样的结果就是通常所说的图像分辨率，比如，一幅 640×480 的图像，就表示这幅图像是由 307200 个像素点所组成。采样频率是指一秒钟内采样的次数，它反映了采样点之间的间隔大小。采样频率越高，得到的图像样本就越细腻逼真，图像的质量也就越高，但要求的存储量相应地要大。

(2) 量化

量化是指要使用多大范围的数值，来表示图像采样之后的每一个点。量化的结果是图像能够容纳的颜色总数，它反映了采样的质量。例如，如果以 4 bit 存储一个点，就表示图像只能有 16 种颜色。若采用 16 bit 存储一个点，则有 65536 种颜色。所以，量化位数越大，表示图像可以拥有更多的颜色，自然可以产生更为细致的图像效果，但是也会占用更大的存储空间。两者的基本问题都是视觉效果与存储空间的取舍问题。

经过这样采样和量化得到的一幅空间上表现为离散分布的有限个像素，灰度取值上表现为有限个离散的可能值的图像称为数字图像。只要水平与垂直方向采样点数 N 和 M 足够多，量化比特数足够大，则数字图像的质量比原始模拟图像也毫不逊色的。

在采样与量化处理后，才能产生一张数字化的图像，再运用计算机图像处理软件的各种技巧，对图像进行处理、修饰或转换，达到所需要的图像效果。

计算机要感知图像，就要把图像分割成为离散的小区域，即像素。像素是计算机系统生成和再现图像的基本单位，像素的亮度、色彩等特征是通过特定的数值来表示的。数字化图像的形成是计算机使用相应的软硬件技术把许多像素点的特征数据组织成行列，整齐地排列在一个矩形区域内，形成计算机可以识别的图像。

图像采样就是将二维空间上模拟的连续亮度(即灰度)或色彩信息，转化为一系列有限的离散数值来表示。由于图像是一种二维分布的信息，所以具体的作法就是对图像在水平方向和垂直方向上等间隔地分割成矩形网状结构，所形成的矩形微小区域，称之为像素点。被分割的图像若水平方向有 M 个间隔，垂直方向上有 N 个间隔，则一幅图像画面就被表示成 $M\times N$ 个像素构成的离散像素点的集合，$M\times N$ 表示图像的分辨率，如图 7-7 所示。

对于一幅图像，可用 (x,y) 表示图像中任一像素的二维平面位置，而函数 $f(x,y)$ 就表示 (x,y) 位置这一像素的灰度或颜色。这样就可以将连续变化的二维图像用 $f(x,y)$ 函数以离散值的形式表示出来。

在进行采样时，采样点的间隔的选取是一个重要的问题。它决定了采样后的图像是否能

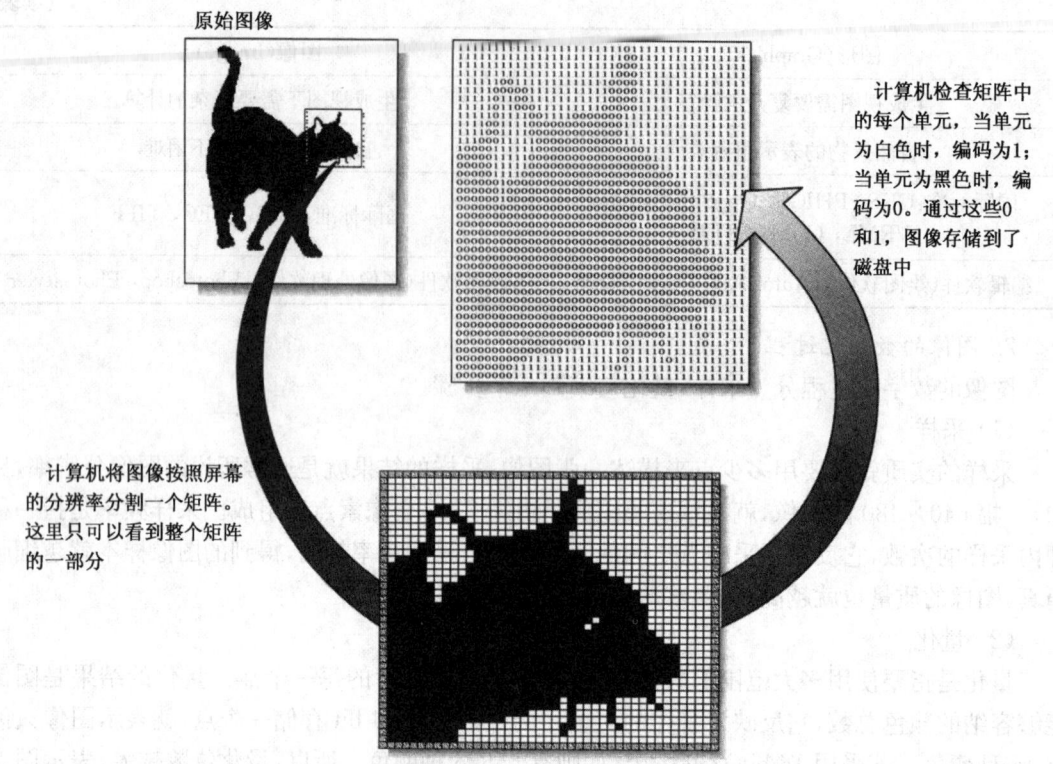

图 7-7 采样是对图像在水平方向和垂直方向上分割成矩形网状结构

真实地反映原图像的程度。一般说来,原图像中的画面越复杂,色彩越丰富,则采样间隔应越小。由于二维图像的采样是一维的推广,根据信号的采样定理,要从取样样本中精确地复原图像,我们可得到图像采样的奈奎斯特(Nyquist)定理:图像采样的频率必须大于或等于源图像最高频率分量的两倍。

(3) 量化

采样后得到的亮度值(或色彩值)在取值空间上仍然是连续值。把采样后所得到的这些连续量表示的像素值离散化为整数值的操作叫量化。图像量化实际就是将图像采样后的样本值的范围分为有限多个段,把落入某段中的所有样本值用同一值表示,是用有限的离散数值量来代替无限的连续模拟量的一种映射操作。

为此,我们把图像的颜色(对于黑白图像为灰度)的取值范围分成 K 个子区间,在第 i 个子区间中选取某一个确定的色彩值 G_i,落在第 i 个子区间中的任何色彩值都以 G_i 代替,这样就有 K 个不同的色彩值,即颜色值的取值空间被离散化为有限个数值。

在量化时所确定的离散取值个数称为量化级数,为表示量化的色彩值(或亮度值)所需的二进制位数称为量化字长。一般可用 8 位、16 位、24 位或更高的量化字长来表示图像的颜色。量化字长越大,则越能真实地反映原有图像的颜色,但得到的数字图像的容量也越大,如图 7-8 所示。

图 7-8 不同量化字长的图像效果

（4）图像的编码与压缩

数字化后得到的图像的数据量十分巨大，必须采用编码技术来压缩信息的比特量。在一定意义上讲，编码压缩技术是实现图像传输与存储的关键。

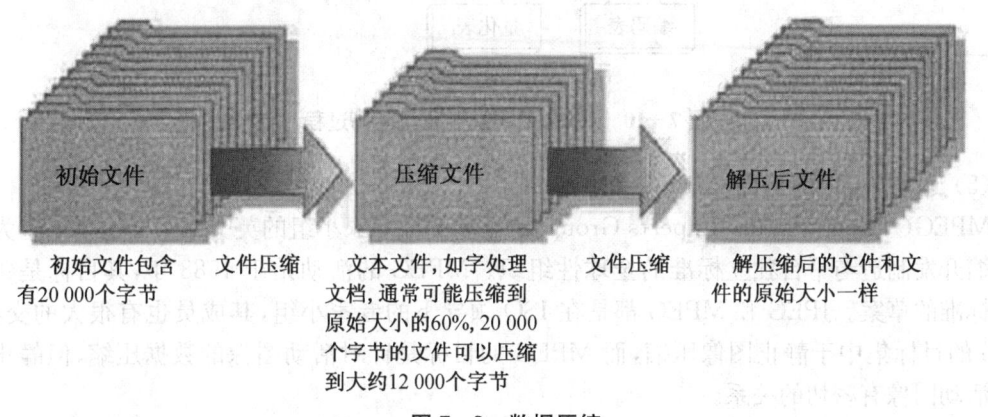

初始文件包含	文件压缩	文本文件，如字处理	文件压缩	解压缩后的文件和文
有20 000个字节		文档，通常可能压缩到		件的原始大小一样
		原始大小的60%，20 000		
		个字节的文件可以压缩		
		到大约12 000个字节		

图 7-9 数据压缩

图像的预测编码是将图像数据的空间变化规律和序列变化规律用一个预测公式表示，如果知道了某一像素的前面各相邻像素值之后，可以用公式预测该像素值。采用预测编码，一般只需传输图像数据的起始值和预测误差。变换编码方法是将整幅图像分成一个个小的数据块，再将这些数据块进行变换、量化和编码，图像显示时再经过逆变换即可重构原来图像。

注：图像在存储媒体（如磁盘、光盘）中存储的格式，称为文件格式。图像文件的存储格式有多种，如 BMP、PCX、TIF、GIF、JPEG 等。

JPEG（Joint Photographera Experts Group）是一个通用的静态图像压缩标准。该标准制定了有损压缩和无损压缩的编码方案。这个标准适用范围很广，即可用于灰度图像又可用于彩色图像，如多媒体 CD-ROM、彩色图像传真、图文档案管理等。

JPEG 算法的基础是离散余弦变换(DCT)和哈夫曼(Huffman)变换,它是一种有损压缩。试验表明,经压缩 25 倍还原后的彩色图像与原图相比,对非行家来说很难加以区别。在损失某些图像信息的情况下,JPEG 可以把图像压缩比提的更高。例如当把 30∶1 的压缩比用于一个全彩色的图像帧时,要求的图像存储空间就从 1000 kB 降至 33 kB,而数据传输率则降至每秒 1 MB,这就降到了目前大多数存储设备可以处理的范围内了。

JPEG 压缩分以下三个步骤实现:DCT 变换、量化、编码。

JPEG 的编码过程与译码过程如图 7-10(a)、图 7-10(b)所示。

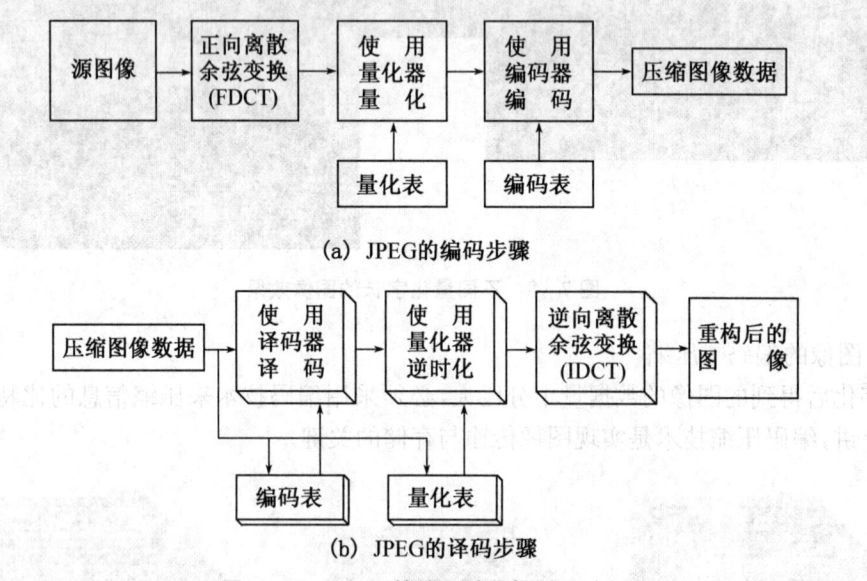

图 7-10 JPEG 的编码过程与译码过程

(5) 运动图像压缩标准 MPEG

MPEG(Motion Picture Experts Group)是运动图像专家小组的英文缩写。这是一个为视频压缩开发制造与平台独立标准的全球性组织。MPEG 的活动始于 1988 年,其目标是建立一个标准的草案。JPEG 和 MPEG 都是在 ISO 领导下的专家小组,其成员也有很大的交叠。JPEG 的目标集中于静止图像压缩,而 MPEG 的目标是针对活动图像的数据压缩,但静止图像与活动图像有密切的关系。

MPEG 标准主要有 MPEG-1、MPEG-2、MPEG-4 和正在制定的 MPEG-7 等。MPEG 的第一个成果 MPEG-1 于 1992 年推出。这成了欧洲 VCD 的基础。由于有限的 352×288 像素分辨率,MPEG-1 只适用于家庭环境,而且从现在的眼光来看,其获得的视频质量及数据率相当低。MPEG-2 于 1995 推出,而且主要基于 MPEG-1。最大为 720×576 的像素以及更高的分辨率,大大提高了视频质量。最新的格式称为 MPEG-4,这是由 MPEG 小组在 1999 年 12 月刚刚发布的。MPEG-7 为多媒体内容描述了接口标准,其标准正在形成中。

从 MPEG 组织成立至今,其任务和方向都发生了很多变化。MPEG-1 和 MPEG-2 已经是成熟的编码标准,现在的热点主要集中在 MPEG-4 和 MPEG-7 上。

小 结

信息是一个很宽泛的概念,说大了是与物质和能量鼎立的自然界三要素,这里仅仅涉及计算机中的信息。众所周知,对计算机自身而言,所有信息都是 0/1 二进制形式,信息在计算机中大致分为控制信息(逻辑)和数据信息(数字),控制信息用于计算机系统内部运转用到的控制命令,例如读写命令,中断信号,片选信号,复位信号,就绪信号等;数据信息用于计算机可运算、可存储、可传输、可采集、可输出的各种数据;可分为数值数据,文本数据(字符,字串),多媒体数据(图像,音频,视频),二进制数据(可执行文件等)。当然都是二进制表示。

计算机信息的表示跟信息的处理,传输,存储,输入/输出一样,是计算机系统最基本的功能之一。

习 题

一、是非题

1. 使用计算机生成假想景物的图像,其主要的 2 个步骤是建模和绘制。　　　　(　　)

2. DVD 影碟与 VCD 相比,其图像和声音的质量均有了较大提高,所采用的视频压缩编码标准是 MPEG-2。　　　　(　　)

3. 可视电话的终端设备功能较多,它集摄像、显示、声音与图像的编/解码等功能于一体。
　　　　(　　)

二、选择题

1. 在数字音频信息获取过程中,正确的处理顺序是_____。

　　A. 模数/转换(量化)、采样、编码　　　B. 采样、编码、模/数转换(量化)

　　C. 采样、模/数转换(量化)、编码　　　D. 采样、数/模转换(量化)、编码

2. 为了既能与国际标准 UCS(Unicode)接轨,又能保护现有中文信息资源,我国政府发布了_____汉字编码国家标准,它与以前的汉字编码标准保持向下兼容,并扩充了 UCS/Unicode 中的其他字符。

　　A. GB 2312　　　B. ASCII　　　C. GB 18030　　　D. GBK

3. 数字声音获取时,用 16 位二进制编码表示声音与使用 8 位二进制编码表示声音的效果不同,前者比后者_____。

　　A. 噪音小,保真度低,音质差　　　B. 噪音小,保真度高,音质好

　　C. 噪音大,保真度高,音质好　　　D. 噪音大,保真度低,音质差

4. 以下选项中,两数相等的一组数是_____。

　　A. 十进制数 54020 与八进制数 54732

　　B. 八进制数 13657 与二进制数 1011110101111

　　C. 十六进制数 F429 与二进制数 1011010000101001

　　D. 八进制数 7324 与十六进制数 B93

5. 下列四个不同进位制的数中最大的数是_____。
   A. 十进制数 73.5   B. 二进制数 1001101.01
   C. 八进制数 115.1   D. 十六进制数 4C.4

6. 下列关于比特的叙述中错误的是_____。
   A. 比特是组成数字信息的最小单位
   B. 比特可以表示文字、图像、声音等多种不同形式的信息
   C. 比特的英文是 byte
   D. 表示比特需要使用具有两个状态的物理器件

7. 十进制算式 7×64+4×8+4 的运算结果用二进制数表示为_____。
   A. 111001100   B. 111100100   C. 110100100   D. 111101100

三、填空题

1. 一幅分辨率为 512×512 的彩色图像，其 R、G、B 三个分量分别用 8 个二进位表示，则未进行压缩时该图像的数据量是_____kB(1kB=1024B)。

2. 西文字符在计算机中通常采用 ASCII 码表示，每个字节存放_____个字符。

3. 图像数据压缩可分成无损压缩和有损压缩两种。其中，_____是指压缩后的图像数据进行还原时，重建的图像与原始图像虽有一定误差，但不影响人们对图像含义的正确理解。

4. 小写字母"a"的 ASCII 码其等值的十进制数是 97，"e"的 ASCII 码等值的十进制数是_____。

5. 一幅宽高比为 16∶10 的数字图像，假设它的水平分辨率是 1280，能表示 65536 种不同颜色，没有经过数据压缩时，其文件大小大约为_____kB(1k=1000)。

四、操作实践

1. 使用 Windows 中自带的计算器实施逻辑乘运算：11001010∧00001001，记录结果。

2. 使用 Windows 系统自带的截图工具截取桌面部分区域，并用画图工具保存成黑白照片。

【微信扫码】
参考答案 & 相关资源

第八章　算法与数据结构

随着计算机应用广度和深度的不断增大,云存储及云计算逐渐浮出水面,信息技术已经弥漫到乍一看与计算机沾不上边的生活物件如电话、电视、冰箱、电饭锅、汽车甚至卧床等,并进而引起物联网的出现。在这个云计算与物联网的时代,几乎每个人的生活都或多或少地与计算技术分不开了。而将所有这些联网的物件有效、可靠、可用地管理起来却不是一件简单的事情,它需要某种规则和步骤,解决它需要某种思维规则和步骤,而这就需要算法。

前述提到计算思维是运用计算机科学的基础概念进行问题求解、系统设计以及人类行为理解等涵盖计算机科学之广度的一系列思维活动。计算思维,简单地说是指人们利用计算机解决问题的普遍方法,计算思维的核心内容之一是算法思维,因此而算法思维是做到把工作交给机器的习惯。由此可见,学习算法、理解算法、掌握算法就成为当前物联网与云时代的一个重要话题。算法也成为一种炙手可热的知识与技能。

> **教学目标**
> 通过本章了解计算机算法的基本概念,了解各种基本数据结构,包括线性表、数组、栈、队列、树、图等,意识到数据结构和算法设计在未来工作中应用的基本思路。

8.1　算法

8.1.1　定义

算法是为解决一个特定的问题而精心设计的一套数学模型以及在这套数学模型上的一系列操作步骤,这些操作步骤将问题描述的输入数据逐步处理、转换,并最后得到一个确定的结果。算法弥漫在所有的软件程序里,堪称是计算机的灵魂。在数学和计算机科学中,算法(Algorithm)为一个计算的具体步骤,常用于计算、数据处理和自动推理。

由于算法是一个表示为有限长列表的有效方法,算法具有以下特征:

(1) 输入:一个算法必须有零个或以上输入量。

(2) 输出:一个算法应有一个或以上输出量,输出量是算法计算的结果。

(3) 明确性:算法的描述必须无歧义,以保证算

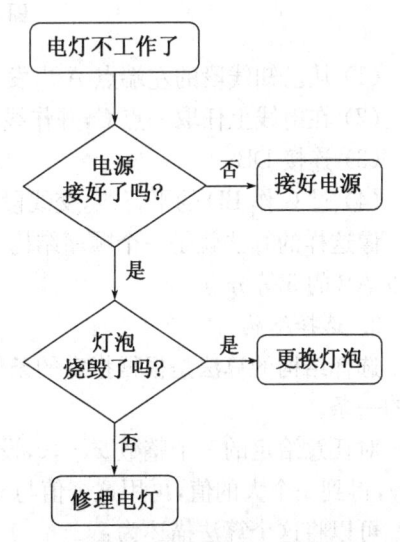

图 8-1　应对灯泡不亮的简单算法流程图

法的实际执行结果是精确地符合要求或期望,通常要求实际运行结果是确定的。

(4) 有限性:依据图灵的定义,一个算法是能够被任何图灵完备系统模拟的一串运算,而图灵机只有有限个状态、有限个输入符号和有限个转移函数(指令)。而一些定义更规定算法必须在有限个步骤内完成任务。

(5) 有效性:又称可行性。能够实现,算法中描述的操作都是可以通过已经实现的基本运算执行有限次来实现。

算法的核心是创建问题抽象的模型和明确求解目标,之后可以根据具体的问题选择不同的模式和方法完成算法的设计。算法不单单可以用计算机程序来实现,也可以在人工神经网络、电路或者机械设备上实现。

8.1.2 算法的构成要素

算法含有两大要素:

一是操作。比如做菜的操作包括:蒸、炸、炒、煎、煮、焖等等;驾驶汽车的操作包括:开电门、换挡、左转、右转、开灯、关灯等等。计算机算法由计算机实现,组成它的操作主要包括:算术运算($+$、$-$、$\times$、$\div$),逻辑运算(与、或、非等),关系运算($<$、$>$、$=$、$\leq$、$\geq$、$\neq$等),函数运算等等。

二是控制结构。控制结构的作用是控制算法各操作的执行顺序。一个算法通常由三种基本结构组成,这三种基本结构是:

1. 顺序结构

顺序结构的算法的操作顺序是按照书写顺序执行的。

比如设计算法确定给定线段 AB 的 5 等分点。解决这个问题的算法如下:

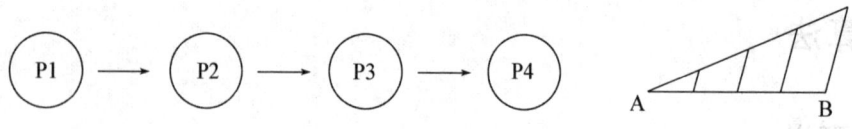

图 8-2 顺序结构及举例

(1) 从已知线段的左端点 A 出发,作一射线;
(2) 在射线上任取一点 C,并作线段 CE=EF=FG=GD=AC,那么线段 AD=5AC;
(3) 连接 DB;
(4) 过 C 作 BD 的平行线,交线段 AB 于 M,这样点 M 就是线段 AB 的 5 等分点。

像这样的算法就是一个顺序结构的算法,只要按照书写顺序完成以上四个步骤,就能得到线段 AB 的 5 等分点。

2. 选择结构

选择结构的算法是根据指定的条件进行判断,由判断的结果决定选取执行两条分枝路径中的一条。

对任意给定的三个整数 x,y,z,设计求出其最大值。这个算法是简单的,只要先比较出 x 和 y,得到一个大的值,再用这个值与 z 比较,这两者中大的值即为所求的最大值。

可以将这个算法描述为:

输入变量:x,y,z;

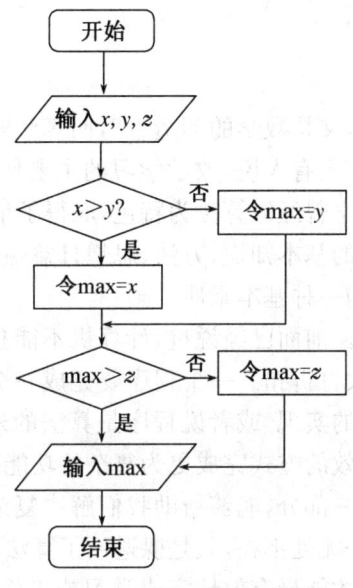

图 8-3 选择结构示例

(1) $b:=x$;
(2) 比较 b 和 y：如果 $b<y$，则 $b:=y$。
(3) 比较 b 与 z：如果 $b<z$，则 $b:=z$。
(4) 输出 b。

在这个算法中，我们根据变量 b 比较的不同的结果决定后面的操作。

3. 循环结构

循环结构的算法要根据条件是否满足决定是否继续执行循环体中的操作。

注意到，前面求三个数中的最大数，我们进行了两次比较，假如我们要找出 100 个数中的最大数，按照上述算法就需要比较 99 次，算法步骤就是 101 步。既不便于书写，也不便于阅读。解决这个问题，就需要利用循环结构了，对于求 100 个数中的最大数的问题，相应的算法可以用下列流程图来表示：

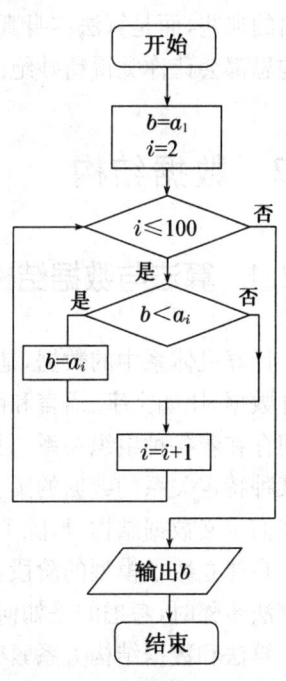

图 8-4 循环结构距离

8.1.3 算法学习的意义

"计算机既是数学的创造物,又是数学的创造者",而算法既是计算机理论和实践的核心,也是数学的最基本内容之一。甚至有人说,数学学习的主要作用是形成"算法思维"。算法有着悠久的发展历史,中国古代数学曾经以算法为特色,取得了举世瞩目的辉煌成就。在已经逐步进入信息化社会的今天,算法的基本知识、方法、思想日益融入人们社会生活的方方面面,已经也应该成为现代人所应具备的一种基本素质。

首先,算法是计算机的灵魂。前面已经说过,计算机不能独立于算法而存在,或者说独立于算法的计算机其存在价值要大打折扣。一个程序要完成一个任务,其背后肯定要涉及算法的设计。实际上,程序就是算法的实现,或者说程序是算法的外在体现。学好了算法,就能够设计出更加有效的软件,以最有效的方式完成更为复杂的功能。

其次,算法是数学机械化的一部分,能够帮助我们解决复杂的计算问题,其中有的问题就存在于我们的日常生活中。算法无处不在,人是躲避不了算法的,每天的日常生活都会涉及算法。例如,如何分配自己的时间才能最有效地完成学习或工作任务就会牵扯到算法。没有算法知识的人,分配的时候多半会源于自发、非科学的处理方法,难以达到高效。

再次,算法作为一种思想,能锻炼我们的思维,使思维变得更清晰、更有逻辑。算法是对事物本质的数学抽象,看似深奥,却体现着点点滴滴的朴素思想。虽然真理未必只有一个,但是当你掌握了其中的一个,因此学会算法的思想,其意义不仅仅在算法本身,也会对日后的学习生活产生深远的影响。

算法还能帮助人们理解什么是可行的,什么是不可行的。不过最重要的理由并不是上面给出的那些,而是算法本身真的很有意思,很有趣味。当你真的沉浸到算法里的时候,其速度、其构思都会让你觉得精妙绝伦,有一种不可言喻的美感和快感。

8.2 数据结构

8.2.1 算法与数据结构

计算机体系中的数据,是指能被计算机识别和处理的各种符号的总称。人类所能识别的各种数据,比如文字、语言和图像,在计算机内都是以二进制形式存在的,但是这些二进制数据之间存在着各种组织关系。我们通常说的数据结构,其实包含了两层意思,一是指相互之间存在某种特定关系的数据的集合,二是指数据之间的相互关系,也就是数据的逻辑结构。因此,当我们定义数据结构时,除了定义数据之间的相互关系,还包括根据这些关系组织在一起的数据。在建立数学模型的阶段,我们说的数据结构更偏重于定义数据之间的相互关系,设计具体的算法步骤时,考虑的是如何对构建在这些数据关系之上的实际数据进行加工和处理。

算法和数据结构关系紧密,数据结构是算法设计的基础,不合适的数据结构设计,有可能导致无法设计算法的演算步骤,从而无法实现算法。数据之间常见的逻辑结构包括线性结构、关联结构(集合、映射)、树形结构和图形结构,也有一些资料将树形结构看作是图形结构的一种特殊形式,但是因为这两种数据结构在数据的组织和定义方式上存在很大的差异,更多的资料还是将它们分为两种结构。接下来我们讨论一下算法设计常用的几种基本数据结构,对于简单的问题,应用这些基本数据结构就可以解决,但是对于复杂的算法,往往需要将这些基本的数据结构组合起来形成更复杂的逻辑结构。

8.2.2 基本数据结构

线性表是数据结构中最简单的基本数据结构。线性表的使用和维护都很简单,这一特点使其成为很多算法的基础。数组、链表、栈和队列是四种最常见的线性表,其外部行为和接口都各有特色,本节就简单介绍一下这四种基本数据结构的特点及其在算法设计中的应用。

(1) 动态数组(Dynamic Array)和单项链表(Singly-linked List)

接下去介绍最基本的两种数据结构,即动态数组和单向链表,其他数据结构其实都可以通过这两者衍生出来。

数组(array)是一种相对比较简单的数据组织关系,所有数据元素存储在一片连续的区域内。对数组的访问方式一般是通过下标直接访问数组元素,除此之外,对数组的基本操作还有插入、删除和查找。数组元素的直接访问几乎没有开销,但是插入和删除操作需要移动数组元素,开销比较大,因此在插入和删除操作比较频繁的场合下,不适合使用数组。

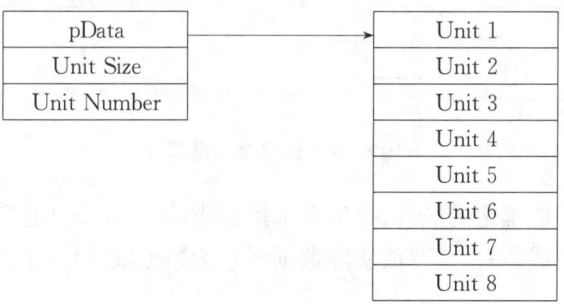

图 8-5 最基本的动态数组

图 8-5 中 pData 记录了数组第一个元素的位置,Unit Size 记录了每个元素的大小,(这样可以方便地找到第 N 个元素了)Unit Number 记录了元素的数目。获取数组中第 N 个元素,是很简单的,但已知某位置要插入一个元素,就稍微有点难,因为要挪动一些元素,如图 8-6 所示。

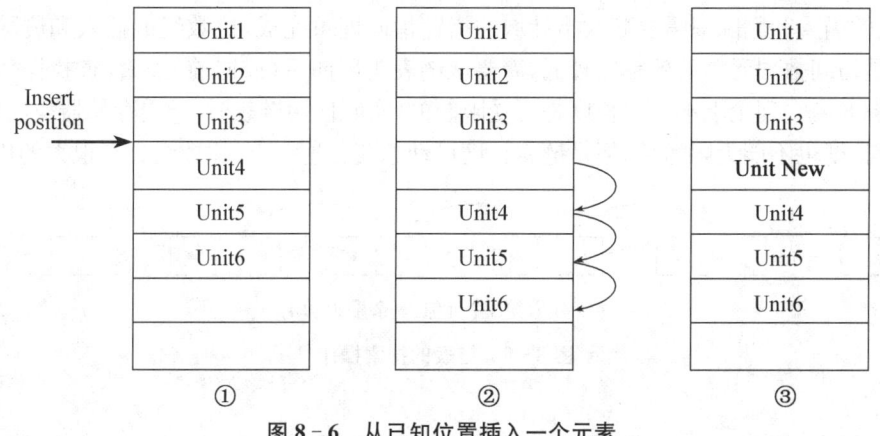

图 8-6 从已知位置插入一个元素

删除元素跟这个也类似,也是需要挪一挪后面的元素,只不过是往前挪。数组的大小不能很方便地调整,需要几个步骤,如下图所示。

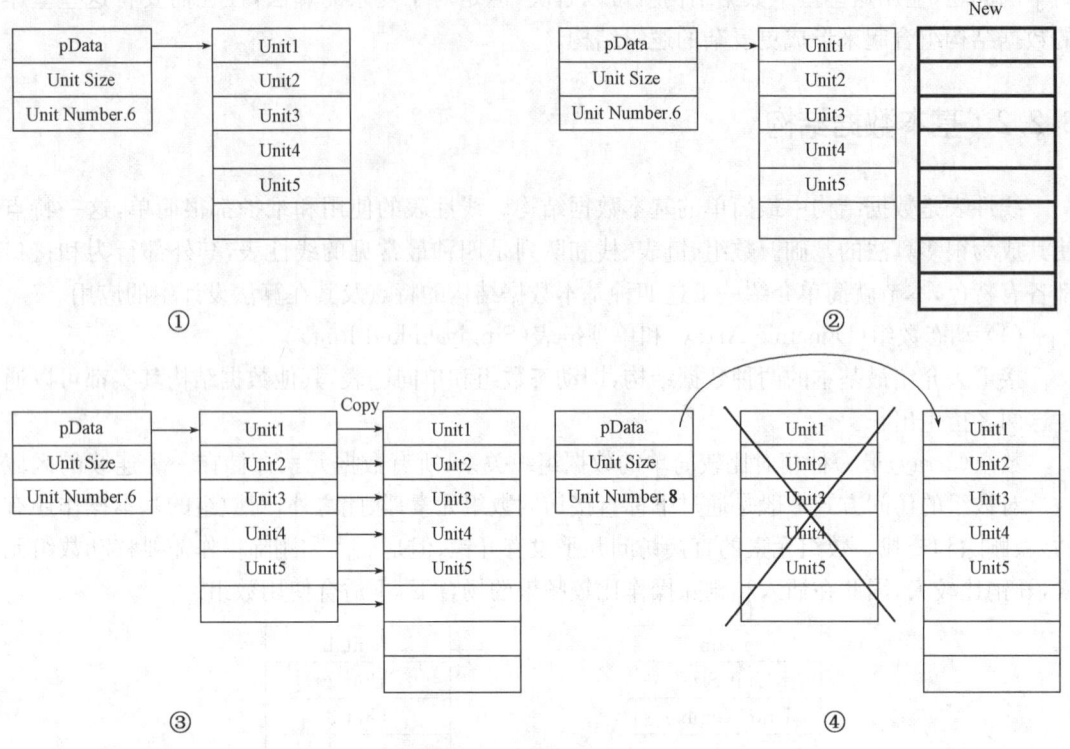

图 8-7 数组大小重调

在线性表的长度不能确定的场合,一般会采用链表(linked list)的形式。链表结构的每个节点数据都由两个域组成,一个是存放实际数据元素的数据域,另一个就是构成链式结构的指针域。

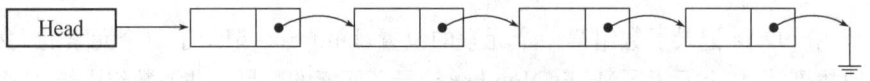

图 8-8 最简单最一般的单向链表

链表的插入和删除只需要修改指针域的指针指向即可完成,比数组的插入和删除操作效率高,但是访问数据元素的效率比较低,需要从链表头部向后(或向前)搜索,查找操作的时间复杂度是 $O(n)$。理论上链表的长度是不受限制的,实际使用链表时,常受存储器空间的限制,使得链表长度也不能无限增长,但是链表长度可动态变化这一点,比数组具有很大的优势。

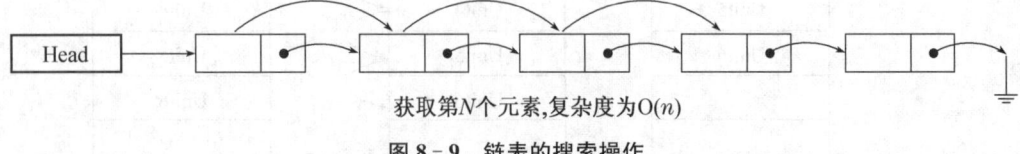

获取第 N 个元素,复杂度为 $O(n)$

图 8-9 链表的搜索操作

除了查找和访问的效率没有数组高之外,链表的每个节点都要额外存储一个指针域,因此需要一定的存储开销。对于一些插入和删除操作比较少,查找、遍历操作比较多的场合,应该优先选择使用可变长数组代替链表。

(2) 栈

栈(stack)是一种特殊的线性表,其特殊性在于只能在表的一端插入和删除数组元素,插入和删除动作分别被称为"入栈"和"出栈"。严格来说,栈不是一种数据存储方式,而是一种逻辑管理方式,它遵循"后进先出"(Last In First Out)的原则管理和维护表中的数据。栈的数据存储方式可以采用数组,也可以使用链表,分别被称为"顺序栈"和"链式栈",但是无论采用何种存储方式,其外部行为都是一样的,即只能通过"出栈"和"入栈"的方式在数据表的一端操作数据。

栈是一种非常有用的数据结构,利用栈的一些特性,可以将某算法的递归实现转换成非递归实现,在使用穷尽搜索方法时,也会使用栈保存当前的状态,有时候,广度优先搜索和深度优先搜索的差异仅仅是使用栈还是使用队列。栈最大特点是先进后出,如图 8-10 所示。

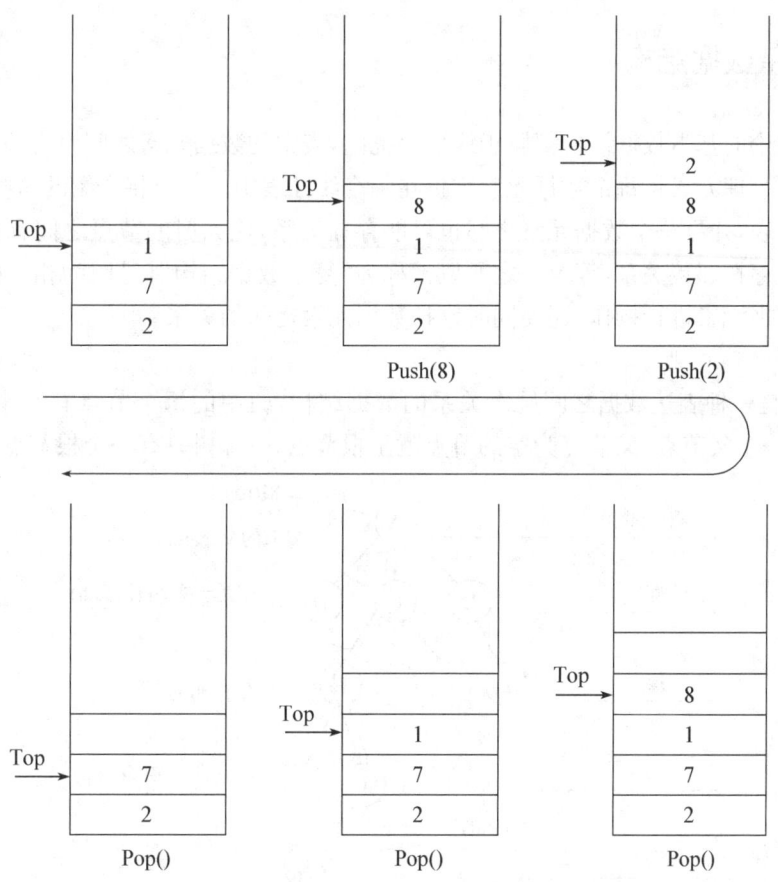

图 8-10　栈的 Push 和 Pop,遵循先进后出规则

(3) 队列

队列(Queue)也是一种特殊的线性表,普通的队列只能在表的一端插入数据,在另一端删除数据,不能在队列的其他位置插入和删除数据。插入和删除动作分别被称为"入队"和"出

队",能执行"入队"的一端称为"后端"(Rear),能执行出队的一端称为"前端"(Front)。与栈一样,队列也不是一种数据存储方式,而是一种逻辑管理方式,它遵循"先进先出(First In First Out)"的原则管理和维护表中的数据。队列的数据存储方式可以采用数组,也可以使用链表。

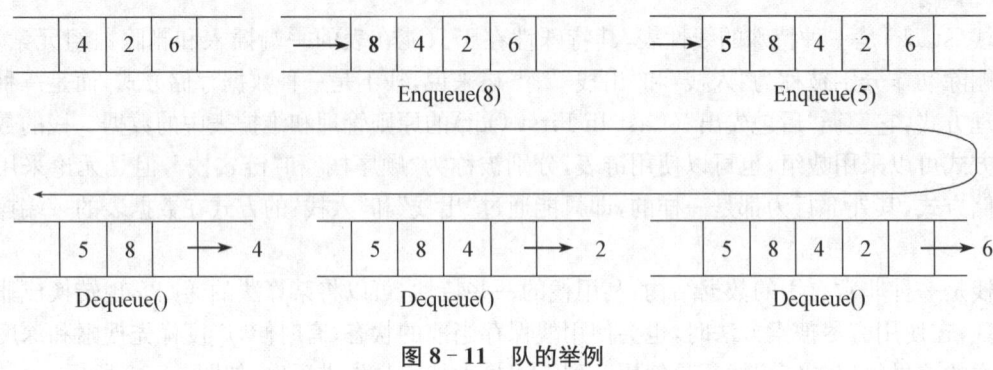

图 8-11 队的举例

8.2.3 复杂数据结构

上一节讨论的基本数据结构都属于线性表范围,表中的数据元素之间没有关系,只是通过不同的组织和管理方式将每个数据元素维护在一个线性表中。本节将介绍的这些数据结构不是简单的线性表,并且每个数据元素之间也可能存在关系,比如树的节点之间存在父子关系,图的节点之间存在邻接关系,等等。之所以被称为"复杂数据结构",是因为相关的插入、删除操作不仅对数据元素进行操作,还要同时维护数据元素之间的关系。

(1) 树

树(tree)是一种表达数据之间层次关系的数据结构,树中的每个节点有 0 个或多个子节点,但是只有一个父节点,父节点为空的节点就是根节点,一棵树只有一个根节点。

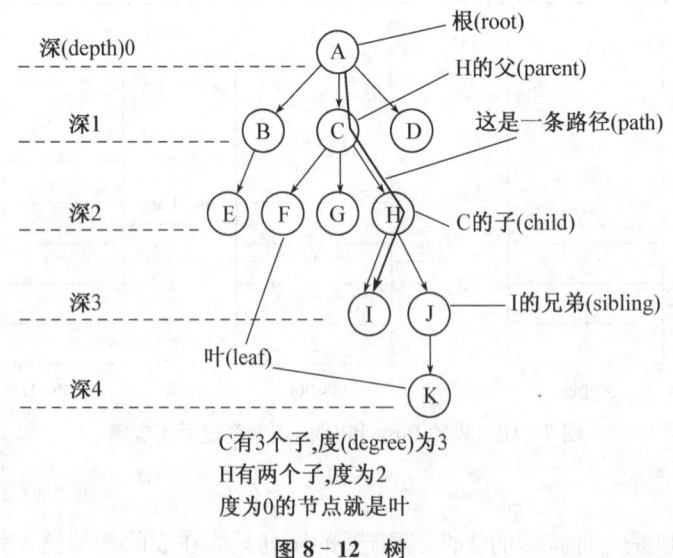

图 8-12 树

其中树的度：一个节点含有子树的个数称为该节点的度，一棵树中最大节点的度称为整棵树的度；叶节点：度为0的节点称为叶节点；根节点：没有父节点的节点就是根节点；树的高度：从根节点开始，每多一级子节点，树的层次就+1，一棵树的最大层次数就是树的高度；兄弟节点：具有相同父节点的子节点互称为兄弟节点。

树适合用来表达有层次关系的数据，比如一个公司的分支机构、计算机上的目录和文件结构，等等。如果树的子节点之间没有大小关系，则这样的树就称为无序树，也称自由树；如果树的子节点之间有大小关系，则这样的树就称为有序树。树通常也被认为是图的一种形式，是一种没有环路的图，比如自由树可被视为一个连通的、无环路的无向图。根据每个节点的子节点的数量，又可以将树分为二叉树和多叉树。

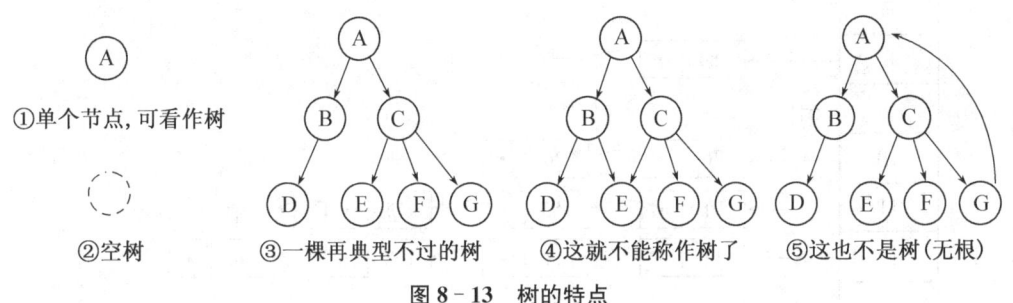

图8-13 树的特点

（2）集合

简单来说，集合（Set）是具有某种特性的事物的整体，构成集合的事物或对象称作集合的元素或成员。集合内的数据元素具有以下特征。

无序性：一个集合中每个元素的地位都是相同的，元素之间不存在有序关系，也没有类似树和图那样的复杂关系。

互异性：一个集合中每个元素只能出现一次，也就是说，集合内没有重复的元素。

确定性：集合的定义是确定的，根据这个定义可以明确判定一个对象是否属于这个集合，不存在模棱两可的情况。

集合的主要操作包括两部分，一部分是对集合元素的操作，包括插入和删除集合元素、判断一个元素是否属于集合等；另一部分是集合之间的关系运算，包括集合的求交集、并集运算以及求差运算等。集合作为一种数据元素的组织方式，在算法设计中应用也很广泛。

（3）哈希表与映射

数组的特点是寻址容易，插入和删除困难；而链表的特点是寻址困难，插入和删除容易。那么我们能不能综合两者的特性，做出一种寻址容易，插入删除也容易的数据结构呢？答案是哈希表，哈希表有多种不同的实现方法哈希表（Hash）与映射（Map）都是通过关键字（Key）直接访问数据元素的值（Value）的数据结构，二者的外部接口是一样的，但是不同的平台上对内部实现稍有差异。

哈希表的原理是通过一个哈希函数对关键字进行某种运算，得到对应的数据元素在表中的存储位置，然后访问其值。左边很明显是个数组，数组的每个成员包括一个指针，指向一个链表的头，当然这个链表可能为空，也可能元素很多。我们根据元素的一些特征把元素分配到不同的链表中去，也是根据这些特征，找到正确的链表，再从链表中找出这个元素。与普通的

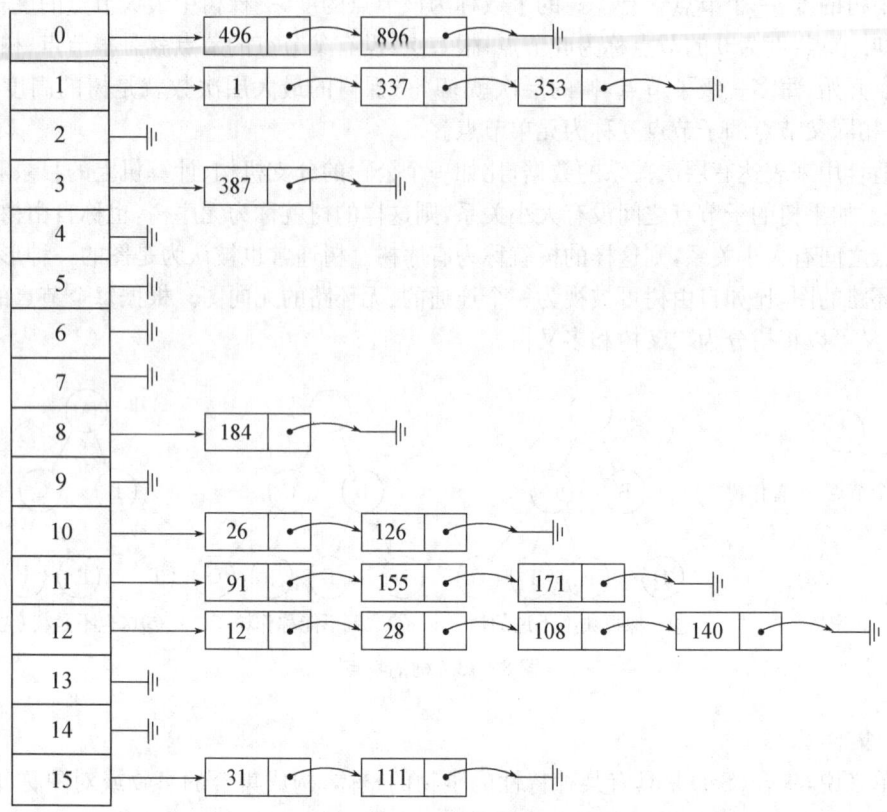

图 8-14　哈希表举例

有序表查找相比,额外的哈希处理会造成数据访问的开销,但是哈希表的查找时间是固定的,不随哈希表中数据元素的增多而变化。普通有序表的查找时间复杂度是 $O(\lg(n))$,随着 n 的增大,查找时间也变长,当数据元素非常多的时候,哈希表的查找速度会比普通有序表快,这就是哈希表的优势。

现实生活中有很多采用"key-value"方式组织和存储数据的情况,学生成绩管理系统会通过一个唯一分配的学号建立与具体学生信息的映射关系,可以通过学号查询和管理学生信息,这个学号就是 key。

(4) 图

图(graph)是一种特殊的数据组织方式,它不仅可以存储数据元素(对象),还可以存储数据元素之间的复杂关系。从直观上看,图由一些顶点和连接这些顶点的边组成,顶点描述数据元素,边描述数据元素之间的关系。图是由顶点的有穷非空集合和顶点之间边的集合组成,通过表示为 G(V,E),其中,G 标示一个图,V 是图 G 中顶点的集合,E 是图 G 中边的集合。

无边图:若顶点 V_i 到 V_j 之间的边没有方向,则称这条边为无项边(Edge),用序偶对(V_i,V_j)标示。

对于无向图 G_1 来说,$G_1 = (V_1, \{E_1\})$,其中顶点集合 $V_1 = \{A, B, C, D\}$;边集合 $E_1 = \{(A,B), (B,C), (C,D), (D,A), (A,C)\}$:

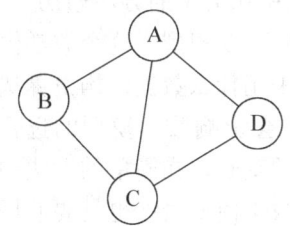

图 8-15 图的示例

有向图:若从顶点 V_i 到 V_j 的边是有方向的,则称这条边为有向边,也称为弧(Arc)。用有序对(V_i,V_j)标示,V_i 称为弧尾,V_j 称为弧头。如果任意两条边之间都是有向的,则称该图为有向图。有向图 G_2 中,$G_2=(V_2,\{E_2\})$,顶点集合(A,B,C,D),弧集合 $E_2=\{<A,D>,<B,A>,<C,A>,<B,C>\}$。

现实生活中很多地方都用到了使用图的算法,比如你在地图软件中选择两个点,软件会给出连接这两个点之间的最佳路线,这就要用到图的连通性判断和最短路径搜索算法。当有多条路径可以连接两个点的时候,软件还可以根据不同道路的实时交通拥堵情况,选择最快捷的道路,其实也就是为每条道路设置不同的权重,然后进行带权图的最优路径搜索。交通规划常常需要用最小的成本(修最少的路)将不同的城市连接起来,保证每个城市之间都可以到达,就需要最小生成树算法。网络设备之间为了避免出现环路,也需要运行一个最小生成树协议(STP),也是图的应用。

8.3 数据结构与算法的关系

西方有句谚语:手里拿三年锤子,看什么都是钉子。如果一个人的本事就只会抡大锤,那他解决问题的方法就是拿锤子砸。有时候,工具可以决定思维。为什么要强调数据结构的重要性? 因为数据结构是建立解决问题的数学模型的基础,如果不了解数据结构,就没有办法建立模型,或者建立的模型不合适,导致算法演化困难,甚至无法实现。掌握的数据结构越多,就相当于手中的工具越多,解决问题的思路就越宽。了解这些数据结构的构造和操作原理固然重要,但是对于算法设计来说,灵活运用这些数据结构也很重要。

另一方面,我们也强调数学模型,但是这并不是单纯地说所有问题都是数学问题,而是因为计算机善于处理数学问题。或者我们可以将其描述为更笼统的概念,比如计算机模型。但是实质都是一样的,如果要计算机解决问题,就必须用计算机能理解的方式描述问题。建立问题的数学模型实际上是对问题的一种抽象表达,通常也需要伴随着一些合理的假设,其目的就是对问题进行简化,抓住主要因素,舍弃次要因素,逐步用更精确的语言描述问题,最终过渡到用计算机语言能够描述问题为止。

让我们来看个通过建立抽象的模型,将看似复杂的问题简化并最终解决的例子吧。

用三个容积分别为 3 升、8 升和 5 升的水桶如何获得 4 升水的问题,是一个经典的智力游戏。如果让计算机像人一样思考并解决这个问题有点困难,但是如果转换思维,将三个水桶中当前的水量定义为一个状态,将倒水定义为一个驱动状态转换的动作,则这个问题就转换为水桶状态的穷举搜索问题。在解空间中用穷举的方法遍历所有可能的解,并找到最终合法的解是解决最优解问题的常用数学模型,只要想到了这个数学模型,这个问题就迎刃而解了。

数据结构是算法的基本工具,采用什么数据结构由算法的数学模型决定,但是各不相同的数据结构自身的一些特点反过来也会影响数学模型的选择。数学模型是对问题域的高度抽象,而数据结构又是承载数学模型的基础。在简单的算法中,数学模型的定义有时候可能简化成数据结构的定义,即便是复杂的数学模型最终也是要使用相应定义的数据结构来承载,所以这二者是亲密无间的孪生兄弟,它们共同决定了算法的成败。

总 结

本章介绍了两部分内容,分别是程序的基本结构、常用数据结构以及数据结构和算法的关系。对常用的数据结构的介绍也着眼于这些数据结构的特点和适用的场合,重点不是原理,而是如何在不同场合下灵活使用这些数据结构。数据结构和数学模型与算法的关系是不言而喻的,二者是密不可分的,或者是同一事物的两个方面,它们都是算法的基础。对这些常用的数据结构的了解和掌握,在很大程度上决定了建立数学模型的能力。

习 题

一、是非题

1. 构思巧妙的算法一定是好算法。( )
2. 评价一个算法的优劣应从需要耗费的存储资源(空间)和计算资源(时间)两方面进行考虑。( )
3. 一个算法可以不满足能行性,即算法中有待实现的操作不一定都是计算机能做到的。( )
4. 算法中的每一步操作必须含义清楚和明确,不能有二义性。( )
5. 对于同一个问题可采用不同的算法去解决,但不同的算法通常具有相同的效率。( )

二、选择题

1. 栈和队列的共同特点是_____。
   A. 只允许在端点处插入和删除元素　　B. 都是先进后出
   C. 都是先进先出　　　　　　　　　　D. 没有共同点
2. 树最适合用来表示_____。
   A. 有序数据元素　　　　　　　　　　B. 无序数据元素
   C. 元素之间具有分支层次关系的数据　D. 元素之间无联系的数据
3. 算法指的是_____。
   A. 计算机程序　　　　　　　　　　　B. 解决问题的计算方法
   C. 排序算法　　　　　　　　　　　　D. 解决问题的有限运算序列

三、填空题

1. 设输入序列为 1、2、3，则经过栈的作用后可以得到_____种不同的输出序列。
2. 数据的逻辑结构是从逻辑关系上描述数据，它与数据的_____无关，是独立于计算机的。

四、操作实践

你有 9 个大小一样的球，其中 8 个重量相同，只有一个略重一些。给你一个天平，找出重量不同的那个球。试用算法流程图表述问题解决过程，要求时间复杂度最低。

【微信扫码】
参考答案 & 相关资源

第九章　网络信息与文献检索

约 4000 年前，人类就开始有目的地组织信息，一个典型的例子就是图书中的目录。随后，逐渐出现索引的概念，即从一些词和概念指向相关信息或者文档的指针。19 世纪前期信息检索开始出现，主要以手工检索方式为主，由于检索效率普遍不高，所以发展速度较为缓慢。直到 20 世纪 50 年代，1951 年世界上出现了最早的计算机系统，这可称得上是信息检索发展史上的一个里程碑。随着计算机技术的不断进步，进入 20 世纪 90 年代，网络技术开始进入社会生活各个领域，计算机检索也逐步由脱机检索、联机检索发展到如今 Internet 环境下网络信息检索。

网络信息检索是指对利用 Internet 信息发布技术，通过 Internet 发布的信息进行的检索，主要利用搜索引擎、网络机器人和门户站点等来完成。随着 Internet 的迅速发展，网上信息以爆炸性的速度不断丰富和扩展，其信息数量之大、类型之多，已经给人们的工作、学习和生活方式带来了巨大影响。为了充分发挥网络信息的重要作用，并能迅速在上百万个网站中快速有效地查找到想要得到的信息，必须对网络检索的特性进行研究分析，并掌握网络信息资源的特点、基本方法和检索技巧与检索工具等重要内容。网络信息资源的分布主要以网站为单位，数以千计的网站在 Internet 上形成了犬牙交错的信息资源库。

> **教学目标**
> 本章以网络检索技术为主线，系统地介绍文献信息检索的基本知识，选择性地介绍常用的各类网络数据库的检索技术与获取方法，了解文献信息及信息检索的基本知识，学会常用的各种类型检索系统的使用方法，掌握现代信息检索技术，培养自主获取文献信息的技能。

9.1　网络信息资源

网络信息资源是指通过计算机网络可以利用的各种信息资源的总和。具体地说是指所有以电子数据形式把文字、图像、声音、动画等多种形式的信息存储在光、磁等非纸介质的载体中，并通过网络通信、计算机或终端等方式再现出来的资源。网络信息的产生有两个重要条件，即计算机技术的发展与互联网的地位提升。

网络信息类型的划分按信息的整理层次划分，可大致分为四大类。

（1）联机数据库，是借助互联网传输，并将其作为检索平台的一种存有信息资源的集中地。联机数据库中可存储文本资源、声像资源和其他多媒体资源等。联机数据库是目前最重要的网络信息之一，其一般设有多种检索手段，方便用户检索利用信息。数据库的主要类型有面向对象式数据库、数据仓库和分布式数据库。有 CNKI、万方、维普和超星等中文数据，ScienceDirect、EBSCO 和 Springer 等外文数据库。

(2) 电子出版物，是指以电子（数字）形式存在，通过互联网传输，包含有文字、图像、声音和视频等各种信息形式的出版物，包括电子图书、电子连续出版物（电子期刊、电子报纸）。计算机和互联网的出现给出版业带来了新的生机，电子出版比传统出版节约资源，是绿色的出版形式。电子出版物通过网络传输，用户足不出户就可以享受到这些信息，从而更受到用户的青睐。目前影响力较大的报纸、期刊大部分均已有网络版本可供在线阅读。

(3) BBS论坛、博客、微博、微信，这些信息平台基本以个人发布信息的形式出现，其信息量大，内容丰富，信息时效性高，但信息价值良莠不齐，有时甚至有虚假信息，需要加以选择甄别。

(4) 其他信息，主要是个人和各类机构发布的信息，这类信息量大而杂，若想有效利用需进行分类整理。如新闻、各类机构的政策公告、市场交易、统计资料、广告、股票证券、评论等信息。

9.2 网络搜索引擎

9.2.1 搜索引擎的定义与分类

搜索引擎（Search Engine）是指根据一定的策略、运用特定的计算机程序从互联网上搜集信息，在对信息进行组织和处理后，为用户提供检索服务，将用户检索相关的信息展示给用户的系统。常见的搜索引擎包括全文搜索引擎、垂直搜索引擎等。

(1) 全文搜索引擎，是广泛应用的主流搜索引擎。它的工作原理是计算机索引程序通过扫描文章中的每一个词，对每一个词建立一个索引，指明该词在文章中出现的次数和位置，当用户查询时，检索程序就根据事先建立的索引进行查找，并将查找的结果反馈给用户的检索方式。这个过程类似于通过字典中的检索字表查字的过程。欧美具代表性的有Google、Bing、Yahoo等，国内有百度搜索、搜狗搜索、360搜索等。它们都是通过从互联网上提取各个网站的信息（以网页文字为主）而创建的数据库。检索与用户查询条件匹配的相关记录，然后按一定的排列顺序将结果返回给用户，因此他们是真正的搜索引擎。

(2) 垂直搜索引擎，是针对某一个行业的专业搜索引擎，是搜索引擎的细分和延伸，是对网页库中的某类专门的信息进行一次集成，定向分字段抽取出需要的数据进行处理后再以某种形式返回给用户。垂直搜索是相对通用搜索引擎的信息量大、查询不准确、深度不够等提出来的新的搜索引擎服务模式，通过针对某一特定领域、某一特定人群或某一特定需求提供的有一定价值的信息和相关服务。例如，著名的PicSearch和百度图片搜索都是针对图片搜寻领域的垂直搜索引擎；豆丁网和百度文库都是针对文档查询领域的垂直搜索引擎。

9.2.2 谷歌（Google）

1. 谷歌介绍

谷歌搜索引擎是互联网公司谷歌的主要产品，也是世界上最大的搜索引擎之一，可以通过访问其官方网站 http://www.google.com 使用，如图9-1所示。

图 9-1　Google 界面

谷歌免费提供网页、新闻、图片、视频的通用搜索和移动搜索,免费提供图书、博客和学术搜索等专业搜索功能。谷歌搜索录入速度极快,搜录网页数量在搜索引擎中名列前茅,搜索结果准确率极高,并支持一百余种语言的搜索。此外谷歌依托其强大的网络搜索技术,还提供了地图查询、指引,图书、博客和学术搜索等专业功能。以搜索为核心,谷歌已经成为一家业务范围涵盖互联网搜索、人工智能、云计算、广告技术等众多领域,向企业和个人提供大量基于互联网的产品与服务的互联网巨头。

2. 搜索入门

第一次进入谷歌,它会根据你的操作系统,确定语言界面。Google 的首页很清爽,LOGO 下面就是搜索框,默认进行的是网页搜索。在搜索框输入"南京体育学院",并点击"Google 搜索",将显示以"南京体育学院"为关键词的搜索结果。

结果:找到约 23200000 条结果,如图 9-2 所示。

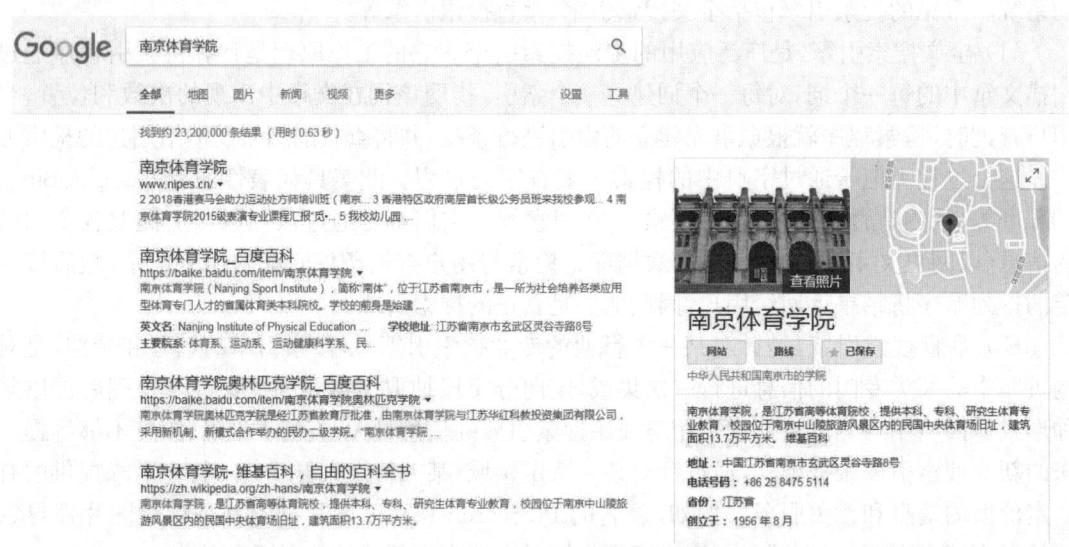

图 9-2　Google 检索"南京体育学院"结果

3. 进阶搜索

在实际使用中,我们往往使用多个相互间有逻辑关系的关键字进行搜索。因此我们需要进一步探讨多个关键字以及关键字间不同逻辑关系的查询。

(1) 搜索结果要求包含两个及两个以上关键字

在多个关键字之间加上"+"或空格表示逻辑"与"操作。

示例:搜索所有包含关键词"南京体育学院"和"招生"的中文网页。
搜索:"南京体育学院 招生"或"南京体育学院＋招生"
结果:找到约 5590000 条结果,如图 9-3 所示。

图 9-3　Google"与"操作检索结果

(2) 搜索结果要求不包含某些特定信息
谷歌用减号"－"表示逻辑"非"操作。
示例:搜索所有包含"南京体育学院"而不含"招生"的中文网页。
搜索:"南京体育学院－招生"
结果:找到约 14300000 条结果,如图 9-4 所示。

图 9-4　Google"非"操作检索结果

(3) 搜索结果至少包含多个关键字中的任意一个

谷歌用的"OR"(大写)表示逻辑"或"操作。

示例:假定你是勒布朗詹姆斯(Lebron James)和詹姆斯哈登(James Harden)的球迷,要查找所有关于他俩的中文网页。

搜索:"勒布朗 OR lebron OR 哈登 OR Harden"

结果:找到约 200000000 条结果,如图 9-5 所示。

图 9-5　Google"或"操作检索结果

利用关键字之间的逻辑关系"和"、"或"、"非"关系可以大幅提高搜索效率。

通常而言,上面的搜索语法已经能解决绝大部分问题了。不过,如果想更迅速更贴切找到需要的信息,还需要了解更多的操作。

(4) 对搜索的网站进行限制

"site"表示搜索结果局限于某个具体网站或者网站频道,如"sina.com.cn"、"edu.sina.com.cn",或者是某个域名、如"cn"、"com"等等。

如果是要排除某网站或者域名范围内的页面,只需用"一网站/域名"。

示例:搜索京东(jd.com)域名中所有有关智能路由器的网页。

搜索:"site:jd.com 智能路由器"

(5) 查询某一类型文件(相同扩展名)

"filetype",这是谷歌的特色查询,可以对于特定类型的文件进行查询,其中最重要的文档搜索是 PDF 搜索。PDF 是 Adobe 公司开发的电子文档格式,现在已经成为互联网的电子化出版标准。除 PDF 格式外，谷歌还提供 Adobe PostScript、Autodesk DWF、Microsoft Excel、Microsoft PowerPoint、Microsoft Word、Shockwave Flash 等多种文件类型的文档搜索。

示例：搜索关于电子商务的 PDF 文档。

搜索："电子商务 filetype：pdf"

4. 高级搜索

对于很多初学者，谷歌搜索中的逻辑关系和搜索指令往往无法熟练使用。如果遇到指令遗忘的情况，我们可以通过谷歌高级搜索来解决。进入谷歌高级搜索的方法：在浏览器右上角点击设置按钮，在弹出的菜单中点击"高级搜索"。进入高级搜索后，可以按提示填写条件进行高级搜索。

按网页中的提示（图 9-6），依次可以输入相关字词、完全匹配字词、"或"关系字词、"非"关系字词、数字范围；"然后按以下标准缩小搜索结果范围"中可以限定搜索的语言、地区、网页更新的时间、搜索的限定域名、关键字词出现在网页中的位置以及限定搜索文件的类型。

图 9-6　Google 高级检索对话框

5. 其他搜索功能

（1）谷歌图像搜索，即 GoogleImage，是谷歌公司推出的一项允许用户搜索互联网上图片图像的服务。该服务首次推出是在 2001 年 7 月，其界面如图 9-7 所示。

谷歌的图片搜索是基于图片名称、指向图片的锚文本内容，以及紧邻图片的说明等文字关键字搜索。当用户搜索图片时，页面会返回一系列符合关键字的图片缩略图。在点击缩略图后，该图片会突出显示在以出处网页为背景的一个页面上。用户可以关闭该图片，直接访问来源网站，也可以查看全尺寸的搜索结果图片。谷歌图片搜索目前支持的语法包括"+"、"-"、

图 9-7 Google 图片检索

"OR","site"和"filetype"。

示例：查找教育类网站上关于足球的 jpg 格式图片。

搜索："足球 site：edu filetype：jpg"

结果：如图 9-8 所示。

图 9-8 Google 图片检索结果

(2) 谷歌地图(英语:Google Maps)是谷歌公司向全球提供的电子地图服务,包括局部详细的卫星照片。能提供三种视图:一是矢量地图(传统地图),可提供政区和交通以及商业信息;二是不同分辨率的卫星照片(俯视图或45°图像,跟谷歌地球上的卫星照片基本一样);三是地形图,可以用以显示地形和等高线。其姐妹产品包括谷歌地球、谷歌月球、谷歌火星、谷歌星空、谷歌海洋。谷歌地图于2005年2月8日在谷歌博客上首次公布,并于2005年6月20日将覆盖范围从原先的美国、英国、加拿大扩大至全球。谷歌和北京图盟科技有限公司(Mapabc)于2005年9月合作出版中国大陆的谷歌本地版,可以提供交通、景点、周边设施查询、距离查询等多种本地化服务,如图9-9所示。

图9-9 Google 地图

(3) 谷歌的视频服务,谷歌的视频服务来源于YouTube,该网站是设立在美国的一个视频分享网站,让用户上载、观看及分享视频或短片,被谷歌在2006年11月以16.5亿美元收购,目前YouTube是世界范围内最大的视频网站。

6. 变化中的谷歌各类搜索

随着搜索技术的不断进步,各类专业搜索也被谷歌纳入旗下。2004年谷歌发布了谷歌学术搜索,该项索引包括了世界上绝大部分出版的学术期刊,可广泛搜索学术文献;2007年谷歌发布了博客搜索,通过博客搜索软件来追踪博客内容的发布;2009年谷歌又发布了购物搜索,搜索商品名称,结果会按照产品型号进行分类,点击进入能看到商家价格、网络评论、产品参数等信息。图9-10列出了现有谷歌服务。

图 9-10　Google 业务构成

9.2.3　百度(Baidu)

1. 百度简介

百度是目前世界上规模最大的中文搜索引擎,拥有全球最大的中文网页库,目前百度提供以网络搜索为主的功能性搜索,以贴吧为主的社区搜索,针对各区域、行业所需的垂直搜索,音乐搜索,以及门户频道等,全面覆盖了中文网络世界所有的搜索需求,根据第三方权威数据,百度在中国的搜索份额超过 80%。其官方网站为 http://www.baidu.com。如图 9-11 所示。

图 9-11　百度界面

2. 基本的搜索使用技巧——选择适当的查询词

最基本同时也是最有效的搜索技巧,就是选择合适的查询词。

(1) 选择关键词应尽量做到表述准确。百度会严格按照您提交的查询词去搜索,因此,查询词表述准确是获得良好搜索结果的必要前提。例如,要查找 2018 年国内十大新闻,查询词可以是"2018 年国内十大新闻";但如果把查询词换成"2018 年国内十大事件",搜索结果就没有能满足需求的了。另一类典型的表述不准确,是查询词中包含错别字。例如,要查找黄晓明的照片,用"黄晓明照片",当然没什么问题。但如果写错了,变成"黄小明照片",搜索结果就差得远了。不过好在百度对于用户常见的输入错误,有自动纠错机制,会在搜索结果的上方提示"您要找的是不是:黄晓明照片"。

(2) 根据与主题关联性提炼查询词。目前的搜索引擎并不能很好的处理自然语言。因此,在提交搜索请求时,应当把自己的想法,提炼成简单的,而且与希望找到的信息内容主题关联的查询词。例如,某二年级小学生,想查一些关于时间的名人名言。如果查询词是"小学关于时间的名人名言"。这个查阅词很完整地体现了搜索者的搜索意图,但效果并不好。绝大多数名人名言,并不规定是针对几年级的,因此,"小学二年级"事实上和主题无关,会使得搜索引擎丢掉大量不含"小学二年级",但非常有价值的信息;"关于"也是一个与名人名言本身没有关系的词,多一个这样的词,又会减少很多有价值信息;"时间的名人名言"其中的"的"也不是一个必要的词,会对搜索结果产生干扰;"名人名言",名言通常就是名人留下来的,在名言前加上名人,是一种不必要的重复。因此,最好的查询词,应该是"时间名言"。

(3) 可以根据网页特征选择查询词。很多类型的网页都有某种相似的特征。例如,小说网页,通常都有一个目录页,小说名称一般出现在网页标题中,而页面上通常有"目录"两个字,点击页面上的链接,就进入具体的章节页,章节页的标题是小说章节名称;软件下载页,通常软件名称在网页标题中,网页正文有下载链接,并且会出现"下载"这个词。等等。经常的搜索,并且总结各类网页的特征现象,并应用查询词的选择中,就会使得搜索变得准确而高效。例如,找明星的个人资料页。一般来说,明星资料页的标题,通常是明星的名字,而在页面上,会有"姓名"、"身高"等词语出现。比如找周星驰的个人资料,就可以用"周星驰姓名身高"来查询。

3. 百度高级搜索

在生活和工作中,我们经常需要通过搜索引擎的一些高级搜索语法来提高搜索结果的准确性,百度的高级搜索语法与谷歌类似,支持 site、filetype、intitle 等高级搜索语句,语句与谷歌搜索兼容。与谷歌高级搜索类似,百度也单独提供了一个高级搜索页面,地址为 http://www.baidu.com/gaoji/advanced.html,如图 9-12 所示。

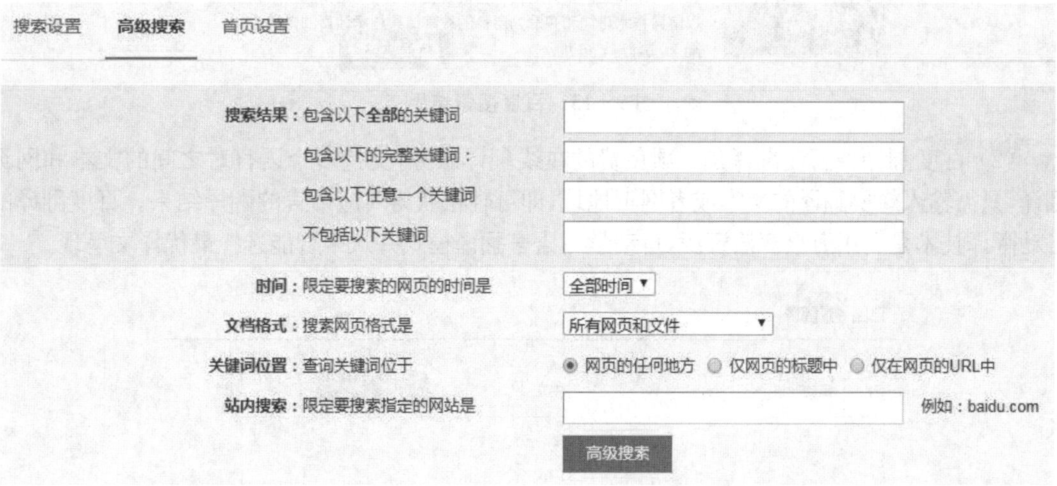

图 9-12 百度高级搜索界面

按网页中的提示,依次可以输入关键词、完全匹配关键词、"或"关系关键词、"非"关系关键词、搜索结果显示条数、限定网页时间、限定搜索的语言、限定搜索文件的类型、限定关键字词出现在网页中的位置以及搜索的限定域名。

百度高级搜索页面将高级语法集成,用户不需要记忆语法,只需要填写查询词和选择相关选项就能完成复杂的语法搜索。灵活运用上面的搜索技巧可以帮助我们更快速更准确地在浩瀚的互联网中找到需要的信息。

4. 百度特色搜索

(1) 百度快照。每个未被禁止搜索的网页,在百度上都会自动生成临时缓存页面,称为"百度快照"。当无法访问某个搜索页面或者访问速度特别慢,可以通过"百度快照"快速浏览页面文本内容,如图9-13所示。

图9-13 百度搜索结果

(2) 百度翻译。百度翻译是一项免费的在线翻译服务,支持多个语言对之间的文本和网页翻译,只需输入想要翻译的文本或者网页地址,即可轻松获得对应语言的翻译结果。百度翻译的自动翻译技术是利用海量双语资源,自动学习语言翻译模式并从中智能选择最优译文呈现。

图9-14 百度翻译

(3) 百度百科。百度百科是百度公司推出的一部内容开放、自由的网络百科全书平台,旨在创造一个涵盖各领域知识的中文信息收集平台。百度百科强调用户的参与和奉献精神,充分调动互联网用户的力量,汇聚上亿用户的头脑智慧,积极进行交流和分享。同时,百度百科实现与百度搜索、百度知道的结合,从不同的层次上满足用户对信息的需求。

图 9-15 百度百科

(4) 百度指数。百度指数是以百度海量网民行为数据为基础的数据分享平台。通过研究关键词搜索趋势、洞察网民需求变化、监测媒体舆情趋势、定位数字消费者特征;还可以从行业的角度,分析市场特点。

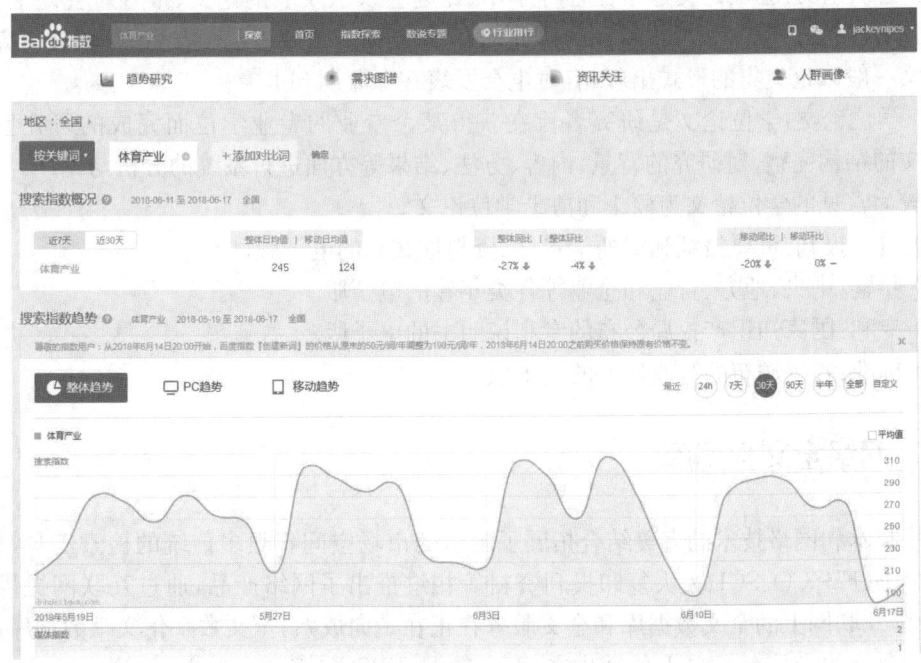

图 9-16 百度指数

5. 百度的其他应用工具

相较谷歌提供的应用,百度毫不逊色,利用本土化优势,推出了众多应用。针对谷歌图片搜索,百度推出了百度图片;针对谷歌地图,百度推出了百度地图;针对谷歌学术搜索,百度推出了百度学术;针对 YouTube,百度推出了百度视频;针对 GoogleDrive,百度推出了百度云。百度还提供了很多谷歌没有的网络应用项目,其中 hao123 网址导航、百度贴吧、百度知道、百度百科、百度文库、百度经验已成为中国网民经常使用的网络资源。依托百度强大的搜索引擎,百度已经成为中国互联网的巨无霸。

9.3 文献检索

文献资源的检索与利用是开展学术研究工作的非常重要的一步。对于大学生而言,在大学期间的课题申报、课题设计及学位论文的写作实质上就是对专业学习的一个学术研究工作。因此,文献检索是大学生应该学习和掌握的一项非常重要的技能。文献检索起源于图书馆的参考咨询和文摘索引工作,从 19 世纪下半叶开始发展,至 20 世纪 40 年代,索引和检索成已为图书馆独立的工具和用户服务项目。随着现代网络技术的发展,文献检索更多是通过计算机技术来完成的。根据文献资源的出版形式,网络文献资源可以划分为多种形式,包括:

(1) 电子图书:正式出版的具有一定篇幅的非连续性的出版物,可以是直接在网络上以电子形式出版的,也可以是以纸质形态出版后,以数字化形式保存在互联网中供读者使用的图书。

(2) 电子期刊:期刊,又称连续出版物,是定期或不定期发行的连续出版物;电子期刊则是电子化的期刊。目前出版的形式有两种,一是以纸质形式出版后将其数字化,并通过网络传播;二是直接在网络上以电子形式出版。

(3) 会议论文:会议论文是指在各种学术、专题会议上发表的论文、报告。会议论文时效性强,可以及时反映某一领域或专题的研究动态、最新研究成果,代表着这一领域的研究水平。会议论文一般以论文集的形式出版,有时也会发表在专业期刊上。

(4) 学位论文:学位论文是研究者旨在获得某个专业的专业学位而完成的研究型论文。学位论文的结构完整,对研究的背景、内容、方法、结果等方面进行系统的分析与论述。目前数据库中较为常见的学位论文为硕士和博士学位论文。

(5) 电子报刊:重要报纸刊载的学术性、资料性文献的电子版。

(6) 年鉴:中央、地方、行业和企业等各类年鉴的电子版。

(7) 专利:国家知识产权局公布的专利说明书的电子版。

(8) 标准:各国颁布的行业标准的电子版。

9.3.1 网络全文数据库

数字技术和网络技术的完美结合拓展了出版的市场空间。很多传统的检索工具,如不列颠百科全书、EBSCO、SCI、人大复印报刊资料等相继推出了网络产品,通过互联网提供服务。另一方面,互联网上的全文数据库和全文服务在正在走向成熟,全文数字化文献数据库产品大量涌现。典型的产品有 CNKI、维普中文、万方数据、EBSCO、Springer-Link 等。

网络全文数据库产品较之传统的检索工具有如下优势：信息量大、检索途径多、方便检索、从原文获取方便。如 CNKI、维普、万方等数据库，提供了较为方便的文献检索方法，在检索结果中列出了文献标题和文献来源。选定相应文献，还可以免费浏览作者及其单位，关键词和摘要，通过这些信息判断文献是否符合需要。确定为所需文献后打开全文时，再进行费用支付。同时各大全文数据库往往与各高校、科研机构及图书馆签订协议，由这些机构购买后提供给相关人员使用。

1. 中国知网（CNKI）知识发现网络平台

中国知网（China National Knowledge Infrastructure，CNKI）是目前较为权威的中文学术文献数据库，按收费标准划分属于收费学术资源。该平台是简洁、高效的知识发现引擎，包括期刊论文、博硕论文、会议论文、报纸、年鉴、工具书、百科知识、语义词典等各类数据资源。它不同于传统的搜索引擎，它利用知识管理的概念，实现了知识汇聚与知识发现，结合搜索引擎、全文检索、数据库等相关技术来达到知识发现的目的。网址为 http://www.cnki.net/。

知识发现网络平台（KDN）提供了统一检索、统一导航、文献分析、指数检索等多种功能。基于内容的知识发现引擎，帮助用户从大量的相似、相关出版物中找到最需要的内容及知识。主要功能包括：

（1）统一检索——跨库、跨语言的一站式检索

在首页即可实现跨库检索，检索时直接点击下方的"学术期刊""博硕""会议""报纸"等数据库进行勾选。选择后，将会在所勾选的数据库中精确的检索出所想得到的内容，如图9-17所示。

中外文混检：文献检索按照文件类型重新组织中外文文献，实现了中外文文献的合并检索和统一排序。读者也可以按照自己的需求，在检索结果中切换显示"中文文献"和"外文文献"。

检索增添了知识元、引文检索，检索更多元；基于智能检索新技术，检索更精准；基于网络首发的《中国学术期刊（网络版）》出版传播平台，检索内容更前沿、更快速。

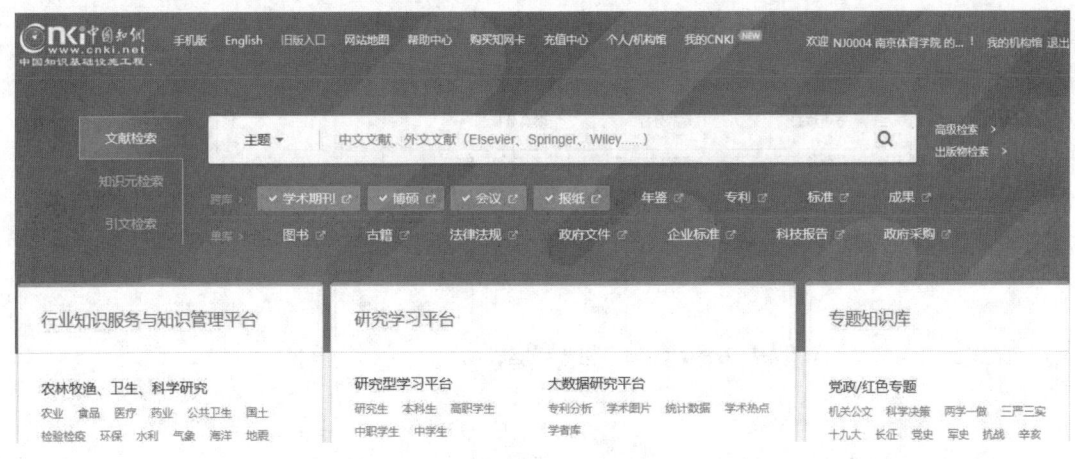

图 9-17 知网首页

（2）分组和排序——检索结果的筛选和处理

KDN 平台的跨库统一检索功能，可同时在不同文献检索类型的单库中检索。并实现对检索结果的统一处理。平台提供了多种分组和排序的方式，快速、精确地定位到检索结果。

（3）跨库知网节——揭示知识之间的关联性

通过"知网节",挖掘揭示知识节点和知识网络的关系。将相关"知网节"组织起来,体现文献与知识、文献与文献、知识与文献、知识与知识之间的网络关系,组成多维的信息及知识网络。通过知网节,构建知识网络,逐层递进、逐步求精、实现多角度、维度的智能化发展。目前KDN平台构建了以文献、作者、基金、学科、关键词为中心的5大知网节。

（4）文献分析——文献内容层面的知识关联与发现

KDN平台支持对检索结果中多篇文献之间关联的分析,分析文献的互引关系（页面中以球形状表示被引关系）、参考文献、引证文献、文献共被引分析、关键词文献分析、读者推荐分析、H指数分析（本组文献中至少有H篇文献被引频次不少于H次）、文献分布分析（来源分析、机构分析）等。

（5）可视化的知识发现

学术资源之间存在着复杂而又紧密的关联,可使用知网的"计量可视化分析"功能来展示知识关联,如"青少年体育"的发文趋势及关键词共现网络,如图9-18、图9-19所示。

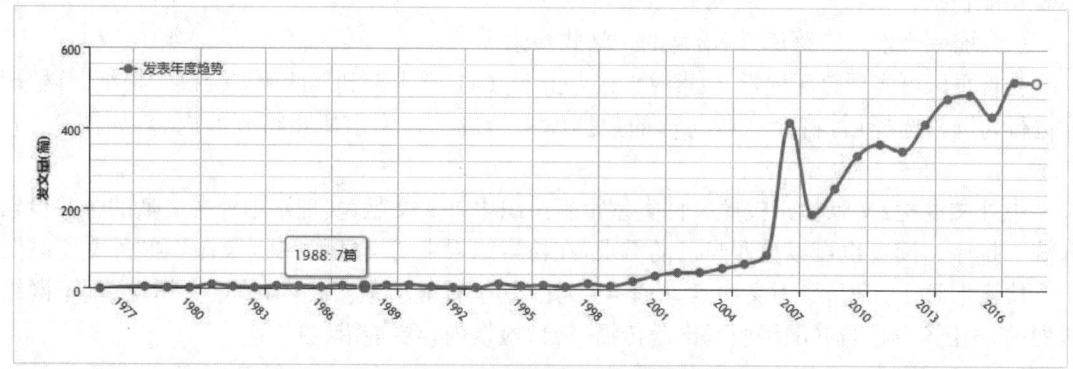

图9-18 "青少年体育"发文趋势

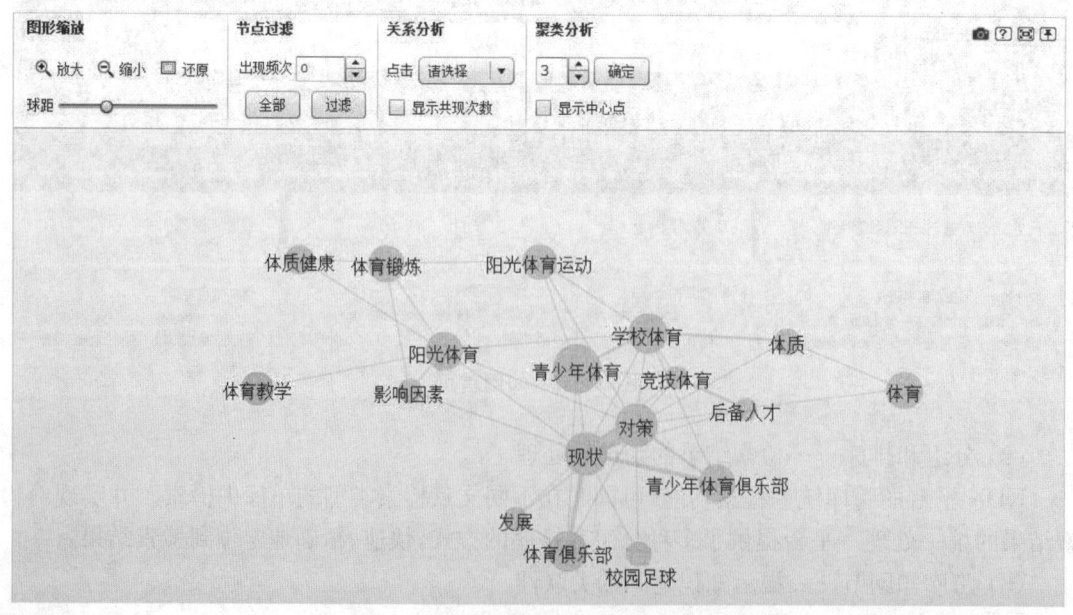

图9-19 "青少年体育"关键词共现网络

(6) 文献分享与推送——扩展平台与互动性

用户可以方便地把自己感兴趣的文献分享到新浪微博、微信,加强科研人员之间的学术交流与互动。推送功能可以关注文献的引文频次更新、检索主题的更新、几种期刊的更新,提供email、手机短信订阅更新提醒功能。另外还可以订阅期刊、学者、机构,如图 9-20 所示。

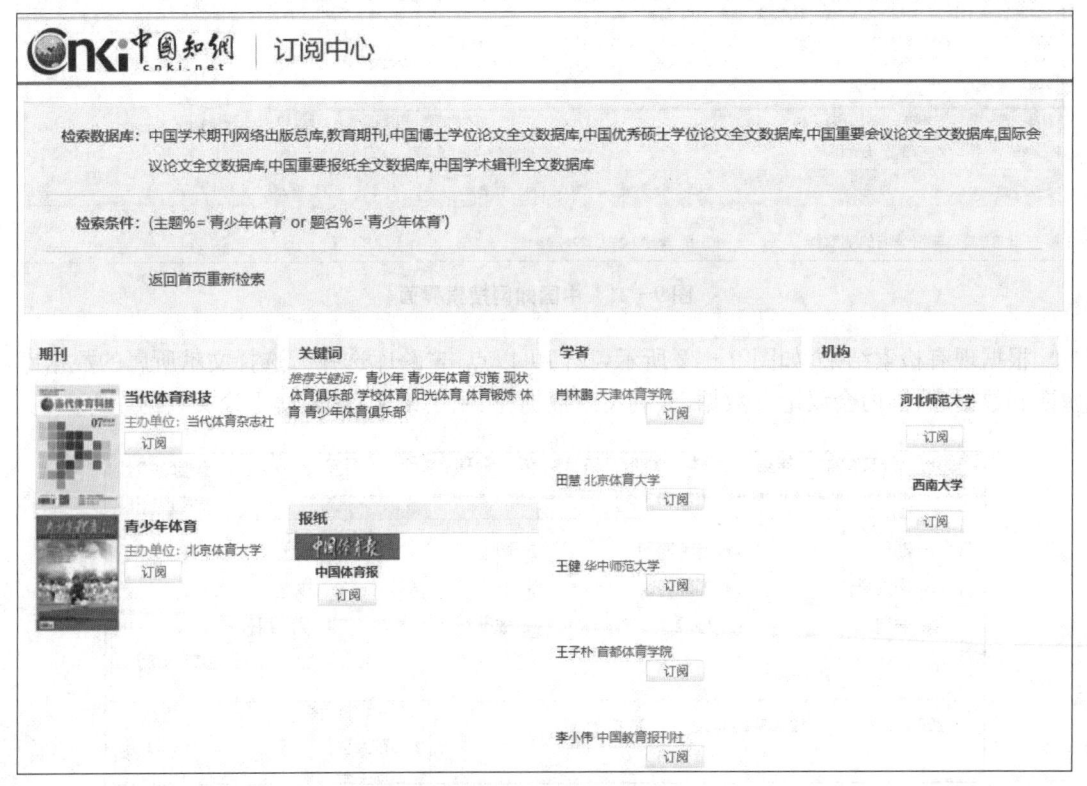

图 9-20 知网订阅中心

(7) 指数检索——发现学术热点话题

KDN 知识发现网络平台中的 CNKI 指数检索功能能够反映某一个关键词的关注度,包括学术关注度、媒体关注度、学术传播度和用户关注度。CNKI 指数是以中国知网海量文献为基础提供的免费数据分析服务。通过 CNKI 指数,可以检索、发现和追踪学术热点话题。

CNKI 的文献资源有 CAJ 和 PDF 两种格式,初次使用首先必须下载 CAJViewer 或 Adobe Reader,以便打开相应文档。

以南京体育学院为例,以学校认证方式登录 CNKI 网络平台需要访问南京体育学院图书馆主页(http://lib.nsi.edu.cn)→电子资源→中文知网(期刊)→中国知网免登陆进入(体育类期刊)→进入 CNKI 检索界面,进入 CNKI 网络平台后界面,如图 9-21 所示。

初次使用时可选用较为简洁易用的自动跨库检索模式。在检索界面中,输入检索词、执行检索操作后,系统会自动在默认数据库中查找所要查询的内容。如输入关键词"信息技术",点击"检索"按钮,即可得到检索结果。

图 9‑21　中国知网搜索界面

根据现有检索结果,如图 9‑22 所示,我们可以点击"跨库选择",选择文献所属的数据库,如期刊数据库、国内会议论文数据、专利文献数据库、硕士论文数据库、博士论文数据库等。

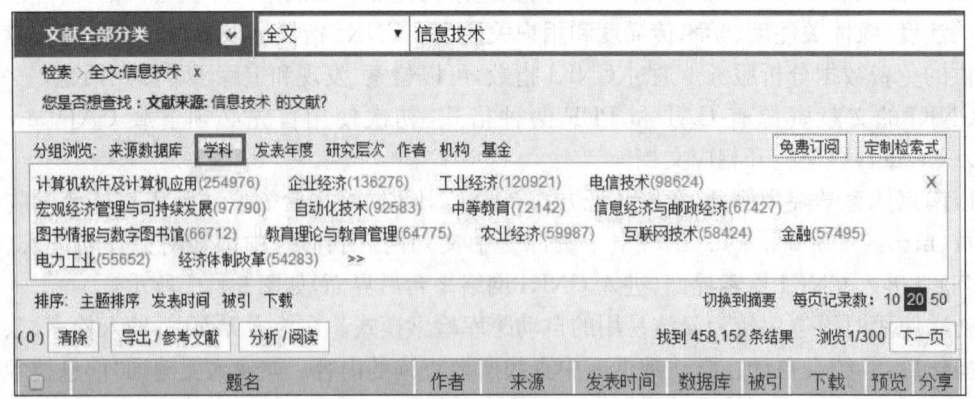

图 9‑22　中国知网资源分类

点击"学科"按钮,可以根据学科选择文献的学科类别,如图 9‑23 所示。

图 9‑23　中国知网学科分类

点击"发表年度",可以根据文献发表年份选择,如图 9‑24 所示。还可按研究层次、作者姓名、所属机构、项目所属基金项目来进行划分、查询。

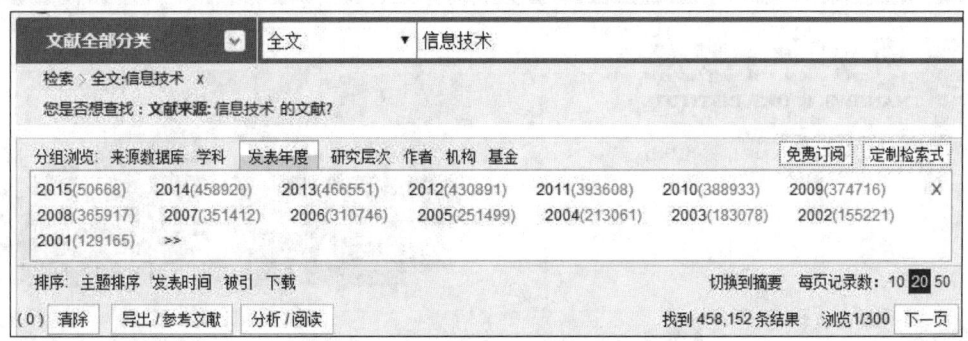

图 9-24　中国知网其他分类

2. 史蒂芬斯数据库（EBSCOhost）

史蒂芬斯数据库（EBSCOhost）是美国 EBSCO 公司为数据库检索设计的系统，有近 60 个数据库，其中全文数据库 10 余个，包括 Academic Source Premier（ASP）、Business Source Premier（BSP）、MEDLINE 等。EBSCOhost 数据库在全学科库外，还专门制作了运动科学全文数据库（SPORTDiscus），如图 9-25 所示。

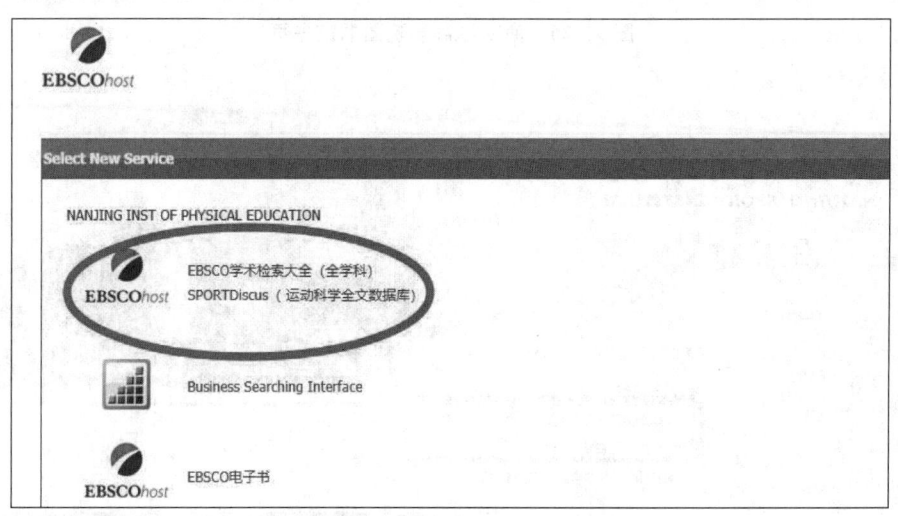

图 9-25　EBSCOhost 全文数据库

以南京体育学院为例，以学校认证方式登录史蒂芬斯数据库，需要访问南京体育学院图书馆主页（http://lib.nsi.edu.cn）→外文资源→EBSCOhost（外文）进入史蒂芬斯数据库》，如图 9-26、9-27 所示：

148　体育信息技术应用实务

图 9-26　南京体育学院图书馆主页

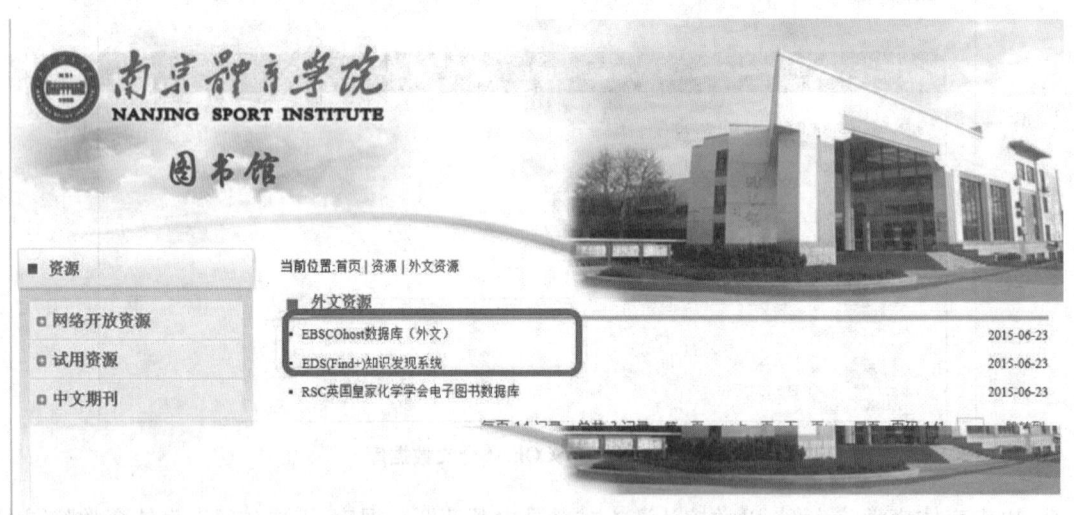

图 9-27　南京体育学院图书馆资源

进入 EBSCOhost 后，默认使用的是基本检索，如图 9-28 所示。

在检索词构建过程中需要掌握布尔逻辑及检索技巧。其中：短语检索（""），以关键词 "Achillies tendon" 为例，可以检索到 "跟腱" 为关键词的相关结果，检索中关键词以固定搭配的方式进行检索；AND 用于缩小检索范围，类似于"交集"概念，以 Achilles tendon and repair 进行检索，检索到既包含 Achilles

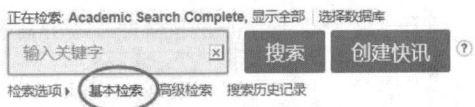

图 9-28　EBSCOhost 检索界面

tendon 也包含 repair 的结果；OR 用于扩大检索范围，类似于"并集"概念，以 rupture or injury 进行检索，检索的结果中或者包含 rupture，或者包含 injury；NOT 用于排除检索结果中不需要的项，类似于"非"的概念，以 kies not computer 进行检索，检索到的结果中只包含和烘焙相关的，不包含和计算机相关的结果。

此外还有常用的检索通配符：通配符（＊），以 rehabilitat＊ 进行检索，可以检索到 rehabilitate、rehabilitated、rehabilitation、rehabilitating 等关键词的检索结果，（＊）在检索过程中表示不定长度的通配符；通配符（?），以 organi?ation 进行检索，可以检索到 organisation 或 organization 等关键词的检索结果，（?）在检索过程中表示固定长度的通配符；通配符（♯），以 behavio♯r 进行检索，可以检索到 behavior 或 behaviour 等关键词的检索结果，（♯）在检索过程中表示不定长度的通配符。

在检索结果中，可以充分利用限制条件来缩小范围，精确搜索结果，如图 9-29 所示。

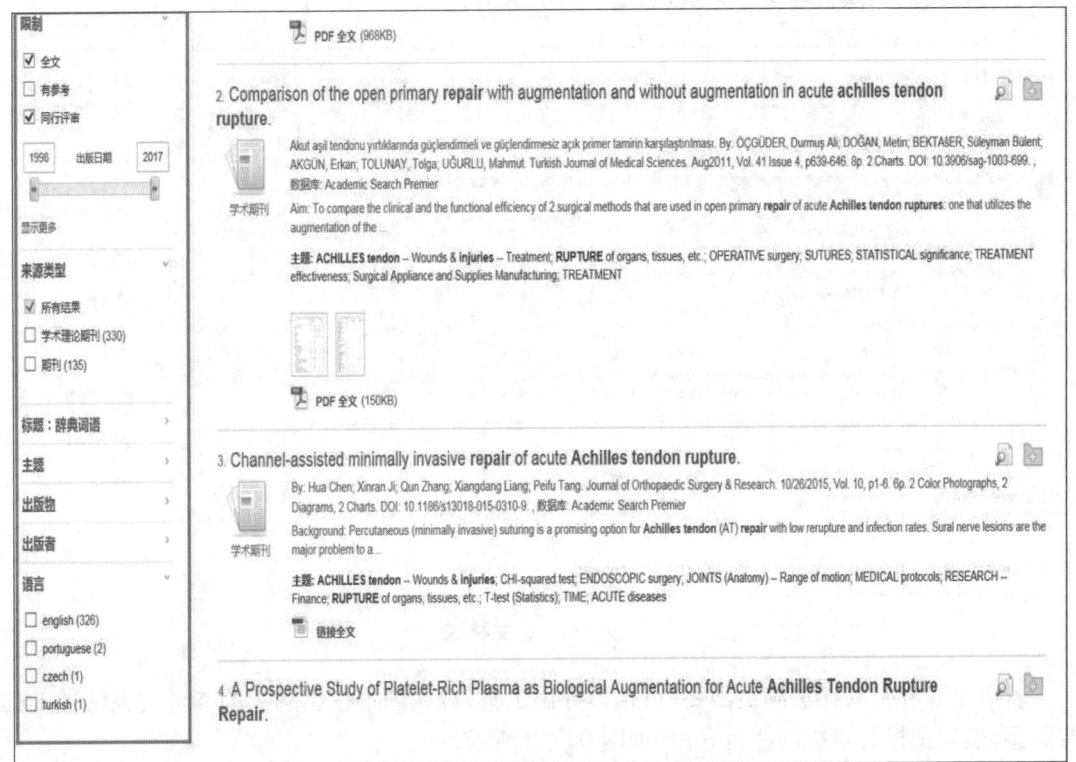

图 9-29　EBSCOhost 检索结果

当检索到一篇文章,需要查阅全文,可以利用右侧工具栏实现各个功能,如图9-30所示。

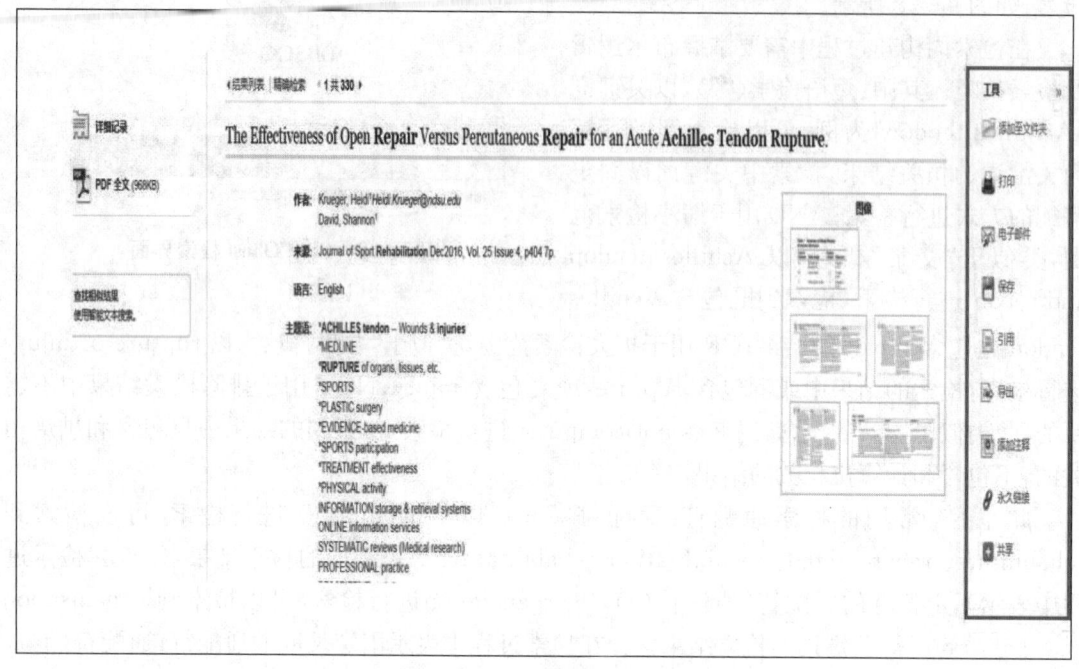

图9-30 检索文章介绍

引用工具中有9种参考文献的格式,可以直接复制粘贴到文章后面的参考文献清单中,方便同学写论文的时候管理参考文献,如图9-31所示。

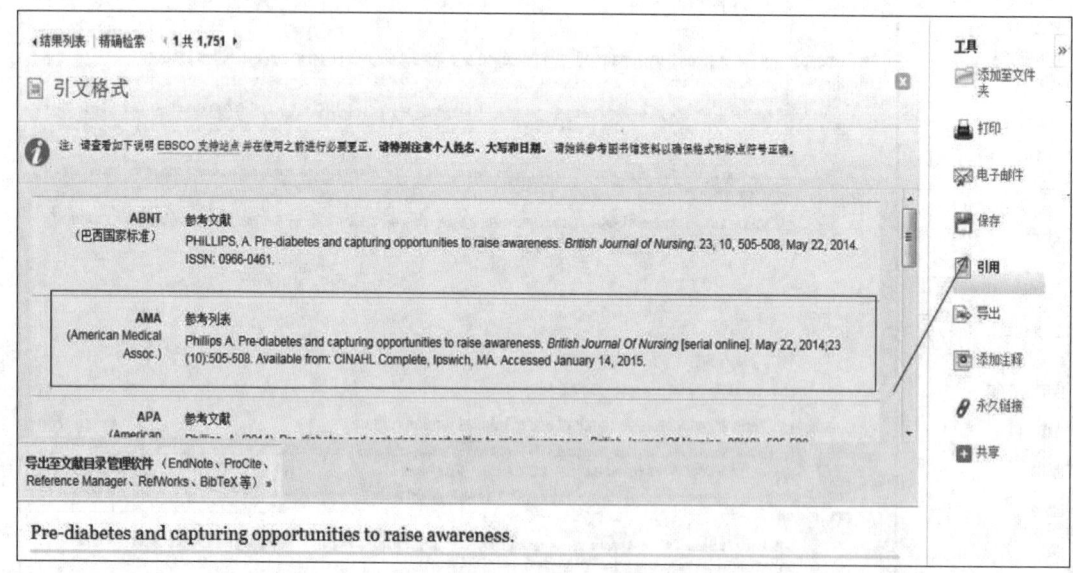

图9-31 论文格式

若以上9种格式无法满足需要,可选择导出工具,确认图书馆已购买的参考文献管理工具有哪些,然后选择相对应的栏目导出,如图9-32所示。

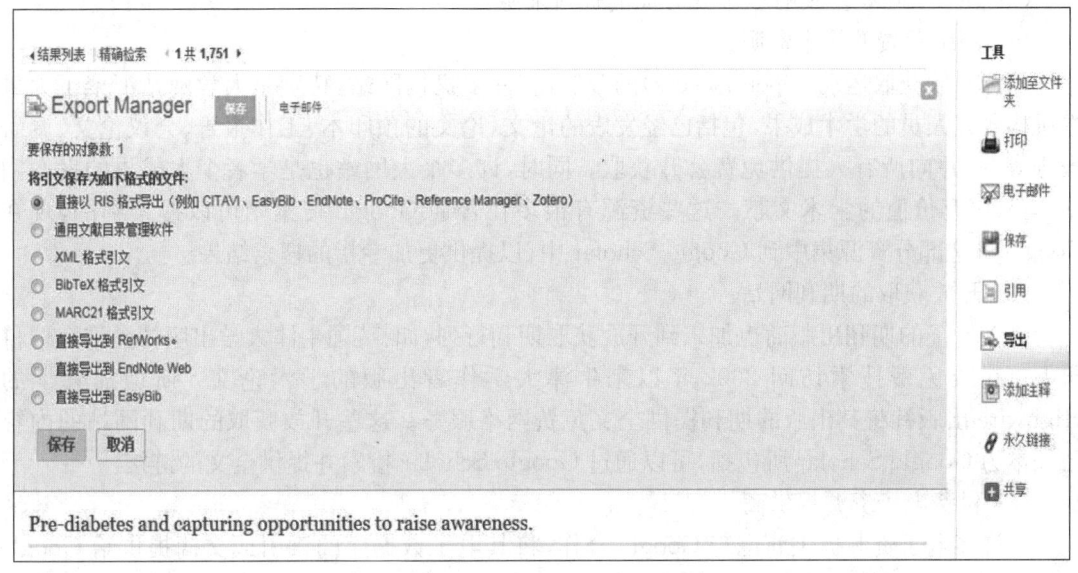

图 9-32　EBSCOhost 导出项

9.3.2　各搜索引擎打造的学术搜索平台

学术搜索引擎顾名思义就是搜索学术资源的引擎，资源以学术论文、国际会议、权威期刊、学者为主。随着搜索引擎的快速发展，专业的学术搜索引擎应运而生。如谷歌、百度等搜索巨头都单独推出了学术搜索平台。

1. 谷歌学术搜索（Google Scholar）

谷歌学术搜索（Google Scholar）是 Google 于 2004 年底推出的专门面向学术资源的免费搜索工具，能够帮助用户查找包括期刊论文、学位论文、书籍、预印本、文摘和技术报告在内的学术文献，内容涵盖自然科学、人文科学、社会科学等多种学科。2006 年 1 月 11 日，谷歌公司宣布将 Google Scholar 扩展至中文学术文献领域。网址为 http://scholar.google.com，其界面如图 9-33 所示。

图 9-33　Google 学术搜索

Google Scholar 主要有以下几方面的资料来源：

(1) 网络免费的学术资源。

随着开放获取运动(Open Access)的开展，有许多机构网站，特别是大学网站汇聚了大量本机构研究人员的学术成果，包括已经发表的论文、论文的预印本、工作报告、会议论文、调研报告等等，并向所有人提供免费公开获取。同时，许多个人网站也是学者个人成果的发布网站，有许多有价值的学术文献。这些资源有很多在普通 Google 搜索中可以搜索到的，现在 Google 将这部分资源集中到 Google Scholar 中，以提供更加专指的搜索结果。

(2) 开放获取的期刊网站：

许多传统的期刊出版商也加入到开放获取期刊行列，如：英国牛津大学出版社允许全球科研人员在线免费搜索访问 2002 年以来牛津大学作者出版的学术论文。斯坦福大学的 Highwire 出版社将其出版的期刊提供全文免费网络服务。这些开放获取的期刊网站的内容已基本为 Google Scholar 所包括，可以通过 Google Scholar 检索并提供全文的链接。

(3) 付费电子资源提供商：

有许多电子资源提供商也与 Google 合作，将其电子数据库的索引或文摘提供给 Google Scholar，据研究表明：Google 已覆盖了 JSORE 的 30%，SpringerLink 的 68%，Cambridge Journals Online 的 94%，Sociological Abstracts 的 44%等。当然，这个来源的大多数只能查到这些期刊数据库的文章题录信息，偶尔这些数据库有免费原文提供。中文的维普数据库和万方数据库也与 Google 合作，提供了中文期刊文章的题录信息。

(4) 图书馆链接：

Google 向图书馆发出免费链接邀请，可以提供面向这些图书馆资源的链接和查询。目前，国外已有多家图书馆与 Google 合作，如斯坦福大学等，这样在校外的用户能够通过 Google Scholar 进行检索，如果是斯坦福大学图书馆订购的资源则可以通过身份认证后直接获得原文。国内也有一些图书馆与 Google 合作，如：清华大学图书馆等。此外，国外最大的图情机构 OCLC 将来自世界各国图书馆的图书联合目录交给 Google，也就是说从 Google Scholar 可以查到这些图书馆的图书目录信息，对于国外的用户有更实际的作用，即可以通过"Find a library"找到距离自己最近的图书馆，以获得图书。

基于以上这几部分来源，我们不难发现，Google Scholar 可以成为一个很好的学术资源发现工具，它相当于同时对多个数据库资源进行检索。但可能让人比较遗憾的是，还是无法获取全文。不过，我们从上面的诸多来源已经看到，网上已经有许多来源提供了对原文的获取。

目前，Google Scholar 更多的是作为一个资源发现工具，而不是全文获取的工具。但随着网络信息资源的数量和质量的提升，随着互联网从向个人信息发布平台的转移，更多高质量的学术信息资源将会越来越多，Google Scholar 将为我们的学术和研究的资料收集带来极大的便利。

2. 百度学术

与谷歌学术搜索类似，百度也提供了专业的学术搜索工具。百度学术搜索是百度旗下的提供海量中英文文献检索的学术资源搜索平台，2014 年 6 月初上线，涵盖了各类学术期刊、会议论文。百度学术搜索可检索到收费和免费的学术论文，并通过时间筛选、标题、关键字、摘要、作者、出版物、文献类型、被引用次数等细化指标提高检索的精准性。相对于 Google Scholar，百度学术对于中文站点抓取、分析、筛选能力更强。百度学术搜索网址为 http://

xueshu.baidu.com/。进入百度学术,其界面如图 9-34 所示。

图 9-34 百度学术搜索

在搜索栏中输入自己想要搜索文档的关键字,可以针对关键字进行搜索。如知道文献的作者、期刊名称或发表时间等信息,还可以使用高级搜索功能进行精确查找,如图 9-35 所示。

图 9-35 百度学术高级搜索界面

以"功能性电刺激 偏瘫"为关键字进行搜索,只需要输入后点击"百度一下"即可。结果如图 9-36 所示。

直接点击相应文献的链接,可以查询到文献来源。同时百度还提供了第三方网站的免费下载和相关文献的二次检索等实用功能。

图 9-36 百度学术搜索结果

3. CNKI 学术搜索

CNKI 也在其海量数字资源的基础上,建立了 SCHOLAR-CNKI 学术搜索,网址为 http://scholar.cnki.net/,如图 9-37 所示。CNKI 学术搜索是一个基于海量资源的跨学科、

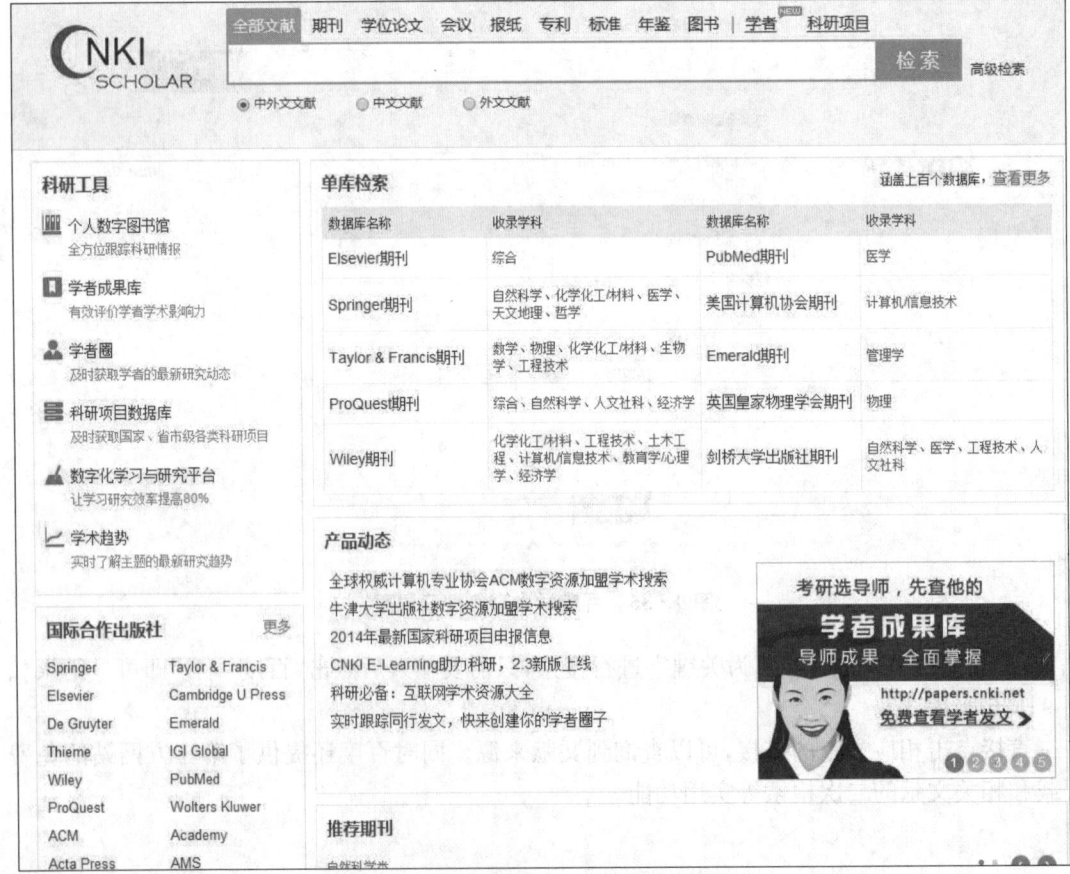

图 9-37 SCHOLAR-CNKI 学术搜索

跨语种、跨文献类型的学术资源搜索平台,其资源库涵盖包括各类学术文献,如期刊、学位论文、会议论文、报纸、专利、标准、图书等。目前 CNKI 与近百家国际著名的出版社、数据库厂商和学会进行了版权合作,包括:Elsevier,ProQuest,Springer 等,是目前较为全面的学术搜索工具。

小　结

本章首先讲解了网络信息资源的类型、特点,在介绍网络信息资源类型和特点的基础上,介绍了网络信息检索的过程、网络信息检索的工具,从而对搜索引擎这一众所周知的最常用网络检索工具有了初步认识。通过对常见检索工具的介绍,初步了解利用搜索引擎检索常用信息到专业数据库检索学术信息,形成基本检索技能。

习　题

一、选择题

1. 《工程索引》(EI)是一种_____检索工具?
   A. 全文　　　　B. 索引　　　　C. 文摘　　　　D. 目录

2. CNKI 的《中国期刊全文数据库》的全文格式有几种? _____
   A. CAJ　　　B. ppt　　　C. pdf　　　D. cad　　　E. xls

3. 以下文献类型是:

   A. Diez, Fernando; Moriyon, Roberto. Solving mathematical exercises that involve symbolic computations. Computing in Science and Engineering, v6, n1, January/February, 2004, p81-84（　　）

   B. Fahrenthold, Eric P.. Discrete Hamilton's equations for distributed property systems simulations. Proceedings of the American Control Conference, v 6, 2002, p4960-4961（　　）

   C. Stereo active vision and peripheral optical flow: Computer vision applications of the wide-field human visual representation by Wagner, Robert Edward, PhD BOSTON UNIVERSITY, 2004, 142 pages（　　）

   D. Shuman, Jim.. Multimedia concepts: illustrated introductory. Beijing: Higher Education Press, 2003. 230（　　）

   E. ASTM A401-87(1993), Standard Specification for Chromium-Silicon, Alloy Steel Spring Wire. （　　）

   A. 期刊　　B. 会议文献　　C. 学位论文　　D. 图书　　E. 专利文献

4. 以下哪些软件是文献管理软件? _____
   A. Endnote　　　　　　B. NoteFirst　　　　　　C. Onenote
   D. ReferenceManager　　E. Origin　　　　　　　F. Google Scholar

5. 你知道有哪些搜索引擎？_____
   A. Google   B. Baidu   C. Bing   D. Yahoo

二、操作实践

以"全民健身"为背景，从自身专业出发，检索 5 篇最相关的文献，并以国家标准格式罗列出来。

【微信扫码】
参考答案 & 相关资源

第十章　Word 2010

在文本编辑软件出现前,人们用打孔机把计算机文字打到穿孔卡片上。文字存放于一个装着这样的薄卡片的盒子里,可以用读卡器来阅读它。当带有显示屏的计算机终端出现后,基于显示屏的文本编辑软件开始流行起来。随着图形用户界面的发展,Word 也就随之出现并普及。

Word 给用户提供了用于创建专业而优雅的文档工具,帮助用户节省时间,并得到优雅美观的结果。一直以来,Microsoft Office Word 都是最流行的文字处理程序。作为 Office 套件的核心程序,Word 提供了许多易于使用的文档创建工具,同时也提供了丰富的功能集供创建复杂的文档使用。哪怕只使用 Word 应用一点文本格式化操作或图片处理,也可以使简单的文档变得比只使用纯文本更具吸引力。

> **教学目标**
>
> 通过本章了解 Word 2010 界面和基本功能,掌握 Word 文档创建与保存,掌握文档的基本编辑与格式化,掌握图片与表格基本操作,并了解文档打印输出,从而具备基本 Word 编辑技能。

10.1　初识 Word 2010

10.1.1　Word 2010 的介绍

Microsoft Word 2010(以下简称 Word 2010)是 Microsoft 公司开发的 Office 2010 办公组件之一。Word 2010 提供了世界上最出色的功能,其增强后的功能可创建专业水准的文档,用户可以更加轻松地与他人协同工作并可在任何地点访问用户的文件。Word 2010 旨在向用户提供最上乘的文档格式设置工具,利用它还可更轻松、高效地组织和编写文档。

Word 2010 提供了查看文

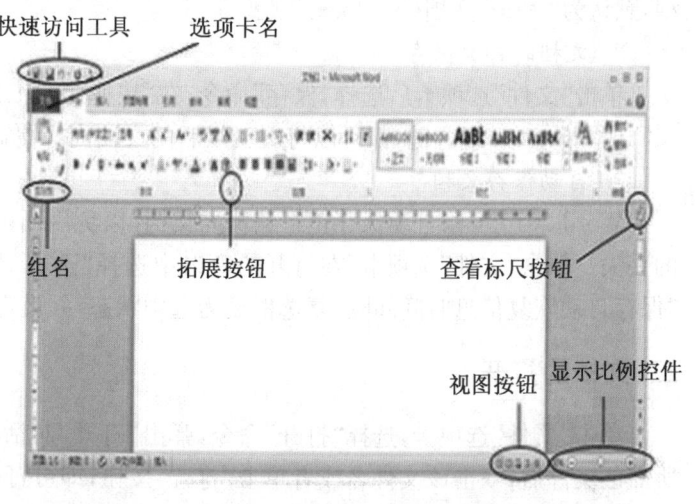

图 10-1　Word 2010 的工作界面

档的不同方式,分别为页面视图、阅读版式视图、Web 版式视图、大纲视图和草稿视图。选择"视图"选项卡,在其中的"文档视图"组中挑选所需的文档查看方式。此外,也可以单击状态栏的"视图切换"按钮进行选择。

图 10-2 "视图切换"按钮

10.1.2 Word 文档基本操作

一、文档的建立

1. 新建空白文档

当用户启动 Word 后,会自动创建一个基于 Normal 模板的空白文档,默认文件名为"文档1"。如果还需要新建文档,单击"文件"选项卡,在打开的窗口中选择"新建"命令,从"可用模板"中选择"空白文档"选项,然后单击右边的"创建"按钮,即可新建一个 Word 2010 空白文档。此外,还可以按下<Ctrl>+<N>组合键来新建 Word 文档。

2. 使用模板新建文档

如果用户需要创建一些特殊格式的文档,如报告、传真、个人简历以及备忘录等,可以使用 Word 2010 提供的模板功能。创建时可使用现有模板或网络模板来创建新文档。

二、文档的保存

1. 新文档的保存

单击"文件"选项卡,在打开的窗口中选择"保存"命令;或者单击"快速访问工具栏"的"保存"按钮,都可以打开"另存为"对话框。在"保存位置"下拉列表中选择保存文档的驱动器或文件夹;在"文件名"下拉列表中输入文档的文件名;在"保存类型"下拉列表中选择文档的保存类型,默认为"Word 文档(﹡.docx)"类型。

2. 文档的再次保存

单击"文件"选项卡后选择"保存"命令;在"快速访问工具栏"中单击"保存"按钮;或者按下<Ctrl>+<S>组合键,都可以将更新以后的文档内容覆盖原文件。

3. 自动保存文档

Word 2010 可以自动保存正在编辑的文档,以免因断电或计算机出现意外情况造成文档的丢失。单击"文件"选项卡,在打开的窗口中选择"选项"命令,打开"Word 选项"对话框,将"保存自动恢复信息时间间隔"复选框设为选中状态,并设定相应的间隔时间。

三、文档的打开

单击"文件"选项卡,选择"打开"命令,弹出"打开"对话框,在相应的驱动器和路径下找到所需的文件后,双击该文件名或者单击"打开"按钮,即可打开文档。在"打开"按钮旁边有一个下拉箭头,在弹出的下拉列表中可以选择打开文件的方式。

四、文档的关闭

当完成了文档的编辑,或者暂时不再编辑时,应先保存文档,再执行关闭命令。单击"文件"选项卡后,选择"关闭"命令;或单击标题栏右端的"关闭"按钮,都可以关闭当前文档。

10.2 文档编辑

10.2.1 文本输入

Word 可以通过键盘直接输入中文、英文和阿拉伯数字等文本。文本输入总是从插入点(文档编辑区中闪烁的竖条光标)开始的,利用鼠标和键盘在文档编辑区的插入点处输入所需的文本内容。当输入文字到达文档编辑区的右边界时,插入点将自动移至下一行,即 Word 会自动进行换行处理。只有在结束一段文本的输入时,才需要按下回车键生成一个段落,每段最后都有段落标记。

键盘输入文本有两种模式,即插入和改写模式,可以通过按键盘上的<Insert>键或单击状态栏的"插入/改写"按钮进行切换。"插入"模式是将新输入的文本插入到原文本的插入点处;而"改写"模式是将新输入的文本覆盖插入点右边的文本。

注意:大部分中文输入法要求输入汉字时,键盘处于小写状态。使用<Caps Lock>键可以在字母的大、小写之间切换。

一、输入标点符号和特殊符号

输入标点符号可以直接从键盘上输入,但有些特殊的符号在键盘上没有明确表示。可以通过以下寻找并插入这些特殊符号(以插入数学运算符"∈"为例)。

1. 使用"符号"对话框

(1) 将光标移动到要插入符号的位置;

(2) 选择"插入"→"符号"→"其他符号"命令,弹出"符号"对话框;

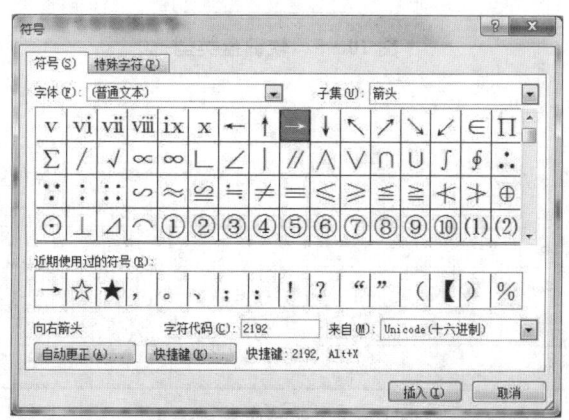

图 10-3 "符号"对话框

(3) 在"字体"下拉列表框中选择"普通文本"选项；在"子集"下拉列表框中选择"数字形式"选项；

(4) 选中符号"∈"，然后单击"插入"按钮，被选中的符号"∈"就插入到相应位置了。

2. 使用中文输入法提供的软键盘

(1) 打开中文输入法；

图 10－4　微软拼音输入法

(2) 单击"软键盘"按钮选择软键盘类型"数学符号"；

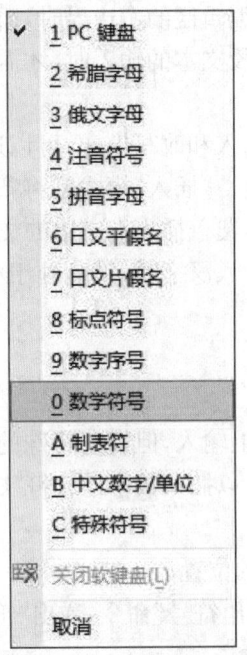

图 10－5　软键盘类型

(3) 鼠标点选符号"∈"；

图 10－6　数学符号软键盘

（4）插入完成后，单击"软键盘"按钮选择"关闭软键盘"。

二、输入日期和时间

单击"插入"选项卡的"文本"组，选择"日期和时间"按钮，打开"日期和时间"对话框，选择相应的日期和时间的格式，即可插入当前的日期和时间。

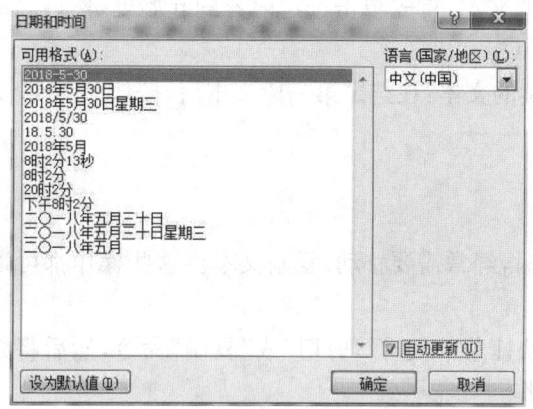

图 10-7 "日期和时间"对话框

注意：(1) 设置插入日期的格式，可以选择中文的，也可以选择英文的。如果需要日期自动更新，可以勾上自动更新选项，当然如果不需要自动更新，则将其勾掉。

(2) 快捷键

当前日期：<Alt>+<Shift>+<D>

当前时间：<Alt>+<Shift>+<T>

将自动更新的日期时间文本变成普通文本，自动更新彻底取消：<Ctrl>+<Shift>+<F9>

将日期时间文本的自动更新功能锁定，实现不更新：<Ctrl>+<F11>

恢复自动更新：<Ctrl>+<Shift>+<F11>

10.2.2 文本编辑

在文档中进行文本编辑等操作时，通常会对文本进行选择、移动、复制、删除和查找替换等操作，熟练掌握这些操作方法可以提高工作效率。

一、文本的选择

1. 用鼠标拖曳选定文本

在要选定文本的起始位置按下鼠标，拖曳至被选文本的末尾时释放鼠标，即可选定被拖曳过的文本，如一个字符、多个字符、一行、多行，甚至整个文档。

2. 用鼠标在选择区选定文本

"选择区"位于文档窗口的左侧。向左移动鼠标，当指针的形状由 I 变为 ⚟ 时，即进入了选择区。鼠标在选择区的基本操作包括：单击选定鼠标指向的一行文字，双击选定鼠标指向的一段文字,三击选定整个文档。

3. 与控制键配合选定文本

使用鼠标或者键盘时,配合控制键可以选定一些特定的文本,方法如下:

(1) 选定单词或词组:在要选定的英文单词或汉语词组处双击鼠标;

(2) 选定一个句子:按住<Ctrl>键,然后在该句的任何位置单击鼠标;

(3) 选定大段连续的文本:首先单击选定内容的起始处,然后滚动到选定内容的结尾处,按住<Shift>键后单击鼠标;

(4) 选择若干不连续的文本:在选定第一段文本后,按住<Ctrl>键,同时用鼠标选择其他文本。

二、移动、复制文本

在输入和编辑文本时,经常需要移动、复制文本。这些操作都可以通过键盘、鼠标或剪贴板来完成。

(1) 单击右键打开快捷菜单,选择"剪切"或"复制"命令,然后将光标定位到目标位置,快捷菜单中执行"粘贴"操作。

(2) 在"开始"选项卡的"剪贴板"组中单击"剪切"或"复制"按钮后,在光标所在的目标位置执行"剪贴板"组的"粘贴"操作。

(3) 利用组合键完成。"剪切"操作对应<Ctrl>+<X>组合键,"复制"操作对应<Ctrl>+<C>组合键,"粘贴"操作对应<Ctrl>+<V>组合键。

(4) 选定文本后按住鼠标左键直接拖曳到目标位置可以实现移动操作;按住<Ctrl>键的同时拖曳鼠标可以实现复制操作。

注意:在"开始"选项卡的"剪贴板"组中单击"粘贴"下拉按钮,或者在快捷菜单的"粘贴选项"命令中,可以根据需要选择粘贴文本的方式,包括"保留源格式"、"合并格式"或"只保留文本"。

三、剪贴板

选择"开始"选项卡,单击"剪贴板"组右下角的对话框启动按钮,打开"剪贴板"任务窗格。

向 Office 剪贴板中添加项目,是通过"剪切"和"复制"命令完成的,剪贴板在保留原有项目的基础上,添加新复制的项目。Office 剪贴板最多只能存放 24 个项目,当复制第 25 个项目时,第 1 个复制的项目将会被从剪贴板队列中剔除。

在 Office 剪贴板中,单击一个项目,可将该项目粘贴到文档的插入点位置。单击项目右边的下拉列表按钮,可以执行"粘贴"或"删除"操作。

四、撤销和恢复

Word 记录了用户在文档编辑过程中所做的操作,为了防止用户误操作提供了"撤销"和"恢复"功能。单击快速访问工具栏中的"撤销"按钮 或"恢复"按钮,即可撤销或恢复上一次操作(撤销:<Ctrl>+<Z>、恢复:<Ctrl>+<Y>)。若要撤销多次操作,单击按钮右侧的下拉列表按钮,可在列表中查看和选择想要撤销的操作。

五、查找和替换

在文档编辑过程中,如果想要查找某一个关键字,或者想把某些词汇转换成另外的内容,当文章较长时,使用 Word 2010 提供的查找和替换功能,能够很方便地实现查找和置换功能,从而避免了在文档中进行繁琐的人工操作。

1. 在导航任务窗格中进行查找

选择"开始"选项卡,在"编辑"组中单击"查找"下拉按钮,在下拉列表中选择"查找"命令,打开"导航"任务窗格(快捷键:<Ctrl>+<F>)。在"搜索"文本框中输入要查找的关键字,系统将自动在文档中查找,并将找到的文本设置为突出显示,同时搜索结果会显示在导航窗格中。

2. 使用对话框查找文本

在"开始"选项卡的"编辑"组中单击"查找"下拉按钮,在下拉列表中选择"高级查找"命令,打开"查找和替换"对话框。在"查找内容"文本框中输入需要查找的内容。单击"查找下一处"按钮,光标将定位并突出显示查找到的内容。再次单击"查找下一处"按钮,可在文档的其余位置进行查找。如果文档中不存在所要查找的内容,系统将提示"Word 已完成对文档的搜索,未找到搜索项"。

3. 替换

当在文档中查找到多处相关内容后,可以使用替换功能对其进行统一修改。

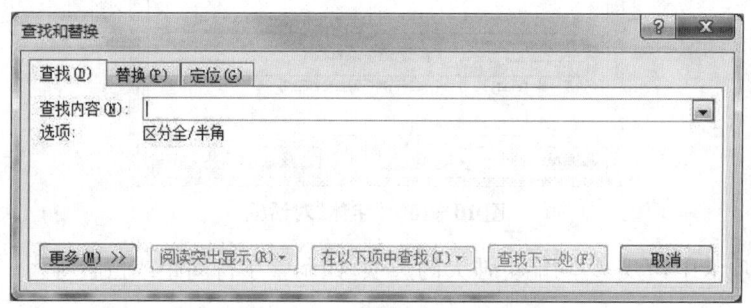

图 10-8 "查找和替换"对话框

10.3 文档排版

10.3.1 字符格式化

字符格式设置包括改变字符的字体、字号、颜色,以及设置粗体、斜体、下画线等修饰效果。在 Word 2010 中,文本格式默认为宋体、五号字;西文字体为 Times New Roman 等。进行字符格式设置前,必须先选定所要排版的文本,否则格式设置只能对插入点后面新输入的文本起作用。有多种方法可以设置字符的格式。

1. 使用"字体"组

选择"开始"选项卡,通过"字体"组的按钮可以设置字符的格式。

2. 使用"字体"对话框

选择需要设置格式的文本,单击"字体"组右下角的对话框启动按钮 ;或者单击右键,在快捷菜单中选择"字体"命令,打开"字体"对话框,或者按快捷键<Ctrl>+<D>。在"字体"选项卡中,除了支持"字体"组中的相关功能外,还可以设置字符的阴影、空心等特殊效果。

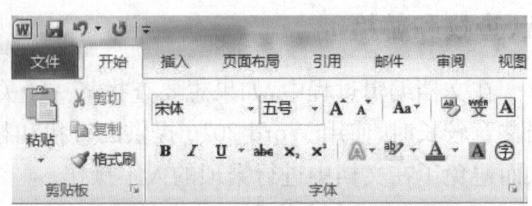

图 10-9 "字体"组

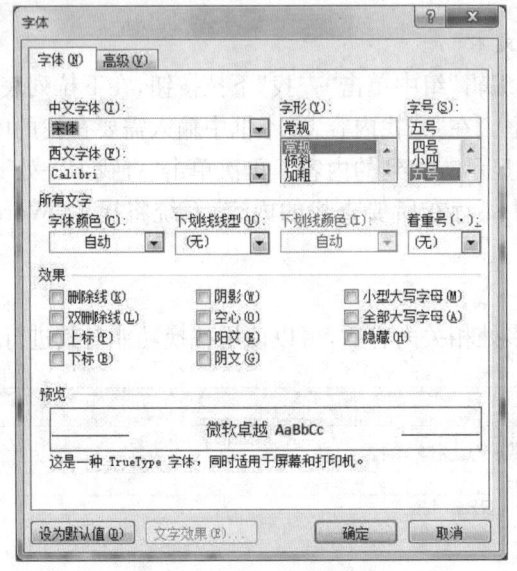

图 10-10 "字体"对话框

"高级"选项卡中,有一些功能更强大的选项,如调整字符间距或位置等。

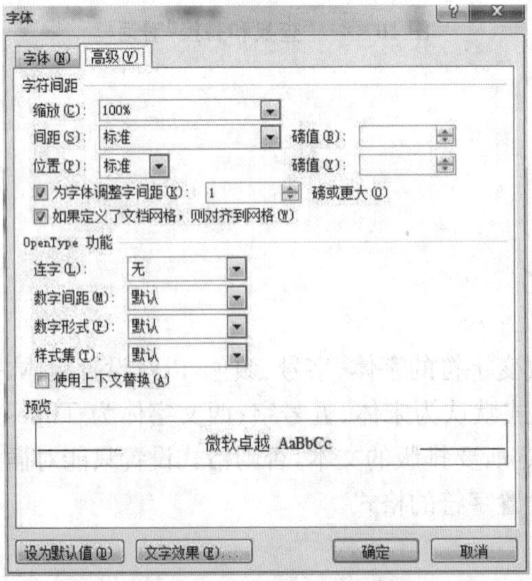

图 10-11 "高级"选项卡

3. 使用浮动工作栏

打开 Word 2010 文档窗口,依次单击"文件"→"选项"按钮;在打开的"Word 选项"对话框中,勾选"常用"选项卡中的"选择时显示浮动工具栏"复选框,并单击"确定"按钮即可。

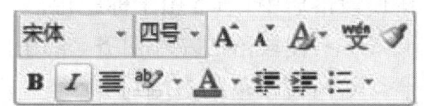

图 10-12 浮动工作栏

10.3.2 段落格式化

段落指以段落标记"↵"作为结束符的文本、图形、对象或其他项目等的集合,段落标记是在文本输入过程中按<Enter>键产生的。

段内换行:<shift>+<Enter>"↓",既不产生一个新的段落又可换行。

段落格式化设置包括段落的缩进、对齐方式、行间距和段落间距等。可以在"开始"选项卡的"段落"组中进行设置,也可以在"段落"对话框中进行设置。

一、段落缩进

段落缩进包括以下 4 种:

(1) 首行缩进,段落中第一行的缩进量,通常为 2 个字符;
(2) 悬挂缩进,除第 1 行外,其他各行的缩进量;
(3) 左缩进,段落整体与页面左边距的缩进量;
(4) 右缩进,段落整体与页面右边距的缩进量。

设置段落缩进时,首先将光标定位在需要更改的段落上,选择"开始"→"段落",打开"段落"对话框。在"缩进和间距"选项卡中可以设置左缩进和右缩进;在"特殊格式"列表框中,选择"首行缩进"或"悬挂缩进"后,可进一步指定缩进的"度量值"。

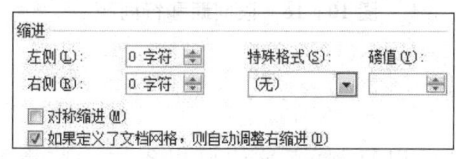

图 10-13 段落缩进

利用水平标尺上的缩进标记,可以快速设置段落的缩进方式及其缩进量。

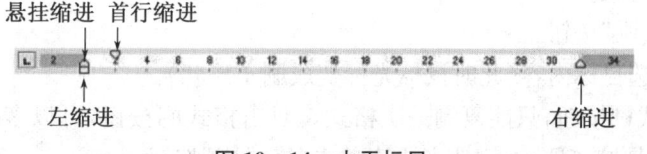

图 10-14 水平标尺

二、对齐方式

段落的对齐方式有以下 5 种。
（1）居中<Ctrl>+<E>：使段落居中，通常用于标题行。
（2）文本左对齐<Ctrl>+<L>：使段落的左端对齐，常用于正文。
（3）文本右对齐<Ctrl>+<R>：使段落的右端对齐。
（4）两端对齐<Ctrl>+<J>：使段落的左端和右端对齐（最后一行除外）。
（5）分散对齐<Ctrl>+<Shift>+<J>：自动改变段落的字符间距，以做到段落左右都对齐。

要改变段落的对齐方式，首先将光标定位在需要更改的段落上，然后单击"开始"选项卡下"段落"分组中的某个段落对齐按钮。

图 10-15　段落对齐按钮

打开"段落"对话框，选择"缩进和间距"选项卡，在"常规"区域的"对齐方式"下拉列表中进行选择。

三、段间距和行间距

段间距表示段落与段落之间的距离。

行距表示行与行之间的垂直间距，在默认情况下采用单倍行距。设置行距时，所选行距将影响到选定段落或包含插入点的段落中的所有文本行。

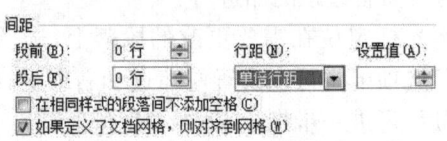

图 10-16　段间距和行间距

四、格式刷工具

格式跟文字内容一样是可以复制的，这样可以省去一些重复的劳动，提高工作效率。Word 2010 提供了格式刷工具，即"开始"选项卡下"剪贴板"分组中的"格式刷"按钮，使用格式刷工具的步骤如下。
（1）选定模板对象。
（2）单击"格式刷"按钮。
（3）用鼠标拖选目标内容（此时鼠标光标变成刷子形状）。

注意：单击格式刷按钮，只能复制一次格式。双击格式刷按钮，可以多次复制格式。退出格式刷状态的方法是按<Esc>键或者再次单击"格式刷"按钮。

10.3.3 项目符号和编号

为了清晰地表示文档中的要点、方法、步骤等层次结构，可以采用 Word 2010 提供的项目符号和编号功能，它是应用于段落的一种格式。可以在已有的文本上添加项目符号和编号，也可以先设置好项目符号和编号，再输入和编辑文本。

一、设置项目符号

选择需要添加项目符号的若干段落，选择"开始"选项卡，单击"段落"组中的"项目符号"下拉按钮，在打开的列表中选择所需的项目符号。

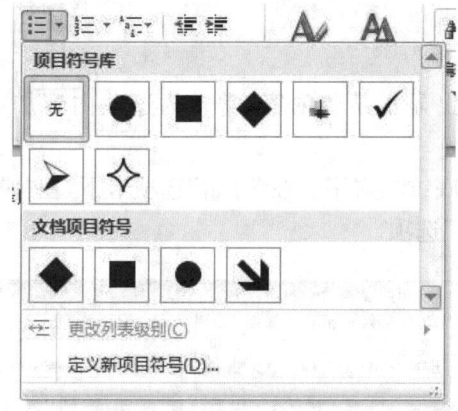

图 10-17 添加项目符号

如果对项目符号库中的符号不满意，可以点击"定义新项目符号(D)…"，打开"定义新项目符号"对话框，选择自己喜欢的符号甚至是图片。

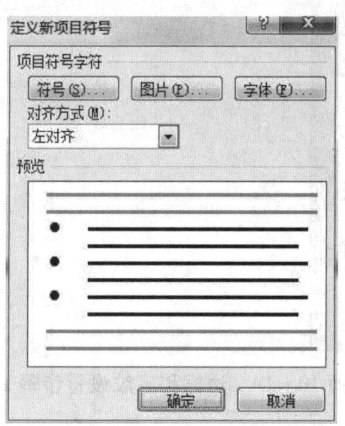

图 10-18 定义新项目符号

二、设置编号

单击"开始"选项卡中"段落"组的"编号"按钮，在光标所在行的行首会自动出现编号

"1."，输入文字后按<Enter>键，在下一段将自动出现编号"2."。继续输入，编号将按段落依次累进。如果删除了自动编号文本中的 段，则其余编号会自动重新排列。也可以自定义新编号格式。

三、定义多级列表

多级列表 的特点是：下级编号中包含所有上级编号，中间通常用一个点"."来分隔，且级别从左至右依次下降。

注意：项目符号和编号可以有多个层次级别。可以通过"更改列表级别"或者使用快捷键<Tab>与<Shift>+<Tab>来提升或下降级别。

10.3.4 边框和底纹

为使文档美观，或是突出显示某些内容，常常为这些内容加上边框或底纹。具体步骤如下。

(1) 选中要设置边框和底纹的文字。在"开始"选项卡下，在"段落"分组中，单击"下框线"下拉列表，选择"边框和底纹"选项。

图 10-19 边框和底纹设置步骤 1

(2) 在弹出的"边框和底纹"对话框的"边框"选项卡分别设置边框样式、颜色、宽度，然后设置"应用于"文字。

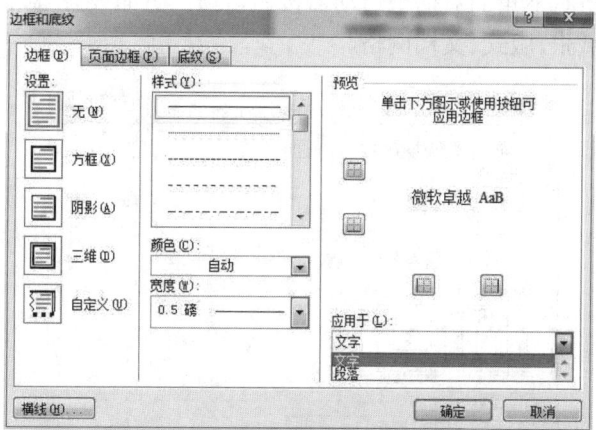

图 10-20　边框或底纹设置步骤 2

（3）单击"底纹"选项卡，开始设置底纹。从"填充"列表框中选择填充的颜色。将"应用于"设置为"文字"，单击"确定"按钮。

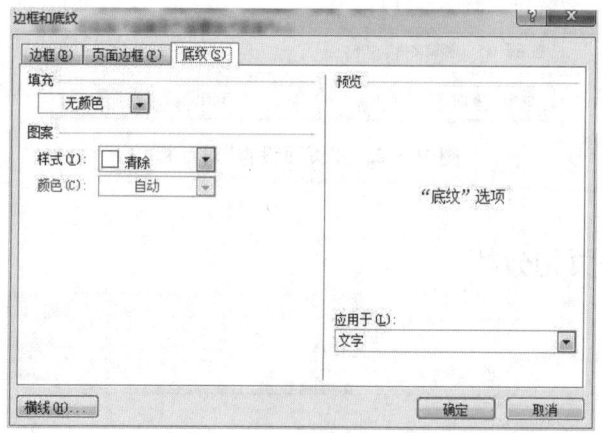

图 10-21　边框或底纹设置步骤 3

10.3.5　页面设置

选择"页面布局"选项卡，在"页面设置"组中分别单击"文字方向"、"页边距"、"纸张方向"和"纸张大小"等按钮，在其中的下拉列表中进行选择，完成页面设置；

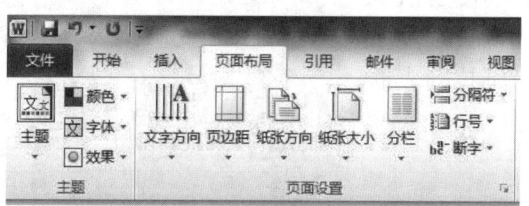

图 10-22　"页面设置"组

单击"页面设置"组右下角的对话框启动器按钮,打开"页面设置"对话框,在其中完成相关的页面设置:页边距、纸张、版式、文档网格。

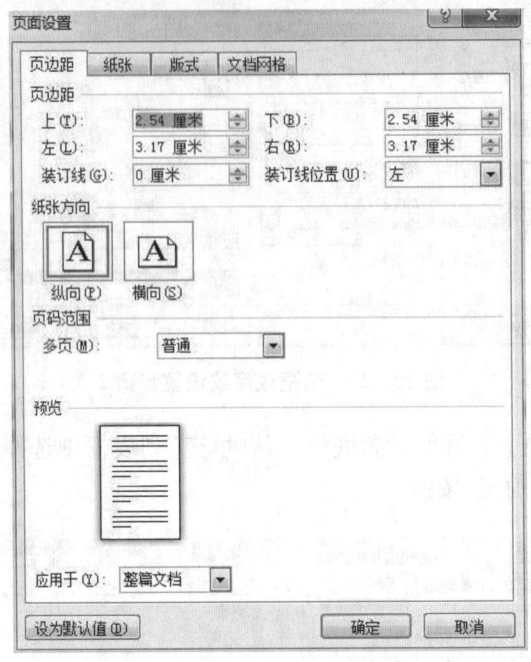

图 10－23 "页面设置"对话框

10.3.6 分节、分页和分栏

一、分节

在文档排版中有时会遇到一些特殊的需要,如某些页面需要横排,某些页面则需要竖排,或者不同的章节需要不同的页眉或页脚,这时就需要为文档分节。所谓"节"是指文档中样式相对独立的部分,各节可以单独设置纸张大小、文档布局、页眉、页脚等。

注意:插入分节符后,要使当前节的页面设置与其他节不同,需在"页面设置"对话框中,"应用于"下拉列表框中选择"本节"。

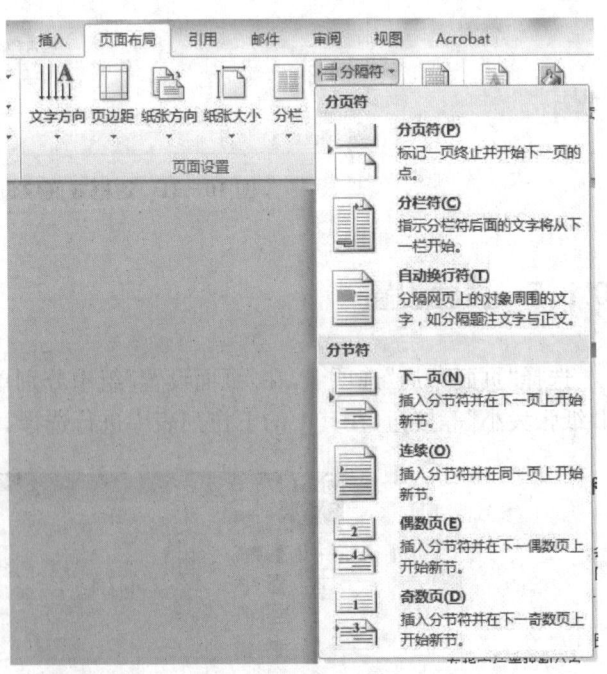

图 10－24 插入分节符

二、分页

当输入文字、插入图形或表格等对象超过一页时,Word 会插入一个自动分页符,若要在指定位置强制分页,可插入手动分页符。

(1) 强制分页:<Ctrl>+<Enter>

(2) 段前分页:是一种段落格式,可以包含在标题样式中,即可以设置采用该标题样式的所有标题,都自动从新的一页开始,而无须多次用手工方式去插入强制分页符了。

(3) 孤行控制:防止 Microsoft Word 在页面顶端单独打印段落末行或在页面底端单独打印段落首行。

(4) 与下段同页:确保应用了此设置的段落,与它下面的一个段落始终保持在同一页面。

(5) 段中不分页:确保段落中所有内容都在同一页面上,而不会让一个段落横跨两页。

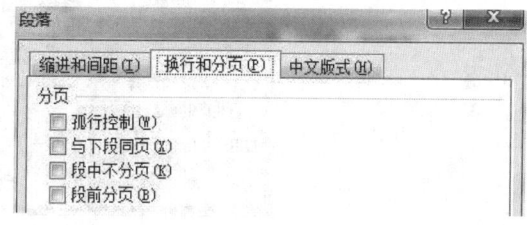

图 10-25 插入分页符

三、分栏

设置分栏可以丰富排版效果,步骤如下:

(1) 选中要分栏的文档内容,在"页面布局"选项卡下,在"页面设置"分组中,单击"分栏"下拉列表,选择"更多分栏"选项。

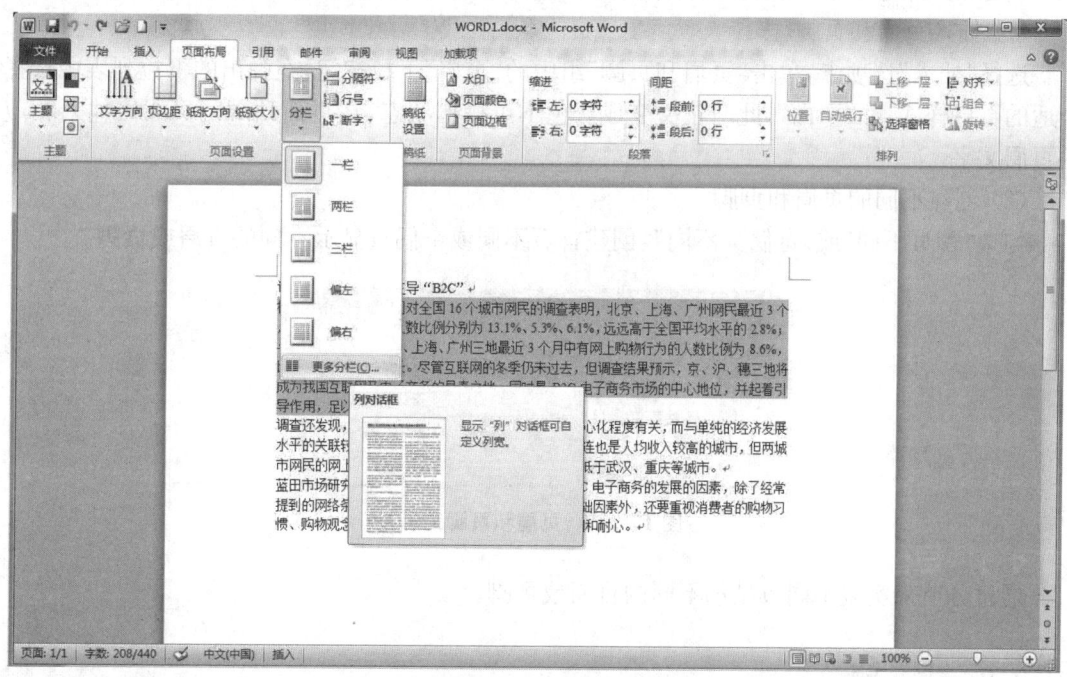

图 10-26 分栏设置步骤 1

（2）在弹出的"分栏"对话框中，单击"预设"栏中想要使用的分栏格式（也可以在"栏数"列表框中选择相应的栏数），分别设置栏宽、间距、应用范围和分割线，单击"确定"完成设置。

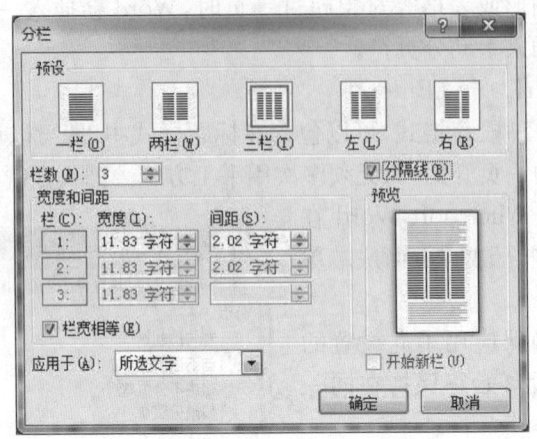

图 10-27　分栏设置步骤 2

在设置分栏时，注意正确地选择"分栏"对话框中的"应用于"选项。选择不同的选项，分栏的效果应用于不同的范围。

10.3.7　页眉和页脚

页眉和页脚通常用来显示文档名称、章节标题、单位标志、作者姓名、页码、日期等文字或图形。
（1）插入页眉和页脚
选择"插入"选项卡，单击"页眉和页脚"组中的"页眉"下拉按钮，在弹出的下拉列表中选择合适的页眉样式，如"空白"，此时正文变成灰色不可操作状态，在页面顶端的页眉区输入相应的页眉文字。
（2）创建不同的页眉和页脚
勾选"首页不同"或"奇偶页不同"，创建首页不同或奇偶页显示不同的页眉或页脚。

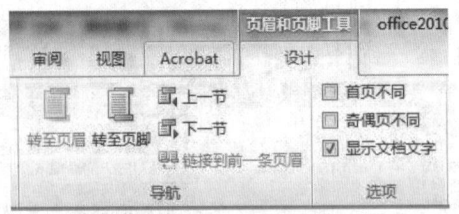

图 10-28　页眉和页脚工具

通过分节来实现不同节显示不同的页眉或页脚。

10.3.8　主　题

通过选择主题可以快速地改变文档的整体外观，包括字体、字体颜色和图形对象的效果的改变。

切换到"页面布局"选项卡,在"主题"下拉列表中选择合适的主题。

"重设为模板中的主题"可将主题恢复到 Word 模板默认的主题。

图 10-29　主题

10.4　高级排版

文档排版需要丰富的素材,仅仅有文字是不够的,为了使文章更具吸引力,需要插入艺术字、剪贴画、图片、形状(自选图形)、文本框、SmartArt 等对象。除了文字以外的其他对象的插入,均在"插入"选项卡中进行操作。

图 10-30　"插入"选项卡

10.4.1 首字下沉

"首字下沉"中的"首字"是指段落的第一个字;"下沉"是将"首字"放大,占据下几行的位置。设置"首字下沉"的步骤如下。

(1) 选中要设置的对象,在"插入"选项卡下,在"文本"分组中,单击"首字下沉"下拉列表,选择"首字下沉选项"。

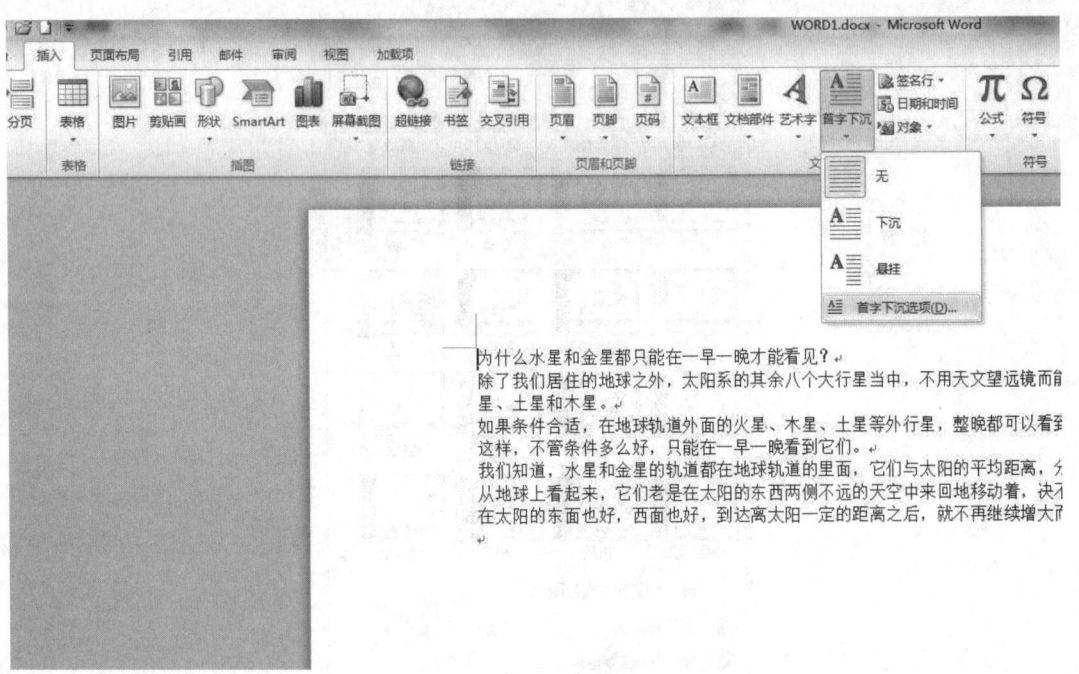

图 10-31 首字下沉步骤 1

(2) 在弹出的"首字下沉"对话框中单击"下沉"或"悬挂"图标,根据需要进一步设置首字下沉的"下沉行数"和"距正文"选项,单击"确定"按钮。

图 10-32 首字下沉步骤 2

10.4.2 图片

一、插入图片

从"来自文件"里选择一张图片插入到文档中的操作步骤如下：
① 将插入点移到要插入图片的位置。
② 选择"插入"→"图片"命令，弹出"插入图片"对话框。
③ 在"查找范围"下拉列表框中选择图片所在的文件夹，选中该文件夹中的图片。
④ 单击"插入"按钮，即可将所需图片插入到插入点。

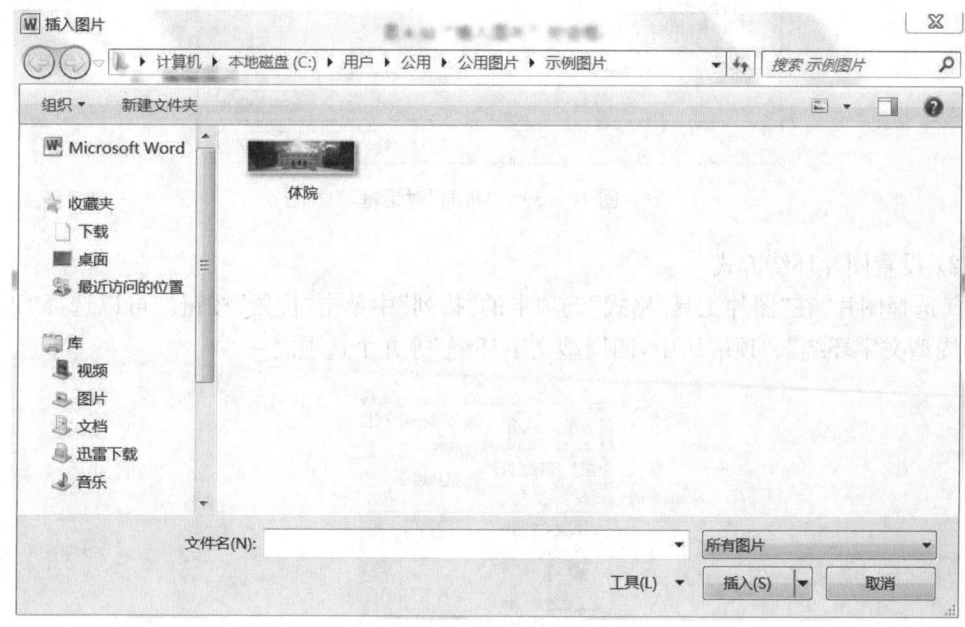

图 10-33 "插入图片"对话框

二、编辑图片

（1）设置图片大小

① 手动调整图片大小：选择需要调整的图片，将光标指向边框上的控制点，当光标变成横向或纵向箭头时拖动鼠标，即可调整图片的高或宽；如果光标伟斜向或双向箭头时，即可等比例调整图片大小。

② 精确调整图片大小

双击需要编辑的图片，在"图片工具/格式"选项卡中"大小"组中调整图片的高度和宽度。

图 10-34 "图片工具"选项卡

右键单击图片,在弹出的快捷菜单中选择"大小和位置"命令,即可打开"布局"对话框,在其中可以设置图片的高度、宽度、旋转度、缩放百分比。

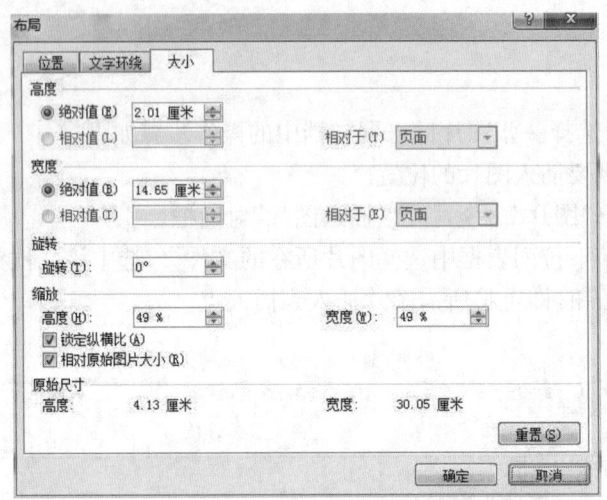

图 10-35 "布局"对话框

(2) 设置图片环绕方式

① 选择图片,在"图片工具/格式"选项卡的"排列"中单击"位置"按钮。可以选择"顶端居左,四周型文字环绕"、"顶端居中,四周型文字环绕"等九个选项之一。

图 10-36 图片位置

② 在"图片工具/格式"选项卡的"排列"中单击"自动换行"按钮。可以选择"四周型环绕"、"紧密型环绕"、"穿越型环绕"、"上下型环绕"、"衬于文字下方"和"浮于文字上方"六个选项之一设置图片的文字环绕。

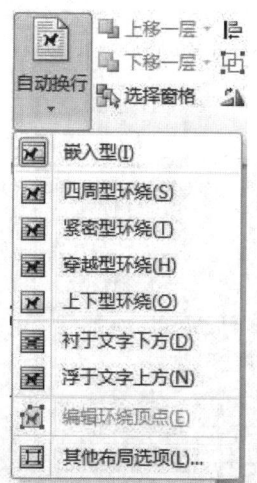

图 10-37　图片自动换行

③ 打开"布局"对话框,可在"文字环绕"选项卡中设置图片环绕方式。

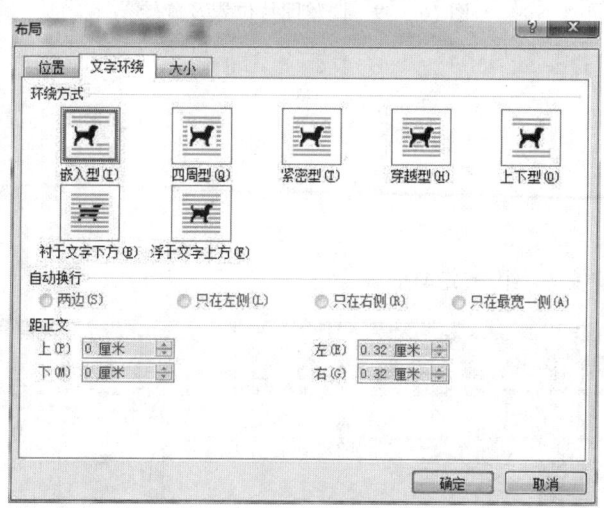

图 10-38　图片文字环绕

(3) 裁剪图片

单击"图片工具/格式"→"裁剪"按钮 ,此时光标变成 形状,拖动图片四周的 8 个控制点即可控制裁剪图片的大小。在裁剪下拉列表中可以选择"裁剪为形状""纵横比"等。

(4) 设置图片的叠放次序

选中图片→"图片工具/格式"选项卡→"排列"组→ 上移一层(置于顶层)/下移一层(置于底层)。

(5) 亮度和对比度调整

选中图片→"图片工具/格式"选项卡→调整→更正→亮度和对比度。

(6) 调整图片位置及旋转

调整图片位置:选中图片,当光标变为双向十字箭头形状时,鼠标左键直接拖动即可移动图片位置。

旋转图片：选中图片后，将鼠标放置在图片正上方的黄色控制点上，即可进行旋转控制。

图 10-39　调整图片位置及旋转

10.4.3　文本框

一、插入文本框

"插入"选项卡→"文本"组→文本框。

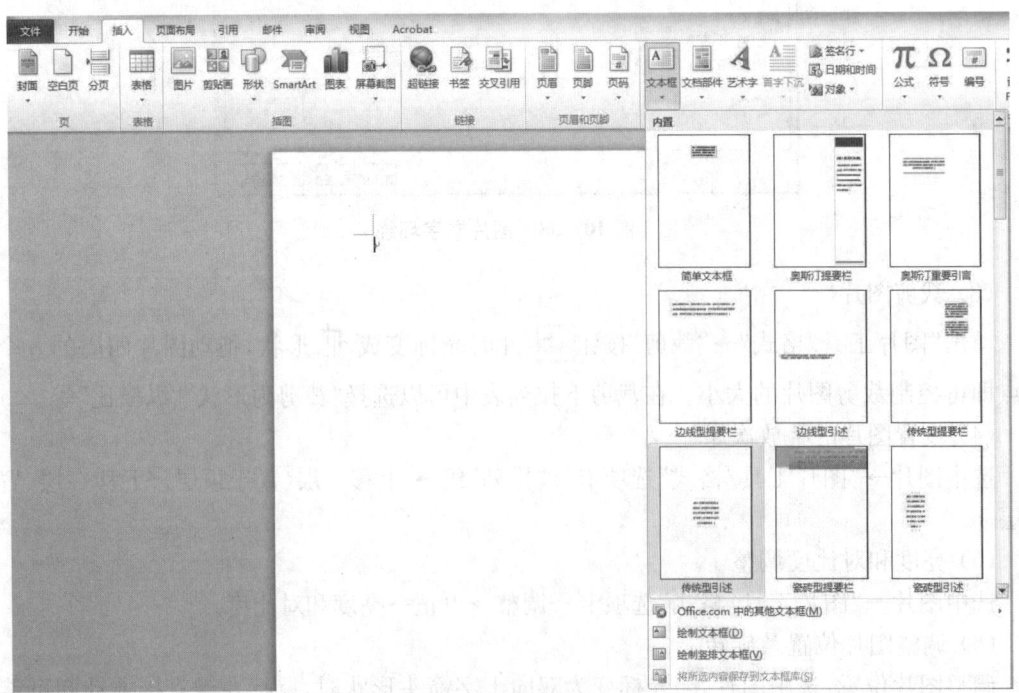

图 10-40　插入文本框

二、设置文本框格式

选中文本框→"绘图工具/格式"选项卡→"形状样式"组→形状填充/形状轮廓/形状效果。

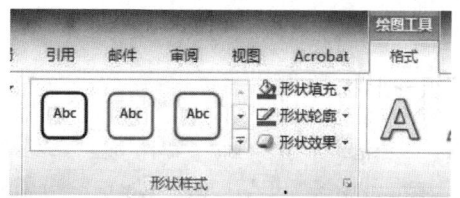

图 10-41 设置文本框格式

10.4.4 艺术字

一、插入艺术字

"插入"选项卡→"文本"组→艺术字

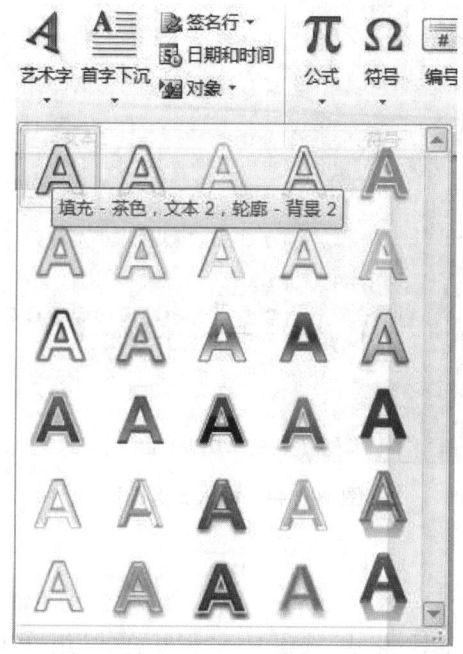

图 10-42 插入艺术字

二、设置艺术字格式

选中艺术字→"绘图工具/格式"选项卡→"艺术字样式"组→快速样式/文本填充/文本轮廓/文本效果。

图 10-43 艺术字样式

10.4.5 自选图形

一、绘制自选图形

"插入"选项卡→"插图"组→形状

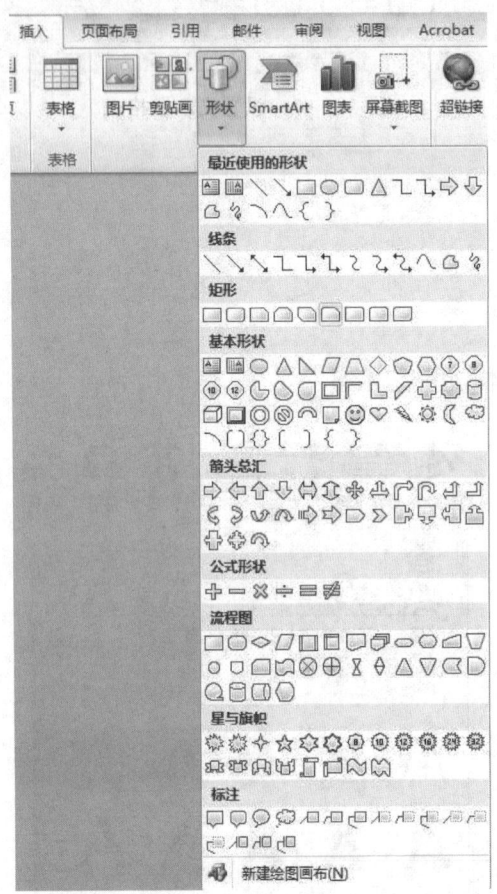

图 10-44 插入自选图形

二、设置自选图形样式

选中自选图形→"绘图工具/格式"选项卡→"形状样式"组→快翻按钮/形状填充/形状轮廓/形状效果。

图 10-45 形状样式

三、为自选图形添加文本

选中自选图形→右击→添加文字。

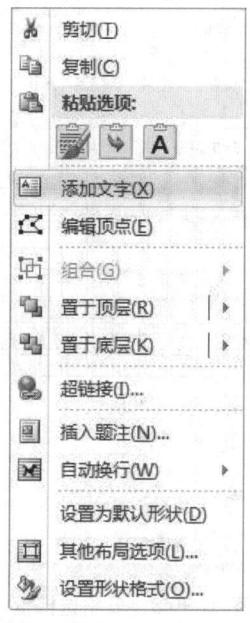

图 10-46 添加文字

四、调整自选图形叠放次序

选中自选图形→"绘图工具/格式"选项卡→"排列"组→上移一层(置于顶层)/下移一层(置于底层)。

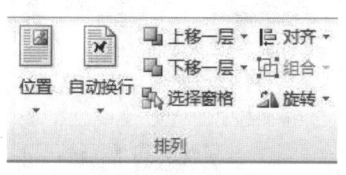

图 10-47 排列

10.4.6 表 格

Word 2010 具有强大的表格处理功能,用户可以轻松地建立和使用表格,实现对图形对象的各种操作。把图形与文字结合编排在一起,实现图文并茂的效果,使文档更加美观。

一、表格的建立

创建表格的方法有多种,用户可以使用 Word 2010 自带的命令插入表格,也可以利用工具绘制表格,还可以多种方法混合使用。

(1) 切换到"插入"选项卡,单击"表格"按钮,在虚拟表格上拖曳鼠标,当屏幕上显示所需的行、列数,释放鼠标,即可插入所需表格。

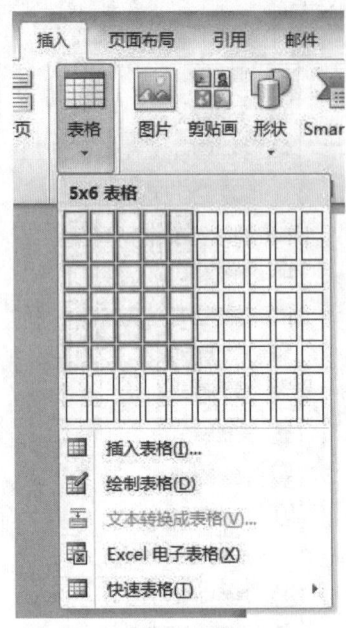

图 10-48 表格选择框

(2) 单击"插入表格"按钮,输入表格的行数和列数。(大于10行,10列)

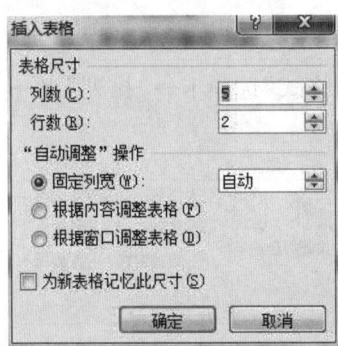

图 10-49 "插入表格"对话框

(3) 如果需要创建带样式的表格,单击"快速表格"按钮。
(4) 使用"绘制表格"工具,可以如同用笔一样任意绘制较为复杂的表格。

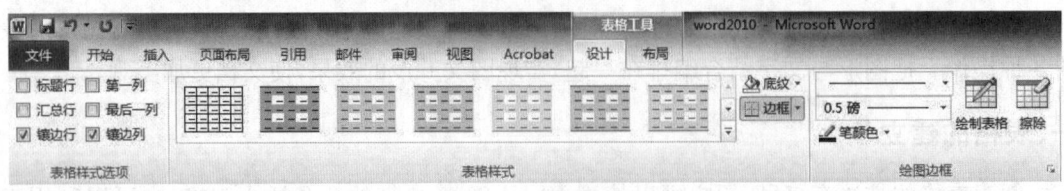

图 10-50 表格工具

二、表格的编辑

表格创建完成之后,为了更好地满足工作需要,用户可以对创建好的表格进行编辑。例如,合并和拆分单元格、插入或者删除行和列等。

(1) 选定表格

① 直接选定

选定单元格:黑色实心右上箭头

选定一行:空心右上箭头

选定一列:黑色实心下箭头

选定整个表格

② 菜单选定

"表格工具/布局"选项卡→"表"组→选择单元格、列、行、表格

图 10-51 表格选择

(2) 插入与删除行或列

① 插入行或列。选中需要插入行或列的位置,单击鼠标右键,在弹出的快捷菜单中选择"插入行"或"插入列"命令。

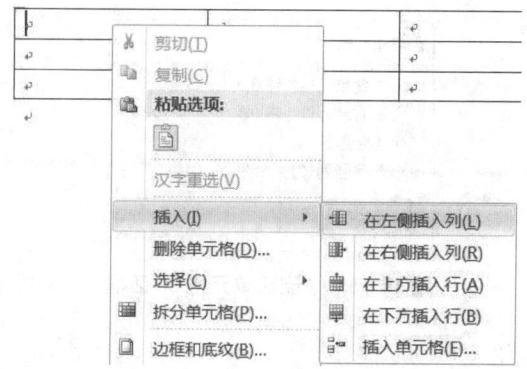

图 10-52 表格插入 1

选中需要插入行或列的位置,选择"表格工具/布局"选项卡→"行和列"组→"在上方插入"或"在下方插入"或"在左侧插入"或"在右侧插入"命令。

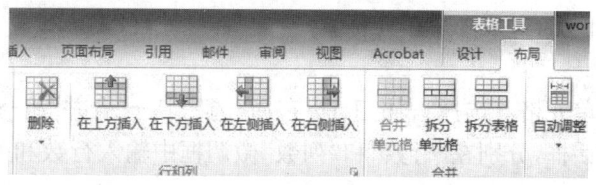

图 10-53 表格插入 2

② 删除行或列。删除行或列非常简单。选中行或列,单击"剪切"按钮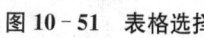或按"Ctrl+X"快捷键,选中的行或列即被删除,还可以选择"表格工具/布局"选项卡→"行和列"组→"删除"→"删除行"或"删除列"命令删除行或列。

(3) 插入与删除单元格

① 插入单元格。

将光标移到要插入单元格的位置。单击鼠标右键,在弹出的快捷菜单中选择"插入"→"插入单元格",弹出"插入单元格"对话框,选择一种插入方式,单击"确定"按钮,即可插入。

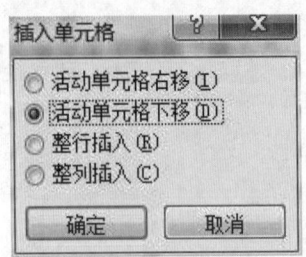

图 10-54 "插入单元格"对话框

② 删除单元格。

将光标置于要删除的单元格内。单击鼠标右键,在弹出的快捷菜单中选择"删除单元格",弹出"删除单元格"对话框,选择一种删除方式,单击"确定"按钮,即可删除。

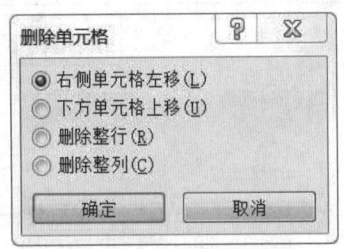

图 10-55 "删除单元格"对话框

(4) 合并与拆分单元格

擦除相邻两个单元格之间的边线可以将两个单元格合并成一个大的单元格;在一个单元格中添加一条线就可以将一个单元格拆分成两个小单元格。这就是最简单的合并与拆分单元格。

① 合并单元格。

选中表格中需要合并的单元格,选择"表格工具/布局"选项卡→"合并"组→"合并单元格"命令,选中的单元格自动合并成一个单元格。

② 拆分单元格。

选中需要拆分的单元格。选择"表格工具/布局"选项卡→"合并"组→"拆分单元格"命令,弹出"拆分单元格"对话框,分别在"行数"和"列数"微调框中输入行数和列数。单击"确定"按钮,完成拆分操作。

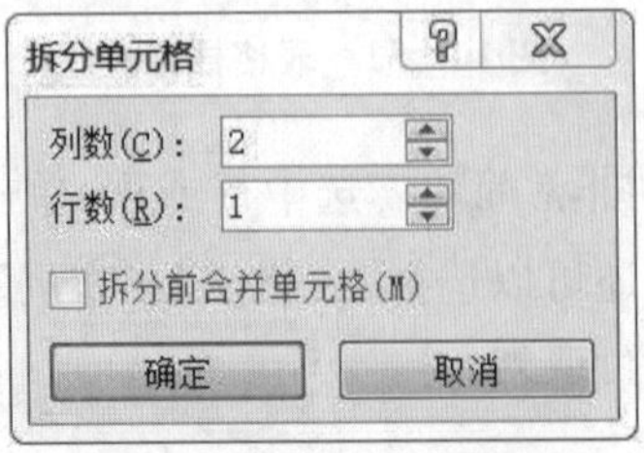

图 10-56 "拆分单元格"对话框

三、表格的格式化

(1) 单元格对齐方式

选定单元格,右击选定单元格,选择"单元格对齐方式"级联菜单下的相应对齐方式。

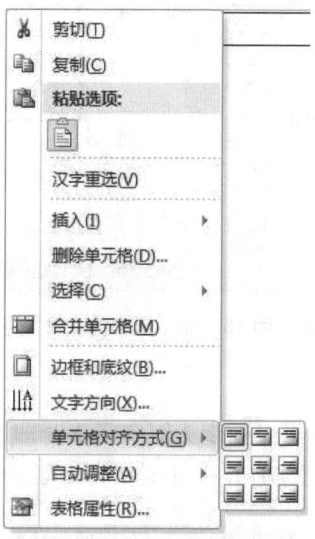

图 10-57　单元格对齐方式 1

或者通过"表格工具/布局"选项卡→"对齐方式"组中的相应按钮完成对齐设置。

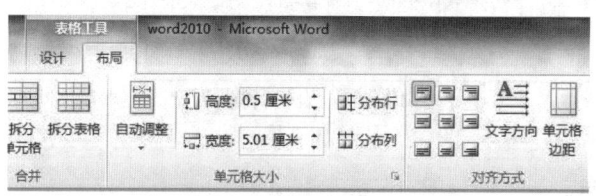

图 10-58　单元格对齐方式 2

(2) 表格边框和底纹

选定表格,在"表格工具/设计"选项卡→"表格样式"组中设置表格边框和底纹。

(3) 设置文字方向

选定欲设置文字方向的单元格,选择"表格工具/布局"选项卡→"对齐方式"组中的"文字方向"命令。

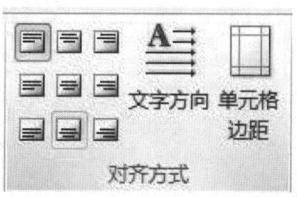

图 10-59　文字方向 1

或单击鼠标右键,在弹出的快捷菜单中选择"文字方向"命令,在"文字方向—表格单元格"对话框中进行相应设置。

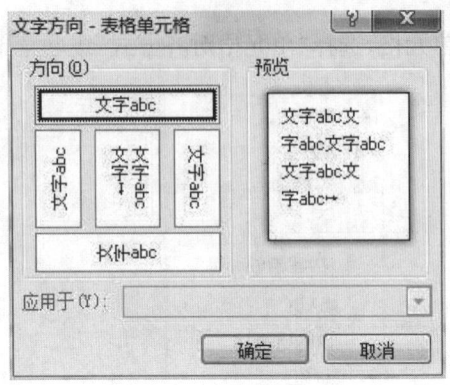

图 10-60　文字方向 2

(4) 设置行高和列宽

鼠标放在行或列的分割线上,当光标变为双向箭头时即可粗略地调整行高或列宽。
选中行或列→"表格工具/布局"选项卡→"单元格大小"组→"高度/宽度"可设置详细数值。

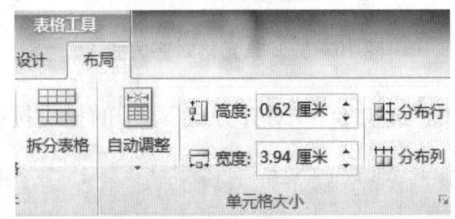

图 10-61　表格行高、列宽

四、表格的数据处理

1. 排序

在 Word 文档表格中输入数据之后,用户还可以根据自己的需要,将表格数据按照一定的顺序进行排列。把插入点放在表格的任一单元格,单击"表格工具/布局"选项卡→"数据"组→"排序",在弹出的"排序"对话框中设置排序的关键字的优先次序、类型、排序方式等。

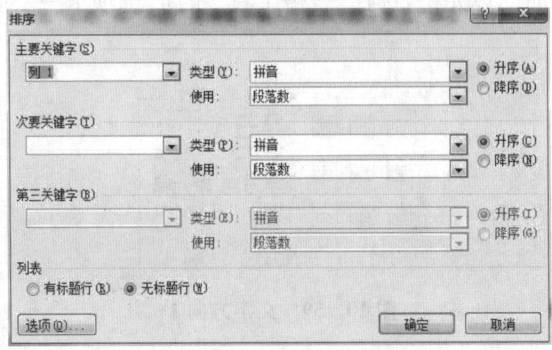

图 10-62　"排序"对话框

2. 计算

在 Word 文档表格中可以对各行、各列中的数据进行加、减、乘、除等简单的计算。单击要放置结果的单元格,单击"表格工具/布局"选项卡→"数据"组→"公式",弹出的"公式"对话框中,在"粘贴函数"下拉列表框中选择所需函数或直接在"公式"文本框中输入公式。

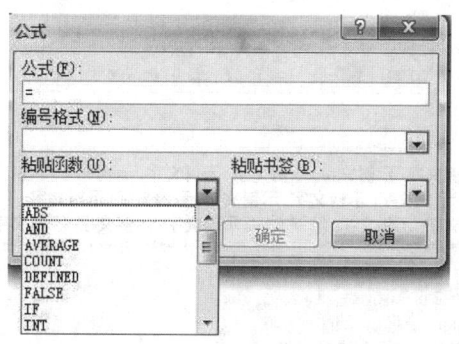

图 10－63 "公式"对话框

五、文字与表格的转换

选择"表格工具"→"布局"→"数据"组→"转换为文本"命令,可将所选表格内容转换为文本。选择"插入"→"表格"→"文本转换为表格"命令,可将所选文本转换为表格。

10.5 高级应用

10.5.1 样 式

样式是指用有意义的名称保存的字符格式和段落格式的集合,这样在编排重复格式时,先创建一个该格式的样式,然后在需要的地方套用这种样式,就无须一次次地对它们进行重复的格式化操作了。为方便用户使用样式,Word 中已经定义了几十种样式,包括:标题1~标题9、正文、题注、页眉、页脚等。

一、修改样式

右击"开始"选项卡中"样式"组中的某一样式,打开快捷菜单,选择"修改",在"修改样式"对话框中进行设置。

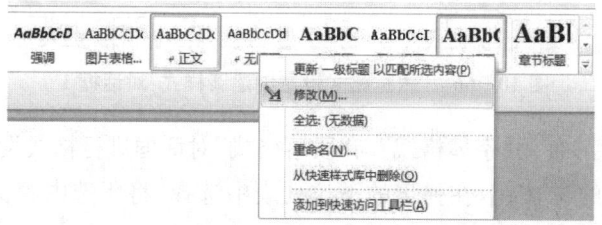

图 10－64 修改样式

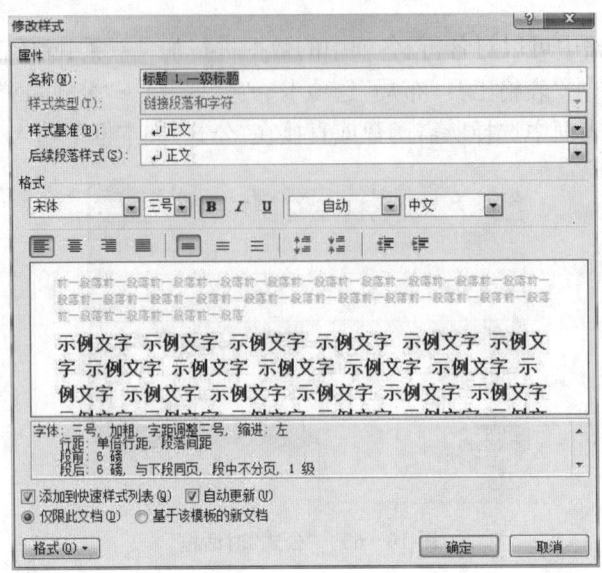

图 10-65 "修改样式"对话框

二、新建样式

（1）单击"开始"选项卡中"样式"组右下角的 按钮，打开样式列表窗口，单击左下角的"新建样式"按钮 。在"根据格式设置创建新样式"对话框中进行设置。

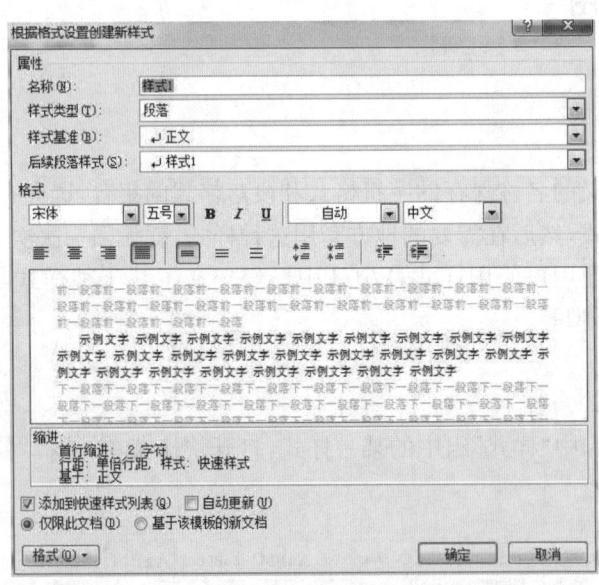

图 10-66 "根据格式设置创建新样式"对话框 1

（2）输入一段文字，使用"字体格式"与"段落格式"对话框进行格式设置，单击"开始"选项卡中"样式"组右下角的 按钮，在弹出的下拉列表中选择"将所选内容保存为新快速样式"，在"根据格式设置创建新样式"对话框中输入样式名称即可。

图 10‑67 "根据格式设置创建新样式"对话框 2

10.5.2 脚注、尾注、题注及交叉引用

一、脚　注

先选中需要被注释的字词,在"引用"选项卡的"脚注"组点击插入脚注(快捷键<Alt>+<Ctrl>+<F>);也可以点击脚注组右下的脚注和尾注对话框启动器打开"脚注和尾注"对话框,在对话框内选择脚注,设置好需要的格式后点击插入,这时候光标会自动跳至本页的末尾,此时即可输入附注。

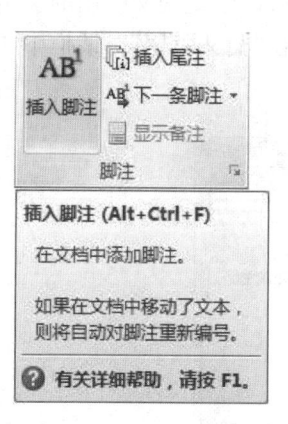

图 10‑68　插入脚注

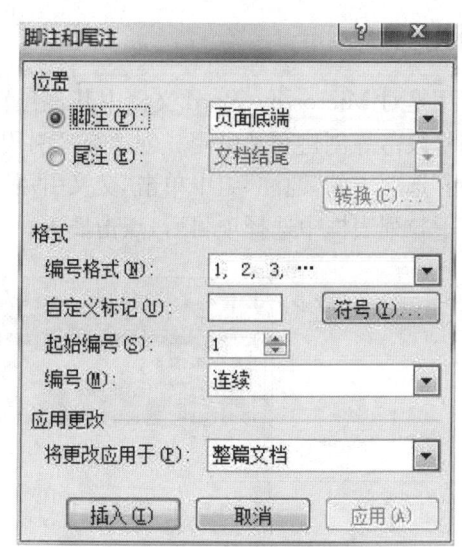

图 10‑69　"脚注和尾注"对话框

二、尾　注

尾注与脚注基本相同,只不过注释内容不是插入到页面底部,而是添加到整篇文档的最后。即可输入参考文献等信息。

使用脚注和尾注后,只要光标停留在被注释的字词或文段上时,注释会自动出现。而且尾注和脚注会自动依据在文中位置编号,删改尾注和脚注时也会自动更改编号,且双击尾注和脚注的编号时能快速地找到尾注和脚注在文中的位置。

三、题 注

题注就是给图片、表格、图表、公式等项目添加的名称和编号。使用题注功能可以保证长文档中图片、表格或图表等项目能够按顺序自动编号。如果移动、插入或删除带题注的项目时，Word 可以自动更新题注的编号。而且一旦某一项目带有题注，还可以对其进行交叉引用。

将光标置于想要添加题注的表格上方或图片下方。在"引用"选项卡的"题注"组中单击"插入题注"按钮。选择"标签"下拉列表框中的标签文字（可单击"新建标签"按钮进行自定义标签）。

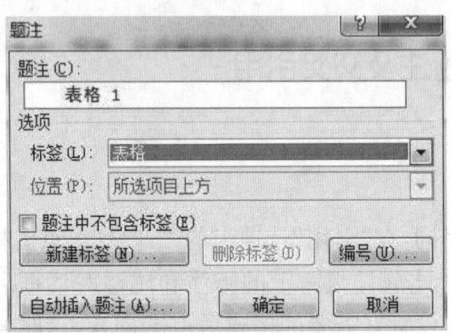

图 10－70　插入题注

四、交叉引用

交叉引用是对 Microsoft Word 文档中其他位置的内容的引用，例如，可为标题、脚注、书签、题注、编号段落等创建交叉引用。创建交叉引用之后，可以改变交叉引用的引用内容。

在"引用"选项卡的"题注"组中单击"交叉引用"按钮，在"交叉引用"对话框中，"引用类型""引用内容"下拉列表框中选择项目后，点击插入。

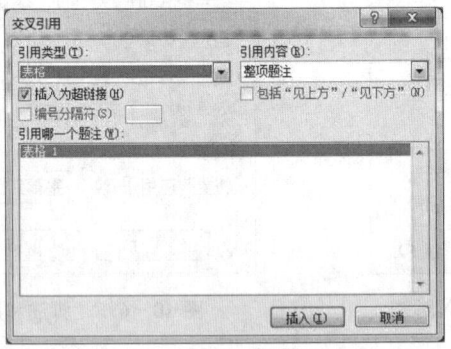

图 10－71　"交叉引用"对话框

10.5.3　目录和索引

一、目　录

对应用了各级标题和正文样式的文档，可建立目录。将光标定位在需要插入目录的位置，切换到"引用"选项卡,单击"目录"组中的"目录"按钮,在弹出的下拉列表中选择目录样式,所选样式的目录即可插入到文档中。

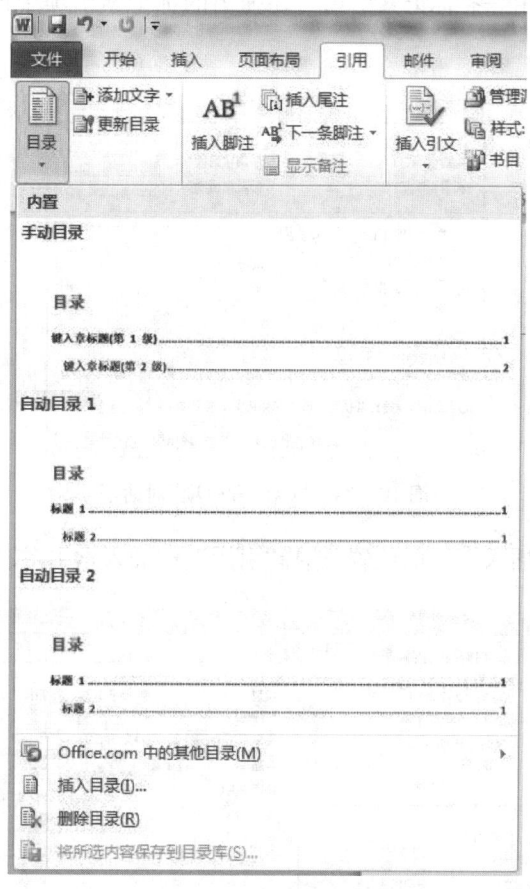

图 10-72 插入目录

默认情况下,目录是以链接的形式插入的,此时按下<Ctrl>键同时单击某条目录项,可跳转到对应的目标位置。

如果想更新目录,可先选中目录,再切换到"引用"选项卡,单击"目录"组中的"更新目录"按钮即可。

二、图表目录

先为图表添加题注,然后利用"引用"选项卡下的"插入表目录"按钮来创建图表目录。

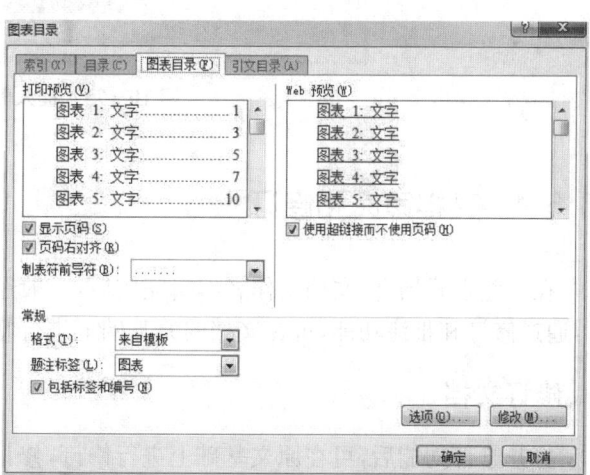

图 10-73 "图表目录"对话框

三、索　引

选中文本,单击"引用"→"标记索引项",在弹出的标记索引项中设置主索引项、次索引项等,点击"标记"按钮。

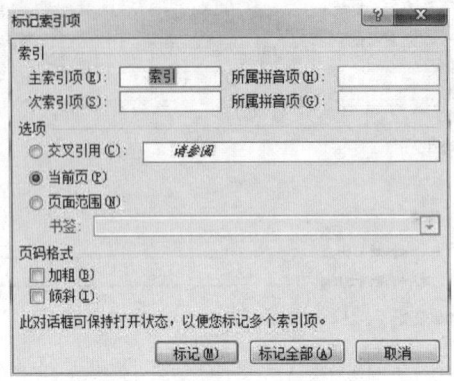

图 10-74　"标记索引项"对话框

将光标定位在需要插入索引的位置,选择"引用"→"插入索引"按钮。

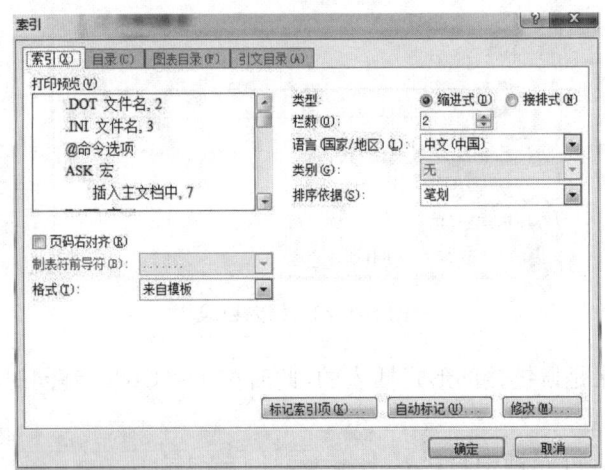

图 10-75　插入索引

10.5.4　文档审阅和修订

在一些正式场合,文档由作者编辑完成后,一般还需要通过审阅者进行审阅。在审阅文档时,通过修订和批注功能,可在文档的原基础上进行修改和添加批注。

一、修订文档

打开修订功能后,可在原文基础上进行修订,修订的每一条都可以显示给作者,对文档进行了两处修订,第一处是将文字修改为红色,第二处删除了文字。修订的内容变为红色。

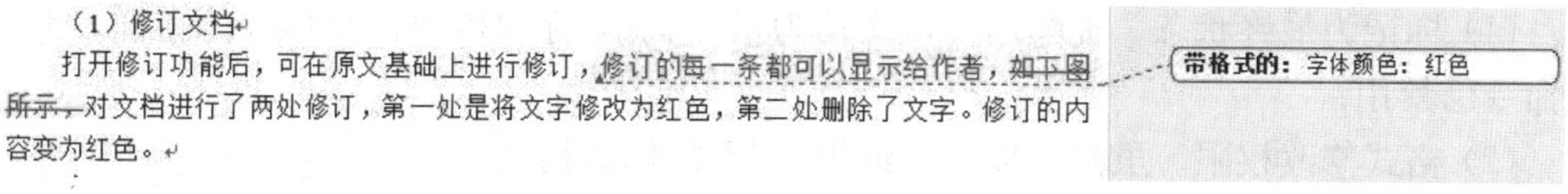

（1）修订文档

打开修订功能后，可在原文基础上进行修订，修订的每一条都可以显示给作者，如下图所示，对文档进行了两处修订，第一处是将文字修改为红色，第二处删除了文字。修订的内容变为红色。

图 10－76　修订文档

如果需要修订文档，需要切换到"审阅"选项卡，在"修订"组中单击"修订"按钮下方的下拉按钮，在弹出的下拉列表中选择"修订"。对于修订过的文档，作者可做出接受或拒绝操作。接受和拒绝操作都在"审阅"选项卡的"更改"组中。可逐一或者全部接受或拒绝。

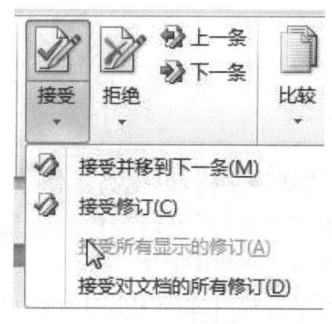

图 10－77　接受修订

二、批　注

审阅者可以把自己的见解以批注的形式添加到文档中，实现交流。选择需要添加批注的内容，切换到"审阅"选项卡，单击"批注"组中的"新建批注"按钮。此时将建立有连线的批注框，在批注框内可输入自己的意见。

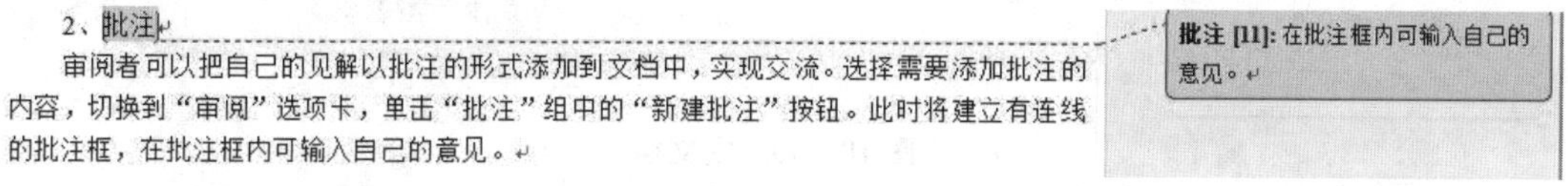

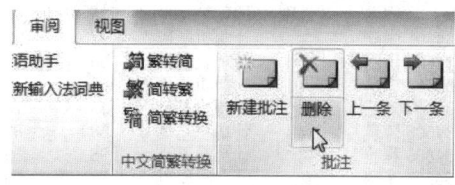

图 10－78　插入批注

若要删除批注，先选中，在"批注"组中单击"删除"按钮即可。

图 10－79　删除批注

10.5.5　文档保护

为了保护重要文档内容的安全，可以对其设置相关权限及密码，主要包括如下功能：

(1) 标记为最终状态。提醒用户该文档为最终版本,标题栏中含有"只读"字样,相关操作或命令已禁用;

(2) 格式修改权限。虽然可以进行编辑,但不能修改格式;

(3) 修订权限。其他用户可以对文档进行编辑,但所有操作都会做出修订标记,且无法接受或拒绝,从而起到保护作用;

(4) 设置修改密码。文档可以打开查看内容,但要修改的话,需要输入密码;

(5) 设置打开密码。可以防止用户查看;

(6) 所有以上操作均在"文件"选项卡,单击左侧窗格的"信息"命令,在中间窗格中单击相应的命令即可。

10.5.6 邮件合并

邮件合并是指批量生成需要的邮件文档,以提高工作效率。"邮件合并"功能除了可以批量生成信函、信封等与邮件相关的文档外,还可以轻松地批量制作标签、工资条、成绩单、准考证等。

(1) 建立主文档:包括所有文件共有内容的 Word 文档(比如未填写的信封等)。

学生《》成绩通知单

尊敬的家长:

学生:,学号:,2017-2018 学年第二学期的平时成绩为,期末成绩为,告知您!

南京体育学院

2018 年 5 月 31 日

图 10-80 主文档

(2) 准备数据源:一个包括变化信息的数据源,如 Excel 表格、Access 数据库等(填写的收件人、发件人、邮编等)。

学号	姓名	性别	课程名	平时成绩	期末成绩
2134601	张三	女	计算机基础	92	83
2134602	李四	男	计算机基础	90	73
2134603	徐媛	男	计算机基础	69	75
2134604	刘艺	女	计算机基础	89	76
2134605	陈晨	男	计算机基础	88	85
2134606	程超	男	计算机基础	95	69
2134607	宇宇	女	计算机基础	86	90

图 10-81 数据源

(3) 使用邮件合并功能在主文档中插入变化的信息,合成后的文件用户可以保存为 Word 文档,可以打印出来,也可以以邮件形式发出去。

① "邮件"→"开始邮件合并"→"邮件合并分布向导"。

② "信函"→"下一步:正在启动文档"。

③ 选择"使用当前文档",单击"下一步:选取收件人"。

④ 选择"使用现有列表",点击浏览按钮,在弹出的"选取数据源"对话框中,找到数据源,并单击"打开"按钮,在弹出的"邮件合并收件人"对话框中,全选数据,单击"确定"按钮。单击"下一步:撰写信函"。

⑤ 将光标定位到第一个需插入信息的位置,单击"其他项目",在"域"列表中选择相应选项,单击"插入"按钮。将所有的插入域设定完成,单击"下一步:预览信函",可通过 << 和 >> 按钮对所有信函进行预览。单击"下一步:完成合并"即可完成邮件合并操作。

小　结

学习 Word 能借助计算机代替人工的书写,以打印的方式取代手写的纸张。通过 Word 提供的功能和排版方式,比手工的书写不仅灵活方便,更在于可以实现手工书写无法实现的效果。而计算机提供的这些功能,就是 Word,它是文档处理软件,在工作、生活中,都经常使用到。所以,我们就得或应该学习 Word。通过本章学习为深入学习和使用 Word 打下了基础。

习　题

一、是非题

1. Word 中不能插入剪贴画。　　　　　　　　　　　　　　　　　　　　　　(　　)
2. 插入艺术字既能设置字体,又能设置字号。　　　　　　　　　　　　　　　(　　)
3. 页边距可以通过标尺设置。　　　　　　　　　　　　　　　　　　　　　　(　　)
4. 如果需要对文本格式化,则必须先选择被格式化的文本,然后再对其进行操作。

(　　)

5. 在 Word 中可以使用在最后一行的行末按下〈Tab〉键的方式在表格末添加一行。

(　　)

二、填空题

1. 如果想在文档中加入页眉、页脚,应当使用_____菜单组中的"页眉和页脚"命令。

2. 当执行了误操作后,可以单击_____按钮撤销当前操作,还可以从_____列表中执行多次撤销或恢复多次撤销的操作。

3. Word 表格若干行,若干列组成,行和列交叉的地方称为_____。

三、选择题

1. 中文 Word 是_____。
    A. 字处理软件　　　B. 系统软件　　　C. 硬件　　　　D. 操作系统
2. 使图片按比例缩放应选用_____。
    A. 拖动中间的句柄　　　　　　　B. 拖动四角的句柄
    C. 拖动图片边框线　　　　　　　D. 拖动边框线的句柄

3. 能显示页眉和页脚的方式是_____。

　　A. 普通视图　　　B. 页面视图　　　C. 大纲视图　　　D. 全屏幕视图

4. 要删除单元格正确的是_____。

　　A. 选中要删除的单元格,按〈Del〉键

　　B. 选中要删除的单元格,按剪切按钮

　　C. 选中要删除的单元格,使用〈Shift〉+〈Del〉

　　D. 选中要删除的单元格,使用右键的"删除单元格"

5. 新建 Word 文档的快捷键是_____。

　　A. 〈Ctrl〉+〈N〉　　B. 〈Ctrl〉+〈O〉　　C. 〈Ctrl〉+〈C〉　　D. 〈Ctrl〉+〈S〉

四、操作实践

1. 表格操作

2014 年 11 月 4 日外汇牌价

货币名称	现汇买入价	现钞买入价	卖出价
美元	826.4500	807.0000	828.9300
日元	6.7724	6.6164	6.7996
港币	105.9600	103.4600	106.2700
德国马克	381.3500	372.3400	382.4600
英镑	1208.9000	1181.0400	1213.7500

（1）利用 Word 软件键入上述文字

（2）在"外汇牌价"一词后插入脚注（页面底端）"据中国银行提供的数据";将文中后6行文字转换为一个6行4列的表格、表格居中;并按"卖出价"列降序排列表格内容。

（3）设置表格列宽为 2.5 厘米、表格框线为 0.75 磅浅蓝（标准色）单实线;表格中所有文字设置为小五号宋体、表格第 1 行文字水平居中,其余各行文字中第 1 列文字中部两端对齐、其余列文字中部右对齐。

2. 文档编辑

过采样技术

数据采集技术的工程实际应用问题,归结起来主要有两点:一是要求更高的采样率,以满足对高频信号的采样要求;二是要求更大的采样动态范围,以满足对微弱信号的采样要求。

为了解决这两类问题,新的采样方式应运而生。最具有代表性的是过采样技术和欠采样技术。

若 fc 为原始模拟信号中最高频率分量,fs 为采样频率,则当 fs＞2fc 时,称为过采样。过采样技术是一种用高采样率换取高量化位数,即以速率换取分辨率的采样方案。用过采样技术,可以提高信噪比,并便于使用数字滤波技术提高有效分辨率。过采样技术是某些 A/D 转换器（如 Σ—Δ 型 A/D 转换器）得以工作的基础。

采样方式分类

定时采样	定时采样（等间隔采样）
	定点采样（变步长采样）
等效采样	时序变换采样（步进、步退、差频）
	随机变换采样

(1) 利用 Word 软件键入上述文字。

(2) 将标题段"过采样技术"文字设置为二号红色黑体、加粗、居中。

(3) 将正文各段落"数据采集技术……工作的基础。"中的中文文字设置为五号宋体、西文文字设置为五号 Arial 字体;各段落首行缩进 2 字符;将正文第三段"若……工作的基础。"中出现的所有"fc"和"fs"中的"c"和"s"设置为下标形式。

(4) 在页面底端(页脚)居中位置插入页码,并设置起始页码为"Ⅲ"。

(5) 将文中后 4 行文字转换为一个 4 行 2 列的表格。设置表格居中,表格第一列列宽为 2.5 厘米、第二列列宽为 7.5 厘米、行高为 0.7 厘米,表格所有文字中部居中。

(6) 将表格第一、二行的第一列,第三、四行的第一列分别进行单元格合并;设置表格所有框线为 1 磅蓝色单实线。

【微信扫码】
参考答案 & 相关资源

第十一章 Excel 2010

绝大部分的人都认为使用 Excel 电子表格软件是再自然不过的事情,在大数据时代面对越来越多的数据,就必须要用到电子表格软件,很多人可以体会到所有办公自动化软件中使用比例越来越高的就是 Excel。

Excel 的中文含义就是"超越"。Microsoft Excel 是 Microsoft 为使用 Windows 和 Apple Macintosh 操作系统的电脑编写的一款电子表格软件。经过 30 多年的发展,直观的界面、出色的计算功能和图表工具,再加上成功的市场营销,使 Excel 成为最流行的个人计算机数据处理软件。在 1993 年,作为 Microsoft Office 的组件发布了 5.0 版之后,Excel 就开始成为所适用操作平台上的电子制表软件的霸主。

Excel 可以用来制作电子表格、完成许多复杂的数据运算,进行数据的分析和预测并且具有强大的制作图表的功能,它已成为国内外广大用户管理公司和个人财务、统计数据、绘制各种专业化表格的得力助手。

> **教学目标**
> 通过本章了解 Excel 2010 界面和基本功能,掌握工作簿、工作表和单元格的基本操作,掌握基本公式和函数,掌握基本格式编辑,并了解文档打印输出,从而具备基本 Excel 编辑技能。

11.1 初识 Excel 2010

11.1.1 Excel 2010 的介绍

Microsoft Excel 2010(以下简称 Excel 2010)是 Microsoft 公司开发的 Office 2010 办公组件之一,主要用于表格处理工作。Excel 2010,可以通过比以往更多的方法分析、管理和共享信息,从而帮助您做出更好、更明智的决策。

Excel 2010 中内嵌各种类型的函数,利用它可以简化运算过程和统计程序,完成各种排序等等。在体育成绩的计算和统计中可以利用函数的计算统计功能来提高效率,同时也能为科研提供基础数据和生动形象的图表。下文将介绍 Excel 2010 的基础操作,以及在体育成绩计算统计中常用的几种 Excel 工作表函数和在运用中的注意事项。

1.2 Excel 2010 窗口组成

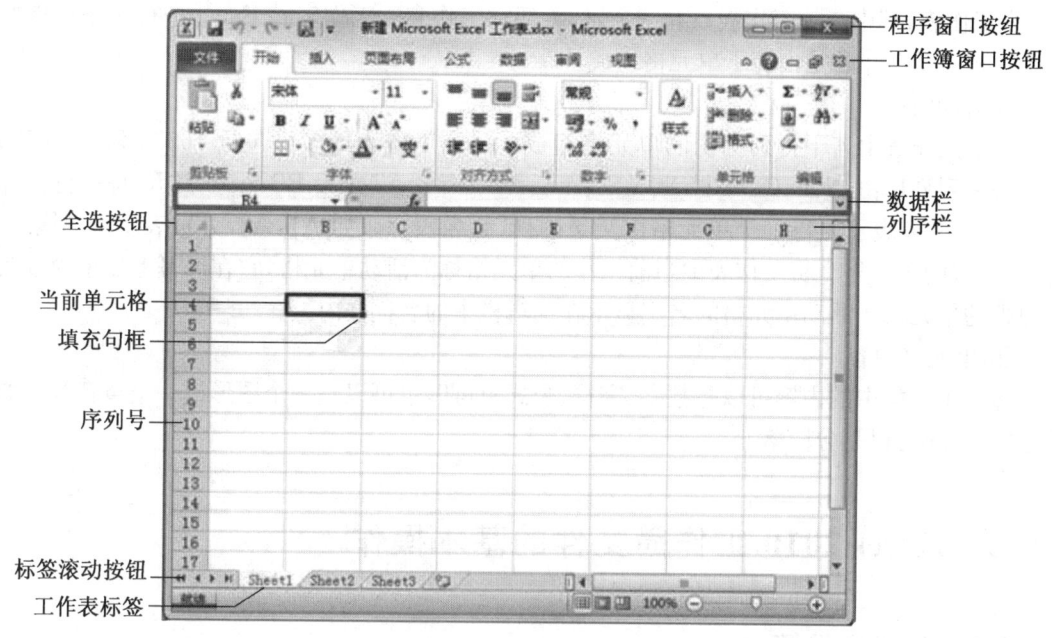

图 11-1 Excel 2010 界面

启动 Excel 2010 后,将出现如图 11-1 所示的主窗口。与 Word 一样,Excel 的主窗口由程序窗口和文档窗口(或者称工作簿窗口)组成。

(1) 传统组件

Excel 具有与 Word 风格相似的窗口界面。两者的标题栏、选项卡、选项组等在功能和使用方法上都是相似的,不同的是标题栏、选项卡和选项组中的具体命令不一样。

(2) 数据编辑区和名称框

数据栏是 Excel 中特有的组件。数据栏包括名称框、3 个数据按钮和编辑区。数据编辑区用来输入或编辑当前单元格的值或公式,左侧的 3 个按钮分别表示取消、输入或插入函数。名称框用来显示当前单元格(或区域)的地址或名称。

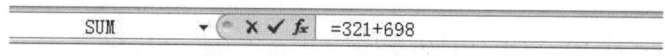

图 11-2 Excel 的数据栏

(3) 工作表标签

每张工作表都有一个标签,标签上显示的是工作表的名称。它在 Excel 中的作用类似于 Windows 中任务栏的应用程序按钮。用户可以通过单击不同的工作表标签切换不同的工作表。

(4) Excel 2010 的基本元素主要有:工作簿、工作表、单元格、单元格内容等。

① 工作簿

用 Excel 2010 创建的文档实际上就是一个工作簿,工作簿名就是文件名,工作簿名的扩展名为.xlsx。每一个工作簿由若干个工作表组成,一个工作簿默认包含了三个工作表。

② 工作表

工作簿就好像是一个活页夹,工作表好像是其中一张张的活页纸,每一工作簿最多可包括 255 个工作表,其中当前工作表只有一个,称为活动工作表。工作表是 Excel 进行表格处理的基础。每一个工作表是由若干单元格组成。

③ 单元格

一个工作表由若干行列标明的单元格组成。一个工作表最多可包含 16384 列,1048576 行。每一列列标由 A、B、C、……、X、Y、Z、AA、AB、……、AZ、BA、BB、……表示;每一行行标由 1、2、3、……表示。每一个单元格由交叉的列,行名表示。如 A1,A2,分别表示 A 列第一行、第二行的单元格。将工作表中当前工作的单元格称为活动单元格,它在屏幕上显示为带粗线黑框的单元格。活动单元格的名字显示在编辑栏中的名称框内。

④ 单元格内容

每一单元格中的内容可以是数字、字符、公式、日期,也可以是一个图形或一个声音等。如果是字符,还可以是分段落。

11.2 Excel 2010 工作簿文件的基本操作

11.2.1 新建文件簿

Excel 2010 中的文件操作包括文件的建立、保存、打开等操作。

1. 新建工作簿

启动 Excel 2010 后,系统即自动打开一个名为"工作簿 1.xls"工作簿。若用户需建立其他新工作簿,可在"文件"菜单中选择"新建"命令,然后再选择相应的模板后单击"创建"按钮。

2. 保存工作簿

同 Word 2010 一样,具有初次保存、再次保存、自动备份等功能。

3. 打开文件

打开文件常用方法是:

① 选择"文件"菜单中的"打开"命令或单击快速访问工具栏中的"打开"按钮,将打开"打开"对话框。

② 在"打开"对话框中选择需打开的文件,然后单击"确定"按钮。

4. 关闭工作簿

当完成工作簿的编辑或完成工作后要离开计算机时,最好将已打开的工作簿关闭。关闭工作簿与关闭应用程序窗口一样有许多种方法,常用的有以下几种:

① 关闭工作簿但不退出 Excel 2010 软件的窗口

方法 1:在"文件"菜单中单击"关闭"选项。

方法 2:单击工作簿窗口右上角的关闭按钮。

② 关闭 Excel 2010 软件窗口的同时关闭工作簿

直接单击程序窗口右上角的关闭按钮。

③ 关闭所有工作簿

Excel 2010 软件可以同时打开多个工作簿并进行编辑,若要一次性关闭所有工作簿则可以按下 Shift 键的同时单击"文件"菜单选择其中"全部关闭"命令。

11.2.2 输入数据

一、单元格、单元格区域的选定

在输入和编辑单元格内容之前,必须先选定单元格,使其成为活动单元格,即当前工作单元格。当一个单元格成为活动单元格时,它的边框变成黑线,其行、列号会突出显示,用户可以看到其坐标。当前单元格右下角的小黑块称作填充柄,将鼠标指向填充柄时,鼠标的形状变为黑十字。

表 11-1 单元格和区域选定

选定内容	操 作
单个单元格	单击相应的单元格,或用方向键移动到相应的单元格
连续单元格区域	单击该区域的第一个单元格,然后拖动鼠标直至选定最后一个单元格
工作表中所有单元格	单击"全选"按钮
不连续的单元格或单元格区域	选定第一个单元格或单元格区域,然后按住<Ctrl>键再选定其他的单元格或单元格区域
较大的单元格区域	选定第一个单元格,然后按住<Shift>键再单击区域中最后一个单元格,通过滚动条可以使单元格可见
整行	单击行号
整列	单击列号
连续的行或列	沿行号或列标拖动鼠标。或者先选定第一行或第一列,然后按住<Shift>键再选定其他的行或列
不相邻的行或列	先选定第一行或第一列,然后按住<Ctrl>键再选定其他的行或列
取消单元格选定区域	单击工作表中其他任意一个单元格

二、数据类型

1. 数值型数据

在 Microsoft Excel 2010 中,数值数据允许包括以下一些字符:0 1 2 3 4 5 6 7 8 9 + -( )/ $ % E e。

输入数值数据应注意以下几点:

① 负数的输入:可以用"-"开始,也可用( )的形式,如(50)表示-50;

② 分数的输入:为了与日期相区别,应先输入"0"和空格,如输入 0 1/2 可得 1/2,如在 1/2 前不输入"0"和空格,结果就是 1 月 2 日;

③ 当输入的数据长度超过单元格的列宽或超过 15 位时,数据将以科学记数法形式表示;

例如(7.89E+08)。

2. 日期时间型数据

日期的年、月、日之间用"－"分割或用"/"分割。如输入数据 06/25/06 或 25－JUN－06 均被理解为 2006 年 6 月 25 日。时间的时、分、秒之间用"："分割。如：8：0：09 表示 8 点零分 9 秒。AM：上午，PM：下午，与时间之间应有空格。7：30PM，缺少空格将被当作字符数据处理。如果要输入当天的日期，按<Ctrl>+<；>键；如果要输入当前的时间，按<Ctrl>+<Shift>+<：>键。在单元格中显示一律默认为右对齐。

3. 文本型数据

文本数据可以由字母、数字、汉字或其他字符组成，在单元格中显示时一律默认为左对齐。

三、数据的输入

Excel 提供了简单数据输入、区域数据输入、系列数据自动填充以及在多张工作表中输入相同数据等数据的输入方法。当一个单元格的内容输入完毕后，可用方向键、回车键或者 Tab 键使相邻的单元格成为活动单元格。

1. 简单数据输入

步骤如下：

① 选择单元格；

② 双击将光标定位于单元格内；

③ 输入数据；

④ 若取消输入，按<Esc>键，或单击编辑栏左侧的"取消" ✕ 按钮；

⑤ 若要光标定位在下一列，按<Tab>键；

⑥ 若要光标定位在下一行，按<Enter>键；

2. 按区域输入数据

区域可以根据操作需要灵活选取，既可以是一行或一列，也可以是一个或几个任意大小的矩形块，直至整张工作表。操作步骤如下：

① 选择所要输入数据的区域；

② 如果沿行的方向输入，每个单元格输入完后按<Tab>键；

③ 如果沿列的方向输入，每个单元格输入完后按<Enter>键；

④ 当输入数据到达区域边界时，光标会自动到所选区域的下一行(或列)的开始处。

3. 系列数据自动填充

向工作表输入数据时，有时会用到一些有规律的系列数据：如一月、二月、…、十二月；星期日、星期一、……Excel 2010 提供的填充功能，可以使用户快速地输入整个数据系列，而不必依次输入系列中的每一个数据，这种自动输入可通过"编辑"菜单中的"填充"命令或用鼠标拖动"自动填充柄"来完成。下面主要介绍利用自动填充柄来输入系列数据。

(1) 自动填充已定义的序列

Excel 2010 预先设置了"1、2、……"、"星期日、星期一、……"、"一月、二月、……、十二月"、"甲、乙、丙、丁、……"等中英文数据序列，将这些序列填充到工作表的操作步骤如下：

① 将序列中的第一个数据输入活动单元格；

② 在活动单元格右下角总有一个小方块，称为"填充柄"。把鼠标指针移到填充柄上，此

时,鼠标指针将由空心十字光标变为实心黑色十字光标;

③ 按下鼠标左键,将鼠标拖动至结束的单元格。这时,在起始至结束的单元格内自动填充了数据序列。

(2) 填充尚未定义但有明显变化规律的序列

若需输入 5,10,15,……、Class1,Class2,……这些有规律的数据,也可采取自动填充功能,操作步骤如下:

① 选定 2 个单元格作为初始区域,输入序列的前面两个数据;

② 选择这两个单元格;

③ 用鼠标左键按住第二个单元格的右下角的填充柄,拖动鼠标到结束的单元格,这时,在起始到结束的单元格内自动填充了有规律的相应数据序列。

(3) 建立自定义的"自动填充"序列

Excel 2010 除提供少量的"自动填充"序列外,还为用户建立自己定义后"自动填充"序列提供了方便。要自动填充自己定义的数据序列,必须先定义,然后再使用。以下是建立自定义"自动填充"序列的操作步骤。

① 单击"文件"→"选项"命令,在打开的"Excel 选项"对话框中选择"高级"选项卡,在"常规"组中单击其中的"编辑自定义列表"标签;

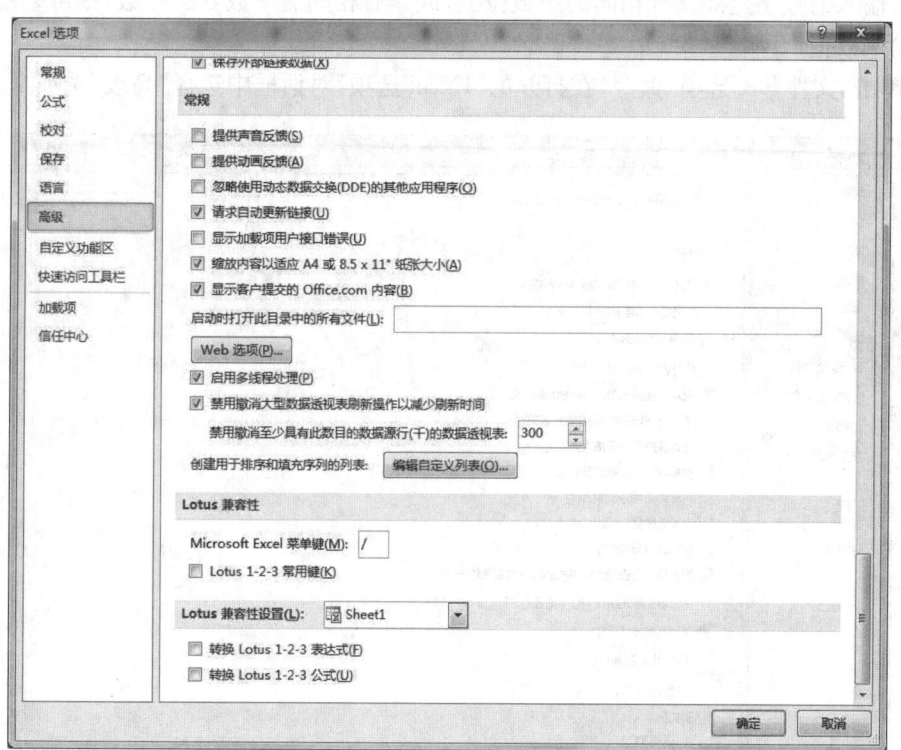

图 11-3 打开编辑自定义列表设置

② 在打开的"自定义序列"对话框中,选择"新序列",然后在右侧的"输入序列"框内分别输入序列的每一项后,单击"添加"按钮将所定义的序列添加到"自定义序列"的列表中;或单击"导入"按钮左侧的中的选择区域按钮,在表格区选择后按<Enter>键回到该对话框,按"导

入"按钮将它填入"自定义序列"列表中;

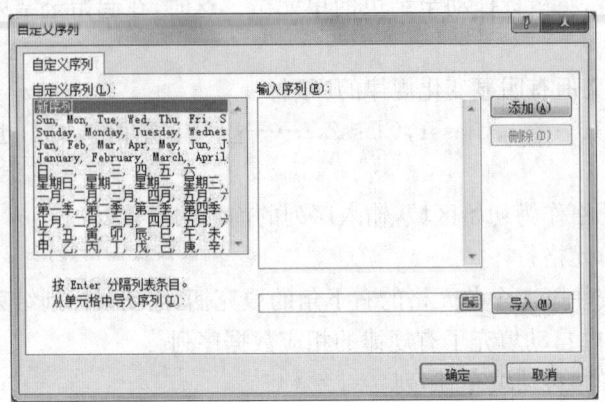

图 11-4 自定义序列

③ 按"确定"按钮退出对话框。自定义序列建立后,就可以使用自定义序列来自动填充数据,使用方法同自动填充已定义的序列。

(4) 用预置小数位数(或尾 0)的方法输入数字

如果输入的数字全部具有相同的小数位数,或具有相同的尾数 0 的整数,则可采用以下操作步骤输入数据:

① 单击"文件"→"选项"命令,在打开的"Excel 选项"对话框中选择"高级"选项卡。

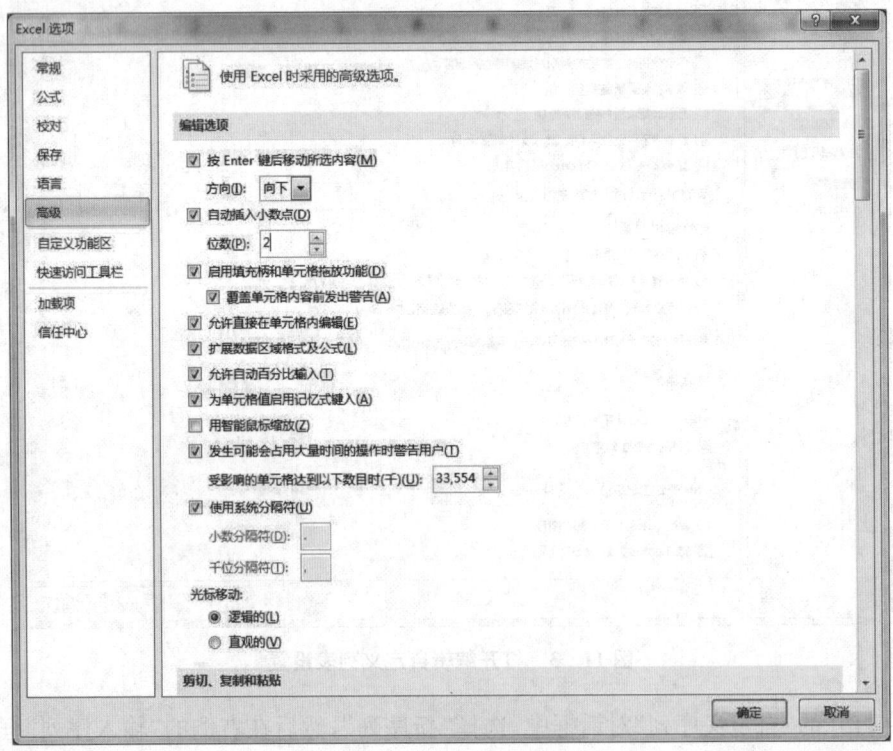

图 11-5 预置小数位数

② 在"编辑选项"分组中选择"自动插入小数点"项,在"位数"框中,若输入大于 0 的数,则设置的是小数位数;若输入小于 0 的数,则设置的是尾数 0 的个数;

③ 如果在输入过程中,需暂时取消这个设置,可以在输入完整数后输入.0 或直接输入小数。

(5) 同时在多个单元格中输入相同数据

如果多个单元格中的数据相同,可以使用 Excel 2010 提供的方法输入数据。步骤如下:

① 选择需要输入数据的单元格

② 选择的单元格可以是连续的,也可以是不连续的;在其中一个单元格中键入数据;

③ 按<Ctrl>+<Enter>键,完成操作。

11.2.3 编辑单元格

编辑单元格包括对单元格及单元格内数据的操作。其中,对单元格的操作包括移动和复制单元格、插入单元格、插入行、插入列、删除单元格、删除行、删除列等;对单元格内数据的操作包括复制和删除单元格数据,清除单元格内容、格式等。

一、移动和复制单元格

移动和复制单元格的操作步骤如下:

① 选定需要移动和复制的单元格;

② 将鼠标指向选定区域的选定框,此时鼠标形状为四方向箭头;

③ 如果要移动选定的单元格,则用鼠标将选定区域拖到粘贴区域(目的地),然后松开鼠标,Excel 将选定区域移动并以选定区域替换粘贴区域中原有数据。如果要复制单元格,则需要按住<Ctrl>键,再拖动鼠标进行随后的操作。如果要在单元格间插入单元格,移动则需要按住<Shift>键,复制则需要按住<Shift>+<Ctrl>键,再进行拖动。在这里要注意的是:必须先释放鼠标再松开按键。如果要将选定区域移到其他工作表上,应按住<Alt>键,然后拖动到目标工作表标签上。

二、特定内容复制

除了复制整个单元格外,Excel 还可以选择单元格中的特定内容进行复制,其步骤如下:

选定需要复制的单元格;单击鼠标右键,在弹出的快捷菜单中选择"复制"命令;

选定粘贴区域单元格;单击鼠标右键,在弹出的快捷菜单中的"粘贴分组"中选择"粘贴"、"值"、"公式"、"转置"、"格式"、"粘贴链接"等命令,可以实现粘贴数值,粘贴公式,粘贴格式,行列转换等效果。

三、插入单元格、行或列

可以根据需要插入空单元格、行或列,并对其进行填充。

(1) 插入单元格:利用"开始"菜单上的"单元格"分组中的"插入"命令可以插入空单元格,具体操作步骤如下:

① 在需要插入空单元格处选定相应的单元格区域,选定的单元格数量应与待插入的空单

元格的数量相等;

② 在"开始"菜单的"单元格"分组中单击"插入"命令,可在当前单元格所处位置插入一个空白单元格。

(2) 插入行:利用"开始"菜单上的"单元格"分组中的"插入"命令可以插入,步骤如下:

① 如果需要插入一行,则单击需要插入的新行之下相邻行中的任意单元格;如果要插入多行,则选定需要插入的新行之下相邻的若干行,选定的行数应与待插入空行的数量相等;

② 在"开始"菜单的"单元格"分组中单击"插入"命令,可插入新的一行或数行。

可以用类似的方法在表格中插入列。如果要插入一列,则单击需要插入的新列右侧相邻列中的任意单元格;如果要插入多列,则选定需要插入的新列右侧相邻的若干列,选定的列数应与待插入的新列数量相等。

四、删除和清除单元格、行或列

(1) 删除单元格、行或列是指将选定的单元格从工作表中移走,并自动调整周围的单元格填补删除后的空格,操作步骤如下:

① 选定需要删除的单元格、行或列;

② 执行"开始"菜单的"单元格"分组中"删除"命令,在删除对话框中选择删除方式。

(2) 清除单元格、行或列是指将选定的单元格中的内容、格式或批注从工作表中删除,单元格仍保留在工作表中,操作步骤如下:

① 选定需要清除的单元格、行或列;

② 单击鼠标右键,在弹出的快捷菜单中选择"清除内容"命令。

五、对齐方式的设置

1. 用工具栏按钮设置对齐方式

用工具栏按钮设置对齐方式的步骤如下:

① 选择所要格式化的单元格;

② 可以在"开始"→"对齐方式"分组中选择水平对齐分组中的"左对齐"、"居中对齐"、"右对齐"等按钮或垂直对齐分组中的"顶端对齐"、"垂直居中"、"底端对齐"等按钮和"减少缩进量"按钮、"增加缩进量"按钮来设置单元格对齐方式。

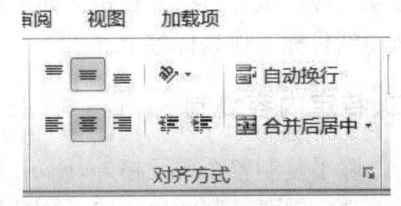

图 11-6 对齐设置

2. 用菜单设置对齐方式

用菜单设置对齐方式的步骤如下:

① 选择所要格式化的单元格;

② 点击"开始"→"对齐方式"分组中"设置单元格格式:对齐方式"按钮,打开"单元格格式"对话框,在对话框中选择"对齐"标签项;

③ 在"对齐"标签页中,可选择"水平对齐"方式、"垂直对齐"方式、"文本控制"选项以及"方向"的选择;按"确定"按钮,完成操作。

第十一章 Excel 2010

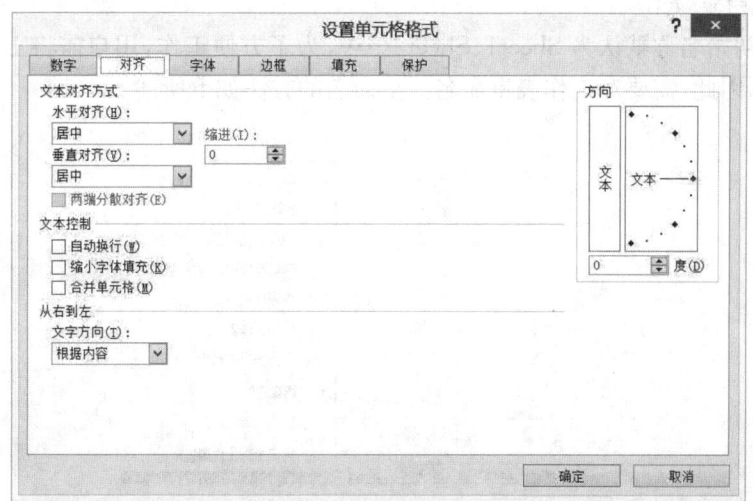

图 11-7 单元格格式对话框

11.2.4 工作表基本操作

工作表的删除、插入和重命名

1. 工作表的删除

删除工作表的步骤如下：

① 选择所要删除的工作表标签；

② 在所选标签上单击鼠标右键，在出现的菜单中选择"删除"项。

2. 工作表的插入

插入工作表的步骤如下：

① 选择工作表标签，插入的工作表将位于该表之前；

② 在所选标签上单击鼠标右键；

③ 在出现的菜单中选择"插入"项，在打开的"插入"对话框中，选择"工作表"项。

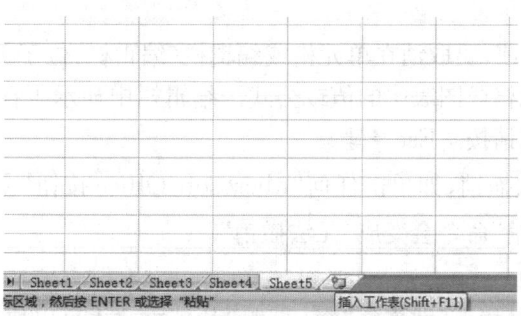

图 11-8 工作表的插入

3. 工作表的重命名

工作表的初始名称默认为 Sheet1、Sheet2……，为了方便工作，用户需将工作表命名为自己易记的名字，因此，需要对工作表重命名。重命名的方法如下所述。

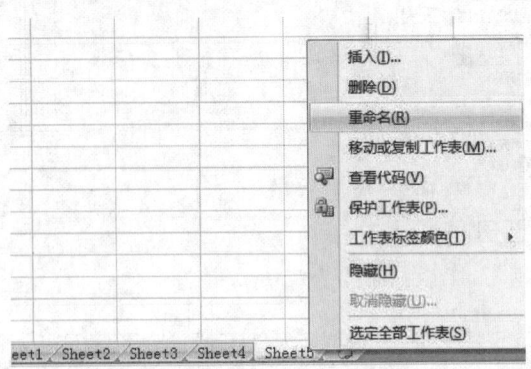

图 11-9　工作表的重命名

单击"格式"菜单，选择"工作表"菜单项命令，出现级联菜单，单击"重命名"选项，工作表标签栏的当前工作表名称将会反亮显示，即可修改工作表的名字。

11.2.5　数据的格式化

一、撤销与恢复

在 Microsoft Office Excel 中，可以撤销和恢复多达 100 项操作，甚至在保存工作表之后也可以。还可以重复任意次数的操作。

1. 撤销执行的上一项或多项操作

要撤销操作，请执行下列一项或多项操作：单击"快速访问"工具栏上的"撤销"　。键盘快捷方式也可以按<Ctrl>+<Z>键。

2. 同时撤销多项操作

单击"撤销"　旁的箭头，从列表中选择要撤销的操作，然后单击列表。Excel 将撤销所有选中的操作。

在按下<Enter>键前，要取消在单元格或编辑栏（编辑栏：位于 Excel 窗口顶部的条形区域，用于输入或编辑单元格或图表中的值或公式。编辑栏中显示了存储于活动单元格中的常量值或公式。）中的输入，请按<Esc>键。

注释：某些操作无法撤销，如单击任何"Microsoft Office 按钮"　命令或者保存工作簿。如果操作无法撤销，"撤销"命令会变成"无法撤销"。

3. 恢复撤销的操作

单击"快速访问"工具栏上的"恢复"　。键盘快捷方式也可以按<Ctrl>+<Y>键。

注释：在恢复所有已撤销的操作时，"恢复"命令变为"重复"　。

4. 重复上一项操作

单击"快速访问"工具栏上的"重复"。键盘快捷方式也可以按<Ctrl>+<Y>键。

注释:某些操作无法重复,如在单元格中使用函数。如果不能重复上一项操作,"重复"命令将变为"无法重复"。

二、套用表格格式

Excel 2010 的套用表格格式功能可以根据预设的格式,将制作的报表格式化,产生美观的报表。从而节省使用者将报表格式化的许多时间,同时使表格符合数据库表单的要求。

具体操作:

步骤1:把鼠标定位在数据区域中的任何一个单元格,单击"开始"再单击"套用表格格式"。

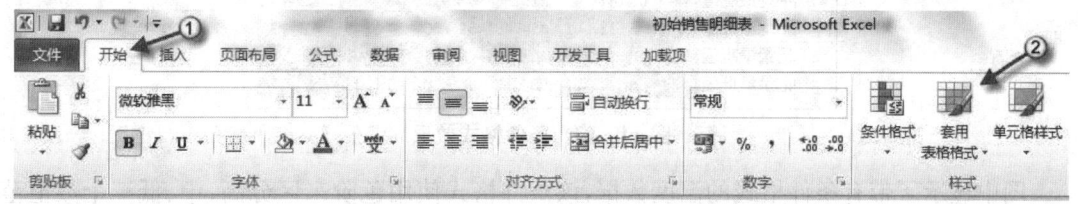

图11-10 套用表格格式操作

步骤2:选择自己所需要的表格样式,如图11-11所示。

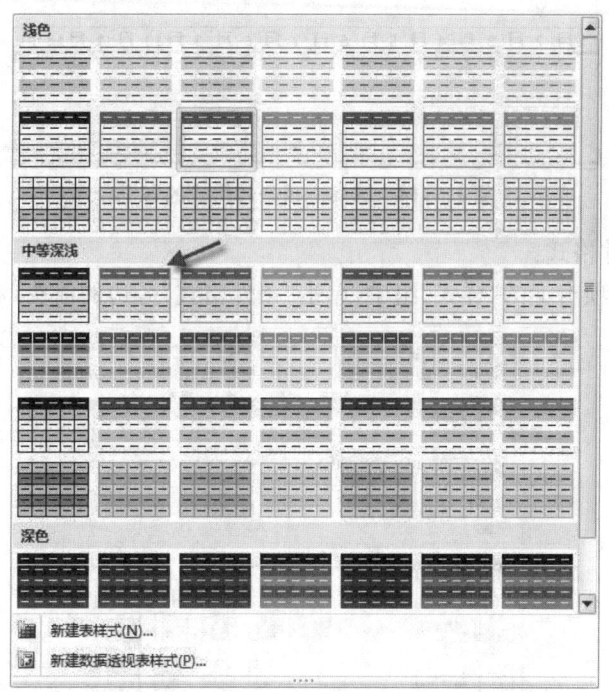

图11-11 选择表格样式

步骤3:Excel 2010 自动选中了表格范围,单击"确定"应用表样式。

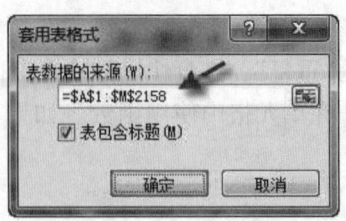

图 11-12 应用所选的表格样式

三、条件格式

通过为数据应用条件格式,只需快速浏览即可立即识别一系列数值中存在的差异。

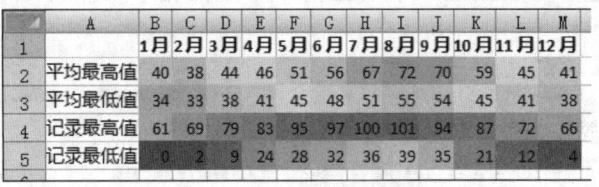

图 11-13 条件格式效果

图中显示了带有条件格式的温度数据,该条件格式使用色阶来区分高、中、低三个数值范围。下列过程使用了该数据。

操作方法:

步骤 1:选择要设置条件格式的数据。

1月	2月	3月	4月	5月	6月	7月	8月	9月	10月	11月	12月
40	38	44	46	51	56	67	72	70	59	45	41
34	33	38	41	45	48	51	55	54	45	41	38
61	69	79	83	95	97	100	101	94	87	72	66
0	2	9	24	28	32	36	39	35	21	12	4

图 11-14 选择应用条件格式的数据

步骤 2:应用条件格式:

(1)在"开始"选项卡上的"样式"组中,单击"条件格式"旁边的箭头,然后单击"色阶"。

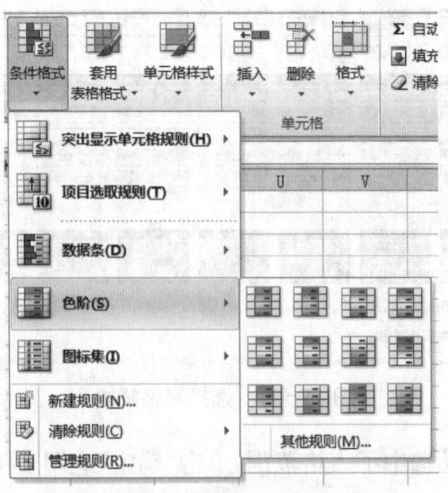

图 11-15 色阶

(2) 将鼠标指针悬停在色阶图标上,预览应用了条件格式的数据。

在三色阶中,最上面的颜色代表较高值,中间的颜色代表中间值,最下面的颜色代表较低值。此示例使用了红、黄、蓝三色阶。

步骤 2:试用条件格式。

在"开始"选项卡上的"样式"组中,单击"条件格式"旁边的箭头,然后试用可用样式。

图 11-16　条件格式对话框

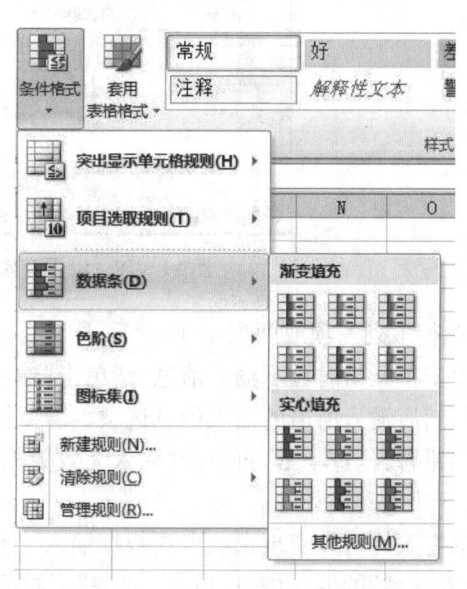

图 11-17　条件格式预览

也可以设置图标集条件格式。选中所需要运用条件格式的列或行。再单击"条件格式"下的图标集即可。

四、数据有效性

Excel 强大的制表功能,给我们的工作带来了方便,但是在表格数据录入过程中难免会出错,一不小心就会录入一些错误的数据,比如重复的身份证号码,超出范围的无效数据等。其实,只要合理设置数据有效性规则,就可以避免错误。使用数据有效性可以控制用户输入到单元格的数据或值的类型。例如,可以使用数据有效性将数据输入限制在某个日期范围、使用列表限制选择或者确保只输入正整数。

步骤 1:选择一个或多个要验证的单元格,然后在"数据"选项卡的"数据工具"组中,单击"数据有效性"。

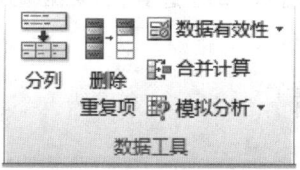

图 11-18　数据选项卡

步骤 2:在"数据有效性"对话框中,单击"设置"选项卡,然后选择所需的数据有效性类型。

例如，如果您想让用户输入 5 位数字的帐户号码，请在"允许"框中选择"文本长度"，在"数据"框中选择"等于"，在"长度"框中键入 5。

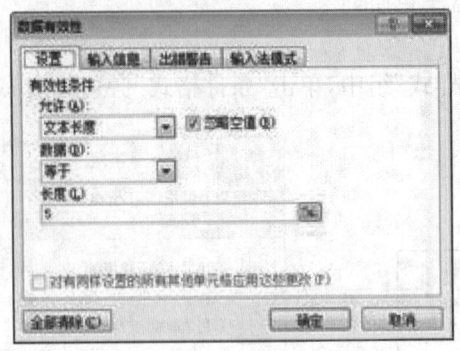

图 11-19 设置有效性条件

步骤 3：执行下列一项或两项操作：

若要在单击单元格时显示输入信息，请单击"输入信息"选项卡，再单击"选定单元格时显示输入信息"，然后输入所需的输入信息选项。若要指定用户在单元格中输入无效数据时的响应，请单击"出错警告"选项卡，再单击"输入无效数据时显示出错警告"复选框，然后输入所需的警告选项。

使用数据有效性可以实现选项卡式数据输入。具体操作为选定需要输入的单元格区域，后单击"数据有效性"的输入信息，单击"允许"下拉列表中的"序列"，例如输入"国际健将,健将,一级,二级,其他"，最后单击"确定"。之后可以看到，再次单击之前选定的单元格区域的单元格时，旁边会出现一个下拉按钮，这样你就可以按照指定的序列实现选项卡式数据输入，尤其适合类别对象输入。

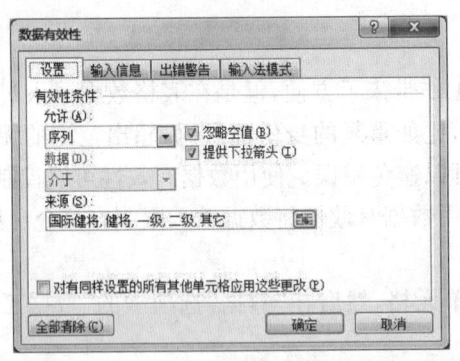 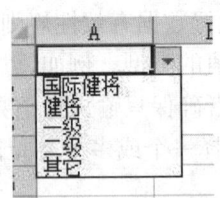

图 11-20 选项卡式数据输入

11.2.6 图表的制作与编辑

一、图表的创建

图表是数据的一种可视表示形式。通过使用类似柱形（在柱形图中）或折线（在折线图中）

这样的元素,图表可按照图形格式显示系列数值数据。

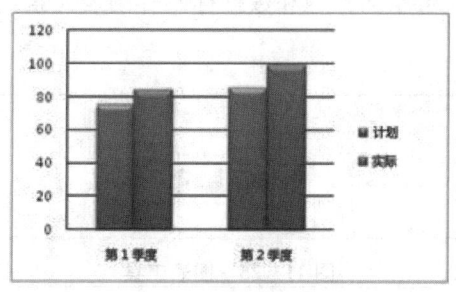

图 11-21　图表示例

图表的图形格式可让用户更容易理解大量数据和不同数据系列之间的关系。图表还可以显示数据的全貌,以便您可以分析数据并找出重要趋势。

步骤1:选择制作图表的数据。

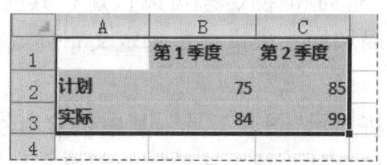

图 11-22　选择数据区域

应按照行或列的形式组织数据,并在数据的左侧和上方分别设置行标签和列标签,Excel会自定确定在图表中绘制数据的最佳方式。

步骤2:在"插入"选项卡上的"图表"组中,单击要使用的图表类型,然后单击图表子类型。

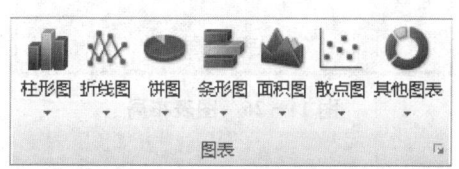

图 11-23　选择图表类型

若要查看所有可用的图表类型,请单击 以启动"插入图表"对话框,然后单击相应箭头以滚动浏览图表类型。

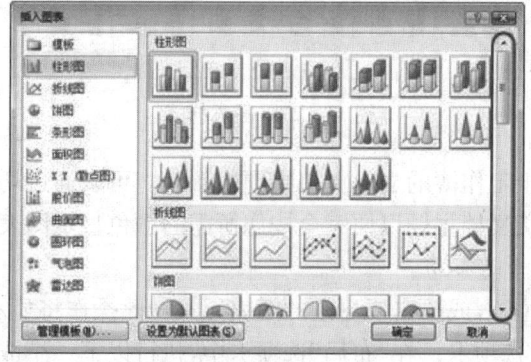

图 11-24　图表类型选项卡

将鼠标指针停留在任何图表类型上时,屏幕提示将会显示其名称。

步骤3:使用"图表工具"可添加标题和数据标签等图表元素,以及更改图表的设计、布局或格式。

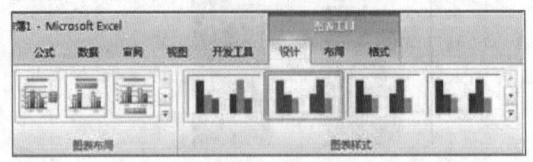

图11-25 图表工具

如果"图表工具"不可见,请单击图表内的任何位置将其激活。

二、图表的修改

创建图表后,您可以更改它的外观。为了避免手动进行大量的格式设置,Microsoft Office Excel 提供了多种有用的预定义布局和样式,您可以快速将其应用于图表中。然后,您可以通过手动更改单个图表元素的布局和样式来进一步自定义布局或样式。

1. 选择预定义图表布局

单击要设置格式的图表。将显示"图表工具",其中包含"设计"、"布局"和"格式"选项卡。在"设计"选项卡上,在"图表布局"组中,单击要使用的图表布局。

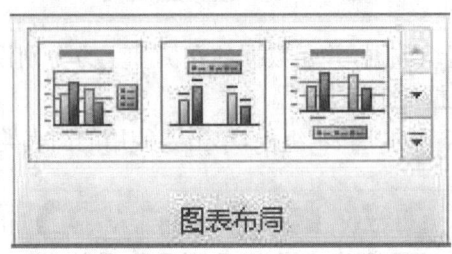

图11-26 图表布局

2. 选择预定义图表样式

单击要设置格式的图表。此操作将显示"图表工具",其中包含"设计"、"布局"和"格式"选项卡。在"设计"选项卡上,在"图表样式"组中,单击要使用的图表样式。

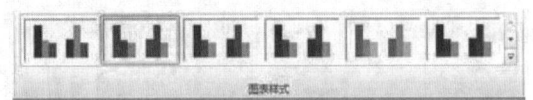

图11-27 图表样式

图表样式使用应用于工作簿的当前文档主题的颜色。可以通过切换到不同的文档主题来更改颜色。还可以自定义文档主题以便完全按您所需的颜色显示图表。

3. 手动更改图表元素的布局

单击图表中的任意位置,或单击要更改的图表元素。此操作将显示"图表工具",其中包含"设计"、"布局"和"格式"选项卡。在"布局"选项卡中,执行以下一个或多个操作:

（1）在"标签"组中,单击要更改的图表标签的布局选项。

图 11-28　图表标签

（2）在"坐标轴"组中,单击要更改的坐标轴或网格线的布局选项。

图 11-29　图表坐标轴

（3）在"背景"组中,单击要更改的背景的布局选项。

"图表背景墙"、"图表基底"和"三维旋转"选项只适用于三维图表。

图 11-30　图表背景

（4）在"分析"组中,单击要添加或更改的任何线条或栏的布局选项。根据图表的图表类型,有些分析选项可能不可用。

4. 手动更改图表元素的格式样式

单击要更改的图表元素,或者通过执行下列操作从图表元素列表中进行选择:单击图表。将显示"图表工具",其中包含"设计"、"布局"和"格式"选项卡。在"格式"选项卡上的"当前所选内容"组中,单击"图表元素"框中的箭头,然后单击要更改格式样式的图表元素。

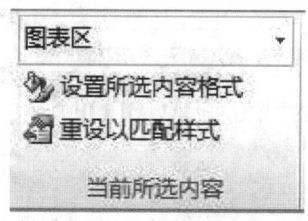

图 11-31　应用区域

（1）在"当前所选内容"组中,单击"设置所选内容格式",然后在"设置＜图表元素＞格式"对话框中,选择所需的格式选项。

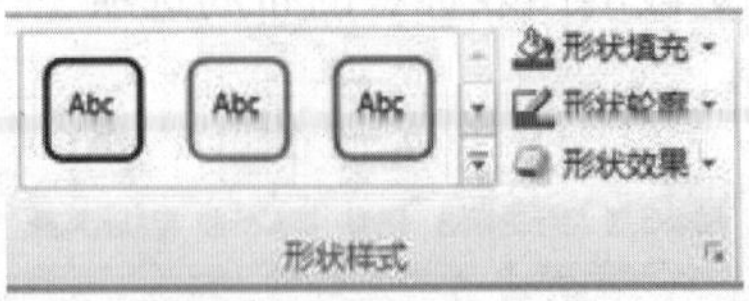

图 11-32 形状样式

（2）在"形状样式"组中，单击"形状填充"、"形状轮廓"或"形状效果"，然后选择所需的格式选项。

（3）在"艺术字样式"组中，单击一个艺术字样式选项，或单击"文本填充"、"文本轮廓"或"文本效果"，然后选择所需的文本格式选项。

若要更改特定图表元素的格式，可以右键单击该图表元素，然后单击"设置<图表元素>格式"。

三、迷你图

迷你图是 Microsoft Excel 2010 中的一个新功能，它是工作表单元格中的一个微型图表，可提供数据的直观表示。使用迷你图可以显示一系列数值的趋势（例如，季节性增加或减少、经济周期），或者可以突出显示最大值和最小值。在数据旁边放置迷你图可达到最佳效果。与 Excel 工作表上的图表不同，迷你图不是对象，它实际上是单元格背景中的一个微型图表。您可以快速查看迷你图与其基本数据之间的关系，而且当数据发生更改时，您可以立即在迷你图中看到相应的变化。除了为一行或一列数据创建一个迷你图之外，还可以通过选择与基本数据相对应的多个单元格来同时创建若干个迷你图，如图 11-33 所示。还可以通过在包含迷你图的相邻单元格上使用填充柄，为以后添加的数据行创建迷你图。此外，与图表不同，在打印包含迷你图的工作表时将会打印迷你图。

具体操作：

步骤1：选中需要构建迷你图的单元格。在"插入"选项卡中，单击迷你图组中的"折线图"，选择数据范围（资金列的数据），单击"确定"。

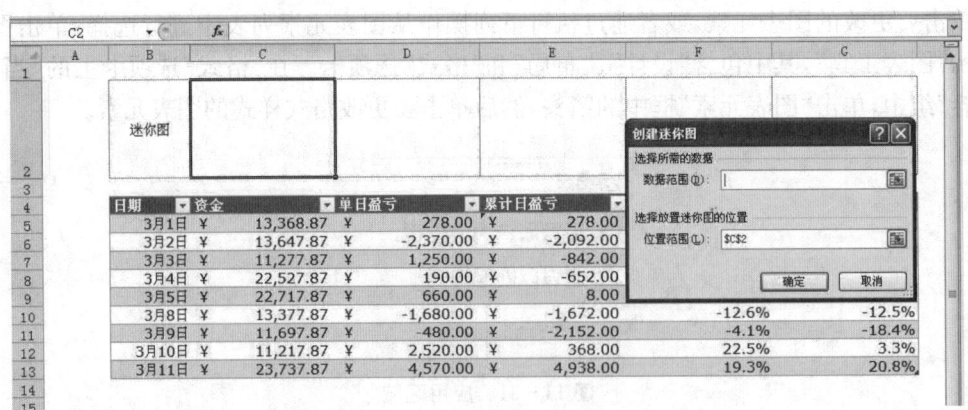

图 11-33 选择数据范围

步骤2：迷你图绘制在单元格中。

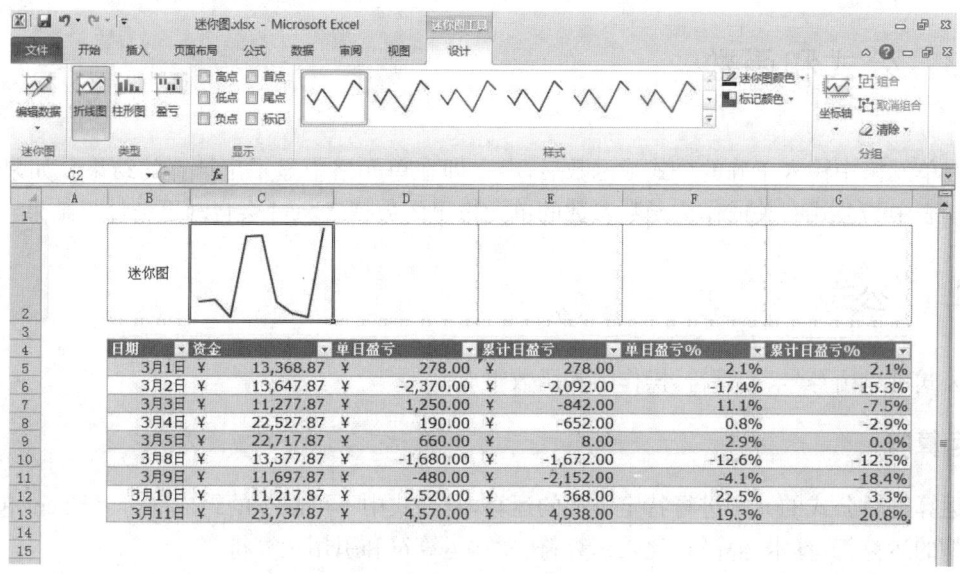

图 11-34 绘制效果

步骤3：将鼠标移动到迷你图单元格的右下角，显示填充柄黑十字指针时，向右拖动，每个单元格都绘制出对应数据的迷你图。

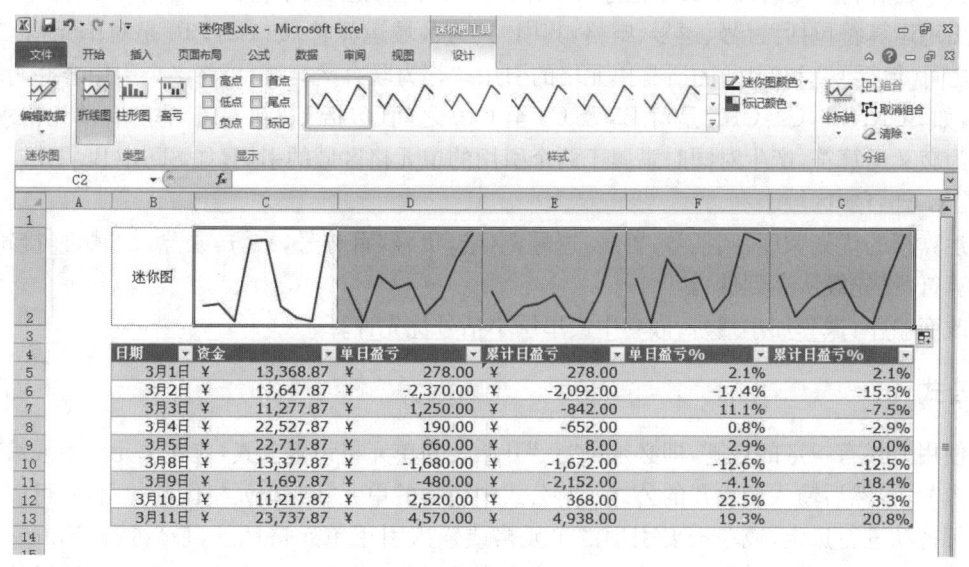

图 11-35 自动填充绘制效果

步骤4：在"迷你图工具"选项卡的"设计"下，单击要创建的迷你图的类型："折线图"、"柱形图"或"盈亏图"。

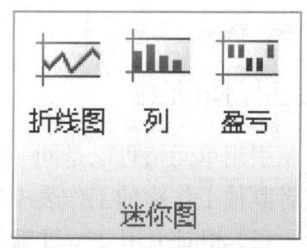

图 11-36 图形类型

11.3 公式和函数

在单元格中输入正确的公式或函数后,会立即在单元格中显示出计算的结果。如果改变了工作表中与公式有关或作为函数参数的单元格里的数据,Excel 会自动更新计算结果

11.3.1 公式

公式可以由等号、运算符、操作数和函数组成。

一、运算符

运算符对公式的元素进行特定类型的运算,是公式中不可缺少的组成部分。Excel 包含 4 种类型的运算符:算术运算符、比较运算符、文本运算符和引用运算符。

算术操作符包括:+、-、*、/以及^(幂),计算顺序为先乘除后加减。

比较运算符包括:=、>、>=、<、<=、<>,比较运算符可以比较两个数值并产生一个逻辑值(FLASE、TURE)。

文本运算符"&"将两个文本值连接起来产生一个连续的文本值。

引用运算符包括:冒号、逗号、空格,其中":"为区域运算符,如 C2:C10 是对单元格 C2 到 C10 之间(包括 C2 和 C10)的所有单元格的引用;","为联合运算符,可将多个引用合并为一个引用,如 SUM(B5,C2:C10)是对 B5 及 C2 至 C10 之间(包括 C2 和 C10)的所有单元格求和;空格为交叉运算符,产生对同时隶属于两个引用的单元格区域的引用,如 SUM(B5:E10 C2:D8)是对 C5:D8 区域求和。

运算符的优先顺序:圆括号,冒号,逗号,空格,负号,百分号,乘方,乘除,加减,连接符,比较运算符(优先级从高到低)。

改变顺序:嵌套加小括号,嵌套中最里层小括号优先计算。

二、公式

使用公式有一定的规则,即必须以"="开始。为单元格设置公式,应在单元格中或编辑栏中输入"=",然后输入所设置的公式。对公式中包含的单元格或单元格区域的引用,可以直接用鼠标拖动进行选定,或单击要引用的单元格或输入引用单元格地址,最后按<Enter>键。如"=(C4+D4+E4)/3"表示将 C4、D4、E4 三个单元格中的数值求和并除以 3,把结果放入当前单元格中。

三、引用单元格

引用单元格可以是同一个工作表中的其他单元格,同一个工作簿不同工作表中的单元格,或者其他工作簿的工作表中的单元格。

(1) 相对引用(Excel 默认单元格引用):指当把一个含有单元格或单元格区域地址的公式复制到新的位置时,公式中的单元格或单元格区域地址随着改变,公式的值将会依据更改后的

单元格或单元格区域地址的值重新计算。

（2）绝对引用：指在公式中的单元格或单元格区域地址不随着公式位置的改变而发生改变。不论公式的单元格处在什么位置，公式中所引用的单元格位置都是其在工作表中的确切位置。绝对单元格引用的形式是在每一个列标及行号前加一个＄符号，例如＄B＄2。

（3）混合引用：指单元格或单元格区域的地址部分是相对引用，部分是绝对引用。如＄B2、B＄2。

不同工作表中的数据所在单元格地址的表示：工作表名称！单元格引用地址。

不同工作簿中的数据所在单元格地址的表示：［工作簿名称］工作表名称！单元格引用地址。

例如：=［Sale1.xls］销售统计！＄E＄4+［Sale2.xls］销售统计！＄E＄4+［Sale3.xls］销售统计！＄E＄4+［Sale4.xls］销售统计！＄E＄4

下面举例来说明公式编辑方法。

【例】 在图11-37所示的学生成绩中，包括高等数学、大学英语、计算机基础三门成绩，求每个学生的平均成绩。

操作步骤：

① 单击G4单元格使其成为活动单元格；

② 在"数据编辑区"，输入公式"=(C4+D4+E4)/3"后回车，得到G4的值为70.66667；

③ 再将鼠标箭头放在G4的边框右下角的填充柄上，等其显现为"+"时，按住鼠标左键向下拖动扫过有学生成绩的区域，就可得到所有学生的平均成绩。

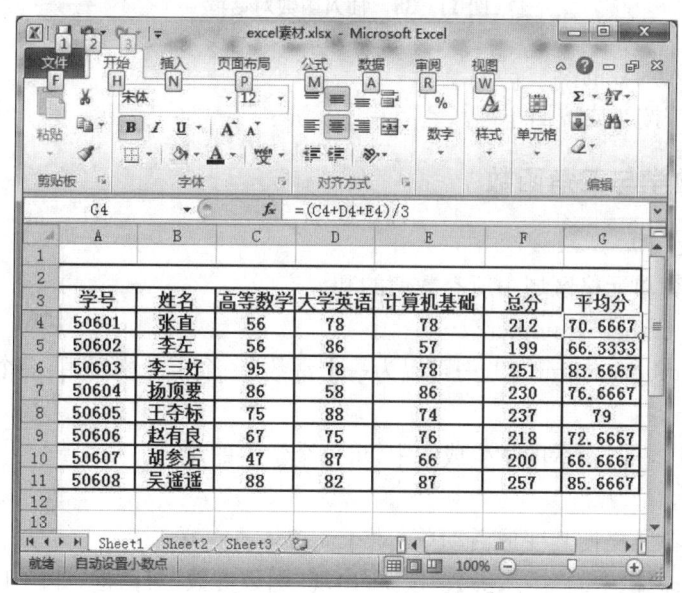

图 11-37 函数公式自动填充

11.3.2 函数

Excel 2010含有大量的函数，可以帮助进行数值、文本、逻辑、查找等计算工作，使用函数

可以加快数据录入和计算速度。Excel 2010 除了自身带有的内置函数外,还允许用户自定义函数。函数的一般格式为:

函数名(参数1,参数2,参数3,…)

输入函数的步骤如下:

① 手动输入函数名称或单击"公式"→"插入函数"命令,弹出"插入函数"对话框,并在"选择函数"列表框中选择所需函数名称;

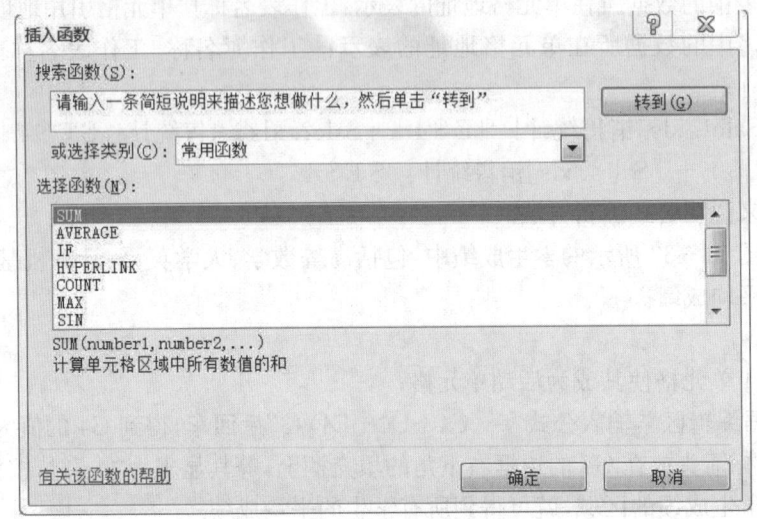

图 11-38　插入函数对话框

② 在( )中输入函数的参数;
③ 单击"确定"按钮或按回车键。

一、统计函数、数学与三角函数

1. SUM 函数

主要功能:计算单元格区域中所有数值的和。

格式:SUM(number1,number2,…)

参数说明:number1,number2,…可以为一个常数、一个单元格引用、一个区域引用或者一个函数。

【例】　在图 11-37 所示的学生成绩中,求每个学生的总分。

操作步骤:

(1) 单击 F4 单元格使其变成活动单元格;

(2) 然后"公式"栏中的"插入函数"按钮,出现"函数参数"对话框,如图 11-38 所示;

(3) 单击"选择函数"列表框中的"SUM"选项;单击"确定"按钮,显示如图 11-39 所示的函数对话框;

Excel 2010 会根据活动单元格所在位置与行列的关系,自动赋予 Number1 一个求值范围。如本例中,系统就给 Number1 自动赋予了 C4:E4,并且给出了求和结果 212,用鼠标单击对话框中的"确定"按钮即可,然后可利用自动填充方式填充其他学生的总分。

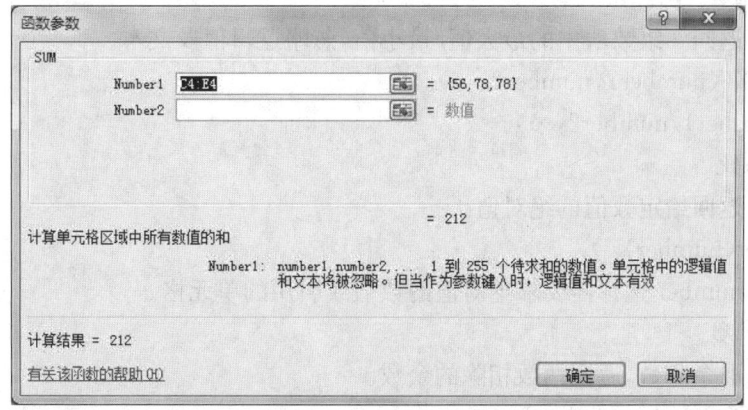

图 11-39　函数操作 2

2. AVERAGE 函数

主要功能：求出所有参数的算数平均值。

格式：AVERAGE(number1,number2,…)

注意：如果引用区域中包含"0"值单元格，则计算在内；如果引用区域中包含空白或字符单元格，则不计算在内。

【例】　如图 11-40 所示，求平均值的步骤与求和基本相同。先单击 G4 单元格后按"函数"按钮，在"插入函数"对话框中选择"AVERAGE"函数，按"确定"按钮后，系统将显示 Number1 为 C4:E4，再按"确定"按钮，即可得到 G4 结果，其他人的平均值用拖曳方法得到。

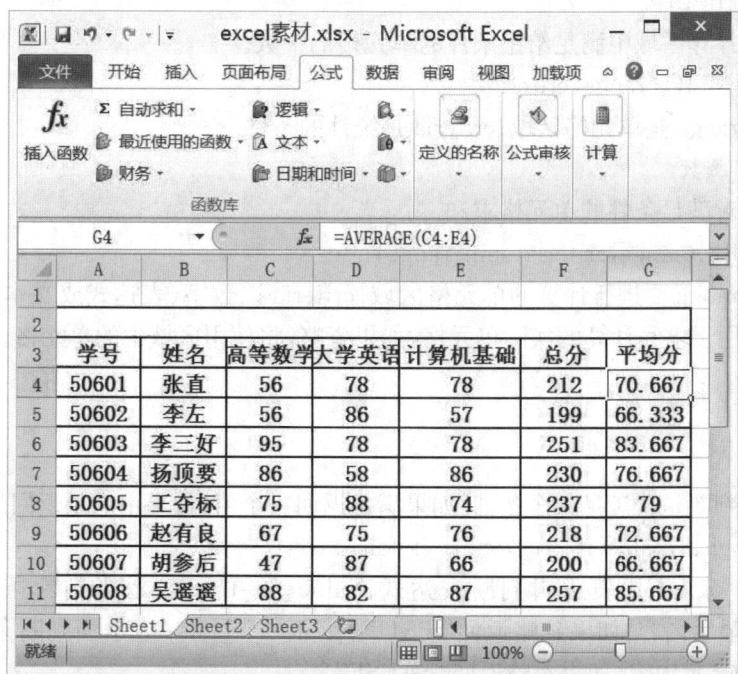

图 11-40　AVERAGE 函数示例

3. MAX 函数/MIN 函数

主要功能:返回一组数值中的最大值/最小值,忽略逻辑值及文本。

格式:MAX((number1,number2,…)

MIN((number1,number2,…)

4. ABS 函数

主要功能:返回给定数值的绝对值。

格式:ABS(number)

参数说明:number 达标需要求绝对值的数值或引用的单元格。

5. MOD 函数

主要功能:取余函数,返回两数相除的余数。

格式:MOD(number,divisor)

参数说明:number 是被除数;divisor 是除数。

6. COUNT 函数

主要功能:计算区域中包含数字的单元格的个数(只有数字类型的数据才能被统计)。

格式:COUNT(value1,value2,…)

参数说明:value1,value2,…是包含或引用各种类型数据的参数。

7. COUNTA 函数

主要功能:计算区域中非空单元格的个数(空格可以被统计,参数是空白单元格或被引用的是空白单元格则不被统计)。

格式:COUNTA(value1,value2,…)

8. COUNTIF 函数

主要功能:计算区域中满足给定条件的单元格的个数。

格式:COUNTIF(range,criteria)

参数说明:range 是单元格区域;criteria 是统计的条件。

9. SUMIF 函数

主要功能:对满足条件的单元格求和。

格式:SUMIF(range,criteria,sum_range)

参数说明:range 要进行计算的单元格区域;criteria 以数字、表达式或文本形式定义的条件;sum_range 用于求和计算的实际单元格,如果省略,将使用区域中的单元格。

二、逻辑函数

1. IF 函数

主要功能:判断是否满足某个条件,如果满足返回一个值,如果不满足返回另一个值。

格式:IF(logical,value_if_true,value_if_false)

参数说明:logical 代表逻辑判断表达式;value_if_true 表示当判断条件为逻辑"真(TRUE)"时的显示内容,如果忽略返回"TRUE";value_if_false 表示当判断条件为逻辑"假(FALSE)"时的显示内容,如果忽略返回"FALSE"。

2. AND 函数

主要功能:如果其参数都成立就返回 TRUE,有一个不成立否则返回 FALSE。

格式:AND(logical,logical2,…)

3. IFERROR 函数

主要功能:如果表达式是一个错误,则返回 value_if_error,否则返回表达式自身的值。

格式:IFERROR(value,value_if_error)

参数说明:value 是任意值、表达式或引用。

三、日期与时间函数

1. DATE 函数

主要功能:给出指定数值的日期

格式:DATE(year,month,day)

参数说明:year 为指定的年份数值(小于 9999);month 为指定的月份数值(可以大于 12);day 为指定的天数。

注意:如果所输入的月份大于 12,将从指定年份的一月份执行加法运算。如果 day 大于该月份的最大天数时,将从指定月份的第一天开始往上累加。

【例】 ＝DATE(2018,16,34),显示出 2019－5－4

2. YEAR 函数

主要功能:返回日期中的年份

格式:YEAR(serial_number)

参数说明:serial_number 为一个日期值。有多种输入方式:带引号的文本串(如"2018－6－2")、序列号(如 1900 日期系统的 43253 表示的 2018 年 6 月 2 日),一级其他公式或函数的结果(如 DATEVLUE("2018－6－2")返回 2018 年 6 月 2 日的序列号)

3. MONTH 函数

主要功能:返回日期中的月份

格式:MONTH(serial_number)

4. DAY 函数

主要功能:返回日期中的天数

格式:DAY(serial_number)

5. DATEDIF 函数

主要功能:是 Excel 隐藏函数,返回两个日期之间的年\月\日间隔数。

格式:DATEDIF(start_date,end_date,unit)

参数说明:Start_date 为一个日期,它代表时间段内的第一个日期或起始日期;End_date 为一个日期,它代表时间段内的最后一个日期或结束日期;Unit 为所需信息的返回类型,D 表示两日期相差的天数;M 表示两日期相差的月数;YM 表示忽略年日,计算两日期相差的月数;MD 表示忽略年月,计算两日期相差的天数;Y 计算两日期相差的年数;YD 忽略年,计算两日期相差的天数。

四、文本函数

1. LEFT 函数

主要功能:从一个文本字符串的第一个字符开始返回指定个数的字符。

格式：LEFT（text,num_chars）

参数说明：text 是要提取字符的字符串；num_chars 是提取的字符数，如果忽略，为 1。

2. MID 函数

主要功能：从文本字符串中指定的起始位置起返回指定长度的字符。

格式：MID(text,start_num,num_chars)

参数说明：text 是要提取字符的字符串；start_num 表示指定的起始位置；num_chars 表示要提取的字符串长度。

3. TEXT 函数

主要功能：根据指定的数值格式将数字转换成文本。

格式：TEXT（value,format_text）

参数说明：value 数值、能够返回数值的公式，或者对数值单元格的引用；format_text 文字形式的数字格式。

【例】 如果 A1 单元格中输入数值 123.23，在 A2 单元格中输入公式：=TEXT(A1*100,"[DBNUM2]0万0千0百0拾0元0角0分")，最后显示为"零万零千壹百贰拾叁元贰角叁分"。

4. SUBSTITUTE 函数

主要功能：将字符串中的部分字符串以新字符串替换。

格式：SUBSTITUTE (text,old_text,new_text,instance_num)

参数说明：text 是要查找替换的单元格；old_text 是被替换的字符串；new_text 用来替换的字符串；instance_num 若指定的字符串 old_text 出现多次，则此参数指定要替换第几个。，如果省略，则从第一个开始，全部替换。

5. EXACT 函数

主要功能：比较两个字符串是否完全相同（区分大小写）。返回 TRUE 或 FALSE。

格式：EXACT(text1,text2)

五、查找与引用函数

1. VLOOKUP 函数

主要功能：搜索表区域首列满足条件的元素，确定带检索单元格在区域中的行序号，再进一步返回选定单元格的值。

格式：VLOOKUP (lookup_value,table_array,col_index_num,range_lookup)

参数说明：lookup_value 要在表格或区域的第一列中搜索的值；table_array 包含数据的单元格区域，查找的范围，table_array 第一列中的值必须是 lookup_value 搜索的值；col_index_num 要返回的列数值(指在此表格的列数)；range_lookup 为 TRUE 或被省略，则返回精确匹配值或近似匹配值，如果找不到精确匹配值，则返回小于 lookup_value 的最大值，range_lookup 为 FALSE，则返回精确匹配值，找不到精确匹配值，则返回错误值♯N/A。

2. LOOKUP 函数

主要功能：从单行或单列或从数组中查找一个值。

格式一(向量形式)：LOOKUP(lookup_value,lookup_vector,result_vector)

格式二(数组形式)：LOOKUP(lookup_value,array)

参数说明：lookup_value 为函数在第一个向量中所要查找的数值；lookup_vector 只包含一行或一列的区域；array 为包含文本、数字或逻辑值的单元格区域，它的值用于与 lookup_value 进行比较。

注意：。如果函数 LOOKUP 找不到 lookup_value，则使用数组中小于或等于 lookup_value 的最大数值。lookup_vector 的数值必须按升序排列，否则 LOOKUP 函数不能返回正确的结果，参数中的文本不区分大小写。

3. INDEX 函数

主要功能：返回表格或区域中的数值或对数值的引用。

格式一：INDEX(array,row_num,column_num)返回数组中指定的单元格或单元格数组的数值。

格式二：INDEX(reference,row_num,column_num,area_num)返回引用中指定单元格或单元格区域的引用。

参数说明：array 为单元格区域或数组常数；row_num 为数组中某行的行序号，函数从该行返回数值。如果省略 row_num，则必须有 column_num；column_num 是数组中某列的列序号，函数从该列返回数值。如果省略 column_num，则必须有 row_num。reference 是对一个或多个单元格区域的引用，如果为引用输入一个不连续的选定区域，必须用括号括起来。area_num 是选择引用中的一个区域，并返回该区域中 row_num 和 column_num 的交叉区域。选中或输入的第一个区域序号为 1，第二个为 2，以此类推。如果省略 area_num，则 INDEX 函数使用区域 1。

4. MATCH 函数

主要功能：返回符合特定值特定顺序的项在数组中的相对位置。

格式：MATCH(lookup_value,lookup_array,match_type)

参数说明：lookup_value 代表需要在数据表中查找的数值；lookup_array 表示可能包含所要查找的数值的连续单元格区域；match_type 表示查找方式的值（-1、0 或 1），match_type 省略相当于 match_type 为 0 的情况。

match_type 为 1 时，查找小于或等于 lookup_value 的最大数值在 lookup_array 中的位置，lookup_array 必须按升序排列；否则，当遇到比 lookup_value 更大的值时，即时终止查找并返回此值之前小于或等于 lookup_value 的最大数值的位置；

match_type 为 0 时，查找等于 lookup_value 的第一个数值，lookup_array 按任意顺序排列；

match_type 为 -1 时，查找大于或等于 lookup_value 的最小数值在 lookup_array 中的位置，lookup_array 必须按降序排列。利用 MATCH 函数查找功能时，当查找条件存在时，MATCH 函数结果为具体位置（数值），否则显示 ♯N/A 错误。

5. ADDRESS 函数

主要功能：以文字形式返回对工作簿中某一单元格的引用。

格式：ADDRESS(row_num,column_num,abs_num,a1,sheet_text)

参数说明：row_num 是单元格引用中使用的行号；column_num 是单元格引用中使用的列标；abs_num 指明返回的引用类型（1 或省略为绝对引用，2 绝对行号、相对列标，3 相对行号、绝对列标，4 是相对引用）；a1 是一个逻辑值，它用来指明是以 A1 或 R1C1 返回引用样式。如果 a1 为 TRUE 或省略，函数 ADDRESS 返回 A1 样式的引用；如果 a1 为 FALSE，函数

ADDRESS 返回 R1C1 样式的引用。Sheet_text 为一文本,指明作为外部引用的工作表的名称,如果省略 sheet_text,则不使用任何工作表的名称。

11.4 数据管理与分析

11.4.1 数据排序

Excel 2010 数据的排序功能可以使用户非常容易地实现对记录进行排序,用户只要分别指定关键字及升降序,就可以完成排序的操作。对表格数据进行排序的步骤如下:

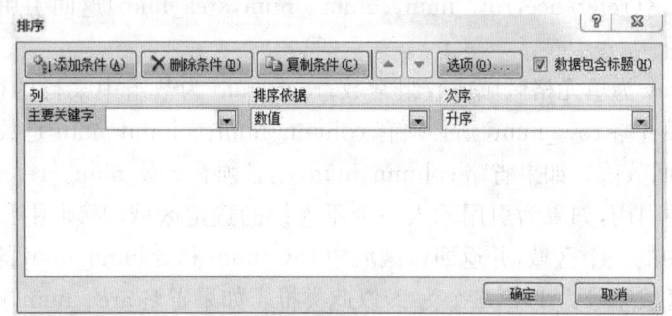

图 11-41 排序对话框

步骤 1:单击数据清单(数据区域)中任一单元格;
步骤 2:单击"数据"选项卡中的"排序"按钮,就会出现如图 11-41 所示的排序对话框;
步骤 3:在"排序"对话框中,从下拉列表框中选择"主要关键字"、"排序依据"、"次序",可以单击"添加条件"来增加第二关键字、第三关键字…。
步骤 4:单击"确定"即可。
注意:"排序依据"下拉列表中可以选择:数值、单元格颜色、字体颜色、单元格图表。"次序"下拉列表中可以选择"自定义序列"。

11.4.2 数据筛选

数据筛选是指将数据清单中所有不满足条件的数据记录隐藏起来,只显示满足条件的数据记录。

一、自动筛选

使用自动筛选功能,一次只能对工作表中的一个数据清单使用筛选命令,对同一列数据最多可以应用两个条件。操作步骤如下:
步骤 1:单击数据清单中任一单元格;
步骤 2:单击"数据"选项卡中的"筛选"按钮,这时在每个字段上会出现一个筛选按钮;
步骤 3:单击需要筛选列的下拉列表,系统显示出可用的筛选条件,从中选择需要的条件即可;

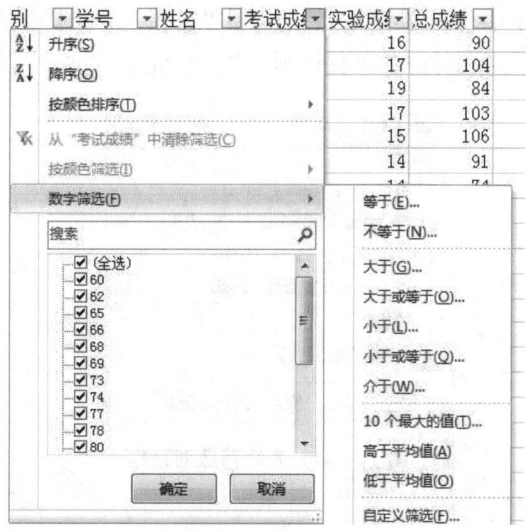

图 11－42　自动筛选

二、高级筛选

自动筛选可以同时设定多个列满足不同的条件,但这些条件之间是"与"的关系,而不是"或"的关系。如想要筛选出满足以下条件的记录:考试成绩＜60 OR 总成绩＜60,那么只能使用高级筛选。

"条件区域"是工作表中用来存放筛选条件的特殊区域,通常,条件区域位于数据清单的外面。条件区域必须包含数据清单的列标,即首行为列标题,同一行表示"与"关系,不同行表示"或"关系。

步骤 1:在表外创建条件区域。

系别	学号	姓名	考试成绩	实验成绩	总成绩
信息	991021	李新	74	16	90
计算机	992032	王文辉	87	17	104
自动控制	993023	张磊	65	19	84
经济	995034	郝心怡	86	17	103
信息	991076	王力	91	15	106
数学	994056	孙英	77	14	91
自动控制	993021	张在旭	60	14	74
计算机	992089	金翔	73	18	91
计算机	992005	扬海东	90	19	109
自动控制	993082	黄立	85	20	105
信息	991062	王春晓	78	17	95
经济	995022	陈松	69	12	81
数学	994034	姚林	59	15	74
信息	991025	张雨涵	62	17	79
自动控制	993026	钱民	66	16	82
数学	994086	高晓东	34	15	49
经济	995014	张平	80	18	98
自动控制	993053	李英	93	19	112
数学	994027	黄红	68	20	88
			考试成绩	总成绩	
			<60		
				<60	

图 11－43　建立条件区域

步骤 2：单击数据清单中任一单元格，然后单击"数据"选项卡中的"高级"按钮，在打开的"高级筛选"对话框中，将光标定位在"条件区域"的文本框中，选中步骤 1 建立的条件区域。

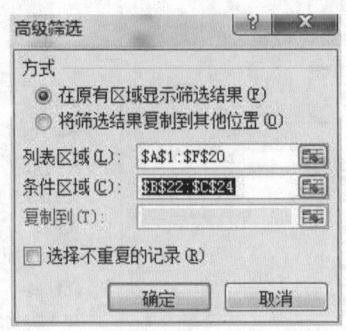

图 11-44　高级筛选对话框

11.4.3　分类汇总

分类汇总是对数据进行求和、计数、平均值、最大值、最小值、乘积、标准差、变异等统计运算，从而建成一种常用的摘要报告。操作步骤如下：

步骤 1：首先按分类字段进行排序。

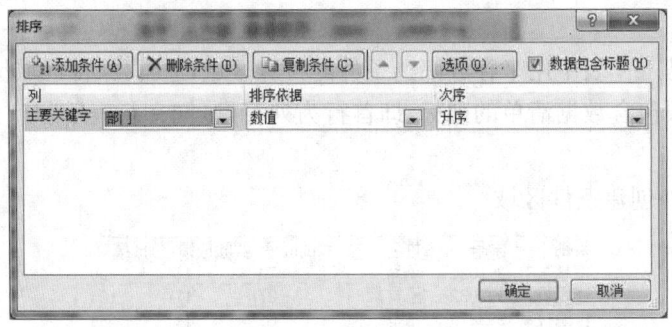

图 11-45　排序

步骤 2：将光标置于数据清单中任一单元格，然后单击"数据"选项卡中的"分类汇总"按钮，在打开的"分类汇总"对话框中，选择"分类字段"、"汇总方式"、"汇总项"，点击"确定"即可看到分类汇总结果。

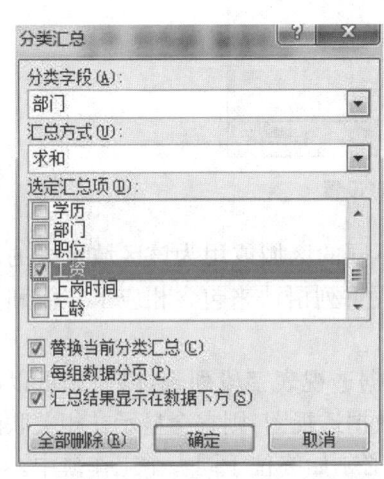

图 11-46 “分类汇总”对话框

	A	B	C	D	E	F	G	H	I
1	编号	姓名	性别	出生日期	年龄	学历	部门	职位	工资
2	12	毛萍	女	1970-08-17		高中	财务部	总经理	1700
3	24	孔思	女	1968-01-19		职高	财务部	高级职员	1900
4	33	钱思	女	1985-08-18		大本	财务部	普通职员	3700
5	36	常文	女	1975-12-01		中专	财务部	部门经理	4400
6	49	白伟	女	1974-01-06		中专	财务部	普通职员	1200
7	52	康蓉	女	1966-10-28		高中	财务部	普通职员	1300
8	58	白文	女	1978-07-01		博士	财务部	普通职员	4600
9	62	赖姗	女	1977-07-09		职高	财务部	部门经理	2400
10	73	常如	女	1984-05-02		大专	财务部	部门经理	1900
11	74	顾妮	男	1977-06-27		博士	财务部	总经理	4600
12	79	段琬	男	1979-09-06		中专	财务部	总经理	1500
13	107	邵婉	女	1968-04-02		大专	财务部	部门经理	2000
14	108	侯盛	男	1975-02-25		初中	财务部	普通职员	1300
15	121	段琬	女	1973-08-25		大专	财务部	部门经理	2300
16	124	施薇	女	1979-07-28		博士	财务部	总经理	1300
17	139	段如	女	1972-12-23		初中	财务部	总经理	4500
18	142	薛琪	女	1982-08-04		大专	财务部	总经理	3700
19	158	钱骏	男	1965-06-15		博士	财务部	部门经理	5000
20	160	薛姗	女	1985-03-05		大本	财务部	部门经理	4900
21	161	康紘	男	1978-06-28		职高	财务部	高级职员	4000
22	175	龙婉	女	1974-06-02		大本	财务部	总经理	3600
23	176	段薇	女	1975-09-10		大本	财务部	高级职员	4100
24	180	龚萍	女	1980-12-20		初中	财务部	部门经理	1600
25	184	尹玫	女	1970-03-25		大专	财务部	部门经理	3300
26	199	赖思	男	1981-03-20		大本	财务部	总经理	3800
27							财务部	汇总	74600
28	3	赖婷	男	1979-08-02		高中	工程部	普通职员	2000
29	39	白紘	女	1977-05-23		硕士	工程部	普通职员	4300
30	40	康薇	女	1971-09-15		中专	工程部	高级职员	2300
31	57	雷蓉	女	1976-02-13		硕士	工程部	部门经理	5000
32	61	钱蕾	男	1973-09-18		中专	工程部	普通职员	2000
33	64	史妮	女	1972-12-21		大本	工程部	部门经理	2100

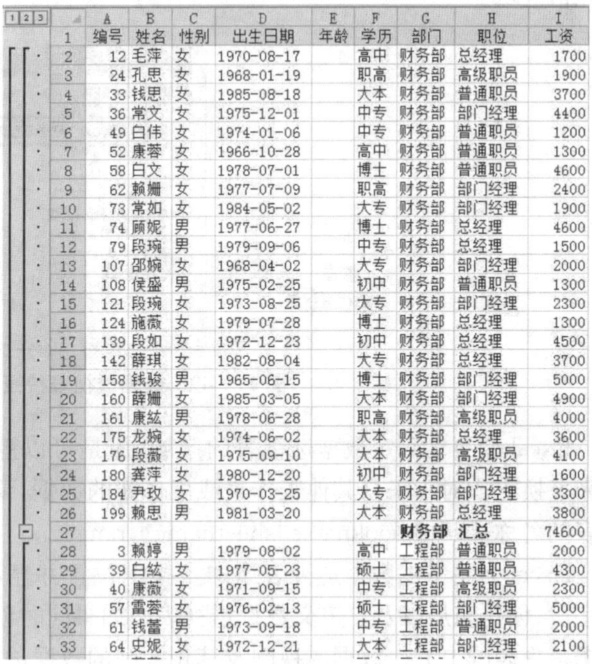

图 11-47 分类汇总结果

11.4.4 数据透视表

通过使用数据透视表,可以汇总、分析、浏览和提供工作表数据或外部数据源的汇总数据。在需要对一长列数字求和时,数据透视表非常有用,同时聚合数据或分类汇总可帮您从不同的角度查看数据,并且对相似数据的数字进行比较。

例如图 11-48 所示的数据透视表显示了单元格 F3 中第三季度高尔夫部门总销售额是如何与其他运动或季度的销售额或所有部门的总销售额进行比较的。图中包括了:① 工作表的源数据;② 数据透视表中第 3 季度高尔夫汇总的源值;③ 整个数据透视表;④ 源数据中 C2 和 C8 中源值的汇总。

图 11-48 数据透视表表示例

操作方法:

步骤 1:为数据透视表定义数据源。若要将工作表数据用作数据源,请单击包含该数据的单元格区域内的一个单元格。若要将 Microsoft Excel 表中的数据用作数据源,请单击该 Excel 表中的某个单元格。之前需要确保该区域具有列标题或表中显示了标题,并且该区域或表中没有空行。

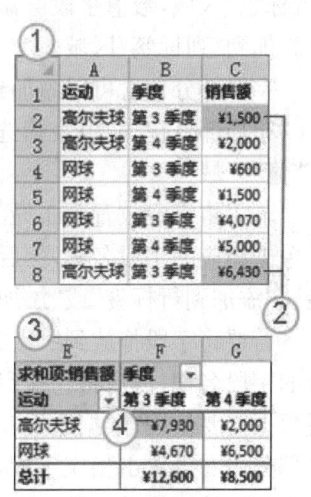

步骤 2:创建数据透视表。在“插入”选项卡上的“表”组中,单击“数据透视表”。若要同时创建基于数据透视表的数据透视图,请单击“数据透视表”下方的箭头,再单击“数据透视图”。在“创建数据透视表”对话框中,确保已选中“选择一个表或区域”,然后在“表/区域”框中验证

单元格区域。

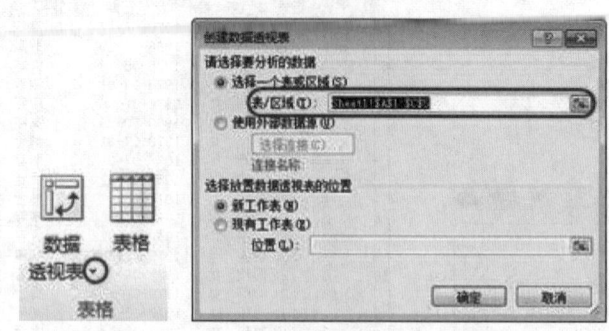

图 11-49 数据透视表按钮和区域设置

Excel 会自动确定数据透视表的区域,但是可以键入不同的区域或用为该区域定义的名称来替换它。对于来自其他工作表或工作簿的数据,请使用下列语法来包含相应工作簿和工作表的名称:[workbookname]sheetname! range。

Excel 会将空的数据透视表添加至指定位置并显示数据透视表字段列表,以便您可以添加字段、创建布局以及自定义数据透视表。如果同时创建数据透视图,则它会显示在相关联的数据透视表的上方。数据透视图及其相关联的数据透视表必须始终位于同一个工作簿中。

步骤 3:向数据透视表添加字段。在"数据透视表字段列表"中,执行下面的一项或多项操作:

若要将字段放置到布局部分的默认区域中,请在字段部分中选中相应字段名称旁的复选框。默认情况下,非数值字段会添加到"行标签"区域,数值字段会添加到"值"区域,而日期和时间层级则会添加到"列标签"区域。

字段部分包含可以添加到布局部分的字段的字段名称。

布局部分包含"报表筛选"区域、"列标签"区域、"行标签"区域和"值"区域。

若要将字段放置到布局部分的特定区域中,请在字段部分中右键单击相应的字段名称,然后选择"添加到报表筛选"、"添加到列标签"、"添加到行标签"或"添加到值"。

若要将字段拖放到所需的区域,请在字段部分中单击并按住相应的字段名称,然后将它拖到布局部分中的所需区域中。您可以稍后根据需要使用"数据透视表字段列表"重新排列字段,方法是在布局部分中右键单击相应字段,然后选择所需的区域,或者在布局部分中的区域间拖动字段。

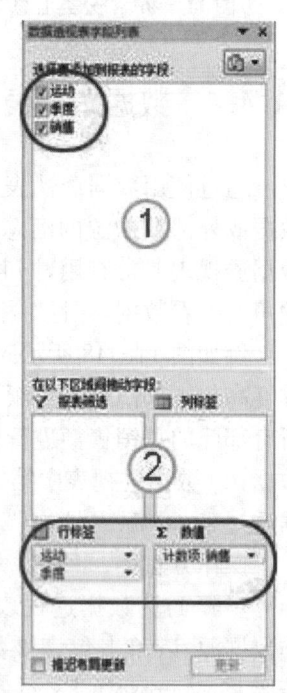

图11-50 数据透视表字段设置

小结

工作表显示由一系列行与列构成的网格,单元格内可以存放数值、公式或文本。初看可能觉得 Excel 软件很简单,似乎只有简单的输入数据、设置数据的格式、求平均、求和等等操作。但是需要注意到 Excel 中数据操作是通过单元格的引用完成的,正是那些看似简单的操作,通过灵活地组合后可以发挥意想不到的变化。相信随着接触 Excel 的次数增多,你会慢慢发现它有更多"出人意料"的能力。Excel 的功能很强大,可以应用于各个方面,提高工作效率,建立成就感。

习 题

一、是非题

1. 在 Excel 中,符号"&"是文本运算符。　　　　　　　　　　　　　　　　(　　)
2. Excel 的同一数组常量中不可以使用不同类型的值。　　　　　　　　　　(　　)
3. COUNT 函数用于计算区域中单元格个数。　　　　　　　　　　　　　　(　　)
4. Excel 使用的是从公元元年开始的日期系统。　　　　　　　　　　　　　(　　)
5. 排序时如果有多个关键字段,则所有关键字段必须选用相同的排序趋势(递增/递减)。
　　　　　　　　　　　　　　　　　　　　　　　　　　　　　　　　　　(　　)

二、填空题

1. Excel 2010 是_____软件。
2. Excel 2010 所属的套装软件是_____。
3. Excel 2010 工作簿文件的默认扩展名为_____。

三、选择题

1. 下列函数中,_____函数不需要参数。
   A. DATE　　　　B. DAY　　　　C. TODAY　　　　D. TIME
2. 在 Excel 中使用填充柄对包含数字的区域复制时应按住_____键。
   A. <Alt>　　　　B. <Ctrl>　　　　C. <Shift>　　　　D. <Tab>
3. 在 Excel 2010 中,一个单元格的二维地址包含所属的_____。
   A. 列标　　　　B. 行号　　　　C. 列标与行号　　　　D. 列标或行号
4. 关于 Excel 区域定义不正确的论述是_____。
   A. 区域可由单一单元格组成
   B. 区域可由同一列连续的多个单元格组成
   C. 区域可由不连续的单元格组成
   D. 区域可由同一行连续的多个单元格组成
5. 在 Excel 2010 主界面窗口(即工作窗口)中不包含_____。
   A. "插入"选项卡　　　　　　　B. "输出"选项卡
   C. "开始"选项卡　　　　　　　D. "数据"选项卡
6. 在 Excel 2010 中,假定一个单元格的引用为 M$18,则该单元格的行地址表示属于_____。
   A. 相对引用　　　B. 绝对引用　　　C. 混合引用　　　D. 二维地址引用
7. 在 Excel 2010 中,在向一个单元格输入公式或函数时,则使用的前导字符必须是_____。

A. =　　　　　　B. >　　　　　　C. <　　　　　　D. %

8. 在 Excel 2010 中，假定 B2 单元格的内容为数值 15，则公式 = IF(B2>20,"好",IF(B2>10,"中","差")) 的值为_____。

A. 好　　　　　　B. 良　　　　　　C. 中　　　　　　D. 差

四、操作实践

1. 按照下图键入原始素材：

	A	B	C	D	E	F	G
1	某企业人员情况表						
2	职工号	部门	年龄	学历			
3	S001	销售部	45	本科	部门	人数	平均年龄
4	S002	研发部	34	硕士	销售部		
5	S003	工程部	42	博士	研发部		
6	S004	工程部	55	硕士	工程部		
7	S005	研发部	28	硕士			
8	S006	销售部	38	本科			
9	S007	工程部	31	硕士			
10	S008	研发部	27	博士			
11	S009	研发部	42	博士			
12	S010	销售部	51	本科			
13	S011	工程部	36	硕士			
14	S012	研发部	48	硕士			
15	S013	工程部	31	本科			
16	S014	销售部	46	本科			
17	S015	工程部	32	硕士			

(1) 将工作表 Sheet1 的 A1:D1 单元格合并为一个单元格，内容水平居中，分别计算各部门的人数（利用 COUNTIF 函数）和平均年龄（利用 SUMIF 函数），置于 F4:F6 和 G4:G6 单元格区域，利用套用表格格式将 E3:G6 数据区域设置为"表样式浅色 17"。

(2) 选取"部门"列(F3:F6)和"平均年龄"列(G3:G6)内容，建立"三维簇状条形图"，图表标题为"平均年龄统计表"，删除图例；将图插入到表的 A19:F35 单元格区域内，将工作表命名为"企业人员情况表"，保存为 EXCEL.xlsx 文件。

2. 按照下图键入原始素材：

	A	B	C	D
1	单位设备购置情况表			
2	设备名称	数量	单价	金额
3	电脑	16	6580	
4	打印机	7	1210	
5	扫描仪	3	987	
6			总计	

将工作表 Sheet1 的 A1:D1 单元格合并为一个单元格，内容水平居中；计算"金额"列的内容（金额＝数量＊单价）和"总计"行的内容，将工作表命名为"设备购置情况表"。

【微信扫码】
参考答案 & 相关资源

第十二章　PowerPoint 2010

　　PowerPoint 是 Office 套件的核心应用程序之一,简单实用的特性使得其成为人们开发多媒体演示文稿时使用最多的工具。教师们可以用它来制作关于教学内容的多媒体课件来辅助自己的课堂教学;学生们可以用它来进行毕业论文的答辩;还有更多的人用它制作不同目的的演示文稿以帮助他们进行商品推荐演讲等等,因而学会演示文稿的制作,能够制作出高品质的演示文稿是每个大学生必须具备的日常应用技能。

> **教学目标**
> 　　通过本章了解 PowerPoint2010 界面和基本功能,掌握演示文稿的基本操作,掌握幻灯片的基本编辑,了解音视频处理,熟悉动画和幻灯片切换,并了解 SmartArt 和文档输出,从而具备基本 PowerPoint 编辑技能。

12.1　基础操作

12.1.1　PowerPoint 2010 的介绍

　　PowerPoint 2010 是微软公司出品的系列办公软件的一个组件,简称 PPT,是一款演示文稿制作软件。可制作电子课件,企业公司宣传片,产品发布流程图等。

一、PowerPoint 2010 工作界面

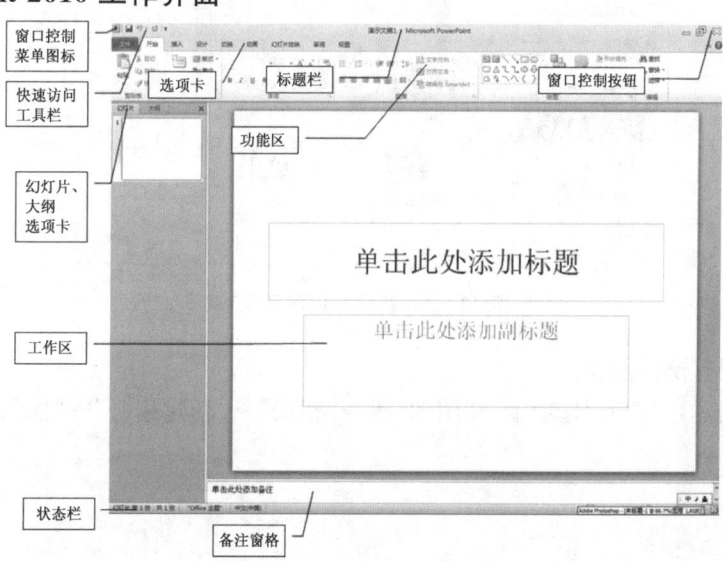

图 12-1　PowerPoint 界面

二、PowerPoint 2010 视图模式

（1）普通视图：是主要的编辑视图，可用于撰写或设计演示文稿。该视图有三个工作区域：左边是用来以幻灯片文本大纲显示的"大纲"选项卡和以幻灯片缩略图显示的"幻灯片"选项卡；右边是幻灯片窗格，用来显示当前幻灯片的一个大视图；底部是备注窗格。（默认视图）

（2）幻灯片浏览视图：在幻灯片浏览视图中，可以清楚地看到整个演示文稿所有幻灯片的外观、这些幻灯片是以缩略图显示的。各幻灯片按次序排列，可以预览各幻灯片及其相对位置；可以通过鼠标拖动幻灯片重排次序；可以方便复制、删除和增加幻灯片；不能对幻灯片进行修改。

（3）阅读视图：阅读视图是一种特殊查看模式，使在屏幕上阅读扫描文档更为方便。在激活后，阅读视图将显示当前文档并隐藏大多数不重要的屏幕元素。

（4）幻灯片放映视图：在幻灯片放映视图中，用户可以在屏幕上审阅演示文稿的演示效果。在放映状态下不能对幻灯片进行编辑和修改。

（5）阅读视图：以窗口形式查看放映效果形似看书。

（6）备注页视图：注释、说明内容。

12.1.2 演示文稿的基本操作

一、新建演示文稿

（1）新建空白演示文稿：依次点击"文件"→"新建"→"空白演示文稿"→"创建"，即可创建空白演示文稿。

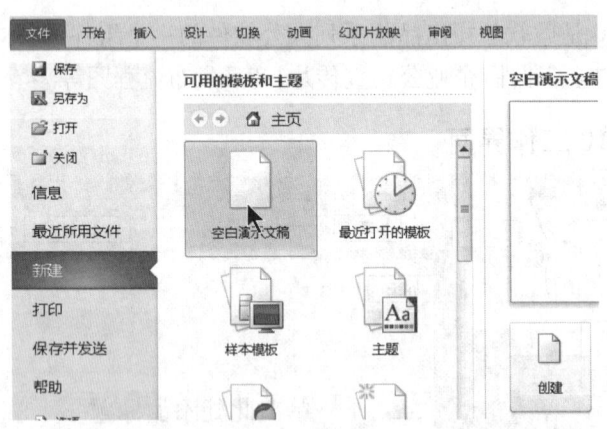

图 12-2 新建空白演示文稿

（2）根据现有模板创建。

（3）相册创建。"插入"选项卡→"图像"组→"相册"→"新建相册"→"插入图片来自文件/磁盘"。

二、打开/保存/关闭演示文稿

依次点击"文件"→"打开"/"保存"/"关闭"。

"保存"和"另存为"的区别在于编辑文件时,"保存"会覆盖当前的文件,而"另存为"会重新生成一个文件,对原文件无影响。

图 12-3　打开保存关闭演示文稿

12.1.3　幻灯片操作

一、选择幻灯片

选择单张幻灯片:鼠标左键单击相应幻灯片即可选中。

选择连续多张幻灯片:选中第一张幻灯片,按住键盘上的<Shift>键,点击最后一张幻灯片。

选择非连续幻灯片:按住键盘上的<Ctrl>键依次选择各张幻灯片。

二、管理幻灯片

1. 新建幻灯片

方法一:"开始"选项卡→"幻灯片"组→"新建幻灯片"

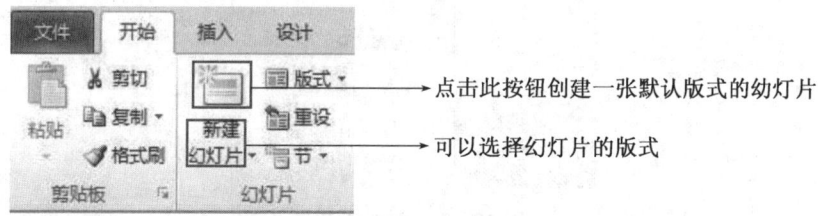

图 12-4　工具栏按钮新建幻灯片

方法二:选中幻灯片→右击→"新建幻灯片"

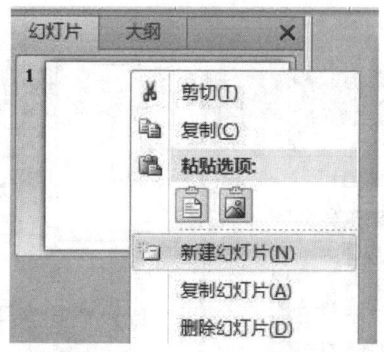

图 12-5　幻灯片视图右键新建幻灯片

2. 删除幻灯片

选中幻灯片→右击→"删除幻灯片"。

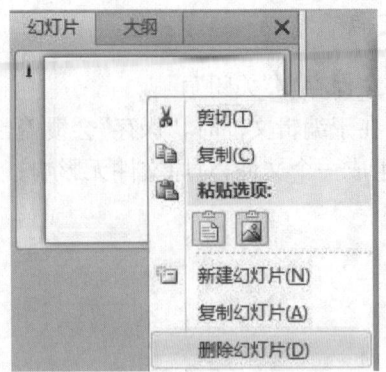

图 12-6　删除幻灯片

3. 复制幻灯片

（1）本文档内复制幻灯片：

选中幻灯片→右击→"复制幻灯片"。

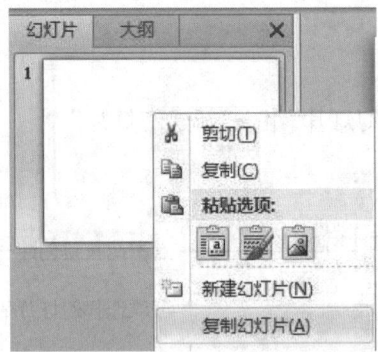

图 12-7　复制幻灯片

（2）在不同文档间复制幻灯片：

在某一文档选中幻灯片，右击→"复制"，在另一文档合适的位置，右击→"粘贴选项"→"使用目标主题"。

 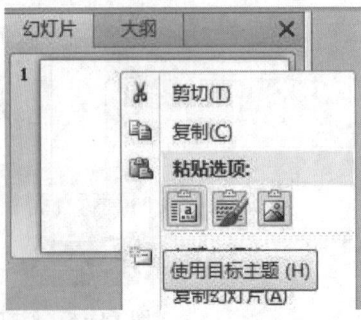

图 12-8　基于主题创建幻灯片

4. 移动幻灯片

方法一：鼠标左键直接拖动幻灯片进行移动。

方法二：选中幻灯片，右击→"剪切"，在合适的位置，右击→"粘贴选项"→"使用目标主题"。

5. 隐藏和取消隐藏幻灯片

右击欲隐藏的幻灯片，在快捷菜单中单击"隐藏/取消隐藏幻灯片"命令。

"幻灯片放映"选项卡→"设置"组→"隐藏/取消隐藏幻灯片"

6. 幻灯片节的设置

"节"是 PowerPoint 2010 中新增的功能，主要是用来对幻灯片进行分组，相当于对书、文章等划分章节，不同话题的幻灯片放入不同的节中，而且不同的节可以设置不同的主题、背景一级幻灯片切换方式。使用"节"后，不仅有助于规划文稿结构，同时编辑和维护起来也能大大节省时间。另外还能呈现出演讲者清晰的思想脉络。

新增节：光标定位到要新增节的位置，点击"开始"选项卡→"幻灯片"组→"节"→"新增节"。

重命名节：选择已有的节，点击"开始"选项卡→"幻灯片"组→"节"→"重命名节"。

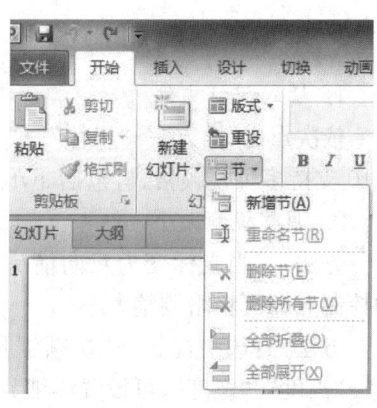

图 12-9　节

12.1.4　SmartArt 图形

一、插入 SmartArt 图形

（1）通过"插入"选项卡→"插图"组→SmartArt，"选择 SmartArt 图形"，从而创建高效快捷的艺术图形。列表、流程、循环、层次结构、关系、矩阵、棱锥图、图片共 8 种 SmartArt 图形。

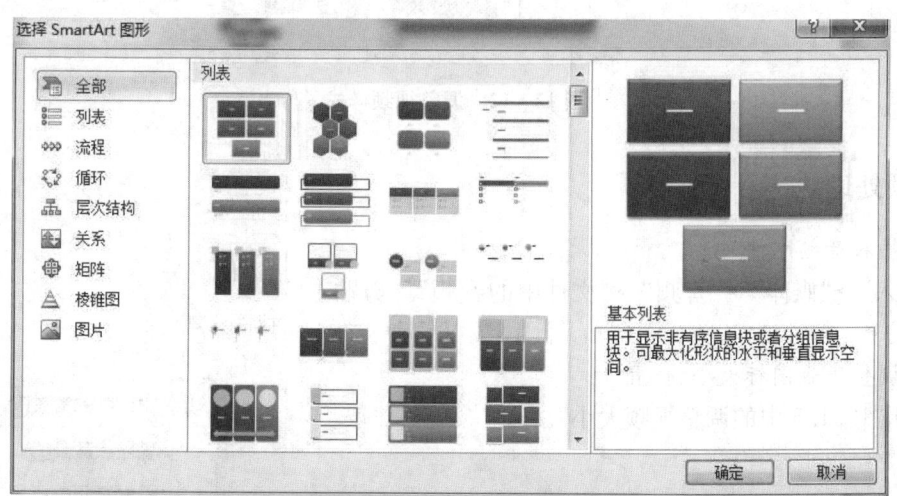

图 12-10　SmartArt 图形

(2) 选中文字→"开始"选项卡→"段落"组→转换为 SmartArt 图形。

二、调整 SmartArt 图形的布局和结构

选中 SmartArt 图形→"设计"选项卡→"更改布局"、"升级"＜(Shift)＋＜Tab＞)、"降级"(＜Tab＞)、"添加形状"。

12.1.5 视频、音频处理

一、视频处理

1. 插入视频文件

依次点击"插入"→"媒体"→"视频"→"文件中的视频",即可完成视频插入,PowerPoint 2010 支持多种视频格式,包括 swf、asf、avi、mp4、mpg、wmv、mov 等。

2. 调整视频大小

方法一:当光标变为双向箭头形状时,鼠标左键直接拖动控制点即可粗略调整大小。

方法二:选中视频→"视频工具/格式"选项卡→"大小"组→"高度"/"宽度",可设置详细数值。

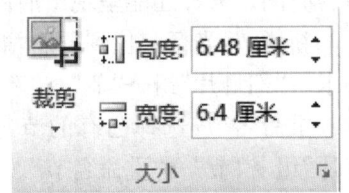

图 12-11　调整视频大小

3. 调整视频样式

选中视频→"视频工具/格式"选项卡→"视频样式"→快翻按钮。

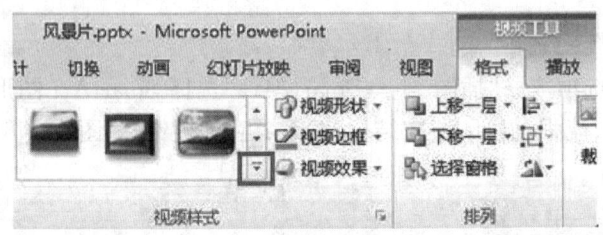

图 12-12　调整视频样式

二、音频处理

1. 插入音频文件

"插入"→"媒体"→"音频"→"文件中的音频"/"剪贴画音频"。

2. 调整声音图标大小、位置

参照"12.1.5 中的调整视频大小"。

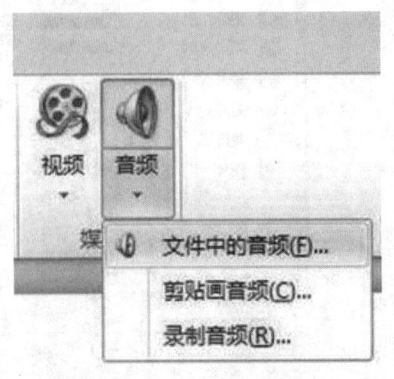

图 12-13　插入音频文件

3. 设置音频文件

选中声音图标→"音频工具"→"播放"选项卡→"音频选项"→"开始"("自动"/"单击时"/"跨幻灯片播放")。

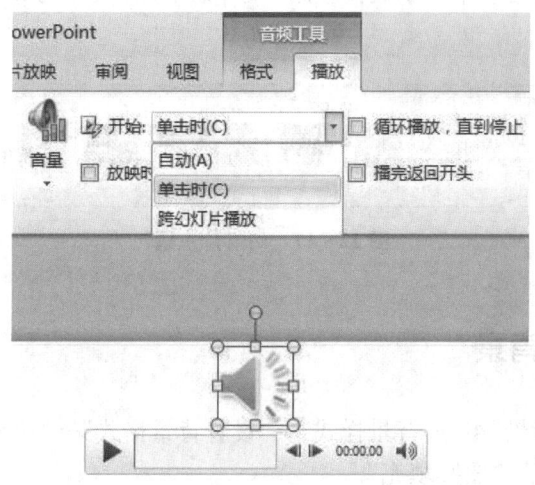

图 12‑14　设置音频文件

12.1.6　插入页眉和页脚

"插入"选项卡→"文本"组→"页眉和页脚"。

"幻灯片"选项卡：包括日期和时间、幻灯片编号、页脚内容和标题幻灯片是否显示。

"备注和讲义"选项卡下设置备注和讲义页面的页眉和页脚。

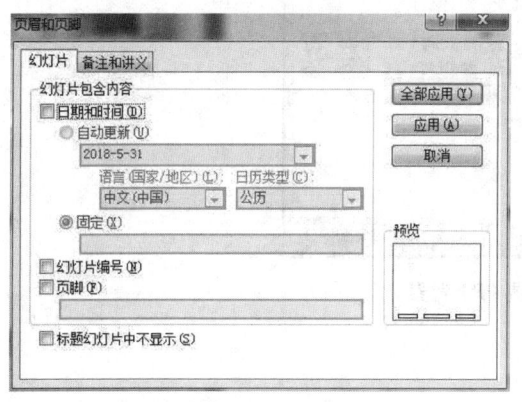

图 12‑15　"幻灯片"选项卡

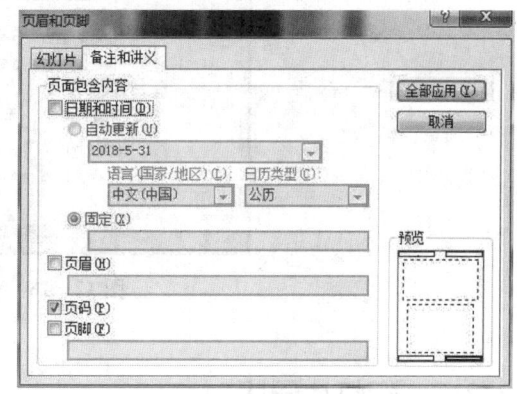

图 12‑16　"备注和讲义"选项卡

12.2　演示文稿的美化

12.2.1　幻灯片的主题

PowerPoint 主题是将字体格式、背景颜色、图形效果这 3 类设计元素组合在一起，形成的不同界面设计方案。

幻灯片主题的应用:在"幻灯片略缩图窗格"中选择幻灯片,再单击主题库中的某个主题。如果选择1张幻灯片,则为整个演示文稿应用主题;如果选择了多张幻灯片,则仅仅为这些选中的幻灯片应用主题。

图 12-17　幻灯片主题

12.2.2　设置 PPT 背景

"设计"选项卡→"背景"组→"背景样式"→"设置背景格式"→"填充"→"纯色填充"/"渐变填充"/"图片或纹理填充"/"图案填充"。

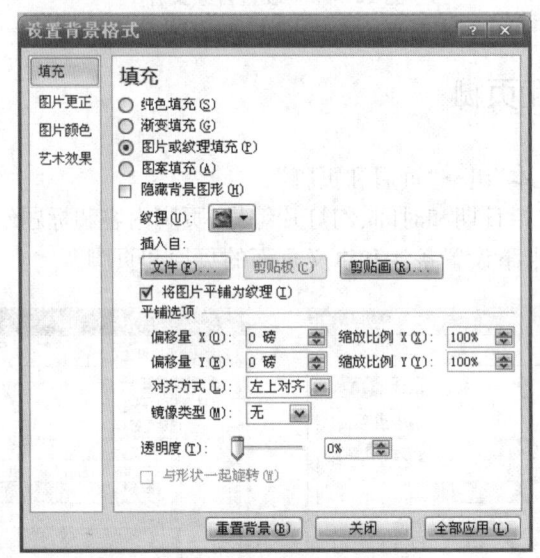

图 12-18　设置 PPT 背景

12.2.3　幻灯片母版

母版分为幻灯片母版、备注母版和讲义母版。讲义母版用于更改讲义的打印设计和版式;备注母版用于控制备注页的版式和备注文字的格式。幻灯片母版用来设置演示文稿中所有幻灯片的样式,包括文本的格式,如字体、字形或字号等、占位符的大小和位置、项目符号和编号样式、背景和配色方案等。通过修改幻灯片母版,可以统一修改文稿中所有幻灯片的文本外观,达到风格一致的效果。

一、设计幻灯片母版

"视图"→"母版视图"组→"幻灯片母版",自动出现并打开"幻灯片母版"选项卡,在左侧窗格中显示了所有版式的幻灯片母版,对某一版式的母版编辑后,相应的样式即会应用在该版式下的所有幻灯片。

幻灯片母版的编辑类似于其他一般幻灯片,可以在上面添加或编辑文本、图形、边框等对象,也可以设置背景对象。

二、退出母版视图

母版编辑完毕后,打开"幻灯片母版"选项卡,单击"关闭"组下的"关闭母版视图"退出母版视图状态。

12.3 动画设置

12.3.1 动画效果——飞入

一、飞入效果设置

选中对象→"动画"选项卡→"动画"组→"快翻按钮"→"进入"→"飞入"效果。

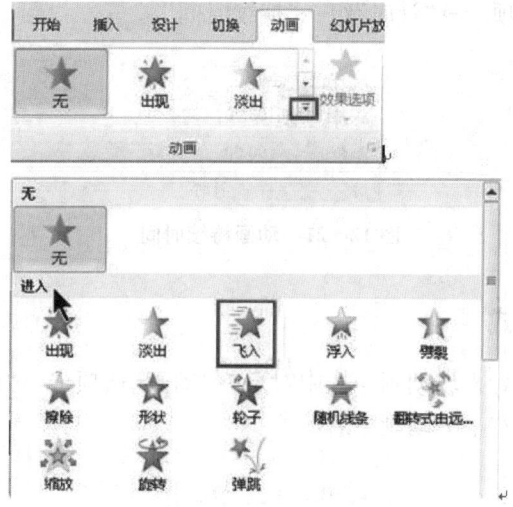

图 12-19 插入动画

二、飞入方向设置

选中对象→"动画"选项卡→"动画"组→"效果选项"。

图 12-20　动画效果选项

三、动画持续时间

选中对象→"动画"选项卡→"计时"组→"持续时间"。

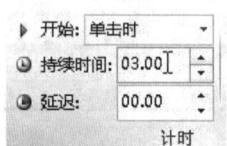

图 12-21　动画持续时间

四、设置动画的开始方式

首先为各个对象设置好入场动画→选中对象→"动画"选项卡→"计时"组→"开始"→"单击时"/"与上一动画同时"/"上一动画之后"。

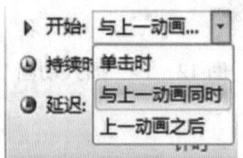

图 12-22　动画开始方式

五、调整动画顺序

首先为各个对象设置好入场动画→选中对象→"动画"选项卡→"计时"组→"对动画重新排序"→"向前移动"/"向后移动"。

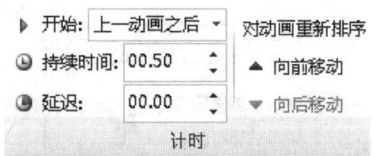

图 12-23 动画顺序调整

其他进入、强调、退出动画效果,操作与飞入动画操作类似。

12.3.2 设置文本发送方式

文本整批发送设置:选中文本对象→"动画"选项卡→"动画"组→"快翻"按钮→"进入"→"飞入"效果。

文本按字母发送设置:① 选中文本对象→"动画"选项卡→"动画"组→"快翻"按钮→"进入"→"飞入"效果;② 选中文本对象→"动画"选项卡→"动画窗格"→"效果选项"→"效果"选项卡→"方向"(自右侧)/"动画文本"(按字母)/"字母之间延迟百分比"(50)→"计时"选项卡,进行动画文本的设置。

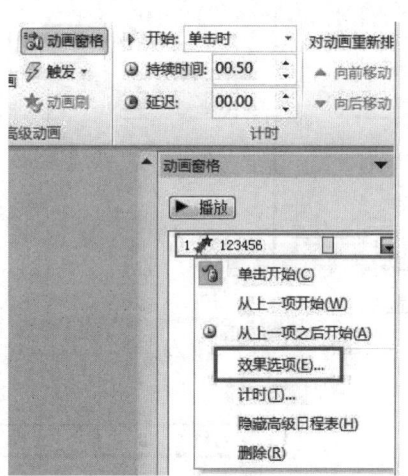
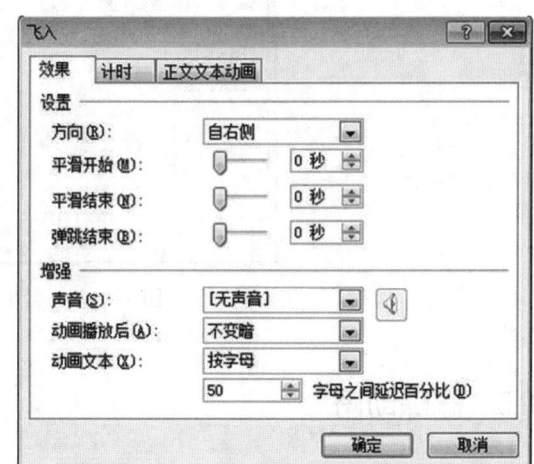

图 12-24 文本发送方式操作

12.3.3 设置动画的声音

选中对象→"动画"选项卡→"动画窗格"→"效果选项"→"效果"选项卡→"声音"。

244　体育信息技术应用实务

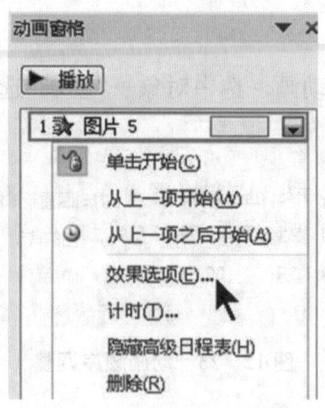

图 12-25　动画的声音设置

12.3.4　计时设置

选中对象→"动画"选项卡→"动画窗格"→"效果选项"→"计时"选项卡，对播放时间的开始、延迟、期间速度时间、重复播放和触发器等进行设置。

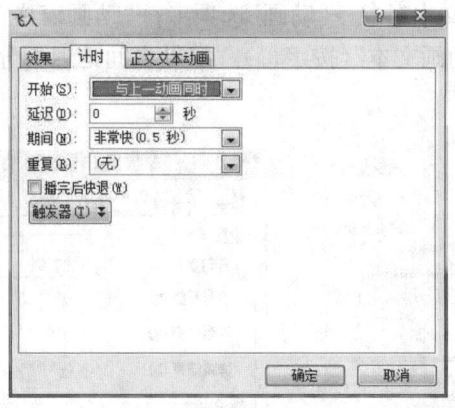

图 12-26　计时设置

12.3.5　删除动画

选中设置动画的对象→"动画"选项卡→"高级动画"组→"动画窗格"→单击所选对象右侧的下三角按钮→"删除"。

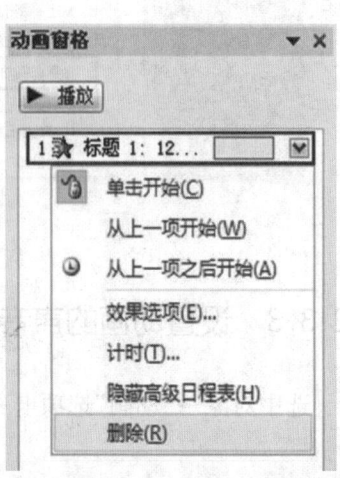

图 12-27　删除动画

12.3.6 动画刷

选定设置动画效果的对象,单击"高级动画"组下的"动画刷"按钮,再单击某一个对象,即可将动画效果复制到该对象上。双击"动画刷"可以将动画效果复制到多个对象上。

12.4 页面切换

12.4.1 切换方式

选中幻灯片→"切换"选项卡→"切换到此幻灯片"组→"快翻"按钮。

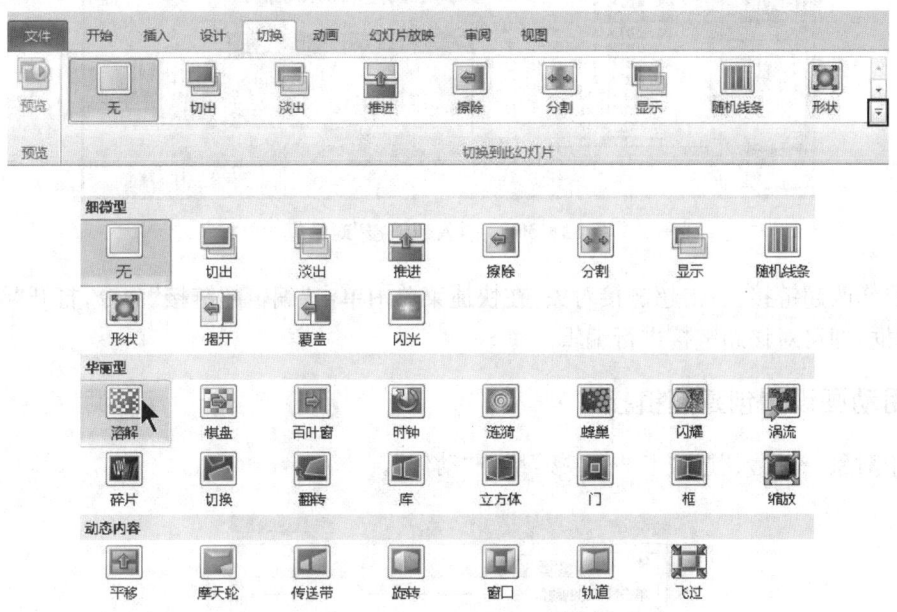

图 12-28 幻灯片切换操作

12.4.2 切换音效、换片方式及持续时间

选中幻灯片→"切换"选项卡→"计时"组→"声音"/"换片方式"/"持续时间"。

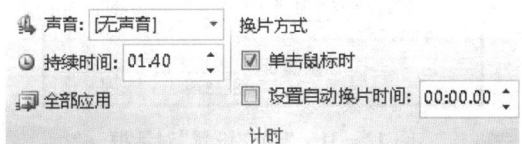

图 12-29 切换音效及换片方式

12.4.3 超链接

超链接可以实现相应内容的跳转。可以超链接到同一演示文稿或其他演示文稿的某一张幻灯片、一个电子邮件地址、一个网页或文件。

一、创建超链接

选中对象→"插入"选项卡→"链接"组→"超链接"。

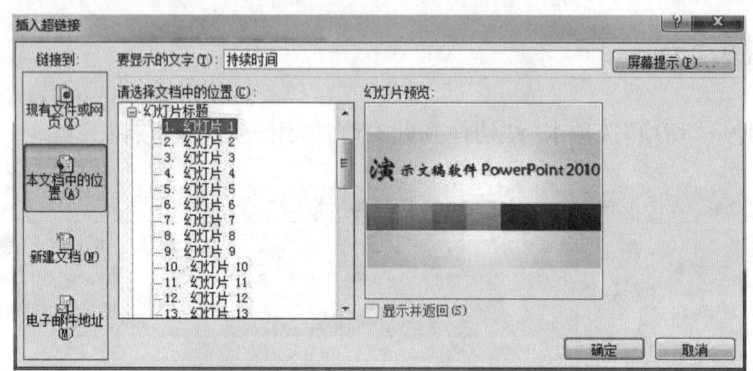

图 12-30 "插入超链接"对话框

若要修改超链接,右击超链接对象,在快捷菜单中单击"编辑超链接"命令,打开"编辑超链接"对话框,即可对该超链接进行编辑。

二、利用动画设置创建超链接

选中对象→"插入"选项卡→"链接"组→"动作"。

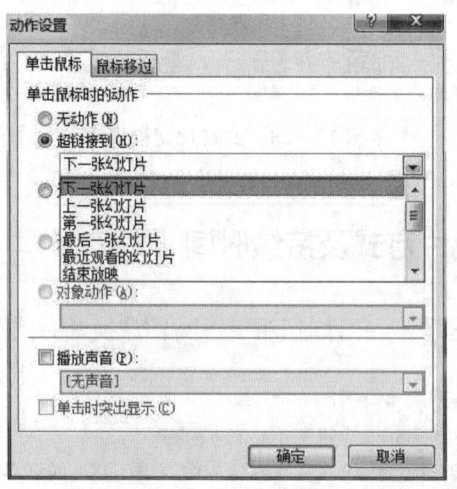

图 12-31 "动作设置"对话框

三、删除超链接

(1) 选定超链接对象→"插入"选项卡→"链接"组→"超链接"或"动作"→"编辑超链接"对话框→"删除超链接"按钮。

(2) 右击超链接诶对象→快捷菜单"取消超链接"命令。

12.4.4 动作按钮和动作设置

(1) "插入"选项卡→"插图"组→"形状"→"动作按钮"

图 12‑32　动作按钮

(2) 选中某个动作按钮后,用鼠标在幻灯片上拖动即可建立一个动作按钮,之后会出现"动作设置"对话框,根据需要设置"单击鼠标"与"鼠标移过"动作即可。

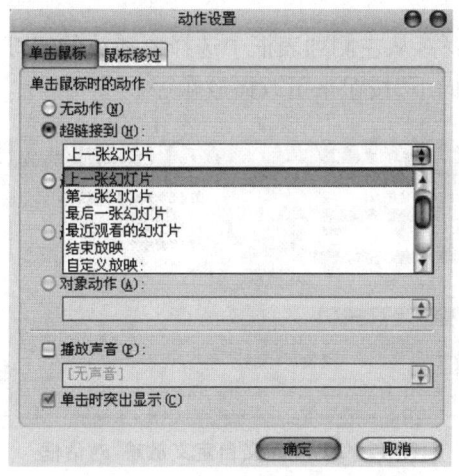

图 12‑33　动作按钮的动画设置

12.4.5 幻灯片放映

一、幻灯片放映

1. 从头开始/从当前幻灯片开始放映

方法一:"幻灯片放映"选项卡→"开始放映幻灯片"组→"从头开始"(<F5>)/"从当前幻灯片开始"(<Shift>+<F5>)。

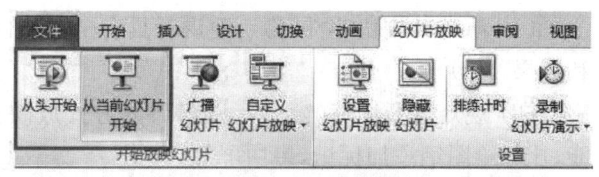

图 12‑34　幻灯片放映 1

方法二:点击状态栏快捷按钮→幻灯片放映(从当前幻灯片开始放映)。

图 12‑35　幻灯片放映 2

2. 自定义幻灯片放映

(1)"幻灯片放映"选项卡→"开始放映幻灯片"组→"自定义幻灯片放映"→"自定义放映"→"新建"。

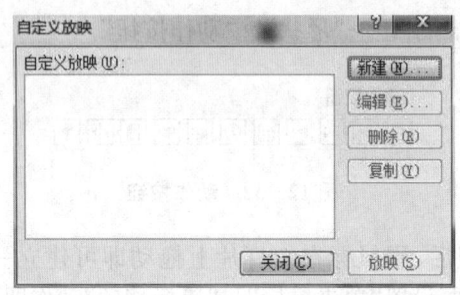

图 12‑36　"自定义放映"对话框

(2)输入幻灯片放映名称,从左侧列表框中选择要播放的幻灯片加入到自定义放映中,并可通过列表右侧的"向上""向下"按钮来更改播放顺序。

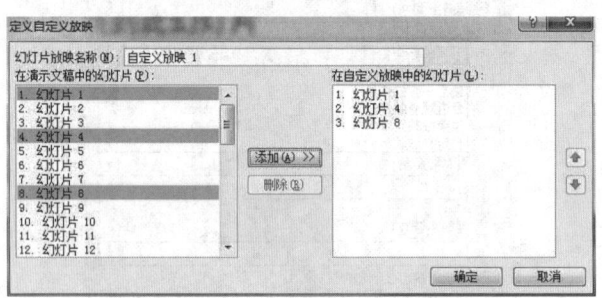

图 12‑37　"定义自定义放映"对话框

二、退出幻灯片放映

按住键盘左上角的 Esc 键即可退出放映。

三、设置幻灯片放映方式

"幻灯片放映"选项卡→"设置"组→"设置幻灯片放映"→"设置放映方式"对话框。

(1)演讲者放映(全屏幕):演讲者具有全部的权限,放映时可保留幻灯片设置的所有内容和效果。

(2)观众自行浏览(窗口):以窗口的方式放映演示文稿,不具有演讲者放映中的一些功能,比如绘图笔添加标记,黑白屏等。

(3)在展台浏览(全屏幕):全屏幕自动循环播放方式。

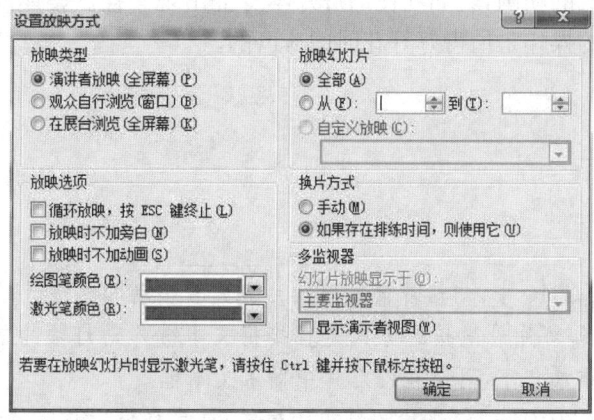

图 12-38 "设置放映方式"对话框

四、设置自动放映切片时间

1. 设置自动换片时间

选中幻灯片→"切换"选项卡→"计时"组→设置自动换片时间。

2. 排练和记录幻灯片计时

"幻灯片放映"选项卡→"设置"组→"排练计时"

图 12-39 "录制"对话框　　图 12-40 "保存放映时间"对话框

12.4.6 将演示文稿保存为视频文件

PowerPoint 2010 中新增了将演示文稿直接保存为 WMV 视频的新功能,操作如下:依次点击"文件"→"另存为"→"保存类型"→"Windows Media 视频(＊.wmv)",即可方便地将演示文稿存为视频文件,便于使用及版权保护。

小　结

Microsoft PowerPoint 非常好用,随着 PowerPoint 的格式、动画和多媒体能力变得渐趋强大和简单,同时随着制作演示文稿越容易(甚至简单到"自动内容向导"会建议演示文稿结构的地步),PowerPoint 幻灯制作的技术门槛会越来越低。

值得注意的是,在 Microsoft PowerPoint 中,文字、图像、视频和其他对象被安置在某个页面或"幻灯片"上。幻灯片可以打印或(经常)投影于银幕并可随演示者命令播放。幻灯片中的对象可以指定多种形式的动画,就如同在幻灯片本身上出现一样。整体演示文稿设计可由母板来控制。因此母版的操作是值得好好花时间琢磨的。

习 题

一、是非题

1. 在 PowerPoint 2010 中,幻灯片播放时换片方式有手动和排练计时。（　　）
2. 将文本添加到幻灯片最简易的方式是直接将文本键入幻灯片的任何占位符中。要在占位符外的其他地方添加文字,可以在幻灯片中插入文本框。（　　）
3. 在 PowerPoint 2010 中,幻灯片浏览视图模式下,允许设置自定义动画。（　　）
4. 在 PowerPoint 2010 的幻灯片浏览视图里,不可以用拖动幻灯片的方法改变幻灯片的顺序。（　　）
5. 当保存演示文稿时,出现"另存为"对话框,则说明该文档是第 1 次被保存。（　　）

二、填空题

1. 在 PowerPoint 2010 中,在放映时,若要中途退出播放状态,应按_____功能键。
2. 在 PowerPoint 2010 中,能够观看演示文稿的整体实际播放效果的视图模式是_____视图。
3. 仅显示演示文稿的文本内容,不显示图形、图像、图表等对象,应选择_____视图。
4. 演示文稿的基本组成单元是_____。
5. 在 PowerPoint 2010 中,要选定多个对象时,需按住_____键,然后用鼠标单击要选定的图形对象。

三、选择题

1. 在 PowerPoint 2010 中改变正在编辑的演示文稿的主题的方法是通过_____。
   A. 开始选项卡的主题　　　　B. 插入选项卡的主题
   C. 设计选项卡的主题　　　　D. 切换选项卡的主题
2. 在 PowerPoint 2010 中可以创建_____,在幻灯片放映时,单击它们可以跳转到其他幻灯片。
   A. 动作按钮　　B. 替换　　C. 粘贴　　D. 动画
3. 在 PowerPoint 2010 中演示文稿的默认扩展名是_____。
   A. pptx　　B. potx　　C. xls　　D. html
4. _____是事先定义好的包含文字和版式的演示文稿方案。
   A. 模板　　B. 版式　　C. 幻灯片　　D. 主题
5. 关于人工设置幻灯片的放映时间的说法,正确的是_____。
   A. 只有单击鼠标时换页
   B. 不可以设置单击鼠标时换页
   C. 可以设置每隔一段时间自动换页
   D. 只能设置每隔一段时间自动换页
6. 关于幻灯片放映的说法错误的是_____。

A. 有三种不同的放映方式

B. 隐藏的幻灯片也能放映出来

C. 可以设置幻灯片的放映范围

D. 演讲者放映时,演讲者具有完全控制权

7. 在 PowerPoint 2010 中,下列说法错误的是_____。

A. 在幻灯片浏览视图下,状态栏显示当前的幻灯片编号和总片数

B. 一次只能打开一个演示文稿

C. 演示文稿必须给予相应的模板来完成

D. 在幻灯片浏览视图下,可以编辑幻灯片

8. 在 PowerPoint 2010 中,用户可以使用的母版视图不包括_____。

A. 幻灯片母版　　B. 讲义母版　　C. 备注模板　　D. 阅读模板

9. 幻灯片中占位符的作用是_____。

A. 表示文本长度　　　　　　B. 限制插入文本的位置

C. 表示图形大小　　　　　　D. 对文本、图形预留位置

10. 幻灯片中动画的开始方式不包括_____。

A. 双击时　　　　　　　　　B. 单击时

C. 与上一动画同时　　　　　D. 上一动画之后

四、操作实践

1. (1) 演示页数量:2 页;幻灯片"背景"填充效果取双色;幻灯片切换用:慢速、纵向棋盘式。

(2) 第一页:主标题为"我的未来不是梦",颜色为红色,字体为隶书,字号为 80 号;副标题为"我的生活",颜色为蓝色,字体为仿宋 GB2312,字号为 40;幻灯片切换:等待 2 秒后,水平百叶窗方式自动显示主标题,单击鼠标,向内溶解方式显示副标题。

(3) 第二页:一个文本框,文本框内有 2 段文字(内容自定,不少于 20 个汉字)和 1 个剪贴画(或图片),均带有动画效果,文字颜色为绿色。演播顺序:自动显示 2 段文字,从右侧飞入;单击鼠标,采用底部飞入同时伴有掌声显示剪贴画。

2. (1) 演示页数量:2 页;幻灯片使用"应用设计模版"中的"Capsules"做背景;幻灯片切换用:中速、随机水平线条。

(2) 第一页:以艺术字作为主标题,字体为华文彩云,字号为 40,内容为"什么是 21 世纪的健康人?",副标题为"专家谈健康"。

(3) 第二页:一个文本框,文本框内有 1 段文字(内容自定,不少于 20 个汉字)和 2 个剪贴画(或图片),文字为绿色,均带有动画效果,均设置成右侧飞入。动画顺序:自动显示第 1 个剪贴画;单击鼠标,显示文字;再次单击鼠标,显示第 2 个剪贴画。

【微信扫码】
参考答案 & 相关资源

第十三章　Access 2010

Access 2010 就是一个小型的桌面数据库管理系统,它是 Office 2010 办公系列软件中的一个重要组成部分,主要用于小型数据库的管理,使用该软件可以高效地完成各种数据库管理工作,可广泛用于财务、行政、金融、经济、教育、统计和审计等众多的管理领域,具有很高的数据处理效率,尤其适合非计算机专业的普通用户开发自己工作所需的各种小型数据库应用系统。

> **教学目标**
> 通过本章学习,学生能够熟练使用 Access 2010 建立数据库、设计表及关系,掌握数据库查询的方法,了解使用窗体对数据库进行各种操作,学会使用、维护数据库的能力。

13.1　Access 数据库的创建

表示组成数据库的基础,数据库中所有其他对象如:查询、报表、窗体等都必须基于表来创建,如果没有表,那么这些对象也就没有存在的意义。

13.1.1　表结构的建立和修改

所谓创建表结构,就是定义表的名称、字段、字段的名称、数据类型、存储位数、主关键字等等。

1. 表结构的建立

【实例 13-1】 创建数据库及表结构。

步骤 1:启动 Access 2010;

步骤 2:选择图 13-1 中的"空数据库",再在右下角位置选择保存路径(此处为 C:\Users\lj\Documents)、定义数据库文件名(此处为 JXGL),然后点击创建,显示如图 13-2 所示的界面。

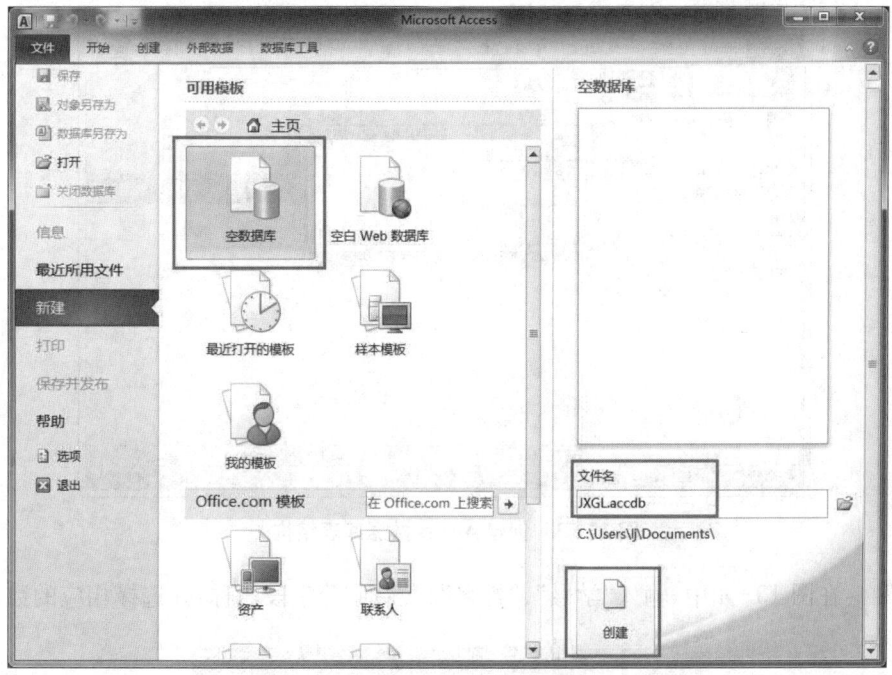

图 13-1 新建 Access 数据库

打开 C:\Users\lj\Documents 文件夹，可以看到该文件中新生成了一个后缀为 .accdb 的文件：JXGL.accdb，该文件就是 Access 数据库文件。这是一个空的数据库文件，里面没有任何表。接下来，继续在这个空的数据库中创建一张"学生"表；

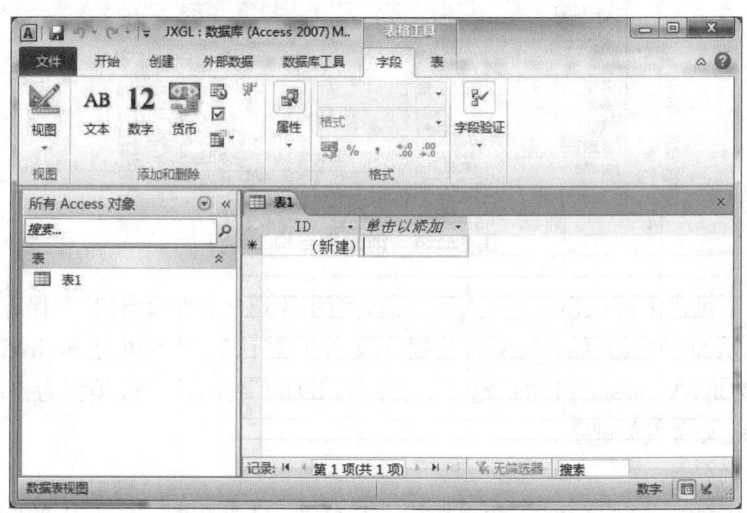

图 13-2 打开 Access 数据库文件

步骤 3：单击左边的"表 1"，然后单击左上角的"设计视图"，显示图 13-3 的"另存为"对话框中，输入表名：学生；

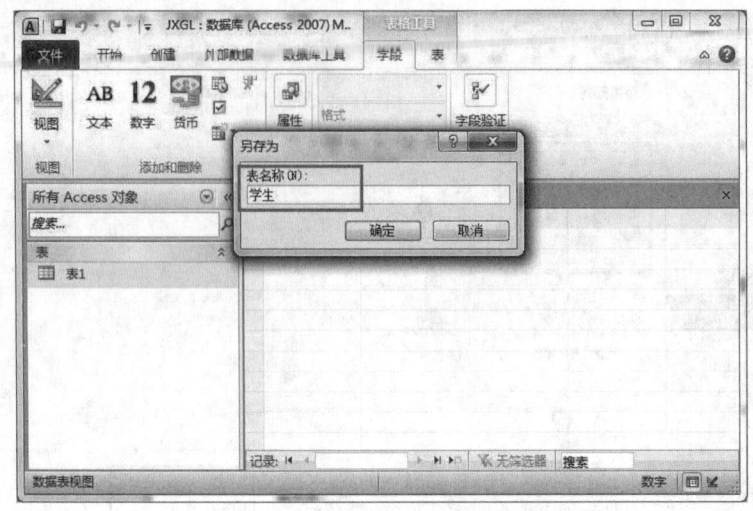

图 13-3 创建 Access 数据库表结构一

步骤 4:在图 13-4 中,输入"学号"、"姓名"、"性别"等字段名称,并选择相应的数据类型;

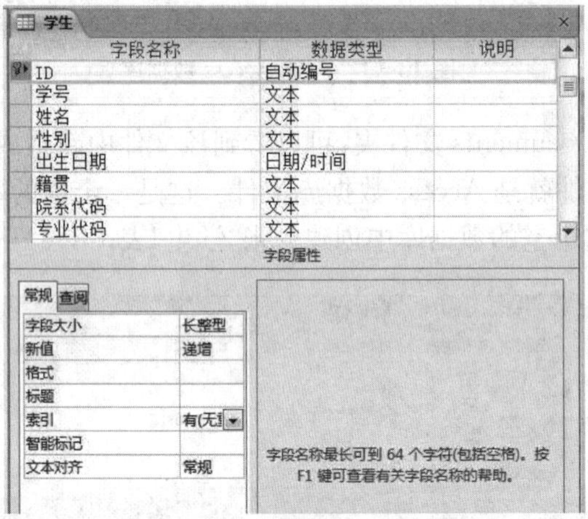

图 13-4 创建表结构二

步骤 5:按下键盘上的<Ctrl>+<W>键,关闭图 13-4 所示窗口,并保存。

注意:(1) 从 2007 版开始,Access 数据库文件的默认后缀不再是.mdb,改成了.accdb。(2) 创建表结构是,Access 会自动新建一个名称为 ID 的字段,该字段类型为自动编号,而且会自动将次字段定义为主关键字。

2. 表结构的修改

如果要对上述创建的"学生"表的表结构进行修改,只要在图 13-5 中的"学生"表上单击鼠标右键,选择快捷菜单中的"设计视图",即可打开图 13-4 所示的表设计窗口。

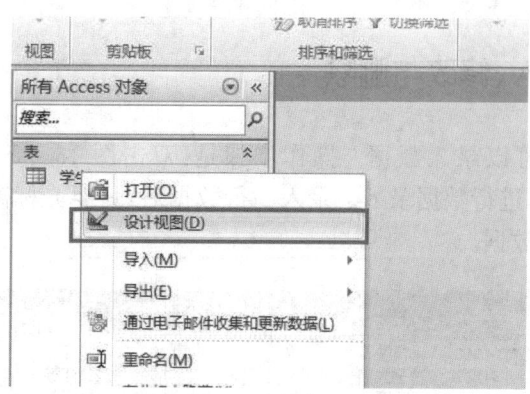

图 13-5　修改表结构

13.1.2　主关键字

主关键字,简称主键,是从一张表中挑选出的某个或者是某几个字段的组合,用于唯一的标识表中的一条记录。如上述"学生"表中,我们可以将"学号"字段定义为主键,因为学号是不可能也不允许重复的,所以可以唯一地标识表中的一条记录。创建主键的方法非常简单,只要右击"学生"表,选择"设计视图",打开表结构修改窗口,将光标置于"学号"字段中,再单击工具栏中的"主键"按钮,即可看到"学号"字段左边出现了一个钥匙标记(图 13-6)。

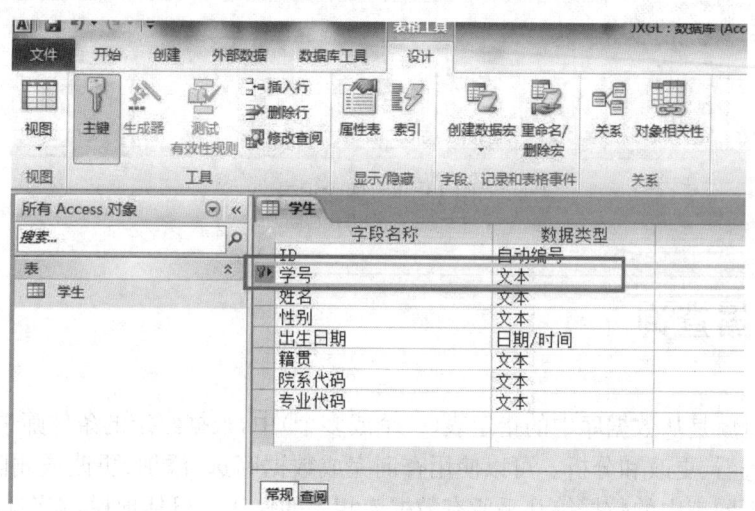

图 13-6　设置主键

"学号"字段设置为主键之后,再次打开"学生"表,此时,如果输入两个相同的学号,当光标离开当前记录试图保存修改时,Access 会自动弹出如图 13-7 所示的错误提示,并且无法保存修改。

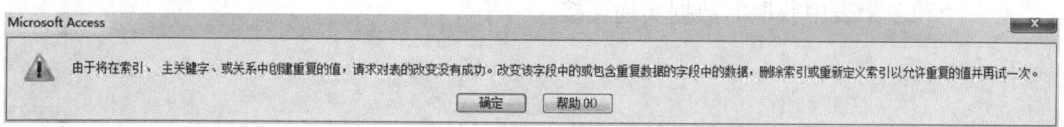

图 13-7　违反主键字段值的唯一性要求

13.1.3 记录的录入、修改与删除

创建好表之后,就可以录入数据。操作步骤是:双击图 13-5 中的"学生"表,打开如图 13-8 所示窗口,即可进行数据录入。录入一行数据后,只要光标离开本行,系统就会自动保存刚刚录入的这一行数据。

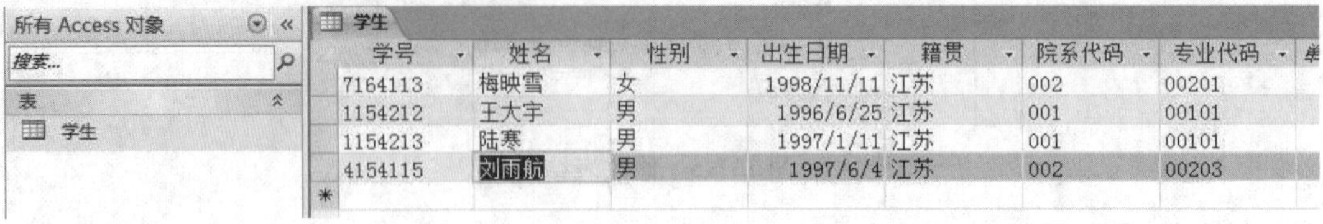

图 13-8 录入记录

想要删除一行记录,只要右键 ID 左侧的小方块,在弹出的对话框中选择"删除记录",即可删除选中行的这条记录(图 13-9)。

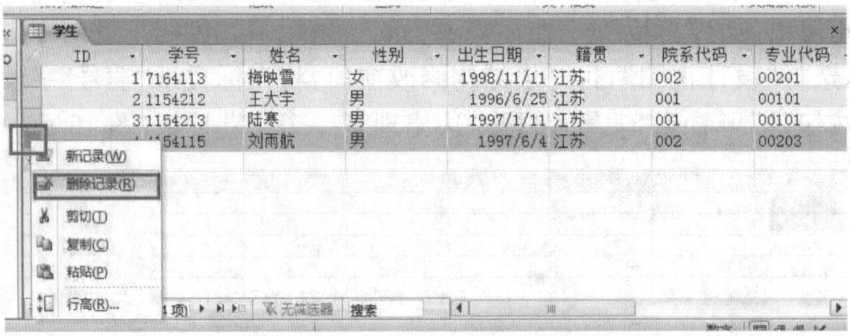

图 13-9 删除记录

13.2 数据查询

所谓查询,就是从数据库中的指定表(一个或多个)中,根据给定的条件筛选出所需要的信息,供使用者查看、更改和分析。可以使用查询完成数据筛选、添加、更改或删除表中记录、执行计算、合并不同表中的数据等几乎所有数据库相关的操作。概括地说,查询具有如下功能:

查看、搜索和分析数据;
追加、更改、删除记录;
实现记录的筛选、排序、汇总和计算;
用来作为报表和窗体的数据源;
对一个和多个表中获取的数据实现连接。

13.2.1 简单查询

关系型数据库中,查询都是通过结构化查询语言(SQL)来完成的,但对于非计算机专业的普通用户而言,SQL 语言很难一下子掌握,所以 Access 提供了一个称为"查询设计器"的工具,用可视化、交互的方式,来协助用户完成 SQL 语句的书写。

1. 表单查询

表单查询,即从一张表中查询所需的信息。以下通过一个例子来演示,如何使用 Access 的查询设计器,来完成一个简单的单表查询。

【实例 13-2】 打开数据库文件:test.accdb,创建查询,要求从"学生"表中筛选出所有籍贯为"山东"的学生,输出字段为:[学号]、[姓名]、[籍贯]。

步骤 1:启动 Access2010,打开 test.accdb 数据库;

步骤 2:单击"创建选项卡",选择其中的"查询设计"(图 13-10),打开查询设计器,如图 13-11 所示;

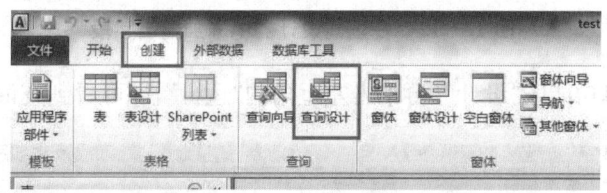

图 13-10 打开查询设计器

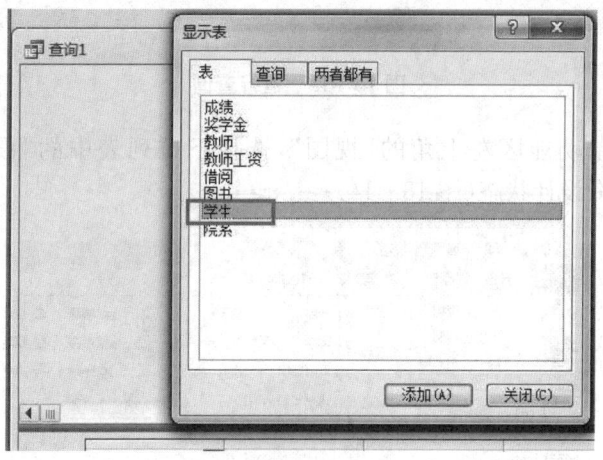

图 13-11 添加表

步骤 3:在图 13-11 中,选中"学生"然后单击"添加",最后单击关闭;

步骤 4:分别双击查询设计器上部"学生"表中的[]、[]、[],将这三个字段添加到下面的输出字段列表;在"条件"行对应于"籍贯"这一列中,输入:"山东"(图 13-12);

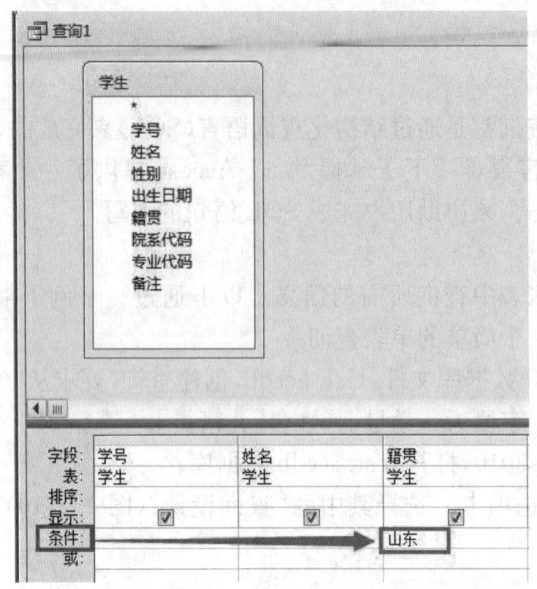

图 13-12　在查询设计器中添加输出字段

步骤 5：单击菜单功能区"设计"，再单击左上角的"运行"，即可看到查询结果（图 13-13）；

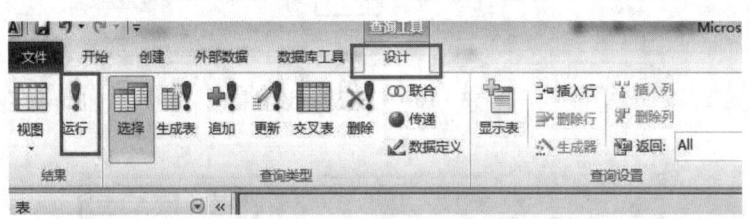

图 13-13　运行查询

步骤 6：单击菜单功能区左上角的"视图"，选择下拉列表中的"设计视图"，即可返回图 13-12 所示的查询设计状态（图 13-14）；

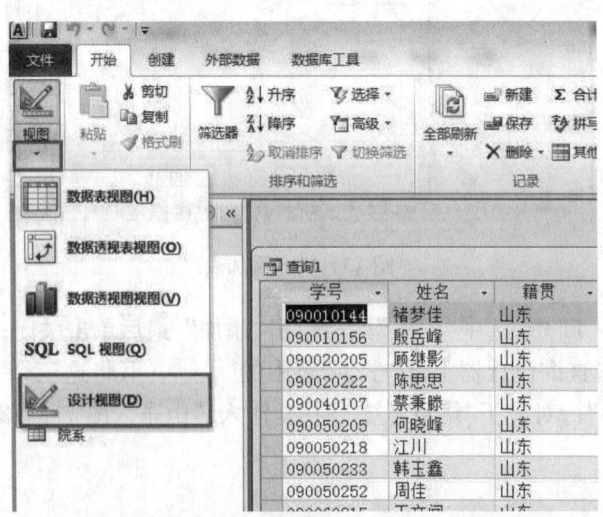

图 13-14　从运行模式返回查询设计视图

步骤7:查询设计器中,在"查询1"标题栏点击鼠标右键,选择"保存"按钮即可另存查询名称;在"另存为"对话框中,为查询命名:山东籍学生,然后单击"确定"(图13-15)。

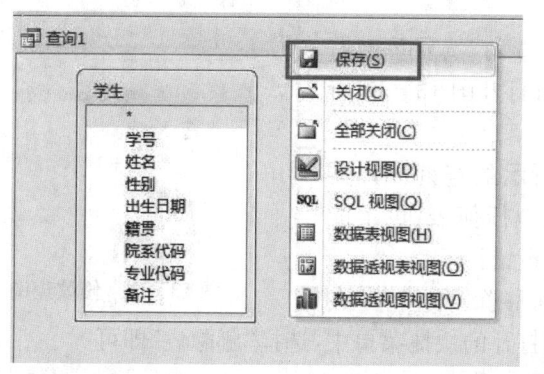

图13-15　保存查询

2. 查询设计器的使用说明

Access的查询设计器窗口分上下两个部分:

上面为查询的数据来源(源表)窗口,Access用一个包含所有字段名称的小窗口来表示一张表;下面则是查询设计网格窗口,由若干行、若干列组成。

字段:这行列出查询所用到的所有字段名(或表达式)。若不小心添加了多余的字段,可以单击"删除列"按钮删除(图13-16)。

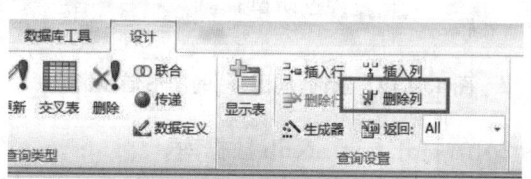

图13-16　删除列

表:这一行表示上面的字段来自哪张表(图13-17)。

排序:表示是否要对查询结果进行排序。如:要按[学号]进行排序,则可以单击[学号]这一列下面的排序,选择"升序"/"降序"。

显示:表示这一列的字段是否需要输出,打勾表示需要输出。

条件:为查询设置条件。同一行的条件是"与"的关系,不同行上的条件之间是"或"的关系。

3. 修改查询

创建好的查询,如同表一样,作为一个对象被保存在数据库中。如果要修改查询,可以按如下操作:

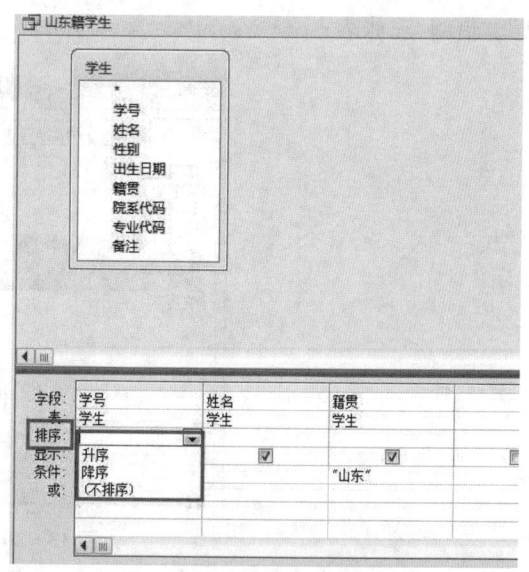

图13-17　查询设计器使用说明

单击左侧的对象导航栏上方的小倒三角形,然后选择下拉列表中的"查询",就可以看到刚才创建的名为"山东籍学生"的查询。

如果要对查询进行修改,则选中该查询,然后单击右键,选择快捷菜单中的"设计视图",即可打开图 13-18 所示的查询设计器进行修改。

另外,需要注意的是:图 13-12 所示的查询设计器中,除了"学生"表之外,不能再添加其他任何表,也不能重复添加"学生"表,否则查询结果就会报错!

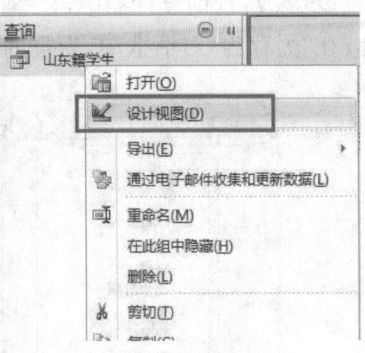

图 13-18 修改查询

万一不小心添加了其他的表,如何移除? 很简单,在查询设计器中其他的表上单击右键,在打开的快捷菜单中,选择"删除表"即可。

4. 多表查询

单表查询属于最简单的一种查询,实际应用中,更多的是涉及多张表的查询。

【实例 13-3】 打开数据库文件:test.accdb,创建查询,要求从"学生""借阅""图书"3 张表中查询出姓名为"周丽萍"的学生的借阅情况,输出字段为:[学号]、[姓名]、[书名]、[作者]、[出版社](图 13-19)。

学号	姓名	书名	作者	出版社
090010148	周丽萍	SQL Server数据库原理及应用	张莉	高等教育出版
090010148	周丽萍	大学数学	高小松	清华大学出版
090010148	周丽萍	控制论:概论、方法与应用	万百五	清华大学出版
090010148	周丽萍	NGO与第三世界的政治发展	邓国胜、赵秀	社会科学文献

图 13-19 查询"周丽萍"的图书借阅情况

步骤 1:启动 Access 2010,打开 test.accdb 数据库;
步骤 2:单击"创建"选项卡,选择其中的"查询设计",打开查询设计器;
步骤 3:在图 13-20 所示的"显示表"对话框中,按住<Ctrl>键,同时选中"学生"、"图书"、"借阅"三张表;

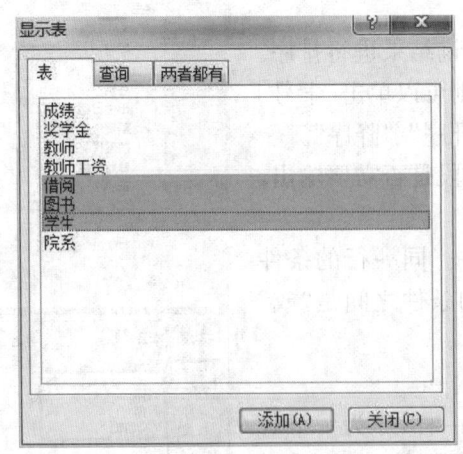

图 13-20 添加表

步骤4：在图13-21所示的查询设计器上部，单击"学生"表中的[学号]字段，按住鼠标不放，将此字段拖到"借阅"表的[学号]字段上；同样，将"借阅"表的[书编号]字段，拖到"图书"表的[书编号]字段上；

步骤5：分别双击查询设计器上部"学生"表中的[学号]、[姓名]字段，"图书"表中的[书名]、[作者]、[出版社]字段，将这5个字段添加到下面的输出字段列表；在"条件"行对应于"姓名"这一列中，输出："周丽萍"；

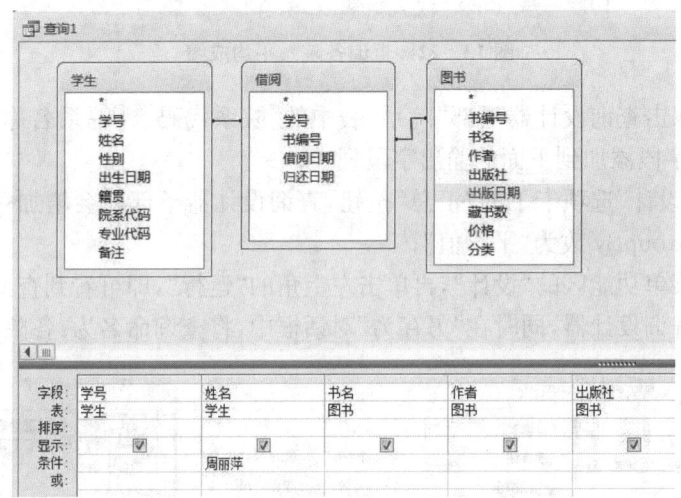

图13-21　查询"周丽萍"的图书借阅情况

步骤6：单击菜单功能区"设计"，再单击左上角的"运行"按钮，即可看到查询结果；

步骤7：关闭查询设计器，同时在"另存为"对话框中，将查询命名为：周丽萍图书借阅情况。

注意：对于多表查询，特别需要注意的是上述操作过程的步骤4：在不同表的相同字段之间，必须建立关联，也就是图13-21所示的表之间的那条连线。查询设计器中的任何一张表，都不允许"独立"存在，必须与别的表建立关联。

13.2.2　分类汇总查询

除了实现数据筛选，还可以使用查询来进行分类汇总，同时统计出用户所需的信息。

在Excel中，对数据分类汇总之前，必须按分类字段进行排序，然后才能进行汇总，而在Access数据库中，无须排序，会根据分类字段自动进行分类、自动进行统计。

下面通过几个实例，来延时分类汇总查询是如何创建的。

【实例13-4】　打开数据库文件：test.accdb，查询各院系学生的平均总分，输出字段为：[院系代码]、[院系名称]、[成绩之平均值]（图13-22）。

步骤1：启动Access2010，打开test.accdb数据库；
步骤2：单击"创建"选项卡，选择其中的"查询设计"，打开查询设计器；
步骤3：在"显示表"对话框中，按住<Ctrl>键，同时选中"学生""院系""成绩"三张表；
步骤4：按图13-23所示，在三张表之间建立关联；

院系代码	院系名称	总分之平均
001	文学院	76.28571429
002	外文院	65.5
003	数科院	54.07692308
004	物科院	74.76923077
005	生科院	82.77777778
006	地科院	70.14705882
007	化科院	62.17857143
008	法学院	82.63265306
009	公管院	67.60869565
010	体科院	74.25

图 13-22　查询各院系平均成绩

步骤 5：分别双击查询设计器上部"院系"表中的[院系代码]、[院系名称]，"成绩"表中的[总分]，将这 3 个字段添加到下面的输出字段列表；

步骤 6：单击"设计"选项卡下的"汇总"按钮，查询设计器下部就会增加一行"总计"，接着将"成绩"下面的 GroupBy 改为"平均值"；

步骤 7：单击菜单功能区的"设计"，再单击左上角的"运行"，即可看到查询结果；

步骤 8：关闭查询设计器，同时在"另存为"对话框中，将查询命名为：各院系平均成绩。

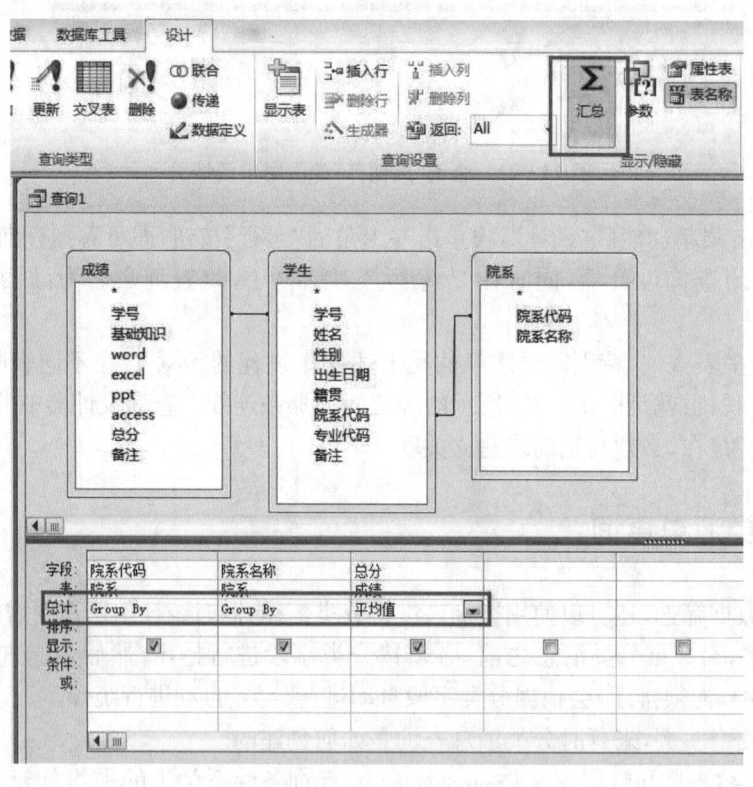

图 13-23　分组查询求平均值

分类汇总查询的过程：

在图 13-23 中，与 GroupBy 对应的字段为分类字段，即：按照[院系代码]与[院系名称]进行分类(组)，分类之后在对每一组成绩求出它的平均值。

【实例 13-5】　打开数据库文件：test.accdb，查询各院系成绩合格([总分]>=60 分且[基础知识]>=24分)的学生人数,要求输出[院系代码]、[院系名称]和[合格人数]。

步骤1到步骤4,与【实例13-3】完全相同。

步骤5:分别双击查询设计器上部"院系"表中的[院系代码]、[院系名称],"成绩"表中的[基础知识]、[总分],"学生"表中的[学号],将这5个字段添加到下面的输出字段列表中;

步骤6:单击"设计"选项卡下的"汇总"按钮,查询设计器下部就会增加一行"总计",接着按图13-24所示的设置条件、选择汇总统计方式;

步骤7:单击菜单功能区"设计",再单击左上角的"运行",即可看到查询结果;

步骤8:关闭查询设计器,同时在"另存为"对话框中,将查询命名为:各院系合格人数。

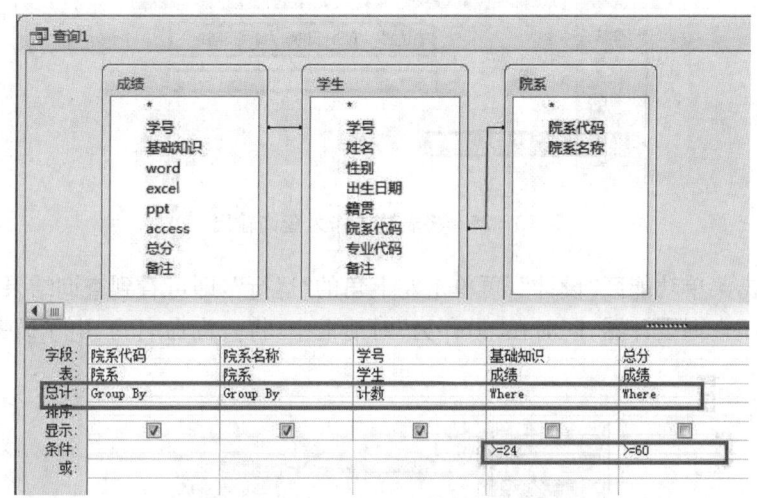

图13-24 分组查询计数

说明:

(1) 上述查询设计器中,Where 表示条件。

(2) 由于"基础知识>=24分"与"总分>=60分"是两个并列条件,所以">=24"与">=60"必须放在同一行上。

(3) "基础知识""总分"这两个字段下面的复选框不要勾选。打勾表示输出该字段,而本题中,使用的这两个字段只是为了设置条件而不是为了输出。

以上两个实例中,查询的输出或者单个字段,或者是对单个字段的汇总统计。而事实上,查询输出也可以是一个"表达式"。

【实例13-6】 打开数据库文件:test.accdb,查询书名为《电子政务导论》的图书被借阅的总天数,要求输出[书名]、[借阅总天数]。

操作步骤:

步骤1:启动 Access 2010,打开 test.accdb 数据库;

步骤2:单击"创建"选项卡,选择其中的"查询设计",打开查询设计器;

步骤3:在"显示表"对话框中,按住 Ctrl 键,同时选中"图书""借阅"两张表;

步骤4:按图13-25所示,在两张表之间建立关联;

步骤5:按图13-25所示添加[书名]作为输出字段、设置条件,同时构造表达式:[归还日期]-[借阅日期],并对此表达式进行"合计";

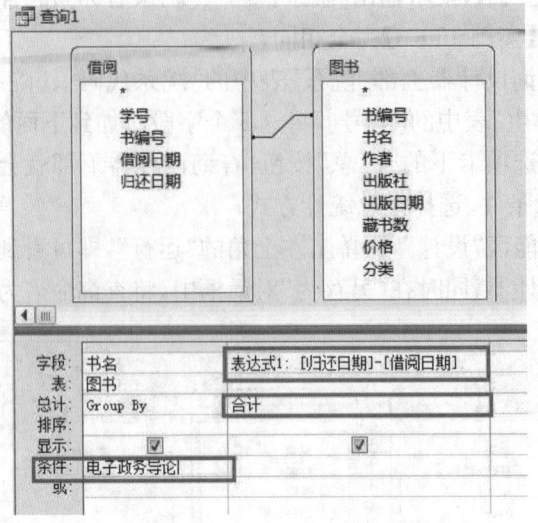

图 13‐25　将表达式作为查询输出

步骤 6：单击菜单功能区"设计"，再单击左上角的"运行"，即可看到查询结果；

步骤 7：关闭查询设计器，同时在"另存为"对话框中，将查询命名为：电子政务导论被借阅总天数。

图 13‐26　查询结果

如果要将查询结果中，列标题[表达式 1]改为[借阅总天数]，只要在图 13‐25 中，将冒号左边的[表达式 1]改为[借阅总天数]即可。

【实例 13‐7】　打开数据库文件：test.accdb，查询"院系"和"学生"表，查询各院系学生人数，备注为"退学"的学生不参加统计（用 Is Null 条件），要求输出[院系代码]、[院系名称]、[人数]，查询保存为"CX2"。

操作步骤：

步骤 1：启动 Access 2010，打开 test.accdb 数据库；

步骤 2：单击"创建"选项卡，选择其中的"查询设计"，打开查询设计器；

步骤 3：在"显示表"对话框中，按住 Ctrl 键，同时选中"院系""学生"两张表；

步骤 4：按图 13‐27 所示，在两张表之间建立关联；

步骤 5：按图 13‐27 所示添加[院系代码]、[院系名称]、[学号]作为输出字段；

步骤 6：单击"设计"选项卡下的"汇总"按钮，然后将[学号]下的 GroupBy 改为"计数"（图 13‐27）；

步骤 7：将[备注]字段添加到输出列表，将[学号]下的 GroupBy 改为"Where"，再在[备注]列对应的"条件"行处，输出"Is Null"（图 13‐27）。

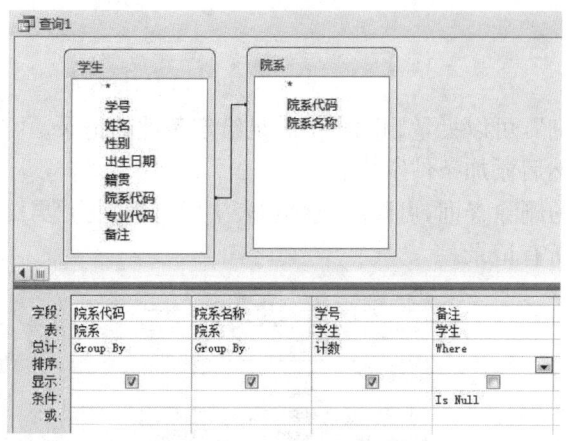

图 13-27　设置查询条件

13.2.3　更新查询

此前我们使用 Access"查询设计器",创建的查询,全都属于"选择查询",即:从一张或者多张表中,查询出需要的记录。

在查询设计器中,除了选择查询,还可以创建"更新查询",对满足条件的记录实现批量更改。

下面通过一个实例说明如何创建"更新查询"。

【实例 13-8】　打开数据库文件:test.accdb,基于"教师""教师工资表",设计更新查询,将所有职称为"副教授"的教师,绩效工资增加 500 元,查询保存为"CX1"。

操作步骤:

步骤 1:启动 Access 2010,打开 test.accdb 数据库;

步骤 2:单击"创建"选项卡,选择其中的"查询设计",打开查询设计器;

步骤 3:在"显示表"对话框中,按住＜Ctrl＞键,同时选中"教师""教师工资"两张表,添加到查询设计器中,并按照图 13-28 所示建立关联;

步骤 4:单击"设计"选项卡,再单击"查询类型"中的"更新";

步骤 5:按照图 13-28 所示,添加[绩效工资]、[职称],然后在"更新到:"后面输出"[绩效工资]＋500",在[职称]列的条件行,输出"副教授"。

步骤 6:单击"运行",即可运行此更新查询,单击窗口左上角的"保存"按钮,将此查询保存为"CX1"。

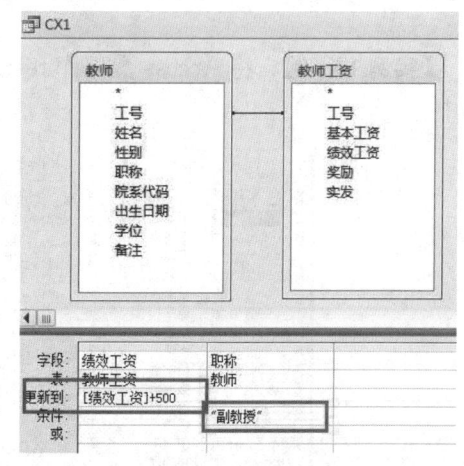

图 13-28　更新查询

13.2.4 删除查询

通过创建“删除查询”,可以批量删除表中满足给定条件的记录。方法非常简单,只要将查询类型指定为“删除”,然后添加条件字段。

如图 13－29 所示的删除查询,可删除“学生”表中所有性别为“男”的记录。如果不添加任何条件,则将删除表中所有记录。

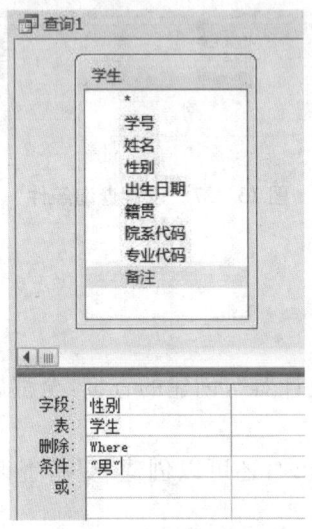

图 13－29 删除查询

13.3 Excel 与 Access 之间的数据转换

13.3.1 将 Access 表中数据导入到 Excel 工作表中

【实例 13－9】 将 Access 数据库 test. accdb 中的“学生”表(图 13－30)导出到 Excel 工作簿中。

学生

学号	姓名	性别	出生日期	籍贯	院系代码	专业代码	备注
090010101	董红	女	1991/4/21	江苏	001	00101	
090010102	王海霞	女	1991/6/13	江苏	001	00101	
090010103	闫静	女	1991/11/15	江苏	001	00101	
090010104	裴娟娟	女	1991/10/13	江苏	001	00101	
090010105	曹淤青	男	1991/2/17	江苏	001	00101	
090010106	毛翠柳	女	1991/10/1	北京	001	00101	
090010107	胡云	女	1991/5/24	山东	001	00101	
090010108	谢洁	女	1991/10/17	江苏	001	00101	
090010109	杨学胜	男	1991/11/21	江苏	001	00101	
090010110	强兆娣	女	1991/10/3	江苏	001	00101	退学
090010111	徐佳佳	女	1991/11/1	江苏	001	00101	
090010112	汤勇	男	1991/6/2	江苏	001	00101	
090010113	谢京平	男	1991/10/18	山东	001	00101	
090010114	唐红霞	女	1991/6/4	上海	001	00101	
090010115	顾荣荣	女	1991/5/8	江苏	001	00101	

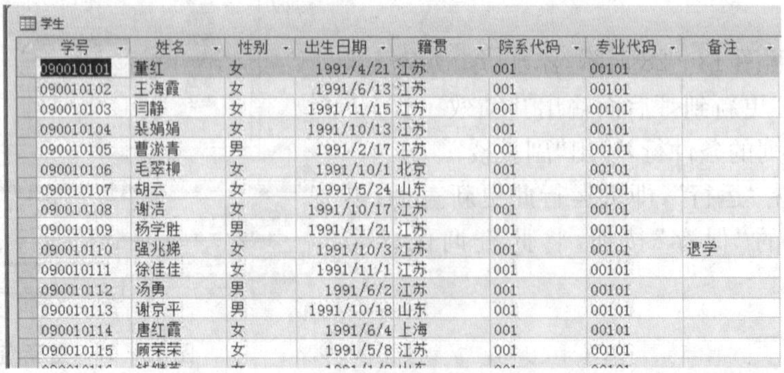

图 13－30 Access 数据库中的“学生”表

操作步骤：

步骤 1：启动 Access 2010，打开 test.accdb 数据库；

步骤 2：在左侧的 Access 数据库对象窗格中，右击"学生"表，选择快捷菜单中的"导出"→"Excel"（图 13-31），打开"导出－Excel 电子表格"对话框（图 13-32）；

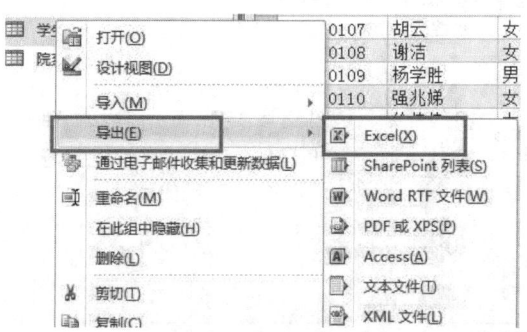

图 13-31 导出到 Excel 一

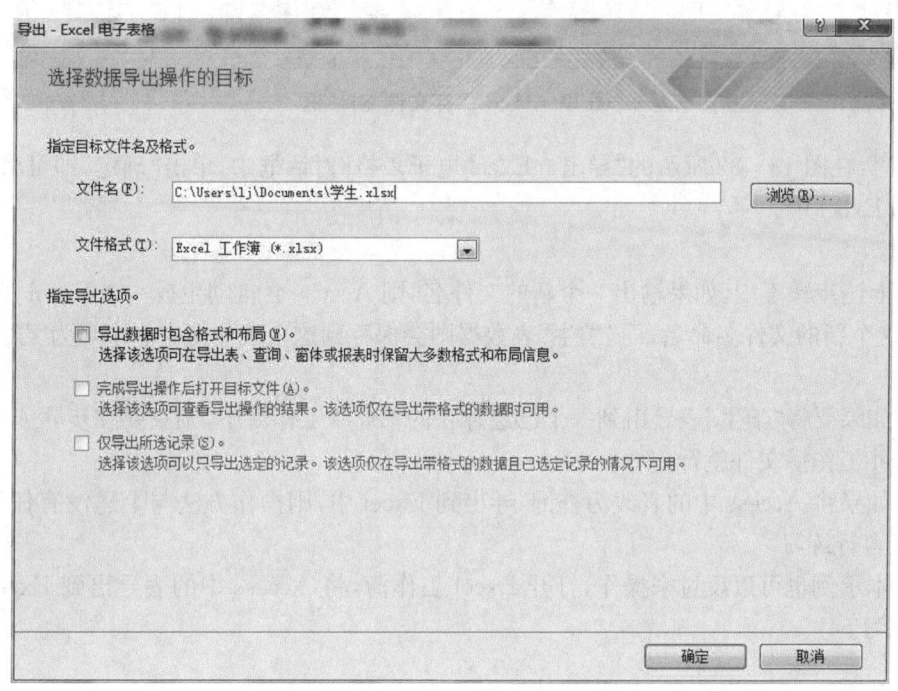

图 13-32 导出到 Excel 二

步骤 3：在图 13-32 所示的对话框中，单击"浏览"按钮，打开如图 13-33 所示的"保存文件"对话框；

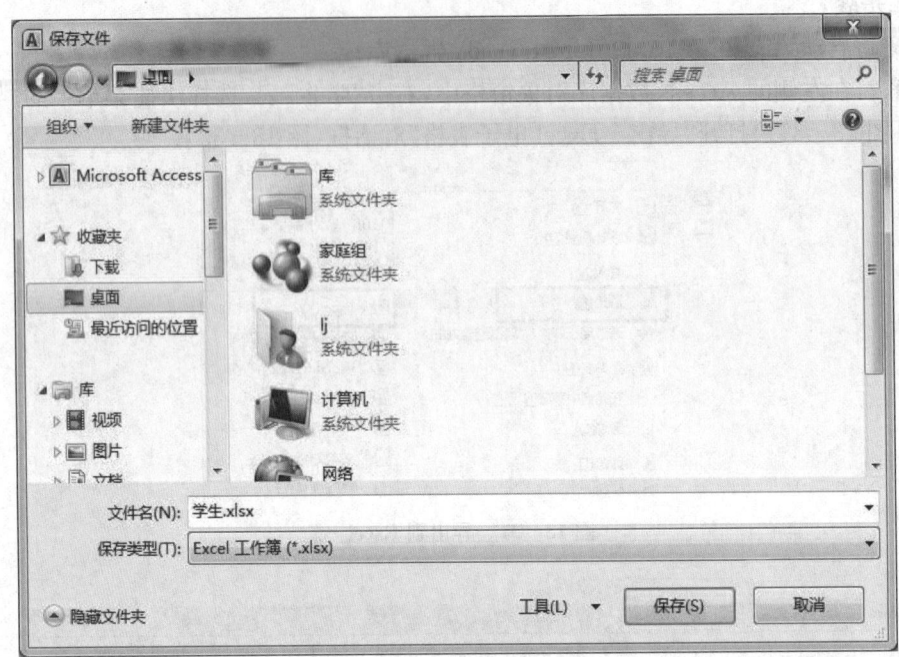

图 13-33 "保存文件"对话框

步骤 4:在图 13-32 所示的"导出—Excel 电子表格"对话框中,单击"确定"即可将"学生"表导出到 Excel 中。

说明:

(1) 上述步骤 4 中,如果输出一个新的文件名,则 Access 会自动生成一个 Excel 工作簿文件,并以这个新的文件名命名,而"学生"表数据则会保存到这个工作簿中一个名为"学生"的工作表中。

(2) 如果要将"学生"表导出到一个已经存在的 Excel 工作簿中,则只要在步骤 4 中,选择这个 Excel 工作簿文件就行。

(3) 如果将 Access 中的表改为查询,导出到 Excel 中,则操作方法与上述没有任何区别,同学可以自行练习。

(4) 本示例也可以反过来操作,打开 Excel 工作簿,将 Access 中的表导出到 Excel 中,同学自行练习。

13.3.2 将 Excel 工作表数据导入到 Access 表中

【实例 13-10】将 Excel 工作簿人均消费.xls 中的"人均消费"工作表,导入到 Access 数据库 test.accdb 中。

操作步骤:

步骤 1:启动 Access 2010,打开 test.accdb 数据库;

步骤 2:单击"外部数据"选项卡下的"Excel"(图 13-34),打开如图 13-35 所示对话框;

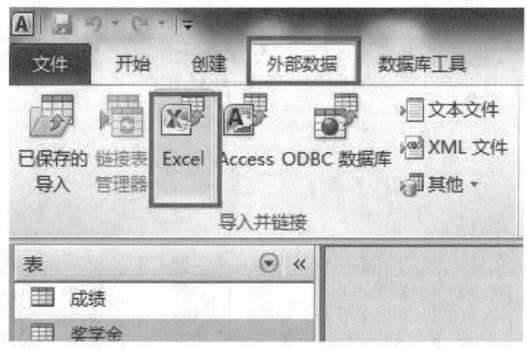

图 13-34　从 Excel 导入数据

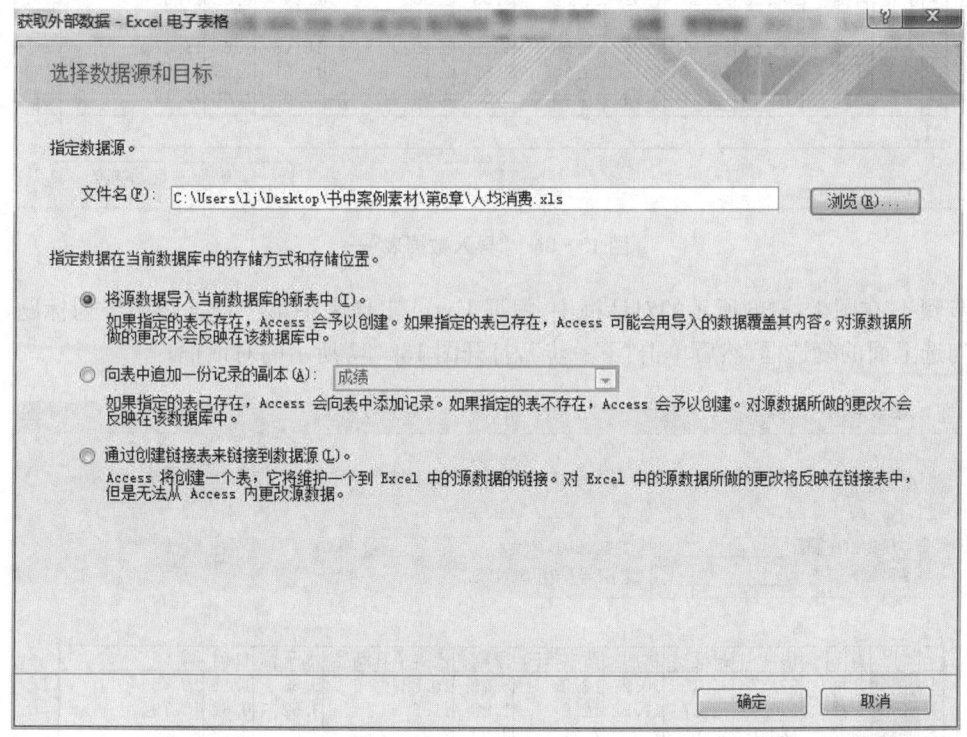

图 13-35　"获取外部数据－Excel 电子表格"对话框

步骤 3：如图 13-35 所示的对话框，单击"浏览"按钮，选择 Excel 工作簿文件，然后单击"确定"，打开如图 13-36 所示的"导入数据表向导"对话框；

270　体育信息技术应用实务

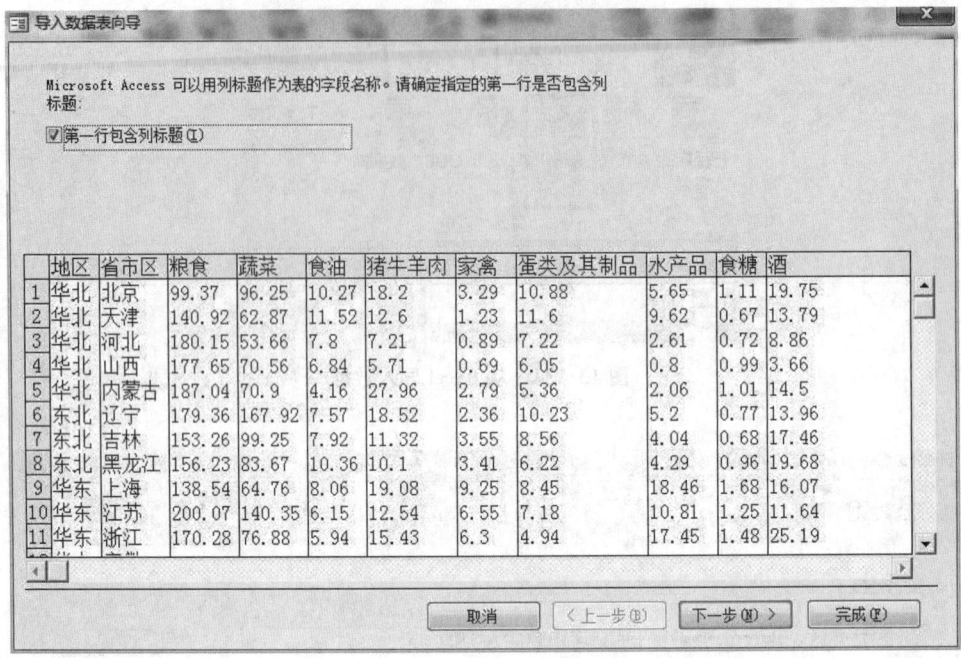

图13-36 "导入数据表"一

步骤4：在图13-36所示的对话框中，根据Excel工作表中第一行是否属于列标题，决定是否勾选上面的复选框，然后单击"下一步"，打开图13-37所示的对话框；

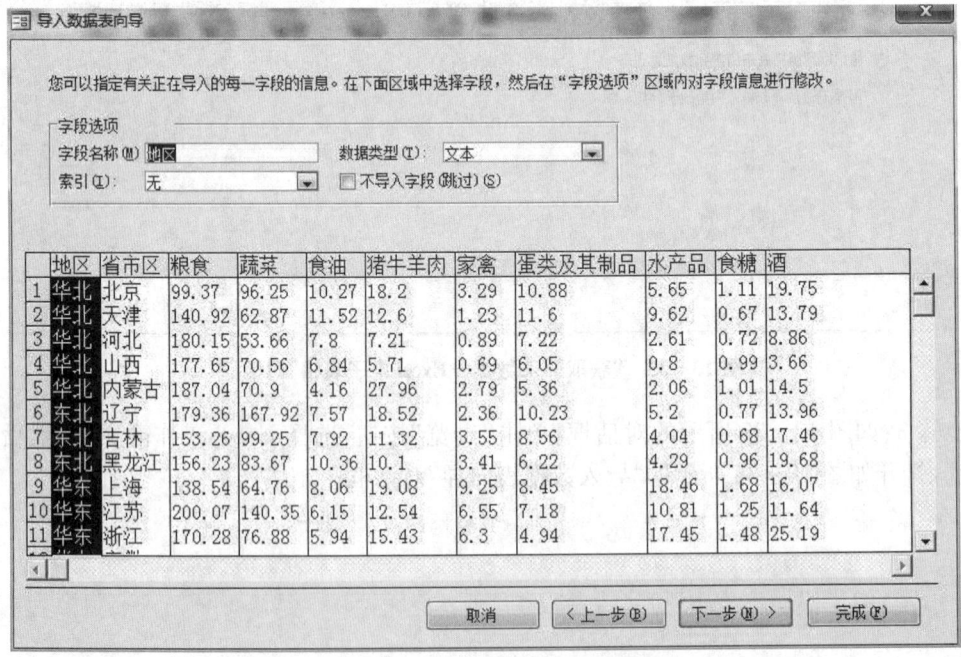

图13-37 "导入数据表"二

步骤5：在图13-37对话框中，可以更改列名（字段名）、字段的数据类型、是否创建索引

等。通常情况下不用更改,直接单击"下一步"按钮,打开图13-38所示的对话框;

步骤6:在图13-38所示的对话框中,可以选择是否添加一个字段名为"ID"的主键,或者由自己选择哪个字段作为主键。最后单击"下一步",打开图13-39所示的"导入数据表向导"对话框;

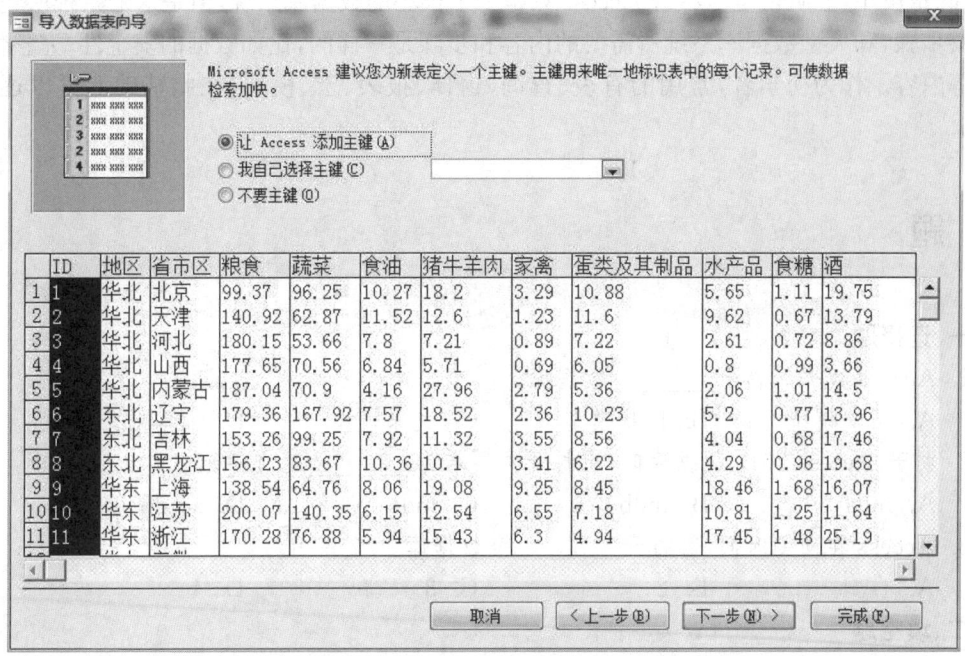

图13-38 "导入数据表"三

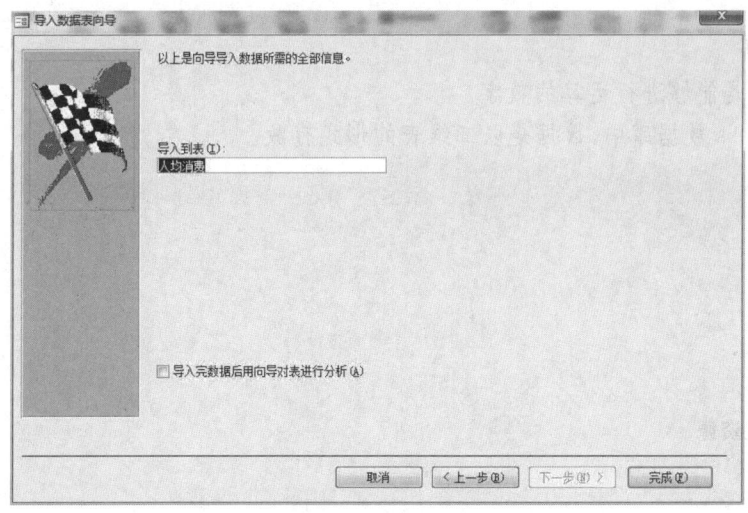

图13-39 "导入数据表"四

步骤7:在图13-39所示的对话框中,可以输入一个表名,如果不输入,则沿用Excel中的工作表名称作为Access中的表名,最后单击"完成"。

小 结

"麻雀虽小,五脏俱全",尽管 Access 只是一个很小的数据库系统,但是这个系统所包含的内容及步骤,和大型数据库系统所需要的内容和步骤是一样的,比如数据的安全性、完整性、可用性等内容。作为初学者,常用的有表、查询、窗体、报表、宏、模块,在此基础上可以逐渐地深入。

习 题

一、选择题

1. Access 数据库属于_____数据库。
   A. 层次模型　　　B. 网状模型　　　C. 关系模型　　　D. 面向对象模型
2. 打开 Access 2010 数据库时,应打开扩展名为_____的文件。
   A. mda　　　　　B. mdb　　　　　C. mde　　　　　D. accdb
3. Access 在同一时间,可打开_____个数据库。
   A. 1　　　　　　B. 2　　　　　　C. 3　　　　　　D. 4

二、填空题

1. Access 数据库中表之间的关系有_____、_____和_____关系。
2. Access 数据库中的表以行和列来组织数据,每一行称为_____,每一列称为_____。

三、是非题

1. 数据就是能够进行运算的数字。　　　　　　　　　　　　　　　　　　(　　)
2. 在 Access 数据库中,数据是以二维表的形式存放。　　　　　　　　　　(　　)

【微信扫码】
参考答案 & 相关资源

第十四章　VBA 编程入门

　　Visual Basic for Applications(VBA)是 Visual Basic 的一种宏语言,是微软开发出来在其桌面应用程序中执行通用的自动化(OLE)任务的编程语言。由于微软 Office 软件的普及,人们常见的办公软件 Office 软件中的 Word、Excel、PowerPoint 等都可以利用 VBA 使这些软件的应用效率更高。VBA 与 Visual Basic(VB)具有相似的语言结构。VBA 不但继承了 VB 的开发机制,而且 VBA 还具有与 VB 相似的语言结构,它们的集成开发环境 IDE(Intergrated Development Environment)也几乎相同,但是 VB 可运行直接来自 Windows 95 或 NT 桌面上的应用程序,而 VBA 的项目(Project)仅由使用 VBA 的 Excel、Word、PowerPoint 等称为宿主(Host)的 Office 应用程序(Application)来调用。

> **教学目标**
> 　　通过本章了解 VBA 编程的基本流程及方法,掌握 VBA 语言的基础知识,掌握函数、过程的使用方法,学会使用 VBA 进行相关程序设计。

14.1　创建第一个 VBA 程序

　　【实例 14-1】　创建一个 VBA 程序,执行该程序后,在 Excel 的 C2 单元格中输出一行文字:"南京体育学院最棒!"。
　　操作步骤:
　　步骤 1:鼠标右击 Excel 功能区,选择快捷菜单中的"自定义功能区(R)…",选中"开发工具"复选框(图 14-1);

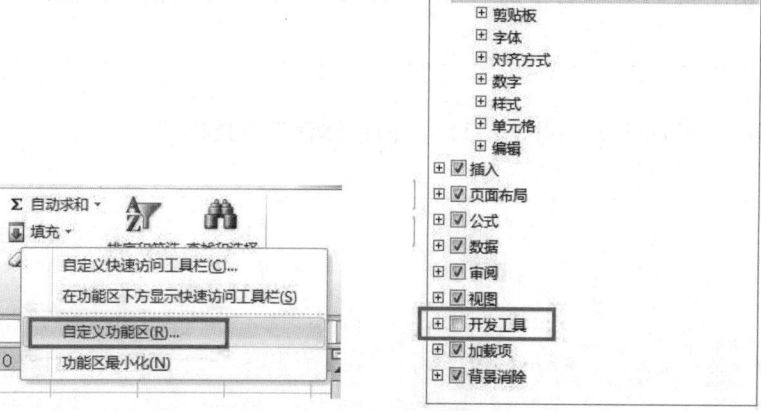

图 14-1　选中"开发工具"复选框

步骤 2：点击"开发工具"选项卡下的"Visual Basic"（图 14-2），打开 VBA 编程窗口（VBE，Visual Basic Environment）（图 14-3）。

图 14-2　打开 Visual Basic 代码编辑窗口

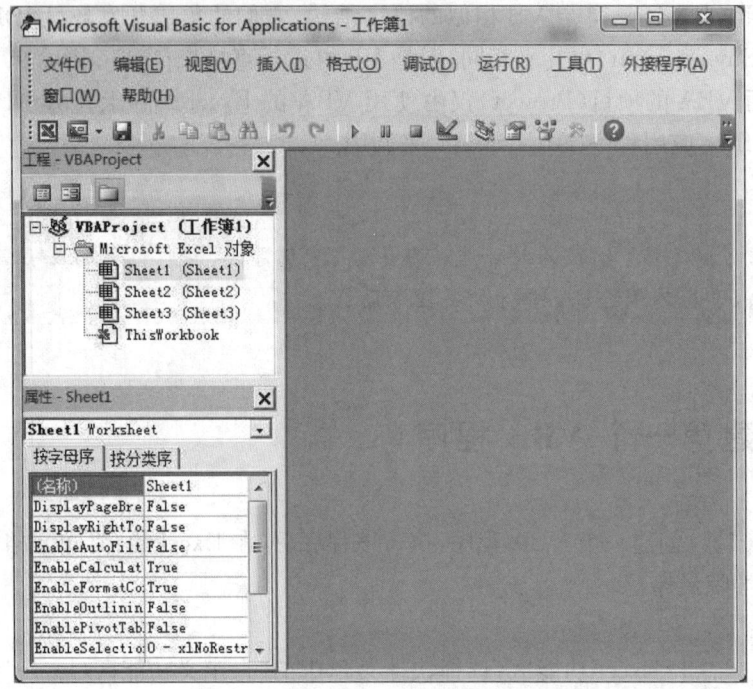

图 14-3　Visual Basic 编程环境

步骤 3：双击左侧 VBA 项目中的"ThisWorkbook"，然后在右侧代码窗口（图 14-4）输入以下程序：

```
Sub test1()
    Worksheets("sheet1").Cells(1, 1) = "南京体育学院最棒!"
End Sub
```

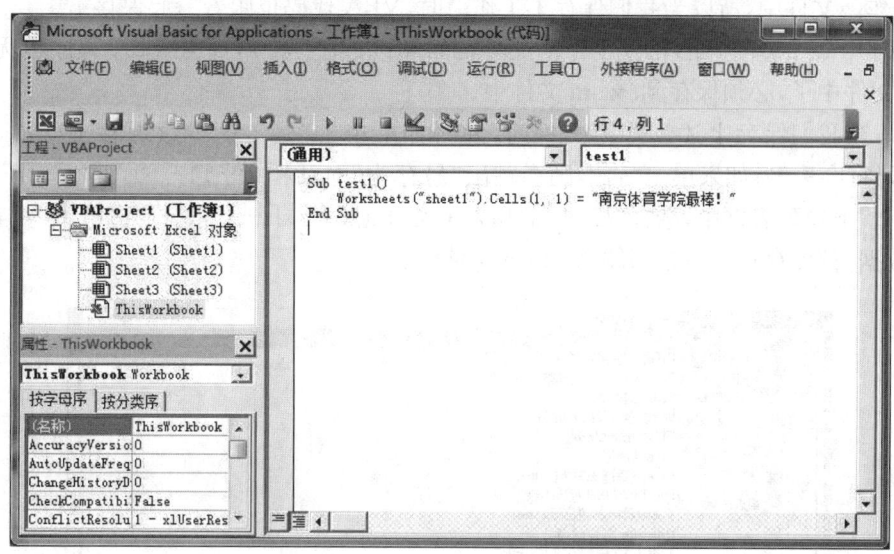

图 14-4 输入一段 VBA 程序

步骤 4：将光标置于上述程序行中，然后点击工具栏中的"运行"按钮（图 14-5），或者按快捷键 F5，执行上述程序。此时可以看到工作表 Sheet1 的第 1 行第 1 列单元格（A1)Z 中显示一行文字：南京体育学院最棒！

图 14-5 运行 VBA 程序

下面，我们对 VBA 程序结构做一下简单地分析。

上述 VBA 程序的基本格式是：

Sub＜过程名称＞（［参数］）
　＜代码行＞
　…
　…
End Sub

Sub、End Sub 是 VBA 愈发强制规定的固定写法（称为保留字），不能省略页不能随意更改，但字母不分大小写；括号中可以有参数也可以没有；过程名称由用户自行决定，但必须以字母开头。

由 Sub 开头、End Sub 结束，所构成的一段程序，称为"Sub 过程"，在后面 18.2 节会详细介绍。

注意：1. 所有可执行代码都必须写在 Sub 到 End Sub 之间，绝不能写到外面！

2. 由于 Sub 过程可能存在多个，所以运行程序时必须将光标置于想运行的 Sub 过程中，否则 Excel 不知道你要运行哪个程序。

在 Office 2003 及之前的版本中，VBA 程序与所有的 Excel 工作表都包含在一个后缀为

.xls的工作簿文件中,所以当我们保存了工作簿时,VBA代码也跟着一起保存了。

但从Office 2007开始,不仅工作簿文件的后缀改成了.xlsx,而且VBA程序也无法保存到.xlsx文件中了,必须保存到.xlsm文件中。

所以,当我们保存上述工作簿文件时,此时如果单击"是",则继续保存工作簿,但所有VBA代码将会丢失;如果单击"否",则会跳出"另存为"对话框(图14-6),此时,用户可以再"保存类型"下拉列表框中,选择"Excel启用宏的工作簿(＊.xlsm)",这样VBA程序连同所有工作表数据,都保存在了一个后缀为.xlsm文件中。

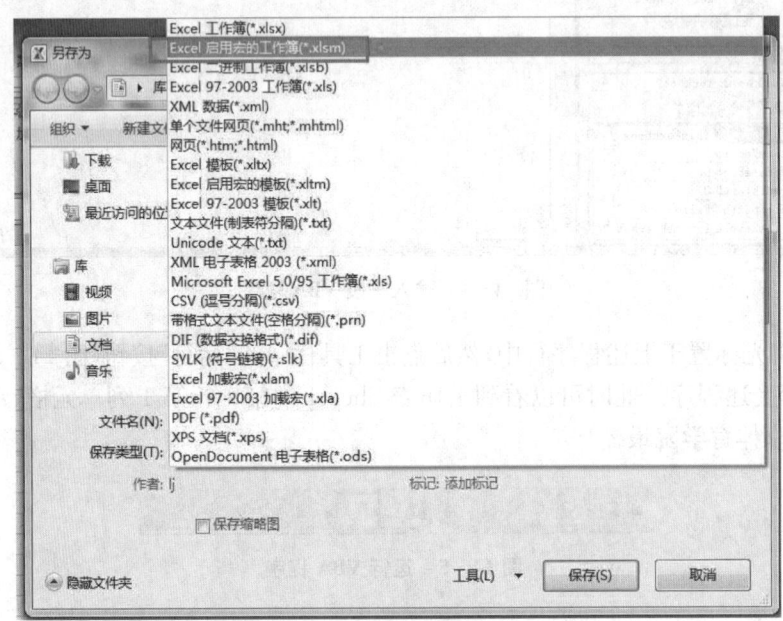

图14-6 另存为启用宏的工作簿

14.2 VBA的项目结构与组成

一个VBA项目,通常由一些模块组成,包括:标准模块、窗体模块、类模块、文档模块等,接下来给大家介绍VBA中的模块。

14.2.1 模块

模块就是一组声明与代码的集合。如图14-7所示的工作表Sheet1对应的模块,该模块由前面4行声明语句与后面的2个通用过程、1个函数、1个事件过程所组成。

VBA项目中,模块共分为5类,"工作簿模块"、"工作表"、"窗体模块"、"标准模块"及"类模块"。工作表模块(图14-7中Sheet1—Sheet3)与工作簿(图14-7中的ThisWorkbook)统称为"文档模块"。除了文档模块之外,用户可以自行添加"窗体模块""标准模块""类模块"。各种模块有各自的作用,不同的使用场合使用不同类型的模块。

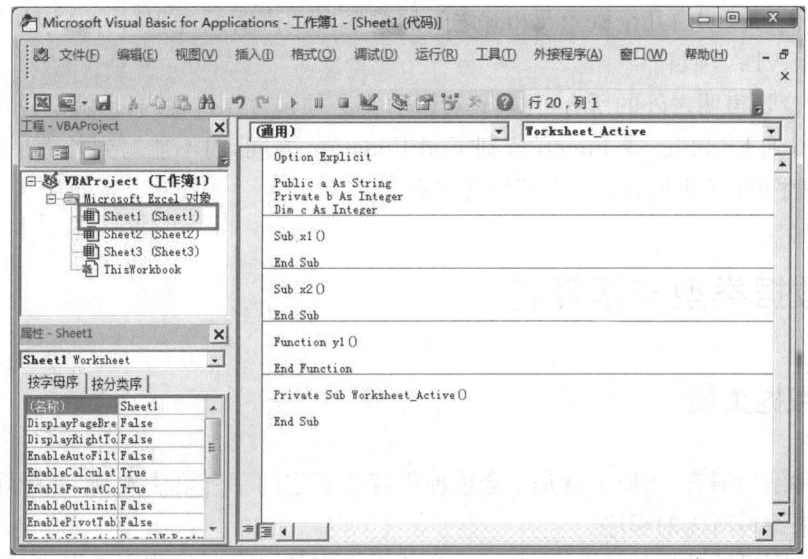

图 14-7　Sheet1 模块

14.2.2　项目(工程)

每一个 VBA 项目,都是由若干个模块所组成。一个新建的 Excel 工作簿,默认包含 3 张工作表,所以该工作簿中的 VBA 项目就会自动包含 4 个模块:一个工作簿模块、3 个工作表模块(图 14-8)。除了与工作簿、工作表对应的模块之外,用户开可以根据需要,自行添加"窗体模块"、"通用模块"、"类模块",如图 14-8 所示。

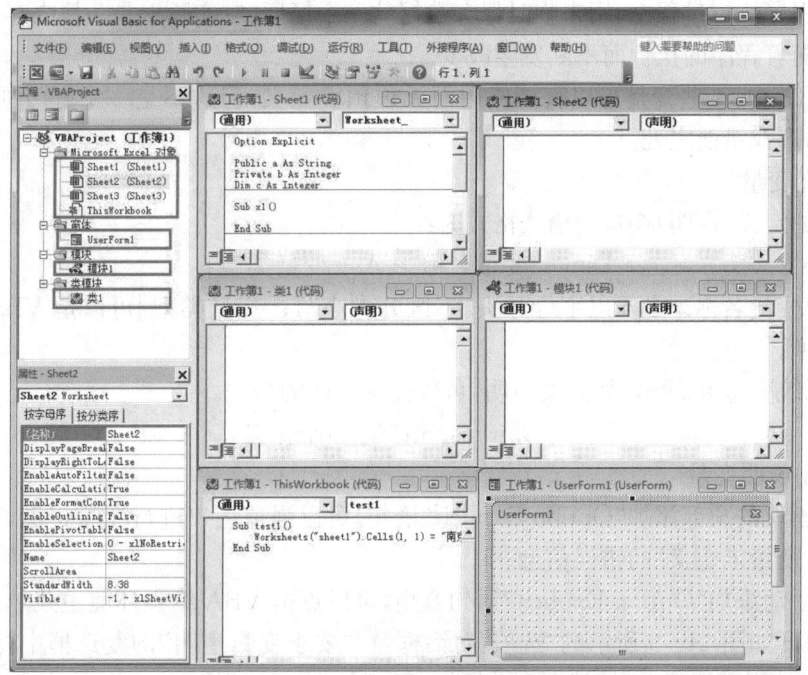

图 14-8　VBA 项目模块及对应代码窗口

至此,我们可以明白几个概念及相互之间的关系:由"声明及过程"构成"模块",再由各类模块构成一个 VBA 项目。

另外,除变量声明之外的所有可执行的代码,都必须包含在过程内,也就是说:可执行代码只能写在 Sub 到 End Sub 或 Function 到 End Function 之间,而不能写到外面!对于第一次接触 VBA 程序设计的同学来说,尤其值得注意。

14.3 数据类型与运算符

14.3.1 数据类型

学习某种编程语言,本质上就是学会该种语言所规定的一套语法规则、书写规则,然后使用这套规则来编写所需的程序。

编程必然要设计数据的使用,而数据是分不同类型的,比如:数值型数据、字符型数据、日期型数据等。所以掌握 VBA 中各种数据类型及其使用场合,是学习编程必备的基本功。

VBA 中的各种数据类型包括:整数型:字节型(Byte)、整型(Integer)、长整型(Long);实数型:单精度浮点型(Single)、双精度浮点型(Double);布尔型(Boolean);日期型(Date);字符串(String);货币型(Currency);对象型(Object);可变类型(Variant);用户自定义类型。

14.3.2 变量与常量

1. 变量

变量是程序执行过程中,用来临时保存数据的一个场所,它实际上是一块内存区域。变量的值可能会随着程序的执行而不断发生改变。

尽管 VBA 中,某些变量可以直接使用而无须预算定义,但这不是一个好习惯,当程序出错时,会难以查找错误之处。

(1) 定义变量

最常见的定义(声明)变量的语法格式为:

$$\text{Dim <变量名称> As [变量类型]}$$

其中,<变量名称>必须以字母开头,不区分大小写;[变量类型]可以是 VBA 中规定的所有数据类型。

比如,系统变量 msgStr,如果要声明,可以使用下面的写法。

$$\text{Dim msgStr As String}$$

(2) 强制声明变量

在程序模块的顶部添加"Option Explicit"语句,可以强迫用户进行变量定义,否则运行程序时会出现"变量未定义"的错误信息。

如果嫌手动添加"Option Explicit"语句麻烦,可以点击 VBA 编程环境主菜单中的"工具"→"选项",打开如图 14-9 所示的"选项"对话框,在"要求变量声明"的复选框中打勾,下次再次打开 VBA 编程环境窗口时,就会自动添加"Option Explicit"语句。

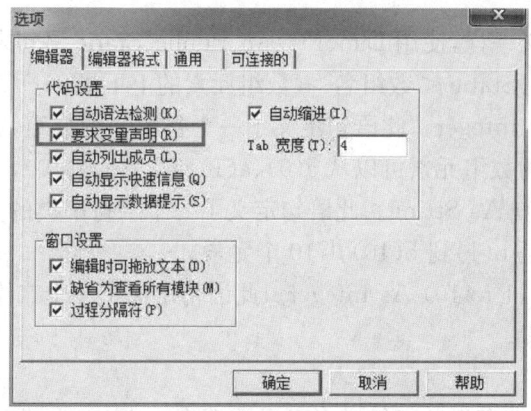

图 14-9　更改 VBA 编辑器选项

(3) 变量的作用域

定义变量，除了使用前面所说的 Dim 语句之外，还可以使用 Private、Public、Global、Static 语句，但它们的含义及作用是不一样的。

Dim <变量名称> As [变量类型]

Dim 可以用于过程内部和外部，但不管用于过程内还是过程外，使用 Dim 语句定义的变量均为私有，无法在模块外使用。

Private <变量名称> As [变量类型]

只能在过程外使用，用来定义模块级变量。Private 定义的模块级变量，只能用于本模块，不能被其他模块调用。

Public <变量名称> As [变量类型]

只能在过程外使用，用来定义模块级变量。Public 定义的模块级变量对外界可见，可以被本模块和其他模块调用。

Static <变量名称> As [变量类型]

只能在过程内使用。由 Static 定义的变量只能用于本过程，不能被本模块的其他过程或函数调用，更不能被其他模块调用。

2. 常量

常量用 Const 定义，且在定义时赋值，程序中不能改变它的值。常量定义的语法格式为：

[Public|Private] Const <变量名称> [As type] = <表达式>

例如：Public Const Pi = 3.1415926

14.3.3　数组

数组是包含相同类型数据的一组变量，通过数据的下标可以对数组中的单个变量进行引用。VBA 中，数据分为静态数组和动态数组。两种最常见的数组是一维数组（清单）和二维数组（表格）。比如说，由全校学生的学号组成单列表格就是一维数组（清单）；由学校学生的学号、姓名、身份证号组成的表格就是二维数组。

1. 定义静态数组

数组定义与变量定义一样，使用 Dim、Private、Public、Static 语句来声明。语法格式如下：

Dim|Private|Public|Static <数组名>(数组元素的上下界,…) As <数据类型>

例如：Dim a(10) As Integer。此语句定义了一个整型一维数组，数组名为 a，下标从 0 到 10，即：该数组中可访问的数组元素可以从 a(0)、a(1)、a(2)…、a(10)，共 11 个元素。

又如：Dim b(1 to 10) As String。此语句定义了一个字符串类的数组，下标从 1 到 10，可以访问其中的数组元素是 b(1)到 b(10)共 10 个元素。

再如：Dim c(1 to 20,1 to 10) As Integer。此语句定义了一个二维数组，包含从 c(1,1)到 c(20,10)共计 200 个元素。

2. 定义动态数组

定义数组时，有时我们事先并不知道上下界需要多大，定义小了可能不够用，而定义大了又会造成浪费。此时，我们可以使用动态数组来解决这个问题。动态数组的定义与静态数组几乎相同，所不同的只是数组名后面的括号中，不要指定上下界，保留空括号即可。如：

$$Dim\ a(\ )\ As\ Integer$$

动态数组在定义之后，并不能直接使用，必须使用 Redim 语句为动态数组指定上下界。如：Redim a(i to j)。其中，i、j 不必为常量，可以是变量，这正是动态数组和静态数组的区别，静态数组定义时，上下界不能使用变量，必须使用常量。

14.3.4 运算符

运算符时表示执行某种运算功能的符号。VBA 中有如下运算符：

1. 赋值运算符(=)

用于给变量或对象赋值。赋值时先计算右边表达式的值，然后再赋给左边的变量或者对象。其语法格式为：

<变量名> = <表达式>　或　<变量名>.<属性> = <表达式>

注意：给对象的属性赋值时，必须在属性名前面加上对象名，再加一个圆点，用来表示对象的某属性。

2. 算术运算符

+(加)、-(减)、*(乘)、/(除)、Mod(取余数)、\(整除)、^(求幂)

3. 比较运算符

=(等于)、< >(不等于)、>(大于)、<(小于)、>=(大于等于)、<=(小于等于)、Like、Is。如：x>0；a+b> =c+d；s1< >"你好"等都是比较表达式，其结果为布尔值 True 或 False。

4. 逻辑运算符

Not(非)、And(与)、Or(或)。将几个关系表达式用逻辑运算符连接起来，就得到一个逻辑表达式，它的值为 True 或 False。

5. 字符串连接运算符

&(连接两个字符串)。

> 如:Dim s1 As String
>   Dim s2 As String
>   Dim s3 As String
>   s1 ="南京体育学院"
>   s2 ="运动健康科学系"
>   s3 = s1 & s2
>   s3 的结果为:"南京体育学院运动健康科学系"

14.4 VBA程序控制结构

14.4.1 顺序结构语句

1. 赋值语句

赋值语句是程序设计中最基本、最常用的语句,其语法格式为:

＜变量名＞=＜表达式＞

其中的"＝"称为赋值符号。

如【实例14－1】中的 Worksheets("sheet1").Cells(1,1) = "南京体育学院最棒!"就是一条典型的赋值语句,赋值号左边指的是 Sheet1 的第1行第1列,右边为一个字符串。字符串必须放在一对双引号中。又例如:a = 256+100/2*4。首先计算出赋值号右边表达式的值,然后将该值赋值给左边的变量 a。

2. 注释语句

理论上讲注释语句在任何程序中都不是必需的,但为了别人也为了自己以后更容易阅读或者修改程序,在一些关键处添加若干注释语句是非常必要的。注释语句的语法格式为:

Rem ＜注释内容＞ 或者 '＜注释内容＞

两者的区别是:以 Rem 开头的注释,必须单独占一行,不能放在某一行程序的后面;而单引号开头的注释,既可以单独占一行,也可以放在程序行后面。如:

MsgBox msgStr   ' 提示报错信息

是正确的注释;而

MsgBox msgStr   Rem 提示报错信息

则会提示错误。

＜注释内容＞既可用英文也可以使用中文,由用户自行决定。

14.4.2 选择结构语句

1. If…Then…语句

格式一(单行格式):

    If ＜条件＞ Then ＜语句＞ 或者 If ＜条件＞ Then ＜语句＞ Else ＜语句＞

格式二(多行格式)：

```
If <条件>  Then
    <语句>
End If
```

或

```
If <条件>  Then
    <语句>
Else <语句>
End If
```

2. Select Case 语句

语法格式为：

```
Select Case a
Case a1
    [语句序列 1]
Case a2
    [语句序列 2]
Case a3
    [语句序列 3]
    …
Case Else
    [语句序列 n]
End Case
```

说明：a 为测试表达式，可以是算术表达式也可以是字符表达式，其值应为数字或字符串；a1、a2 等是测试项，取值必须与测试表达式的值类型相同，常用形式为：(1) 具体取值，用逗号隔开，如：1,2,3；(2) 连续的范围，界 1 To 界 2，如：100 To 200；(3) 满足某个条件：Is 运算符，如：Is＞50；(4) 三种形式可以组合使用。

【实例 14－2】 根据学生成绩，判断其等级：

条件	成绩＞＝90	80＜＝成绩＜90	70＜＝成绩＜80	60＜＝成绩＜70	成绩＜60
等级	优	良	中	及格	不及格

程序如下：

```
Sub test()
    Dim score As Integer
    Dim grade As String
    score = InputBox("请输入 0－100 之间的一个整数","输入成绩","")
    Select Case score
```

```
        Case Is > =90
            grade = "优"
        Case 80 To 90
            grade = "良"
        Case 70，71，72，73，74，75，76，77，78，79
            grade = "中"
        Case 60，61，62 To 66，Is >=67
            grade = "及格"
        Case Else
            grade = "不及格"
        End Select
        MsgBox grade            '输出成绩
End Sub
```

说明：InputBox( )是一个常用函数，用于获取用户的输入。执行 score = InputBox("请输入 0－100 之间的一个整数"，"输入成绩"，"")语句时，首先执行其赋值号左边的 InputBox 函数，此时弹出如下输入框：

图 14－10　InputBox 函数

当用户输入成绩并点击确定后，InputBox 函数的返回值就是用户所输入的成绩(此处为 84)，然后将该成绩赋值给左边的变量 score，并得到 grade 的值。

图 14－11　MsgBox 输出成绩

14.4.3　循环结构语句

1. For…Next 语句

语法格式：

```
For <循环变量> = <初值> To <终值> [Step<步长>]
    [语句序列 1]
    [Exit For]
    [语句序列 2]
Next
```

2. Do…Loop 语句

语法格式：

```
Do While <条件>
    [语句序列 1]
    [Exit Do]
    [语句序列 2]
Loop
```

或

```
Do
    [语句序列 1]
    [Exit Do]
    [语句序列 2]
Loop Until<条件>
```

3. For Each…Next 语句

语法格式：

```
For Each element In <数组或集合>
    [语句序列 1]
    [Exit For]
    [语句序列 2
Next [element]
```

【实例 14-3】 列出 Excel 工作簿中的所有工作表名称。

程序如下：

```
Sub test( )
    Dim oSheet As Worksheet
    For Each oSheet In ThisWorkbook.Worksheets
        MsgBox oSheet.Name
    Next
End Sub
```

说明：For Each oSheet In ThisWorkbook.Worksheets 即遍历当前工作簿，MsgBox oSheet.Name 即通过 MsgBox 输出每个工作表的名称。

图 14-12 [实例 14-3]运行结果

14.5 过程和函数

所谓"过程",其实就是具有相对独立功能的一段程序。VBA 具有四种过程:Sub 过程、Function 函数过程、Property 属性过程和 Event 事件过程。这里仅介绍三种最常见的过程——Sub 过程、Function 函数过程和事件过程。VBA 中常见的三类过程是事件过程、通用过程(Sub 子程序、Function 函数过程)和属性过程。

所谓"宏",实际上是一个保存在 Office 文档中的 VBA 过程。在应用 Word、Excel、PowerPoint、Access 等软件处理文档时,如果经常要重复某项任务,那么你就可以先录制一个宏,以后主要运行这个宏就会自动完成那些繁琐的重复性操作。

14.5.1 事件过程

事件过程,也叫事件处理程序,它是当发生某个事件,如:单击窗体上的命令按钮时,对该事件做出响应的一段程序。

先来看个简单的例子:

步骤 1:单击 VBA 窗口主菜单中的"插入",选择其中的"用户窗体",可以看到右侧出现如图 14-13 所示的一个窗口,标题显示"UserForm1";

步骤 2:将工具箱中的文本框控件与命令按钮控件拖放到窗体 UserForm1 中,如图 14-13 所示;

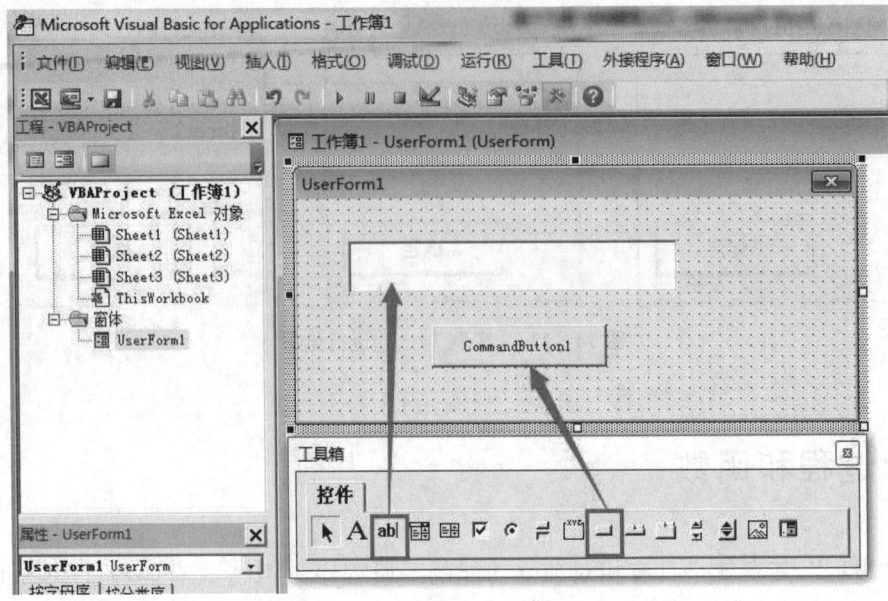

图 14-13 将控件拖放到窗体上

步骤3：双击窗体上的命令按钮，打开代码编辑窗口，在自动生成的事件处理程序框架中输入一行代码：TextBox1.Text="地址：玄武区灵谷寺路8号"（图14-14）；

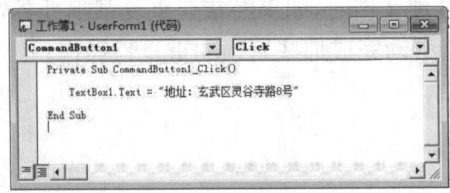

图 14-14 编写事件过程

步骤4：单击VBE窗体工具栏上的"运行"按钮（或按快捷键＜F5＞），运行上述窗体（图14-15），然后单击命令按钮"CommandButton1_Click"，可以看到，文本框中显示：地址：玄武区灵谷寺路8号（图14-16）。

图 14-15 运行窗体程序

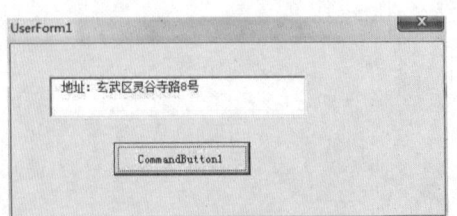

图 14-16 程序运行结果

本例子中,当用户单击命令按钮"CommandButton1"时,就会触发此按钮的 Click 事件(单击),执行与该事件对应的名为"CommandButton1_Click"的事件处理程序。

VBA 中,除了 Click 事件之外,还有很多事件,如:Change 事件、DBlClick 事件、KeyPress 事件、Open 事件等。

注意:VBA 的事件处理程序框架是自动生成的,用户不能随便更改,否则会出现错误。

14.5.2 通用 Sub 过程

1. 通过 Sub 过程的语法格式

```
[Private|Public] Sub <过程名>[(参数1,参数2,…)]
  [语句序列 1]
  [Exit Sub]
  [语句序列 2]
End Sub
```

说明:Private 表示只有在包含其声明的模块中的其他过程可以访问该 Sub 过程。Public 表示所有模块的所有过程都可以访问这个 Sub 过程。如果在 Sub 前面省略关键字,则表示其为 Public。参数的具体书写格式为:

```
[ByVal|ByRef] <参数名> As <数据类型>
```

注意:Sub 过程的定义不能嵌套,即不能将过程的定义放在另一个过程中。

2. 创建通用 Sub 过程

操作步骤如下:

步骤1:双击"工程资源管理"窗口中的"ThisWorkbook"模块,打开代码窗口;

步骤2:在代码窗口中输入"Sub test",并按回车键(实际的过程名由用户自定);

步骤3:系统自动在过程后面添加一对括号,并自动生成"End Sub"语句;

步骤4:在过程结构中输入一下代码:

```
Sub test( )
  MsgBox "这是南京体育学院学生手工输入代码创建的 Sub 过程!"
End Sub
```

3. 调用 Sub 函数

使用过程的目的就是讲一个应用程序划分为多个功能相对独立的小模块,每个小模块完成一个具体的功能,最后通过组合这些过程来完成一个任务。

Sub 过程调用的方式分两种:一种是在 VBA 代码中调用 Sub 过程;另一种是在 Excel 中调用宏来执行 Sub 过程。

(1) 用 Call 语句调用 Sub 过程

语法格式:

Call 过程名(参数列表)

如果使用 Call 语句来调用一个需要参数的过程,"参数列表"必须要加上括号;如果过程没有参数,可省略过程名后的括号。例如,代码"Call TestSub"将调用过程"TestSub",该过程不带参数。

(2) 将过程作为一个语句

在调用过程时,如果省略 Call 关键字,也可调用过程。与使用 Call 关键字不同的是,如果过程有参数,这种调用方式必须要省略"参数列表"外面的括号。例如:

$$Call\ Test(a,b)$$

可改为一下形式:

$$Test\ a,b$$

(3) 以宏方式调用 Sub 过程

当我们在 Excel 中录制宏时,将会创建一个 Sub 过程,所以也可将 Sub 过程作为一个宏来调用。比如,要执行 ThisWorkbook 模块中的一个名叫"test"的 Sub 过程,可以按如下步骤操作:

步骤1:切换到 Excel 工作簿界面,点击"开发工具"功能区中的"宏"命令按钮或直接按快捷键<Alt>+<F8>,打开"宏"对话框(图 14 – 17);

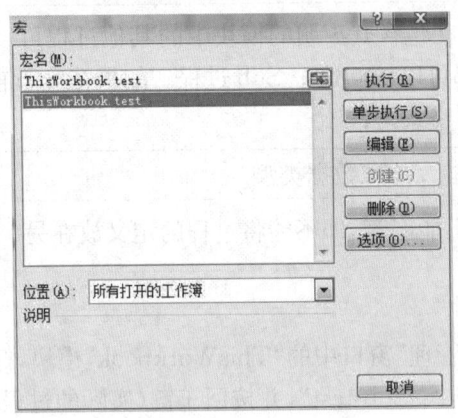

图 14 – 17 宏对话框

步骤2:在"宏"对话框的宏名列表中,选择 ThisWorkbook.test,然后点击"执行"即可。

注意:以宏方式调用 Sub 过程无法给过程传递参数,所以带有参数的过程不会显示在图 14 – 17 所示的宏列表中。

4. 传递参数

(1) 形参与实参

定义 Sub 过程时,<过程名>后面括号(…)中的参数列表,称为"形式参数"。因其没有具体的值,只是形式上的参数,所以称为形参。

[Private|Public] Sub <过程名>[(参数1,参数2,参数3,…)]

实参时实际参数的简称,是在调用 Sub 过程时传递给形参的值。在 VBA 中实参可以是常量、变量、数字或对象等类型的数据。

(2) 传值

传值就是将实参的值赋给形参(相当于执行一次赋值)。当实参为常量或者表达式时,

VBA 自动使用传值的方式,将实参的值传递给形参。下面通过一个实例来演示形参与实参的使用。

【实例 14-4】 定义一个通用 Sub 过程,用于计算矩形的面积,然后在窗体上命令按钮的 Click 事件中调用该过程,显示一个"长 * 宽＝10 * 15"的矩形面积。操作步骤如下:

步骤1:打开一个新的工作簿窗口,再点击"开发工具"功能区中的"Visual Basic"打开 VBE 窗口;

步骤2:单击 VBE 窗口主菜单中的"插入",选择"用户窗体",然后从控件工具箱中,将命令按钮拖放到窗体上(图 14-18);

步骤3:选中命令按钮,在左下角的"属性"窗口中,选中"Caption"属性,然后将属性值由 CommandButton1 改为"计算矩形面积"(图 14-18);

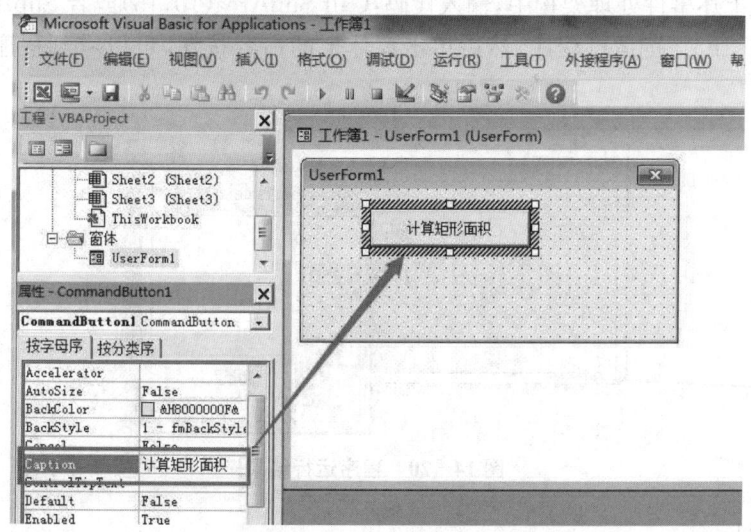

图 14-18 创建窗体模块

步骤4:右击"工程资源管理器"中的"UserForm1",选择快捷菜单中的"查看代码",打开代码编辑窗口;

```
Sub SubArea(Length，Width)
    Dim Area As Double
    If Length = 0 Or Width = 0 Then
        Exit Sub
    End If
    Area = Length * Width
    MsgBox Area
End Sub
```

步骤6:在代码窗口左上角的"对象下拉列表"中,选择"CommandButton1",此时右上角的事件列表框中自动显示"Click",且在代码窗口中自动生成命令按钮 CommandButton1 的 Click 事件处理程序框架(图 14-19);

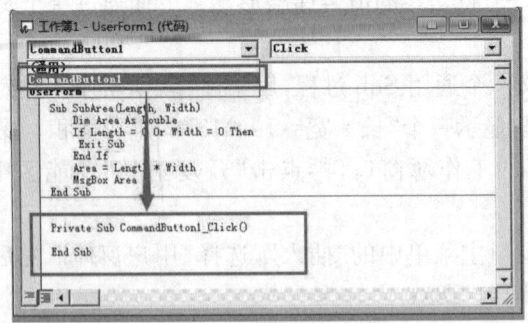

图 14-19　自动生成 Click 事件处理程序架构

步骤 7：在上述事件处理架构中，输入代码：Call SubArea(10,15)或者 SubArea 10,15。

步骤 8：按<F5>键运行程序，然后单击窗体上的命令按钮，可以看到程序运行结果（图 14-20）。

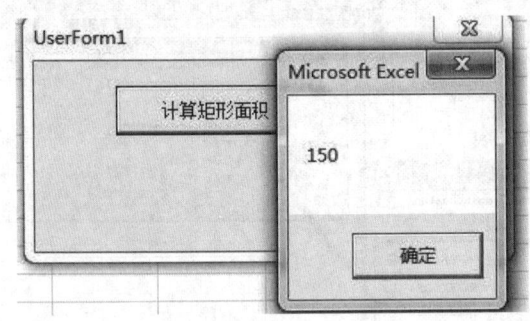

图 14-20　程序运行结果

(3) 传地址

为了更好地理解"传地址"，改动【实例 14-4】中的代码，演示实参与形参之间的数据传递。

【实例 14-5】　实参传地址给形参。

在 SubArea 过程的最后加上两条给形参赋值的语句，其余代码不变。

```
Sub SubArea(Length, Width)
……
……
    Length = 88
    Width = 99
End Sub
```

将 CommandButton1 的 Click 事件处理程序改为：

```
Private Sub CommandButton1_Click( )
    Dim x As Integer
    Dim y As Integer
    x = 10
    y = 15
    SubArea x, y
    MsgBox x
    MsgBox y
End Sub
```

原来的实参分别是常量 10 和 15,现在改成变量 x 和 y,并且在调用完过程 SubArea 后,再显示 x、y 的值。运行程序后,首先显示矩形面积,仍然为 10 * 15 = 150,接着显示变量 x 和变量 y 的值,分别看到是:88 和 99。x 和 y 的初始值分别为 10 和 15,为何最后却变成了 88 和 99? 原因就是:当实参为变量时,且在过程定义中,形参前面不加"ByVal"关键字是,实参传递给形参的并不是值,而是实参的"内存地址",即,此时实参与形参实际上指向的是同一个存储单元。因此,当 Sub 过程中形参的值一旦被改变,则实参的值也就变成了新的值。所以,如果不希望实参因形参的改变而改变,则在定义 Sub 过程时,形参前面必须加上 ByVal 关键字,此时实参传给形参的不再是地址,而是实参的值,即此实参与形参是两个不同的存储单元,改变形参是并不会影响实参。在上面的【实例 14 - 5】中,在 Sub 过程的形参 Length 前面加上 ByVal,然后运行程序,再看看结果如何。

注意:为明确表示实参与形参之间采用传地址方式而非传值,可以在形参前面加上 ByRef 关键字,如(ByRef x As Integer)。

14.5.3 Function 函数

虽然【实例 14 - 4】所给出的程序能正常运行,但是他并不是一个好程序,因为矩形面积的输出不应该放在 Sub 过程中,而应该放在命令按钮 CommandButton1 的 Click 事件处理程序中。那么,如何修改【实例 14 - 4】的代码? 答案是:在 Sub 过程中添加一个形参。具体代码如下:

```
Sub SubArea(Length, Width, ByRef Area As Double)
    If Length = 0 Or Width = 0 Then
     Exit Sub
    End If
    Area = Length * Width
End Sub
```

命令按钮 CommandButton1 的 Click 事件处理程序则改为:

```
Private Sub CommandButton1_Click()
    Dim x As Integer
    Dim y As Integer
    Dim s As Double
    x = 10
    y = 15
    SubArea x, y, s
    MsgBox s              '输出矩形面积
End Sub
```

上述改进后的程序,比原来好很多,但仍然不能算最好。更好的方式不是用 Sub 过程,而是用 Function 函数过程,见【实例 14-6】。

1. Function 函数过程的定义

定义函数的语法格式为:

```
[Private|Public] Function <函数名>[(参数 1,参数 2,…)] As <数据类型>
    [语句序列 1]
    [Exit Function]
    [语句序列 2]
        <函数名> = <表达式>
End Function
```

可以看出,Function 函数过程的定义与 Sub 过程很相似,所不同的是:声明函数的第一行最后使用"As <数据类型>",用于指定该函数的返回值的类型;在函数体内,通过使用给函数名赋值"<函数名> = <表达式>"来返回计算结果。

2. Function 函数的调用

有两种方法调用 Function 函数:一种是在 VBA 的过程中调用;另一种是在工作表的公式中使用。

(1)在 VBA 代码中调用函数。函数的调用方法,通常是将函数作为表达式的一部分,使用其返回值参加表达式的运算。如:t = t + MySum(1,3,8)×3,该语句执行时,首先执行函数 MySum(1,3,8),函数执行结束时,返回的函数值乘以 3,再加上变量 t 的值,赋值给 t。

【实例 14-6】 将【实例 14-4】中的 Sub 过程改为 Function 函数过程,实现同样的功能。

步骤 1:将原来的 Sub 过程改为如下函数:

```
Function SubArea(Length, Width) As Double
    If Length = 0 Or Width = 0 Then
     Exit Function
    End If
    SubArea = Length×Width
End Function
```

步骤 2:将命令按钮的 Click 事件处理程序改成如下:

```
Private Sub CommandButton1_Click()
    Dim x As Integer
    Dim y As Integer
    Dim s As Double
    x = 10
    y = 15
    s = SubArea(x, y)           '调用函数,返回函数值
    MsgBox s                    '输出矩形面积
End Sub
```

采用函数过程而非 Sub 过程的好处是:避免了为获取 Sub 过程的返回值而刻意增加一个形参,而且用函数来获取返回值更符合人们的思维习惯。

(2) 在工作表中调用函数

自定义 Function 函数和 Excel 系统内置函数一样,可在 Excel 工作表的公式中进行调用,前提条件是:函数必须定义在"标准模块"中。具体做法是:

步骤 1:单击 VBE 窗口主菜单"插入",然后选择菜单命令"模块"。这是可以看到左边的项目资源管理器窗口中新增了一项"模块 1",同时在左边打开"模块 1"的代码输入窗口;

步骤 2:在右边代码窗口中输入【实例 14-6】的步骤 1 的函数;

步骤 3:切换到 Excel 工作表窗口,然后选中某个单元格,再点击公式编辑栏左侧的"f_x",然后在"插入函数"对话框中(图 14-21),函数类别选择"用户定义",再在下面的列表框中选择函数 SubArea,然后点击"确定",继续打开"函数参数"对话框(图 14-22);

步骤 4:在"函数参数"对话框中,分别输入 Length 和 Width 两个参数,最后单击"确定"即可。

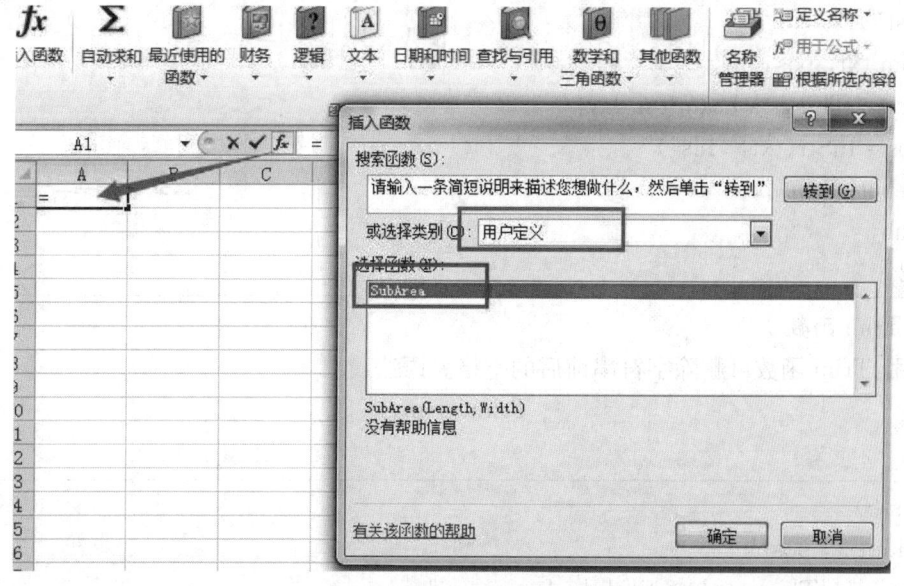

图 14-21　插入用户自定义函数

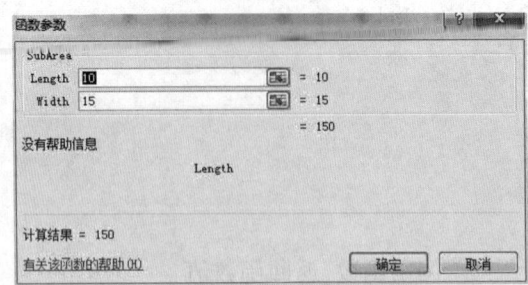

图 14-22 输入函数参数

14.6 常用函数

14.6.1 字符串函数

1. InStr 函数

作用：InStr 函数可返回一个字符串在另一个字符串中首次出现的位置。语法：

InStr([start,]string1,string2[,compare])

说明：Start：可选的。规定每次搜索的起始位置。默认是搜索起始位置是第一个字符。如果已规定 compare 参数，则必须有此参数。string1：必需的。需要被搜索的字符串。string2：必需的。需搜索的字符串。Compare：必需的。规定要使用的字符串比较类型。默认是 0。可采用下列值：0 则执行二进制比较；1 则执行文本比较。

例：

```
Sub test( )
    Dim txt, pos
    txt = "This is a beautiful day!"
    pos = InStr(txt, "his")
    Debug. Print pos
End Sub
```
输出：2

2. Trim 函数

作用：Trim 函数可删除字符串前后的空格。语法：

Trim(string)

例：

```
Sub test( )
    Dim txt, pos
    txt = "    This is a beautiful day!        "
    pos = Trim(txt)
```

```
        Debug. Print pos
End Sub
输出：This is a beautiful day!
```

3. Len 函数

作用：Len 函数可返回字符串中字符的数目。语法：
$$Len(string|varname)$$
说明：Len 函数中既可使用字符串也可使用字符串变量。

例：

```
Sub test( )
    Dim txt, pos
    txt = "This is a beautiful day!"
    pos = Len(txt)
    Debug. Print pos
End Sub
输出：24
```

4. Replace 替换函数

作用：Replace 函数替换字符串的指定部分与特定字符串指定次数。语法：
$$Replace(string,find,replacewith[,start[,count[,compare]]])$$

说明：string，必需的参数，要搜索替换输入字符串。find，必需的参数，字符串的一部分将被替换。replacewith，必需的参数，替换串，这将被替换针对查找的参数。start，一个可选的参数，指定从其中所述串具有要被搜索和替换的开始位置，默认值是 1。count，一个可选的参数，指定次数的置换设有要执行的次数。compare，一个可选的参数，指定要使用的比较方法，默认值为 0。可采用下列值：0 则执行二进制比较；1 则执行文本比较。

例：

```
Sub test( )
    Dim txt, pos
    txt = "上海体育学院"
    pos = Replace(txt, "上海", "南京")
    Debug. Print pos
End Sub
输出：南京体育学院
```

14.6.2 日期及时间函数

1. Date 函数

作用：返回当前的系统日期。语法：
$$Date$$

例:
```
Sub test()
    Dim txt As String
    txt = Date
    Debug.Print txt
End Sub
```
输出:2018/6/2

2. Time 函数

作用:返回当前的系统时间。语法:

date

例:
```
Sub test()
    Dim txt As String
    txt = Time()
    Debug.Print txt
End Sub
```
输出:13:26:37

14.6.3 转换函数

(1) CBool(expression)　　　转换为 Boolean 型
(2) CByte(expression)　　　转换为 Byte 型
(3) CCur(expression)　　　转换为 Currency 型
(4) CDate(expression)　　　转换为 Date 型
(5) CDbl(expression)　　　转换为 Double 型
(6) CDec(expression)　　　转换为 Decimal 型
(7) CInt(expression)　　　转换为 Integer 型
(8) CLng(expression)　　　转换为 Long 型
(9) CSng(expression)　　　转换为 Single 型
(10) CStr(expression)　　　转换为 String 型
(11) CVar(expression)　　　转换为 Variant 型
(12) Val(string)　　　转换为数据型
(13) Str(number)　　　转换为 String

14.6.4 交互函数

1. InputBox 函数

作用:获取用户输入的值。语法:

InputBox(prompt[,title][,default][,xpos][,ypos][,helpfile,context])

说明：在一对话框来中显示提示，等待用户输入正文或按下按钮，并返回包含文本框内容的 String。（1）prompt 必需的。作为对话框消息出现的字符串表达式。prompt 的最大长度大约是 1024 个字符，由所用字符的宽度决定。如果 prompt 包含多个行，则可在各行之间用回车符(chr(13))、换行符(chr(10))或回车换行符的组合(chr(13) & chr(10))来分隔。（2）Title 可选。显示对话框标题栏中的字符串表达式。如果省略 title，则把应用程序名放入标题栏中。（3）default 可选的。显示文本框中的字符串表达式，在没有其他输入时作为缺省值。如果省略 default，则文本框为空。（4）xpos 可选。数值表达式，成对出现，指定对话框的左边与屏幕左边的水平距离。如果省略 xpos，则对话框会在水平方向居中。（5）ypos 可选。数值表达式，成对出现，指定对话框的上边与屏幕上边的距离。如果省略 ypos，则对话框被放置在屏幕垂直方向距下边大约三分之一的位置。（6）helpfile 可选。字符串表达式，识别帮助文件，用该文件为对话框提供上下文相关的帮助。如果已提供 helpfile，则也必须提供 context。（7）context 可选的。数值表达式，由帮助文件的作者指定给某个帮助主题的帮助上下文编号。如果已提供 context，则也必须要提供 helpfile。

例：

```
Sub test( )
    Dim score As Integer
    score = InputBox("请输入 0－100 之间的一个整数","输入成绩","")
    MsgBox score
End Sub
```

2. MsgBox 函数

作用：在消息框中显示信息，并等待用户单击按钮，可返回单击的按钮值(比如"确定"或者"取消")，通常用作显示变量值的一种方式。语法：

MsgBox(prompt[,buttons][,title][,helpfile,context])

说明：（1）prompt，必需的参数，为字符串，作为显示在消息框中的消息文本。其最大长度约为 1024 个字符，由所用字符的宽度决定。如果 prompt 的内容超过一行，则可以在每一行之间用回车符(chr(13))、换行符(chr(10))或是回车与换行符的组合(chr(13)&chr(10))将各行分隔开来。（2）buttons，可选的参数，为数值表达式的值之和，指定显示的按钮的数目及形式、使用的图标样式、缺省按钮及消息框的强制回应等，可以此定制消息框。若省略该参数，则其缺省值为 0。（3）title，可选的参数，表示在消息框的标题栏中所显示的文本。若省略该参数，则将应用程序名放在标题栏中。（4）helpfile，可选的参数，为字符串表达式，提供帮助文件。若有 helpfile，则必须有 context。（5）context，可选的参数，为数值表达式，提供帮助主题。若有 context，则必须有 helpfile。

实例：

```
Sub test( )
    Dim txt As String
    txt = Date
    MsgBox txt
End Sub
```

14.6.5 数组函数

1. Array 函数

作用:在代码执行中间创建一个数组,而不必事先确定其大小。语法:
$$Array(string1,string2,\cdots)$$

例:

```
Sub test( )
    Dim auto As Variant
    auto = Array("Ford", "Black", "1999")
    MsgBox auto(2) & "," & auto(1) & "," & auto(0)
End Sub
输出:1999,Black,Ford
```

2. IsArray 函数

作用:检查它是否确实为数组。语法:
$$IsArray(string1)$$

例:

```
Sub test( )
    Dim a, b As Variant
    a = Array("Red", "Blue", "Yellow")
    b = "12345"
    MsgBox ("The IsArray result 1:" & IsArray(a))
    MsgBox ("The IsArray result 2:" & IsArray(b))
End Sub
输出:The IsArray result 1:True
The IsArray result 2:False
```

3. UBound 函数和 LBound 函数

作用:UBound 函数:返回指示数组维数的最大下标;LBound 函数:返回指示数组维数的最小下标。语法:
$$UBound(arrayname);LBound(arrayname)$$

例:

```
Sub test( )
    Dim a(10)
    a(0) = "Saturday"
    a(1) = "Sunday"
    a(2) = "Monday"
    a(3) = "Tuesday"
```

```
        a(4) = "Wednesday"
        a(5) = "Thursday"
        Debug. Print (UBound(a))
        Debug. Print (LBound(a))
End Sub
输出:10
       0
```

小　　结

尽管 Excel 十分实用,几乎任何的数据分析与处理,它都可以"近乎完美"完成。但是在使用的过程中,你会发现很多工作是要重复做的。如果要想自动重复地完成这些工作,必须要借助其他的编程语言和工具。微软为了简化这个过程开发了一个通用的自动化语言,即 VBA (Visual Basic for Application)。VBA 基本能做一切 Excel 能做的事,比如打印、生成报表、分析数据、生成图表等,这是 VBA 最大的优点。不需要额外实现这些标准的功能,只需要简单地调用就可以了,Excel 已经做好了一切准备。除了这个好处,VBA 其实还能处理很多的任务,如自定义 Excel 的外观、菜单工具栏等。VBA 的语法很简单,仍需不断加以实践练习。

习　　题

一、选择题
1. VBA 中定义符号常量可以用关键字_____。
   A. Const　　　　B. Dim　　　　C. Public　　　　D. Static
2. 定义了二维数组 A(2 to 5,5),则该数组的元素个数为_____。
   A. 25　　　　　B. 36　　　　　C. 20　　　　　D. 24
3. 标识符必须由字母和汉字开头,后面可跟_____。
   A. 汉字　　　　B. 数字　　　　C. 下划线　　　　D. 以上都可以

二、填空题
1. VBA 中变量作用域分为 3 个层次,这 3 个层次是_____、_____和_____。
2. 在模块的说明区域中,用 Private 关键字说明的变量是_____范围的变量;而用 Public 或 Global 键字说明的变量是属于_____范围的变量。

三、操作实践
编写一个求解圆面积的函数过程 circle_area( ),再编写一个子过程调用此函数计算半圆的面积(圆半径由 Inputbox 输入,结果使用 Msgbox 输出)。

参考文献

[1] 江苏省计算机等级考试命题研究组.江苏省大学计算机信息技术一级考点与题解[M].电子科技大学出版社,2015.

[2] [美]June Jamrich Parsons,[美]Dan Oja 著;吕云翔,傅尔也译.计算机文化(第15版)[M].机械工业出版社,2014.

[3] [美]J. Glenn Brookshear 著;刘艺 等译.计算机科学概论(第11版)[M].机械工业出版社,2011.

[4] 鄂大伟.多媒体技术基础与应用[M].高等教育出版社,2003.

[5] 魏娟丽,马金忠.Office 2010中文版从新手到高手[M].中国铁道出版社,2011.

[6] Shelly G B, Vermaat M E. Discovering Computers: Fundamental (Fifth Edition)[M]. Cengage Learning, 2010.

[7] 彭立伟.美国信息素养标准的全新修订及启示[J].图书馆论坛,2015,35(6):109-116.

[8] 周以真.计算思维[J].中国计算机学会通讯,2007,3(11):83-85.

[9] 叶强,魏宁.智慧体育-体育信息化必然趋势[J].南京体育学院学报:自然科学版,2011,10(5):117-119.

[10] 百度.百度产品大全[EB/OL].(2018-7-18). https://www.baidu.com/.

[11] 谷歌.Google 大全[EB/OL].(2018-7-19). https://www.google.com/.

[12] 中国知网(CNKI).帮助中心[EB/OL].(2018-7-19). http://service.cnki.net/helpcenter/Html/.

[13] 丁士锋,张鹏伟.Excel VBA标准教程[M].化学工业出版社,2011.